中国石化员工培训教材

纠纷诉讼管理实务

中国石化员工培训教材编审指导委员会　组织编写
中国石化法律部　编

中国石化出版社

内 容 提 要

《纠纷诉讼管理实务》为《中国石化员工培训教材》系列之一，本书充分考虑到石油石化企业的特殊性，针对常见纠纷诉讼案件，在系统介绍法律知识的基础上，结合真实的案例，梳理业务中存在的法律风险，分析预防与应对的措施，总结办理同类案件的技巧，提出改善经营管理建议。

本书是石化系统内法律培训的必备教材，也是法律工作者必备的参考书。

图书在版编目(CIP)数据

纠纷诉讼管理实务 / 中国石化法律部编 . —北京：中国石化出版社，2014. 7
中国石化员工培训教材
ISBN 978 - 7 - 5114 - 2192 - 0

Ⅰ. ①纠… Ⅱ. ①中… Ⅲ. ①经济纠纷 - 民事诉讼 - 中国 - 技术培训 - 教材 Ⅳ. ①D925. 105

中国版本图书馆 CIP 数据核字(2013)第 220155 号

中国石化出版社出版发行
地址：北京市东城区安定门外大街 58 号
邮编：100011　电话：(010)84271850
读者服务部电话：(010)84289974
http://www. sinopec-press. com
E-mail：press@ sinopec. com
北京柏力行彩印有限公司印刷
*
787 × 1092 毫米 16 开本 15. 75 印张 374 千字
2014 年 7 月第 1 版　2014 年 7 月第 1 次印刷
定价：48. 00 元

中国石化员工培训教材
编审指导委员会

序

中国石化是上中下游一体化能源化工公司，经营规模大、业务链条长、员工数量多，在我国经济社会发展中具有举足轻重的作用。公司的发展，基础在队伍，关键在人才，根本在提高员工队伍整体素质。员工教育培训是建设高素质员工队伍的先导性、基础性、战略性工程，是加强人才队伍建设的重要途径。

当前，我们已开启了建设世界一流能源化工公司的新航程，加快转变发展方式的任务艰巨而繁重，这对进一步做好员工教育培训工作提出了新的更高要求。我们要以中国特色社会主义理论为指导，紧紧围绕企业改革发展、队伍建设和员工成长需要，以提高思想政治素质为根本，以能力建设为重点，积极构建符合中国石化实际的培训体系，加大重点和骨干人才培训力度，深入推进全员培训，不断提高教育培训的质量和效益，为打造世界一流提供有力的人才保证和智力支持。

培训教材是员工学习的工具。加强培训教材建设，能够有效反映和传递公司战略思想和企业文化，推动企业全员学习，促进学习型企业建设。中国石化员工培训教材编审指导委员会组织编写的这套系列教材，较好地反映了集团公司经营管理目标要求，总结了全体员工在实践中创造的好经验好做法，梳理了有关岗位工作职责和工作流程，分析研究了面临的新技术、新情况、新问题等，在此基础上进行了完善提升，具有很强的实践性、实用性和较高的理论性、思想性。这套系列培训教材的开发和出版，对推动全体员工进一步加强学习，进而提高全体员工的理论素养、知识水平和业务能力具有重要的意义。

学习的目的在于运用，希望全体员工大力弘扬理论联系实际的优良学风，紧密结合企业发展环境的新变化、新进展、新情况，学好用好培训教材，不断提高解决实际问题、做好本职工作的能力，真正做到学以致用、知行合一，把学习培训的成果切实转变为推进工作、促进改革创新的实际行动，为建设世界一流能源化工公司作出积极的贡献。

二〇一二年七月十六日

前　　言

根据中国石化发展战略要求，为加强培训资源建设、推进全员培训的深入开展，集团公司人事部组织梳理了近些年培训教材开发成果，调研了企业培训教材需求，开展了中国石化员工培训课程体系研究。在此基础上，按职业素养、综合管理、专业技术、技能操作、国际化业务、新员工等六类，组织编写覆盖石油石化主要业务的系列培训教材，初步构建起中国石化特色的培训教材体系。这套系列教材围绕中国石化发展战略、队伍建设和员工成长的需要，以提高全体员工履行岗位职责的能力为重点，把研究和解决生产经营、改革发展面临的新挑战、新情况、新问题作为重要目标，把全体员工在实践中创造的好经验好做法作为重要内容，具有较强的实践性、针对性。这套培训教材的开发工作由中国石化员工培训教材编审指导委员会组织，集团公司人事部统筹协调，总部各业务部门分工负责专业指导和质量把关，主编单位负责组织培训教材编写。在培训教材开发和编写的过程中，上下协同、团结合作，各级领导给予了高度重视和支持，许多管理专家、技术骨干、技能操作能手为培训教材编写贡献了智慧、付出了辛勤的劳动。

《纠纷诉讼管理实务》为专业技术类型的教材，在编写时充分考虑到石油石化企业的特殊性。针对常见纠纷诉讼案件，在系统介绍相关法律知识的基础上，结合真实的案例，梳理业务中存在法律风险，分析预防与应对的措施，总结办理同类案件的技巧，提出改善经营管理建议。本教材共有3编、10章：第1编为纠纷诉讼管理实务，介绍纠纷诉讼民事诉讼法、仲裁法和中国石化法律纠纷管理制度；第2编为纠纷诉讼操作实务，分章介绍劳动争议、侵权纠纷、行政纠纷、合同纠纷、物权纠纷的操作实务，并介绍证据管理实务；第3编为典型案例，以供学员自学或教师讲授之用。

《纠纷诉讼管理实务》教材由中国石化法律部负责组织编写，参加编写的单位有中原油田、齐鲁石化、洛阳石化、石家庄炼化、江西石油。徐璟（江西石油）主要编写了第1、2章，吴彦杰（中原油田）编写了第3、4、10章，丁肇霞（齐鲁石化）编写了第5章，耿文彬（中原油田）编写了第6章，朗向栋（石家庄炼化）编写了第7章，代毅（洛阳石化）编写了第8章、案例，曹辉（中原油田）编写了第9章。本教材已经由集团公司人事部组织审定通过；中国石化出版社对教材的编写和出版工作给予了通力协作和配合，在此一并表示感谢。

由于本教材涵盖的内容较多，不同企业之间也存在着差别，编写难度较大，加之编写时间紧迫，不足之处在所难免，敬请各使用单位及个人对教材提出宝贵意见和建议，以便教材修订时补充更正。

目　　录

第 1 编

纠纷诉讼管理实务

第1章 诉讼理论与实务

1.1 诉讼的基本理论

1.1.1 对诉讼的认识

在我国，诉讼也就是俗称的“打官司”，即人民法院在诉讼参与人的参加下，依据法定的权限和程序，解决具体案件的活动。根据诉讼的内容和形式不同，诉讼活动可以具体分为刑事诉讼、民事诉讼和行政诉讼三种类型。

其中，民事诉讼是指作为平等主体的公民之间、法人之间、其他组织之间以及他们相互之间因财产关系和人身关系发生纠纷，向人民法院提起诉讼，请求人民法院通过审判解决争议，保护自身的合法权益❶。

民事纠纷的解决，可以通过和解、调解、仲裁和诉讼的方式来解决，其中诉讼是国家公权力介入民事纠纷，通过程序来保证公平正义，以国家强制力为后盾来解决民事纠纷的最有效方式，也是通过其他方式解决民事纠纷的后盾。

但是，民事诉讼的当事人可能由于实体或程序的原因，或者因为证据不足，或者超过诉讼时效，或者因为社会环境的影响，始终存在着败诉的可能；另一方面，由于相对方可能就没有可供执行的财产，或者由于其他方面原因，造成执行难，最后出现“赢了官司输了钱”的结局，垫付的诉讼费用也难以回收。因此，诉讼始终存在着风险。

最高人民法院《人民法院民事诉讼风险提示书》❷将民事诉讼风险归纳为17类。包括：①起诉不符合条件；②诉讼请求不适当；③逾期改变诉讼请求；④超过诉讼时效；⑤授权不明；⑥不按时交纳诉讼费用；⑦申请财产保全不符合规定；⑧不提供或者不充分提供证据；⑨超过举证时限提供证据；⑩不提供原始证据；⑪证人不出庭作证；⑫不按规定申请审计、评估、鉴定；⑬不按时出庭或者中途退出法庭；⑭不准确提供送达地址；⑮超过期限申请强制执行；⑯无财产或者无足够财产可供执行；⑰不履行生效法律文书确定义务。

因此，在实际工作中，要对具体拟诉讼案件进行客观评估，如胜诉的概率、可能要花费的诉讼成本包括时间成本、相对方可供执行的财产等，如果诉讼代价过高，建议尽力通过调解等其他方式解决纠纷，如作为拟起诉方也可以明示对方，协商不成将提起诉讼，以诉讼来促成和解的达成，把诉讼作为最后的救济手段。同时，在工作实践中，应通过完善企业制度，加强企业内部法律风险源头控制，尽力减少或不发生诉讼纠纷，才是维护企业合法权益最有效的途径。

---

❶姚红主编．中华人民共和国民事诉讼法解读．北京：中国法制出版社，2007：21.

❷2003年12月23日最高人民法院审判委员会第1302次会议通过。

1.1.2 民事审判的基本制度

人民法院审理民事案件，依照《民事诉讼法》❶第10条规定，实行合议、回避、公开审判和两审终审制度。本条规定确立了我国民事审判的基本制度。

1.1.2.1 合议制度

除适用简易程序审理的民事案件，由审判员一人独任审理外，人民法院审理民事案件，由审判员与陪审员，或者全部由审判员组成合议庭进行审理。

合议庭人数必须为单数，评议案件时使用少数服从多数原则。评议应当制作笔录，并由合议庭全体成员签名，评议中出现的不同意见，必须如实记入笔录。

根据《民事诉讼法》法第39、40条规定，人民法院审理第一审民事案件，可以由审判员、陪审员共同组成合议庭，或由审判员组成合议庭。但审理第二审民事案件，必须由审判员组成合议庭，审理再审案件或发回重审案件，必须按照原审程序另行组成合议庭，以确保案件得到公平、公正判决。

1.1.2.2 回避制度

申请回避，是诉讼当事人的重要诉讼权利。在案件开始审理时，发现审判人员、书记员、翻译人员、鉴定人、勘验人等，与本案有利害关系，或者存在着其他关系，可能影响到案件的公正审理的，就应向法庭提出回避申请。如果在案件开始审理后才知道的，在法庭辩论终结前都可以向法庭提出回避要求。申请回避，有权用口头或者书面方式，但需向法庭说明回避理由。

根据《民事诉讼法》第44条规定，有下列情形之一的，应当自行回避：①是本案当事人或者当事人、诉讼代理人的近亲属；②与本案有利害关系；③与本案当事人、诉讼代理人有其他关系，可能影响对案件公正审理的。如审判人员接受当事人、诉讼代理人请客送礼，或者违反规定会见当事人、诉讼代理人的，当事人有权要求他们回避。

人民法院对当事人提出的回避申请，应当依照法定程序，在申请提出的三日内，以口头或者书面形式作出决定。申请人不服的，可以在接到决定时申请复议一次。人民法院对复议申请，应当在三日内作出复议决定，并通知复议申请人。

被申请回避的人员在人民法院作出是否回避的决定前，应当暂停参与本案的审理工作，但案件需要采取紧急措施的除外。在复议期间，被申请回避的人员，不停止参与本案的工作。

1.1.2.3 公开审判制度

人民法院审理案件时，除了法律规定的特别情形外，比如涉及国家秘密、个人隐私等不宜公开审理情形，应当进行公开审理，也就是允许群众参加旁听，允许记者进行报道等，对法院的审判工作进行监督。

1.1.2.4 两审终审制度

人民法院审理案件，依照法律规定按照特别程序进行审理的案件，以及基层人民法院和它派出的法庭按照简易程序审理的简单的民事案件，且标的额在各省、自治区、直辖市上年度就业人员年平均工资30%以下的，实行一审终审。

---

❶根据2012年8月31日第十一届全国人民代表大会常务委员会第二十八次会议《关于修改〈中华人民共和国民事诉讼法〉的决定》第二次修正。

除实行一审终审制度外，其他案件的审理实行两审终审制度，也就是第二审人民法院的裁判是终审裁判，当事人不能再提起上诉。

当然，当事人认为已发生法律效力的判决、裁定确有错误，并且符合《民事诉讼法》第200条情形之一的，作为当事人可以通过向上一级人民法院申请再审来救济；对于当事人一方人数众多或者当事人双方为公民的案件，也可以向原审人民法院申请再审。但申请再审不停止原生效判决、裁定的执行。

1.1.2.5 在诉讼实践中应注意防控的环节

《民事诉讼法》任务之一，就是要通过程序的公平、公正来确保案件的审理质量。在实际的诉讼工作中，除了对诉讼实体的关注外，我们也不应忽视对诉讼程序的关注，根据《民事诉讼法》第200条第7款规定，审判组织的组成不合法或者依法应当回避的审判人员没有回避的，是人民法院依法再审的情形之一。

（1）合议庭组成应符合法律规定。合议庭组成必须为单数，一审案件可以由审判员、陪审员组成合议庭，二审案件必须由审判员组成合议庭，再审案件、发回重审案件必须另行组成合议庭。

（2）符合法定回避情形的，审判员等与审判活动有关人员应当自行回避。审判人员、书记员、翻译人员、鉴定人、勘验人等与审判活动有关人员，一是应依法自行回避，二是应当事人申请回避，应回避而未回避的，就违反了《民事诉讼法》的程序要求，对终审案件，当事人可以依法申请再审。

1.1.3 民事诉讼的管辖

管辖指各级人民法院之间和同级人民法院之间，根据《民事诉讼法》的规定，确立受理第一审民事案件的分工和权限。根据我国《民事诉讼法》的规定，管辖分为级别管辖、地域管辖、移送管辖和指定管辖等。

1.1.3.1 级别管辖

级别管辖是上下级人民法院之间，按照一定的标准，划分他们之间第一审民事案件的分工和权限。根据《民事诉讼法》第17—20条关于级别管辖的规定：

（1）基层人民法院，管辖第一审民事案件，法律另有规定的除外。基层人民法院作为第一审法院，既方便当事人诉讼，也便于法院进行审理工作。

（2）中级人民法院，管辖下列第一审民事案件：①重大涉外案件；②在本辖区有重大影响的案件；③最高人民法院确定由中级人民法院管辖的案件。

（3）高级人民法院，管辖在本辖区有重大影响的第一审民事案件。

（4）最高人民法院，管辖下列第一审民事案件：①在全国有重大影响的案件；②认为应当由本院审理的案件。

根据《最高人民法院关于适用〈民事诉讼法〉若干问题的意见》[1]1.3条规定，重大涉外案件是指争议标的额大，或者案情复杂，或者居住在国外的当事人人数众多的涉外案件；一审案件的级别管辖，由各高级人民法院从本地实际出发，根据案件繁简、诉讼标的金额大小、在当地的影响情况等，对本辖区级别管辖提出意见，报最高人民法院批准。在实际诉讼实践中，不同地方一审案件级别划分标准会存在差异。

---

[1] 1992年7月14日，法发〔1992〕22号。

1.1.3.2 地域管辖

地域管辖是同级人民法院之间根据辖区来划分受理第一审民事案件的分工和权限，根据《民事诉讼法》第21—35条关于地域管辖的规定，地域管辖分为以下几类：

（1）一般地域管辖。地域管辖，一般遵循“原告就被告”原则，即由被告住所地人民法院管辖，被告住所地与经常居住地不一致的，由经常居住地人民法院管辖。同一诉讼的几个被告住所地、经常居住地在两个以上人民法院辖区的，各人民法院都有管辖权。

但下列民事诉讼，由原告住所地或经常居住地人民法院管辖：①对不在中华人民共和国领域内居住的人提起的有关身份关系的诉讼；②对下落不明或者宣告失踪的人提起的有关身份关系的诉讼；③对被采取强制性教育措施的人提起的诉讼；④对被监禁的人提起的诉讼。

（2）特殊地域管辖。因合同纠纷提起诉讼，可以由被告住所地或者合同履行地人民法院管辖。

a. 因保险合同纠纷提起的诉讼，由被告住所地或者保险标的物所在地人民法院管辖。

b. 因票据纠纷提起的诉讼，由票据支付地或者被告住所地人民法院管辖。

c. 因公司设立、确认股东资格、分配利润、解散等纠纷提起的诉讼，由公司住所地人民法院管辖。

d. 因铁路、公路、水上、航空运输和联合运输合同纠纷提起的诉讼，由运输始发地、目的地或者被告住所地人民法院管辖。

e. 因侵权行为提起的诉讼，由侵权行为地或者被告住所地人民法院管辖。

f. 因铁路、公路、水上和航空事故请求损害赔偿提起的诉讼，由事故发生地或者车辆、船舶最先到达地、航空器最先降落地或者被告住所地人民法院管辖。

g. 因船舶碰撞或者其他海事损害事故请求损害赔偿提起的诉讼，由碰撞发生地、碰撞船舶最先到达地、加害船舶被扣留地或者被告住所地人民法院管辖。

h. 因海难救助费用提起的诉讼，由救助地或者被救助船舶最先到达地人民法院管辖。

i. 因共同海损提起的诉讼，由船舶最先到达地、共同海损理算地或者航程终止地的人民法院管辖。

（3）协议管辖。协议管辖又称约定管辖，即在不违反《民事诉讼法》级别管辖和专属管辖规定的前提下，合同的双方当事人可以在书面合同中协议选择被告住所地、合同履行地、合同签订地、原告住所地、标的物所在地等与争议有实际联系的地点的人民法院管辖。

（4）专属管辖：某些特殊案件专门由某些专门法院管辖。根据《民事诉讼法》第33条规定，①因不动产纠纷提起的诉讼，由不动产所在地人民法院管辖；②因港口作业中发生纠纷提起的诉讼，由港口所在地人民法院管辖；③因继承遗产纠纷提起的诉讼，由被继承人死亡时住所地或者主要遗产所在地人民法院管辖。

我国《海事诉讼特别程序法》[1]对一些海事诉讼案件作了专属管辖的规定，依据该法，因沿海港口作业纠纷提起的诉讼，由港口所在地海事法院管辖。

1.1.3.3 移送管辖、指定管辖及共同管辖的选择

根据《民事诉讼法》第35—38条规定，人民法院发现受理的案件不属于本院管辖的，应当移送有管辖权的人民法院；人民法院已受理案件，当事人对管辖权有异议，异议成立的，

---

[1] 1999年12月25日第九届全国人民代表大会常务委员会第十三次会议通过，中华人民共和国主席令第二十八号公布，自2000年7月1日起施行。

应裁定将案件移送有管辖权的人民法院。

有管辖权的人民法院由于特殊原因，不能行使管辖权的，由上级人民法院指定管辖。人民法院之间因管辖权发生争议，协商解决不了的，报请它们的共同上级人民法院指定管辖。

上级人民法院有权审理下级人民法院管辖的第一审民事案件，确有必要将本院管辖的第一审民事案件交下级人民法院审理的，应报请其上级人民法院批准。下级人民法院对它所管辖的第一审民事案件，认为需要由上级人民法院审理的，可以报请上级人民法院审理。

同一个诉讼，多个人民法院都有管辖权的，原告可以向其中一个人民法院起诉，原告向两个以上有管辖权的人民法院起诉的，由先立案的人民法院管辖。

1.1.3.4 在诉讼实践中应注意防控的环节

在实际的诉讼活动中，争取到有利的法院管辖，一是便利我们参与诉讼活动，二是可以有效节约因异地诉讼而发生的差旅费等诉讼成本。

（1）级别管辖的对抗。同一项民事诉讼，由于诉讼标的金额的不同，原下级人民法院管辖案件就可能由上一级人民法院管辖，即使在诉讼过程中诉讼额发生变化也不会再改变法院的管辖。在实际诉讼过程中，作为原告，在诉讼标的金额在上下级法院级别管辖区分界限附近，可以通过适度改变诉讼标的额，选择不同的一审人民法院。

（2）地域管辖的对抗。合同约定协议管辖时，在不违背级别管辖和专属管辖原则的基础上，尽量选择对我们有利的人民法院管辖。在约定选择管辖法院时不应过于具体，如约定某某人民法院管辖，可能会因为由于约定过于具体而违背级别管辖的法定原则，造成约定法院无管辖权，而约定为某地人民法院管辖比较合适，比如在合同中约定，由合同签订地人民法院管辖。

两个及以上人民法院对某诉讼事项都有管辖权时，应抢先对方起诉，争取到有利的人民法院管辖。《民事诉讼法》第 35 条规定，两个以上人民法院都有管辖权时，由先立案的人民法院管辖，并且都有管辖权的人民法院之间，不适用移送管辖。

（3）作为被告，在应诉过程中，应注意审查是否存在管辖权异议，如有管辖权异议存在时，应在答辩期限内及时提出管辖权异议。

（4）案件受理后，根据《最高人民法院关于适用〈民事诉讼法〉若干问题的意见》，受诉人民法院的管辖权不受当事人住所地、经常居住地变更的影响。

1.1.4 民事诉讼参与人

1.1.4.1 当事人

民事诉讼的当事人，是指就特定的民事纠纷，以自己的名义参与诉讼活动，并受人民法院裁决拘束的利害关系人。当事人有广义和狭义之分，狭义当事人仅指原告和被告，广义当事人包括原告、被告和诉讼第三人。

作为当事人，必须符合三个特征，即必须以自己名义进行诉讼活动，与案件存在着利害关系，并且受到人民法院裁判的拘束。不具有民事诉讼行为能力的自然人，只要符合当事人三个特征，照样可以成为民事诉讼的当事人，只不过其民事诉讼活动要由其代理人来进行。

根据《民事诉讼法》第 48 条规定，公民、法人和其他组织❶可以作为民事诉讼的当事人。

❶对环境污染、侵害众多消费者合法权益等损害社会公共利益的行为，根据《民事诉讼法》第 55 条规定，法律规定的机关和有关组织可以向人民法院提起诉讼。

法人由法定代表人进行诉讼，其他组织由主要负责人进行诉讼。当事人以自己名义诉讼并承担裁决后果，不履行生效判决或调解协议，人民法院可强制执行。

民事诉讼因当事人的起诉和应诉而开始，并且当事人在诉讼的不同阶段有着不同的称呼，在第一审程序中称原告和被告，在第二审程序中称上诉人和被上诉人，在执行程序中称申请人和被申请人，在审判监督程序中，使用第一程序，仍称原告、被告，使用第二程序，称上诉人和被上诉人。

1.1.4.2 共同诉讼人

作为当事人的原告或被告，只要有一方在两人及以上的，他们之间进行的诉讼就是共同诉讼。原告方人数在两人及以上的，就是共同原告；被告方在两人及以上的就是共同被告。根据诉讼标的不同，共同诉讼又分为必要的共同诉讼和普通的共同诉讼，共同诉讼人相应分为必要的共同诉讼人和普通的共同诉讼人。

1. 必要的共同诉讼人

共同诉讼一方，其诉讼标的是共同的或同一的、不可分割的，即共同诉讼人对诉讼标的享有不可分割的共同的权利或承担共同的义务。其中一人的诉讼行为经其他共同诉讼人的承认，即对其他共同诉讼人发生法律效力。

必要的共同诉讼是一种不可分割之诉，其中一人不参加诉讼，争议的权利义务就难以确定，因此，共同诉讼人必须一同起诉或一同应诉。当事人可以申请追加共同诉讼人，人民法院也可依职追加。根据《民事诉讼法》第 132 条规定，必须共同进行诉讼的当事人没有参加诉讼的，人民法院应当通知其参加诉讼。同时，人民法院对必要的共同诉讼必须进行合并审理，并作出合一判决。

2. 普通的共同诉讼人

共同诉讼一方，其诉讼标的是同一种类，人民法院认为可以合并审理并经当事人同意的诉讼，就是普通的共同诉讼，这时的共同诉讼人就为普通的共同诉讼人。

普通的共同诉讼，其特点就是诉讼标的是同一种类，共同诉讼人对诉讼标的没有共同的权利义务，他们之间也不存在利害关系，他们的诉求是可分之诉。诉讼当事人可以一同起诉或一同应诉，也可以分别起诉或应诉，法院可以合并审理也可以分开审理，合并审理应经共同诉讼人同意并分别作出判决。其中一人的诉讼行为对其他共同诉讼人不发生效力。

1.1.4.3 诉讼代表人

当事人一方人数众多的共同诉讼，按照《民事诉讼法》第 53、54 条规定，可以由当事人推选或商定 2—5 人作为代表进行诉讼。根据当事人人数是否确定，又可以分为人数确定的诉讼代表人及人数不确定的诉讼代表人。

无论是人数确定的诉讼代表人或人数不确定的诉讼代表人，代表人的诉讼行为对其所代表的当事人发生效力。但是，我们应注意的是，这里的诉讼行为，不包括当事人对实体权利的处分，即代表人变更、放弃诉讼请求或者承认对方当事人的诉讼请求，进行和解等实体权利的处分，必须经被代表的当事人的同意。这是因为，诉讼实体权利的处分是当事人的权利，没有被代表人的授权，代表人不能代为处理。

（1）人数确定的诉讼代表人。根据《最高人民法院关于适用〈民事诉讼法〉若干问题的意见》第 60 条规定，当事人一方人数众多在起诉时确定的，可以由全体当事人推选共同的代表人，也可以由部分当事人推选自己的代表人。推选不出代表人的当事人，在必要的诉讼中可由自己参加诉讼，在普通的共同诉讼中可以另行起诉。也就是说，推选代表人不是诉讼的必然程序。

(2) 人数不确定的诉讼代表人。根据《最高人民法院关于适用〈民事诉讼法〉若干问题的意见》第61条规定，当事人一方人数众多在起诉时不确定的，由向人民法院登记的权利人推选代表，推选不出来的，由人民法院与当事人协商，协商不成的，由人民法院从指定的当事人中指定代表。

人民法院作出的判决、裁定，对参加登记的全体权利人发生效力。未参加登记的权利人在诉讼时效期限内提起诉讼，人民法院认定其请求成立的，裁定适用人民法院已作出的判决、裁定。

1.1.4.4 诉讼第三人

对当事人双方的诉讼标的，有独立的请求权，或者虽然没有独立请求权，但案件处理结果同他有法律上的利害关系，从而参加到他人已经开始的诉讼活动中的人。根据请求权的不同，诉讼第三人又分为有独立请求权的第三人和无独立请求权的第三人。

(1) 有独立请求权的第三人。是指对他人之间的诉讼标的，提出部分或全部的诉讼请求，因而参加到他人正在进行的诉讼中。有独立请求权的第三人参加诉讼，其主张既不同于原告，也不同于被告，实际上是向人民法院提起了一个新的诉讼，人民法院将原来当事人之间的本诉和第三人与本诉当事人之间的诉讼进行合并审理。根据《最高人民法院关于适用〈民事诉讼法〉若干问题的意见》第65条规定，有独立请求权的第三人有权向人民法院提出诉讼请求和事实、理由，成为当事人。

(2) 无独立请求权的第三人。是指对当事人双方的诉讼标的，没有独立的实体权利，只是案件的裁判结果，同他存在着法律上的利害关系，从而参加到他人正在进行的诉讼中，以维护自己的利益。无独立请求权的第三人可以自己申请参加诉讼或者由人民法院通知参加。但该第三人在一审中无权对案件的管辖权提出异议，无权放弃、变更诉讼请求或者申请撤诉。在判决其承担民事责任时，有权提出上诉，这时就成了当事人，有了当事人权利。

1.1.4.5 诉讼代理人

在进行民事诉讼活动过程中，当事人或法定代理人由于各种原因不能亲自出庭，可以委托1—2人作为诉讼代理人，诉讼代理人在法律规定或者当事人授权范围内，以当事人的名义代为进行诉讼活动。根据诉讼代理产生的原因不同，诉讼代理人又分为法定诉讼代理人和委托诉讼代理人。

(1) 法定诉讼代理人。未成年人、精神病患者等具有诉讼权利能力但无诉讼行为能力的人，根据《民事诉讼法》第57条规定，由他的监护人作为法定代理人代为诉讼。

法定诉讼代理人权限来自于法律，其享有完全的被代理人的处分诉讼权利和处分实体权利，并且法定诉讼代理人不需要被代理人的授权委托，代理人的诉讼行为与被代理人本人所为的诉讼行为具有同等法律效力。

我们应当注意，在法定代理条件消失时，比如原未成年人成年了，法定诉讼代理也随之消失。

(2) 委托诉讼代理人。根据《民事诉讼法》第58条规定，当事人、法定代理人可委托1—2人作为诉讼代理人。诉讼代理人可以是下列人员之一：①律师、基层法律服务工作者；②当事人的近亲属或者工作人员；③当事人所在社区、单位以及社会团体推荐的公民。

由于委托诉讼代理人的代理事项和权限来自于当事人、法定代理人的授权，因此，委托他人代为诉讼，必须向人民法院提交由委托人签名或盖章的授权委托书。

授权委托书必须记明委托事项和权限。诉讼代理人代为承认、放弃、变更诉讼请求，进行和解，提起反诉或者上诉，必须有委托人特别授权。根据《最高人民法院关于适用〈民事诉讼法〉若干问题的意见》第 69 条规定，授权委托书仅写“全权代理”而无具体授权的，诉讼代理人无权代为承认、放弃、变更诉讼请求，进行和解，提起反诉或者上诉。

委托代理关系建立后，由于当事人、法定代理人委托意思的变化，或者代理人放弃代理，就会引起诉讼代理人权限的变更或解除，但为保证诉讼工作的正常进行，当事人应书面告知人民法院。

委托代理关系建立后，当事人、法定代理人可以不出庭参加诉讼活动，但离婚案件，本人除不能表达意思外，仍应出庭；确因特殊情况不能到庭的，必须向人民法院提交书面意见。

1.1.4.6　在诉讼实践中应注意防控的环节

（1）应注意民事诉讼行为能力与权力能力的区别，及不同诉讼参与人诉讼地位、权利义务的不同。法人或其他组织的民事行为能力和民事权利能力是统一的，都始于成立，并随着法人或其他组织被撤销或者解散而终结；自然人的民事权利能力始于出生终于死亡，具有完全民事行为能力的自然人，其民事诉讼行为能力与权利能力是统一的，但无民事行为能力或限制民事行为能力的自然人，民事诉讼行为能力与权利能力是分离的，其不具有民事诉讼行为能力，其诉讼活动要由法定代理人来完成。

（2）作为原告，必要的共同诉讼人应一同起诉，以提高诉讼效率；作为被告，为理清案情，维护自身权益，必要时向法庭申请追加共同被告。根据《最高人民法院关于适用〈民事诉讼法〉若干问题的意见》第 57 条规定，必要的共同诉讼人没有参加诉讼的，人民法院应当通知其参加，当事人也可以申请追加。

在诉讼实践中还应注意，若干问题的意见第 43、46、47、50、52—56 条规定了 9 种特殊情况下的必要共同诉讼人：

a. 个体工商户、个人合伙或私营企业挂靠集体企业并以集体企业的名义从事生产经营活动的，在诉讼中，该个体工商户、个人合伙或私营企业与其挂靠的集体企业为共同诉讼人。

b. 在诉讼中，个体工商户营业执照上登记的业主与实际经营者不一致的，以业主和实际经营者为共同诉讼人。

c. 个人合伙的全体合伙人在诉讼中为共同诉讼人。

d. 企业法人分立的，因分立前的民事活动发生的纠纷，以分立后的企业为共同诉讼人。

e. 借用业务介绍信、合同专用章、盖章的空白合同书或者银行账户的，出借单位和借用人为共同诉讼人。

f. 因保证合同纠纷提起的诉讼，债权人向保证人和被保证人一并主张权利的，人民法院应当将保证人和被保证人列为共同被告；债权人仅起诉保证人的，除保证合同明确约定保证人承担连带责任以外，人民法院应当通知被保证人作为共同被告参加诉讼。

g. 在继承遗产的诉讼中，部分继承人起诉的，人民法院应通知其他继承人作为共同原告参加诉讼；被通知的继承人不愿意参加诉讼又未明确表示放弃实体权利的，人民法院仍应把其列为共同原告。

h. 被代理人和代理人承担连带责任的，为共同诉讼人。

i. 共有财产权受到他人侵害，部分共有权人起诉的，其他共有权人应当列为共同诉讼人。

（3）委托诉讼代理，授权委托书必须记明委托事项和权限。在实际工作中，容易出现的情形是，诉讼授权委托书仅写明××诉讼案“全权代理”，并认为这样授权最准确。其实，这根本不符合民事诉讼法及相关司法解释的规定，只能是一般的诉讼代理，无权进行诉讼实体权利的处分。特别授权委托必须有具体委托事项和权限。如下为某纠纷案中外委律师的特别授权委托书样式。

授权委托书

委托单位名称：××公司

负责人：王某　职务：经理

受委托人姓名：李某　职务：律师

工作单位：××律师事务所

现委托李某在我单位与张某××纠纷一案中，作为我方的委托代理人参加诉讼。委托权限如下：代为调查、取证、答辩、出庭应诉；代为承认、变更、放弃诉讼请求及调解、和解，提出反诉；代为签署法律文书等。

委托单位（章）：

×年×月×日

1.1.5　期间与送达

1.1.5.1　期间

期间是指诉讼参加人进行某种活动的期限，包括法定期间和人民法院指定的期间。

期间以时、日、月、年计算，期间开始的时和日，不计算在期间内；期间届满的最后一日是节假日的，以节假日后的第一日为期间届满的日期。期间不包括在途时间，诉讼文书在期满前交邮的，以邮局邮戳时间为准，只要邮戳证明在期间届满前交邮的，不算过期。

期日是法院开始进行某一项活动的具体时间，是个时间点，而期间是个时间段，有起始日期和结束日期。

1.1.5.2　送达

送达指人民法院依照法定的方式和程序，将诉讼文书送交当事人和其他诉讼参与人的行为。诉讼文书一经送达，若未依诉讼文书的要求实施一定的诉讼行为，就要承担相应的法律后果。送达主要有以下方式：

1. 直接送达

直接送达指人民法院派出专门人员将法律文书直接送交受送达人的送达方式，送达回证上的签收日期为送达日期。根据《民事诉讼法》第85条、《最高人民法院关于适用〈民事诉讼法〉若干问题的意见》第81条规定，直接送达不一定必须是受送达人本人签收，以下情况都为直接送达：

（1）受送达人是公民的，本人不在时，由他的同住成年家属签收。

（2）受送达人是法人或其他组织的，由法人的法定代表人、该组织的主要负责人或者该法人、组织的办公室、值班室、收发室等负责收件的人签名或盖章。若拒绝签收或盖章的，人民法院会适用留置送达。

（3）受送达人有诉讼代理人的，可以送交其代理人签收。

（4）受送达人已向人民法院指定代收人的，送交代收人签收。

2. 留置送达

留置送达指受送达人拒绝签收向其送达的诉讼文书时，送达人依照法律规定，将法律文书留置在受送达人住处的送达方式。我们应当注意，调解书不适用留置送达。根据《最高人民法院关于适用〈民事诉讼法〉若干问题的意见》第 84 条规定，调解书应当直接送达当事人本人，不适用留置送达。当事人本人因故不能签收的，可由其指定的代收人签收。

3. 委托送达

委托送达指人民法院直接送达诉讼文书确有困难的，可以委托其他人民法院代为送达的方式。委托法院应当出具委托函，受送达人在送达回证上签字日期为送达日期。

4. 邮寄送达

邮寄送达指人民法院直接送达诉讼文书确有困难的，可以通过邮寄送达受送达人的方式。根据《最高人民法院关于适用〈民事诉讼法〉若干问题的意见》第 85 条规定，邮寄送达，应当附有送达回证。但应注意，若挂号信回执上注明的收件日期与送达回证上注明的收件日期不一致，或者送达回证没有寄回的，以挂号信回执上注明的收件日期为送达日期。

5. 转交送达

转交送达指对于军人、被监禁或被采取强制性教育措施的特殊人员，人民法院不便或不宜直接送达，将诉讼文书通过军队或有关单位转交受送达人的送达方式。根据《民事诉讼法》第 89—90 条规定，转交送达有以下三种情况：

（1）受送达人是军人的，通过其所在部队团以上单位的政治机关转交。

（2）受送达人被监禁的，通过其所在监所转交。

（3）受送达人被采取强制性教育措施的，通过其所在强制性教育机构转交。

6. 公告送达

公告送达指由于受送达人下落不明，或用其他方式无法送达，人民法院通过登报、张贴公告等方式将诉讼文书内容告知受送达人的一种送达方式。公告法定期间为 60 日，公告期满就视为送达。根据《最高人民法院关于适用〈民事诉讼法〉若干问题的意见》第 88、89 条规定，公告送达方式及内容包含以下方面：

（1）公告方式。既可以是在法院的公告栏，受送达人原住所地张贴公告，也可以是在报纸上刊登公告；对公告送达方式有特殊要求的，按要求的方式进行公告。

（2）公告内容。公告送达起诉状或上诉状副本的，应说明起诉或上诉要点，受送达人答辩期限及逾期不答辩的法律后果；公告送达传票，应说明出庭地点、时间及逾期不出庭的法律后果；公告送达判决书、裁定书的，应说明裁判主要内容，属于一审的，还应说明上诉权利、上诉期限和上诉的人民法院。

1.1.5.3 在诉讼实践中应注意防控的环节

（1）掌握送达方式，尤其应将留置送达的有关法律知识灌输到具有签收法律文书职能的企业内有关部门，按要求及时签署法律文书，这具有重要的现实意义。在现实中，有的受送达人，如法人或其他组织有签收职能人员，由于不了解有关法律知识，常会找借口拒绝签收法律文书，人民法院转而会使用留置送达方式，如把诉讼文书留在受送达人住所，并采用拍照、录像等方式记录送达过程，即视为送达，其法律后果都是一样的。但消极应对而不作为，往往会失去宝贵的法律救济时间。

（2）在法律文书规定期限内，按法律文书要求履行义务或行使诉讼权利，并积极采取法律救济措施。否则，就可能会产生不利的法律后果。如必须到庭人员，经人民法院传票二次传唤拒不到庭，人民法院会采取拘传措施强制到庭，对非必须到庭人员，经人民法院传票传唤无正当理由拒不到庭的，人民法院可以缺席判决。

【案例】在法定期限内提出清偿债务异议维权

A市中级人民法院作出〔2007〕A破字第4－1民事裁定，依法宣告B公司破产并由法院指定成立清算组接管破产企业。破产清算组给石化下属C单位寄来了债务清偿通知，要求在10日内清偿石化下属D单位（该单位已在石化企业内部改制时撤销）欠B公司应付货款19.8万元，C、D都属石化下属内部单位，没有营业执照，没有隶属关系。

C单位在接到清偿债务通知后，马上决定提出异议，考虑到D单位在撤销前是石化下属内部单位，为维护石化企业整理利益，本着诚实负责态度，对该债务进行了查证。提出异议并附付款证明：①《清偿债务通知书》中所称债务与异议人不存在任何关系；②《清偿债务通知书》中所称债务已清偿完毕。已在1998年按B公司付款指示将该款支付给了另一家企业。异议书在法定期间7日内以特快专递寄往清算组。

从本案例可以看出：①法院指定成立的清算组发出的清偿通知，必须在法定期间内提出异议，否则，清算组就会通过法院强制执行；②由于清算组是临时组织，B公司已破产，如不及时提出异议，钱被划走，即使被错误执行，也没有挽回的余地；③运用特快专递，留下证据资料。

（3）应注意民事诉讼中以日计算的各种期间均从次日起算，因不可抗力或其他正当理由耽误期限的，在障碍消除后10日内，要积极采取补救措施，向人民法院申请延长期限，是否允许，由人民法院确定。

1.2 民事诉前程序

1.2.1 提起诉讼或申请仲裁前保全

保全❶，是指人民法院对于可能因当事人一方的原因或者其他原因，使判决难以执行或者造成当事人其他损害的案件，根据对方当事人申请，可以裁定对其财产进行保全、责令其作出一定行为或者禁止其作出一定行为。当事人没有提出申请的，人民法院认为必要时也可以职权裁定保全。保全可以在提起诉讼前或申请仲裁前向人民法院申请，也可以在诉讼过程中向人民法院申请。

1.2.1.1 提起诉讼或申请仲裁前保全申请

与相对方发生了争议，且双方又不能通过和解解决，在起诉前或申请仲裁前，若面临紧急情况，比如发现相对方可能恶意转移、隐匿财产等，即使起诉或仲裁后胜诉，也难以找到相对方可供执行的财产，可能会使己方合法权益受到难以弥补损害的，可以向人民法院申请提起诉讼或申请仲裁前保全。根据《民事诉讼法》第101条规定，申请提起诉讼或申请仲裁前保全必须具备以下条件：

（1）必须是利害关系人提出申请。起诉前或申请仲裁前申请保全，必须是与被申请人存

---

❶根据《民事诉讼法》第81条第6款规定，在紧急情况下，如证据可能灭失或者以后难以取得的，利害关系人可以在提起诉讼或者申请仲裁前向证据所在地、被申请人住所地或者对案件有管辖权的人民法院申请保全证据。其程序参照保全的有关规定。

在着明确的债权、债务关系且与被申请人发生了争议的利害关系人向人民法院提出申请，而且还应注意，同诉中保全措施不同的是，人民法院不能以职权主动采取保全措施。

（2）必须是情况紧急。即如果利害关系人不申请保全措施，被申请人可能会恶意实施转移、隐匿、出卖或者损毁被申请保全财产，申请人的财产权利就难以实现或不能实现。

（3）申请时必须同时提供担保。提起诉讼前或申请仲裁前申请保全措施，是在提起诉讼或申请仲裁前进行的，申请后是否起诉或申请仲裁，是否有申请保全的必要，会不会因实施不当的保全措施而给被申请方造成损失，都存在着不确定性，人民法院也难以准确判断。因此，申请诉前或仲裁前保全必须以提供担保为基础，而且根据《最高人民法院关于适用〈民事诉讼法〉若干问题的意见》第98条规定，担保的数额亦应相当于请求保全数额。申请人不能提供担保或不愿提供担保的，人民法院将依法驳回申请人诉前或仲裁前保全申请。

（4）必须向被保全财产所在地、被申请人住所地或者对案件有管辖权的人民法院提出申请，并同时提供相当数额的担保，否则人民法院会裁定驳回保全申请。

1.2.1.2 提起诉讼或申请仲裁前保全范围

根据《民事诉讼法》第102条规定，保全仅限于申请人请求的范围，或与本案有关的财物。也就是说，财物保全的数额应与请求保全的数额基本相当，且应是提起诉讼后的诉讼标的物，或者与之相关联的其他财物。

1.2.1.3 提起诉讼或申请仲裁前保全执行

人民法院接受保权申请后，应在48小时内作出裁定，裁定采取保全措施或驳回申请。裁定采取保全措施的，应立即开始执行。

人民法院可以通过查封、扣押、冻结或者法律规定的其他方法进行财产保全。应当注意的是，采用扣押、查封措施进行财产保全时，当事人、负责保管的有关单位或个人以及人民法院都不能使用该财产。

1.2.1.4 提起诉讼或申请仲裁前保全解除

有下列情形之一的，人民法院会解除保全措施：

（1）在人民法院采取保全措施后30日内，申请保全的申请人应依法提起诉讼或者申请仲裁，否则人民法院会解除保全措施。

（2）财产纠纷案件，被申请人提供担保的。被申请人向人民法院提供担保，且担保的数额与案件争议的数额相当，基本上消除了日后的生效判决难以执行或不能执行情形，申请人的合法权益有了保障，根据《民事诉讼法》第104条规定，人民法院会裁定解除保全措施。

（3）人民法院撤销原保全裁定。被申请人对保全不服的，根据《最高人民法院关于适用〈民事诉讼法〉若干问题的意见》第110条规定，可以向人民法院提出复议申请，人民法院应及时审查，裁定原保全措施不当的，作出新的裁定或者撤销原裁定，保全就会解除。但在复议期间，不停止保全措施的执行。

（4）申请保全的法定条件消失的，比如被申请人履行了偿债义务，申请人撤回申请的。

1.2.1.5 在诉讼实践中注意防控的环节

（1）诉讼前或申请仲裁前提交保全申请的同时，必须同时提供相应的担保，且担保额应相当于请求保全额，否则，将面临保全申请被法院依法驳回的风险。因此，在与相对方发生争议后，面临情况紧急，拟提起诉讼前或申请仲裁前保全措施的，在申请前应抓紧办理好相应的担保手续。

（2）结合实际情况，审慎申请诉前或仲裁前保全。必须是面临情况紧急，且申请额与争议额应相当，并应做好在申请保全措施后及时提起诉讼或申请仲裁的准备。否则，若申请保全不当，或者在人民法院采取财产保全措施后30日内没有提起诉讼或申请仲裁，要赔偿被申请人因保全而给其造成的直接经济损失。

【案例】申请人民法院采取诉前保全措施

A销售公司拟收购某个体加油站，并已先期签订了收购协议，但是由于外部B销售公司的介入，某个体加油站漫天要价，并准备就该加油站进行拍卖。A公司法律事务人员从合同条款、物权流转的法律要件等多角度积极思考，认为某个体加油站行为已构成合同违约，就以合同违约为由，果断出击，提出诉前保全申请，并办理好担保手续，抢在个体加油站准备拍卖前一天，成功申请法院诉前保全，阻止了个体加油站拍卖行为，并以诉促谈，迫使某个体加油站回到谈判桌前。

对恶意变卖资产，损害相对方利益，利害关系人可在诉前申请保全，以维护自身利益。同时，以诉促谈也是一个很好的工作思路。

(3) 人民法院采取保全措施，而对方财产不足申请财产保全额的，应积极发现并向人民法院提供被申请人的其他财产线索。根据《最高人民法院关于适用〈民事诉讼法〉若干问题的意见》第102、104、105条规定：

人民法院对抵押物、留置物可以采取财产保全措施，但抵押权人、留置权人有优先受偿权。

人民法院对债务人到期应得的收益，可以采取财产保全措施，限制其支取，并通知有关单位协助执行。

债务人的财产不能满足保全请求，但对第三人有到期债权的，人民法院可以依债权人的申请裁定该第三人不得对本案债务人清偿。该第三人要求偿付的，由人民法院提存财物或价款。

1.2.2 诉前调解

诉前调解，即在进入诉讼程序前在立案庭主导下进行的民事纠纷调解，它不是《民事诉讼法》规定的必经程序❶，而是各基层人民法院在坚持“调解优先，调判结合”工作原则基础上，所进行的探索与实践。即原告到人民法院提起诉讼后，经过立案庭审查，符合民事诉讼法起诉条件，准备受理立案，在立案前所进行的民事调解。

1.2.2.1 诉前调解特点

(1) 双方自愿为前提。进行诉前调解，必须完全尊重双方当事人意愿，不得勉强，不得强迫，完全由双方当事人自主决定，双方当事人的诉讼权利得到有效保障。

(2) 合法性原则。诉前调解，应以事实为根据，以法律为准绳，调解过程、调解内容、所达成的调解协议，不能违背有关法律、法规的精神。

(3) 调解程序的灵活性。诉前调解，不是法定必经程序，一般由在立案庭设立的人民调解室来进行调解，也可以吸收人民调解员或其他有关人员参加，调解程序灵活。

1.2.2.2 诉前调解的结果

(1) 如果诉前调解失败，立案庭就立案，起诉人交纳诉讼费，案件由立案庭转到审判

---

❶《民事诉讼法》第121条规定，起诉到人民法院的民事纠纷，适宜调解的，先行调解，但当事人拒绝调解的除外；同时在第123条又规定，人民法院应当保障当事人依照法律规定享有的起诉权利。对符合第119条的起诉，必须受理。

庭，进入诉讼程序。

（2）诉前调解成功，双方纠纷得到有效化解，和解息诉，案件就不再立案，不再进入诉讼程序，可有效节约司法资源。

1.2.2.3 诉前调解的效力

通过诉前调解达成和解协议具有法律约束力，一般能得到较好的执行。但调解书或和解协议只有经法院审核确认后，才产生与生效判决同样的法律效力，并具有强制执行力❶。

1.3 民事一审、二审诉讼程序

1.3.1 一审普通程序

当事人起诉后，经人民法院立案庭审查，符合《民事诉讼法》第119条规定的起诉条件，不同意诉前调解或经诉前调解也未达成和解协议的，人民法院就会受理立案，诉讼进入第一审程序。第一审程序包括一审普程序和简易程序。普通程序是基本程序，包括起诉和受理、审理前准备、开庭审理、作出裁判几部分。

1.3.1.1 开庭以前

1.作为原告

（1）书写民事起诉状。在诉讼实践过程中，与相对方发生争议准备起诉到人民法院的，应首先对被告的基本情况作全面了解。其一，看其是否具有适格的主体资格，例如对一个组织的起诉，应了解他是独立的法人组织还仅是法人单位的内部机构；其二，应对案件事实作基本的了解；其三，对所适用的法律、法规和司法解释作全面的了解。

在对案件、当事人及所使用的法律进行全面了解、分析的基础上，确定明确适格的被告，明确的诉讼请求，以及支持自己诉讼请求的事实和理由。在此基础上，书写民事起诉状。

起诉状的内容主要应包括三部分：①原告、被告基本情况，对无民事诉讼行为能力的当事人，还应包括法定代理人的基本情况，有委托代理人的还包括委托代理人基本情况；②诉讼请求，即请求人民法院依法支持的具体内容；③支持诉讼请求的事实和理由。如下为某工程款纠纷案起诉状简略样式：

民事起诉状

原告：A工程有限公司

住所地：×市×路北段128号

法定代表人：张某，董事长

联系电话：××××××

被告：B工程有限责任公司

住所地：×市发展道88号

法定代表人：李某，董事长

第三人：C有限公司

住所地：×市78号附1－6号

---

❶范愉．非诉讼教程（第二版）．北京：中国人民大学出版社，2012：109.

法定代表人：陈某，公司经理

诉讼请求：

1. 请求被告立即支付工程欠款200万元及逾期付款违约金；

2. 第三人对被告应负担的上述债务承担连带责任；

3. 诉讼费及相关费用由被告及第三人负担。

事实与理由：

…………

现被告承揽的工程已经竣工并交付使用，但被告未将剩余款项支付给原告。虽经原告多次催告，被告及第三人均相互推脱，给原告造成了巨大经济损失。为维护原告的合法权益，特依据《中华人民共和国民事诉讼法》第108条及相关法律之规定起诉至贵院，请求贵院尽快查明事实，依法公断。

此致

×市中级人民法院

具状人：A工程有限公司

二〇〇九年十二月八日

（2）准备好证据。在准备起诉状的同时，要对自己所掌握的证据进行归类整理，分类编号，是人证的，还应写明证人姓名和住所，并按被告人数制作复印件数份，在举证期内向人民法院递交，以支持自己的诉讼请求。为防止原件丢失，原件一般应自己保存，仅在开庭时当庭核对使用。

（3）审查诉讼时效并补正可能存在的瑕疵。对准备起诉案件进行诉讼时效审查，如果已超过诉讼时效，要查找并准备好有无法定诉讼时效中止、中断和延长事由，补正时效瑕疵，以免开庭后因超过诉讼时效而面临被法庭驳回风险。根据《最高人民法院关于适用〈民事诉讼法〉若干问题的意见》第153条规定，当事人超过诉讼时效期间起诉的，人民法院应予受理。受理后查明无中止、中断、延长事由的，判决驳回其诉讼请求。

（4）确定是否需要申请诉前保全。如果面临情况紧急，确需申请诉前保全的，应制作诉前保全申请书，并同时提供财产担保，向人民法院申请执行。

（5）确定是否需要外委律师及律师“风险代理”尝试。根据案情的复杂程度，对于比较简单案件，可以直接进行诉讼，以节约外委律师费用；但对于案情较复杂的，由于可能存在的法律、法规、司法解释把握不全，或者诉讼经验不足，应考虑外委律师进行诉讼。

在诉讼实践中，对于比较复杂案件，近几年出现的律师“风险代理”，未尝不是一种好的尝试。即案情复杂、胜诉难定的案件，可以同律师事务所签订风险代理合同，若胜诉则支付律师费用，若败诉，诉讼费用全部由律师事务所承担。

当然，若考虑外委律师，还必须制作授权委托书，委托书一定要写明委托事项和权限，并明确是一般授权代理，还是特别授权代理。

（6）选择有利的有管辖权的人民法院起诉，并及时预交诉讼费用。准备好起诉状及必要证据后，向有管辖权的人民法院提起诉讼。在实际诉讼实践中，有的案件多个人民法院都有管辖权，应当选择比较便利的人民法院进行起诉，可以有效节约诉讼成本。起诉状正本一份，副本应按被告人数准备。

起诉后，人民法院立案庭会进行审查，符合《民事诉讼法》第119条规定的，就会受理，并发出立案受理通知书、举证通知书，凭受理通知书在7日内交纳诉讼费用，案件由立案庭转到民事审判庭。应当预交而未预交案件受理费，经通知后仍不预交或者申请减、缓、免未获人民法院批准而仍不预交的，人民法院会裁定按自动撤诉处理。

人民法院立案庭审查后认为不符合起诉条件的，会裁定不予受理。对裁定不服的，应当在裁定书送达之日起 10 日内向上一级人民法院提起上诉。否则，裁定就会生效，此项诉讼权利也就丧失。

（7）认真研读人民法院送达的答辩状，弄清双方的主要分歧点，围绕分歧点准备好如何辩驳。

（8）是否要增加或变更诉讼请求，如需要应在举证期限届满前提出。

2. 作为被告

收到法院传票、应诉通知书、起诉状副本、举证通知书等诉讼文书后，应对原告诉讼请求、所提供证据、所适用法律、诉讼时效及管辖人民法院进行认真审查，以确认证据是否真实，证据链是否完整，所提供证据与诉讼结果之间是否存在着必然的、充分的因果关系，所使用法律是否适当，是否超过诉讼时效，是否存在管辖权异议等事项，认真作好答辩准备。

（1）确认是否存在管辖权异议。对案件进行分析后，认为受诉人民法院不具有管辖权的，必须在答辩期内，即收到起诉状副本后 15 日内提出，并向人民法院提交书面的《管辖权异议申请书》。人民法院经审查，认为异议成立的，会裁定将案件移送有管辖权的人民法院；异议不成立的，会裁定驳回，作为被告可以就此提起上诉。

若超过法定期间不提出管辖权异议，并应诉答辩的，将视为受诉人民法院有管辖权，但违反级别管辖和专属管辖规定的除外。

（2）确定是否申请追加共同被告。为理清案情，维护自身合法权益，若存在共同被告，可以申请人民法院追加。如下为某环境损害赔偿一案追加被告申请书简略样式。

追加被告申请书

申请人：A 厂

负责人：张某，该厂厂长

被申请人：申某，男，59 岁，现住 × 市林海小区 19 栋

申请事项：

依法追加被申请人申某为本案被告参加诉讼。

事实与理由：

某村民小组诉申请人环境污染损害赔偿纠纷一案中，根据原告提交的证据材料，被申请人以本人名义向原告出具污染赔偿清单，与本案具有直接的法律上的利害关系。为查明事实，分清责任，申请人根据《中华人民共和国民事诉讼法》第 132 条和《最高人民法院关于适用〈中华人民共和国民事诉讼法〉若干问题的意见》第 57 条之规定，特申请追加申某为本案被告参加诉讼。

此致

× 县人民法院

申请人：A 厂

× 年 × 月 × 日

(3) 确定是否提出延期开庭和举证申请。如果案情较复杂，难以在举证期限内完成证据收集工作，或因为其他原因不能按期到庭应诉的，可以申请延期开庭和举证申请。如下为某环境损害赔偿案中申请延期开庭与举证申请样式。

延期开庭及举证申请书

申请人：A厂

负责人：王某　职务：厂长

申请人作为某村民小组与申请人环境污染赔偿纠纷一案的被告，收到贵院出庭应诉通知书，本应于2011年×月×日到庭应诉，现因本案具体经办人张某已经买断工龄，与申请人解除了劳动合同，申请人正积极通过各种途径与其联系，但目前尚未联系到，从而不能查明本案的事实情况，且无法于2011年×月×日到贵院应诉。为彻底查明案件事实，特申请贵院准予延期开庭审理此案并准许延期举证至开庭之日。

此致

×县人民法院

申请人：A厂

×年×月×日

(4) 证据梳理及书写答辩状。在对原告所依据的事实和理由进行客观、认真分析基础上，作为被告更应主动收集、梳理证据，并对这些证据进行归集、整理、分类编号，以印证对方所说的事实或证据是否存在，或者至少可以证明自己已经尽了法律应尽义务，以减轻自己的责任分担，将收集到的证据复印件在举证期内递交人民法院，以支持自己的权利主张。因客观原因不能自行收集的证据，可申请人民法院调查收集。

答辩状应在收到起诉状副本后15日内提出，正本一份，副本按原告人数准备。若不按时提交答辩状，或者不提交答辩状，不影响案件的开庭审理。

答辩状应主要就原告的诉讼请求、所依据的事实与理由进行针对性的事实陈述，从而阐明原告所说事实是否存在，适用法律有无错误，诉求是否超过诉讼时效等，如对方所引用法律是否已经无效，或者已被新的法律所取代，来反驳原告的诉讼请求，并明确表明自己的权利主张，如请求法庭依法驳回原告的诉讼请求。如下为某人身损害赔偿案答辩状简略样式。

民事答辩状

答辩人：A公司

负责人：孔某，该公司总经理

被答辩人：毕某1，长女，19××年×月×日出生，汉族，现住×县×村。身份证号：××。

被答辩人：毕某2，次女，19××年×月×日出生，汉族，现住×县×村。身份证号：××。

答辩人就被答辩人诉答辩人人身损害赔偿纠纷一案，依据事实和法律，答辩如下：

一、被害人毕某在本案事故中存在严重过错，应依法承担相应的民事责任

……

二、答辩人在本案中不存在任何过错，不应承担民事赔偿责任

……

综上所述，答辩人认为，被答辩人的诉讼请求无事实和法律依据，人民法院不应当予以支持，应当依法驳回被答辩人对答辩人的诉讼请求。

此致

B县人民法院

答辩人：A公司

二〇一〇年十二月二十五日

（5）确认是否提起反诉。反诉是本诉被告针对本诉原告向本诉受诉人民法院所提起的独立诉讼请求，目的在于抵消或吞并原告的诉讼请求，反诉必须在举证期间届满前提出，并且属于本诉人民法院管辖，而且能同本诉合并审理。作为被告，经审查有符合反诉条件的事实与理由，就应当提出反诉，对抗原告的诉讼请求。在诉讼实践中，提起反诉，可以有效地改变自己的诉讼地位。

（6）根据案情的复杂程度，考虑是否要外委律师进行诉讼，以弥补诉讼经验或法律知识的不足。

3. 双方当事人证据交换

（1）在举证期限内提供证据。举证期间可以由双方当事人协商一致，并经人民法院认可；若由人民法院指定举证期限的，指定期间不得少于30日，自当事人收到案件受理通知书和应诉通知书的次日起计算。

依据《民事诉讼法》"谁主张，谁举证"原则，作为当事人必须在举证期限届满前提供证据以支持自己的诉讼请求。但应注意，《最高人民法院关于民事诉讼证据的若干规定》❶第4条规定了8种侵权诉讼，如因新产品制造方法发明专利引起的专利侵权，高度危险作业致人损害的侵权，因环境污染引起的损害赔偿，建筑物悬挂物、搁置物脱落致人损害，饲养动物致人损害，因缺陷产品致人损害，因共同危险行为致人损害，因医疗行为引起的医疗纠纷诉讼等，实行举证倒置，侵害人具有举证义务。

（2）参与证据交换活动。经当事人申请，人民法院可以组织当事人在开庭审理前交换证据；对于证据较多或者复杂疑难案件，人民法院也可依职权组织当事人进行证据交换。证据交换在审判人员的主持下进行，对无异议的事实、证据记录在卷，并确定双方争议焦点。

1.3.1.2 开庭审理

按照人民法院传票通知的开庭时间、开庭地点，提前作好相应准备，如拟携带的证据资料、授权委托书等，按时到庭应诉。整个开庭过程在审判长主导下进行。

开庭审理前，书记员会查明当事人和其他诉讼参与人是否到庭，并宣布法庭纪律。随后，法庭就进入开庭审理，审判长会核对当事人，宣布案由，宣布审判人员、书记员名单，告知当事人诉讼权利、义务，并询问当事人是否提出回避申请，在审判长主导下，法庭审理有序进行。

1. 确定是否申请回避、提出异议

申请回避是当事人的重要权力。在审判长询问是否提出回避申请时，发现审判人员、书记员、翻译人员、鉴定人、勘验人有《民事诉讼法》第44条规定回避情形的，就应当申请回避，在案件开始审理后才发现回避事由的，在法庭辩论终结前都可向法庭提出。

对相对方当事人身份有异议的，也应当向法庭提出身份异议。

---

❶2001年12月6日由最高人民法院审判委员会第1201次会议通过，2002年4月1日起施行。

2. 法庭调查

法庭调查在法庭主导下进行，依当事人陈述，证人作证，出示书证、物证、视听资料和电子数据，宣读鉴定结论、勘验笔录顺序进行。

（1）当事人陈述。根据法庭安排次序，作为原告陈述事实或宣读起诉状，阐明具体诉讼请求和理由；作为被告，陈述答辩事实或宣读答辩状，阐明自己的诉讼请求和理由，诉讼第三人或其他诉讼参与人陈述。如当事人外委律师进行诉讼，则可由律师代为陈述事实或宣读起诉状或答辩状。

（2）举证和质证。根据法庭安排，逐项出示证明当事人诉讼请求的证据，对相对方出示的证据进行质证，有异议的，说明异议理由和根据。经法庭允许，可以向证人、鉴定人、对方当事人等进行发问，对对方与本案无关的发问表示反对。

根据《最高人民法院关于民事诉讼证据的若干规定》第47条规定，证据应当庭出示并由当事人质证，未经质证的证据，不能作为认定案件事实的依据。但在证据交换过程中认可并记录在卷的证据，经审判人员在庭审中说明后，可以作为认定案件事实的依据。

3. 法庭辩论与最后陈述

根据法庭辩论顺序进行辩论，辩论应主要围绕法庭总结的双方争议焦点进行，结合证据质证情况、有关法律法规进行，努力证明自己诉讼请求与事实之间的逻辑关系，反驳对方当事人诉讼请求，指出事实与其诉讼请求存在的矛盾。

辩论终结，由法庭按照原告、被告、第三人的先后顺序就自己的诉讼请求作最后陈述。作为当事人，应简明扼要阐述自己观点，请求法庭支持自己的诉讼请求。

4. 是否同意和解或调解

法庭辩论终结，法庭还会主持调解。应根据庭审情况进行客观分析，权衡利弊，决定是否进行和解。经法庭调解达成和解的，双方当事人在协议书上签字盖章，作为原告可主动撤诉，也可由法院根据双方达成的和解协议制作调解书并送达给当事人。调解不成，法庭会及时判决。

5. 合议庭合议并作出裁判

法庭辩论终结，经过合议庭合议，会依法作出判决。一种方式是当庭作出宣判，法庭会在10日内送达判决书；另一种方式是定期宣判，宣判后立即发给判决书。无论是公开审理还是不宜公开审理案件，一律公开宣告判决。

对诉讼过程中程序问题作出处理决定人民法院会使用裁定，对诉讼当事人实体权利的处理决定人民法院会使用判决。最高人民法院的判决、裁定，以及依法不准上诉或者超过上诉期间没有上诉的判决、裁定，是发生法律效力的判决、裁定，判决书、裁定书送达后立即生效。

6. 审限规定

根据《民事诉讼法》第149条规定，适用普通程序审理案件，应在立案之日起6个月内审结。有特殊情况经本院院长批准可延长6个月，还需延长，报上级人民法院批准。依据《最高人民法院关于适用〈民事诉讼法〉若干问题的意见》第164条规定，公告期间、鉴定期间、审理当事人提出的管辖权异议以及处理人民法院之间的管辖权争议期间不计算在审限之内。

7. 核对笔录、签字

庭审笔录是固定证据的重要手段，对庭审记录经法庭宣读或阅读无误后，当事人和其他诉讼参加人应在法庭笔录上签字或盖章，拒绝签名盖章的，书记员会记明情况附卷。一定要认真对核庭审笔录，如应特别注意笔录与当事人陈述是否一致等，如果认为对自己的陈述记录有误的，有权申请补正。

1.3.1.3 庭审过程中例外情况处理

1. 撤诉及撤诉后补救措施

在庭审过程中发生以下情形时，人民法院按撤诉处理：①原告经传票传唤，无正当理由拒不到庭的，或者未经法庭许可中途退庭的；②原告为无民事行为能力的当事人，其法定代理人经传票传唤，无正当理由拒不到庭的；③宣判前，原告申请撤诉的，当然是否准许，由人民法院裁定；④有独立请求权的第三人经传票传唤，无正当理由拒不到庭的，或者未经法庭许可中途退庭的，人民法院可以对该第三人按撤诉处理。

根据《最高人民法院关于适用〈民事诉讼法〉若干问题的意见》第 144 条规定，当事人撤诉或人民法院按撤诉处理后，当事人以同一诉讼请求再次起诉的，人民法院应予受理，但对离婚案件，没有新情况、新理由，6 个月内又起诉的，人民法院可不受理。

2. 延期开庭

符合《民事诉讼法》第 146 条规定下列情形之一的，可以延期开庭审理：①必须到庭的当事人和其他诉讼参与人有正当理由没有到庭的；②当事人临时提出回避申请的；③需要通知新的证人到庭，调取新的证据，重新鉴定、勘验，或者需要补充调查的；④其他应当延期的情形。

3. 诉讼中止、终结

（1）诉讼中止。符合《民事诉讼法》第 150 条规定的下列情形之一的，诉讼中止：①一方当事人死亡，需要等待继承人表明是否参加诉讼的；②一方当事人丧失诉讼行为能力，尚未确定法定代理人的；③一方当事人因不可抗拒事由不能参加诉讼的；④作为一方当事人的法人或其他组织终止，尚未确定权利义务承受人的；⑤本案必须以另一尚未审结案子的审理结果为依据；⑥其他应终止诉讼的情形。

诉讼中止裁定一经作出，即发生法律效力，不得上诉，也不得申请复议。在诉讼中止原因消除后，恢复诉讼程序，但不必撤销原裁定，从当事人双方继续进行诉讼时，中止诉讼裁定即自动失去效力。

（2）诉讼终结。符合《民事诉讼法》第 151 条规定的下列情形之一的，诉讼终结：①原告死亡，没有继承人，或者继承人放弃诉讼权利的；②被告死亡，没有遗产，也没有应当承担义务的人的；③离婚案件一方当事人死亡的；④追索赡养费、扶养费、抚育费以及解除收养关系案件的一方当事人死亡的。

终结诉讼的裁定一经作出，即发生法律效力，不得上诉，也不得申请复议，当事人不得就同一诉讼标的再次提起诉讼。

4. 缺席判决

发生以下情形时，人民法院按缺席判决处理：①被告经传票传唤，无正当理由拒不到庭的，或者未经法庭许可中途退庭的；②被告为无民事行为能力的当事人，其法定代理人经传票传唤，无正当理由拒不到庭的；③宣判前，原告申请撤诉而人民法院裁定不准撤诉，原告经传票传唤，无正当理由拒不到庭的。

1.3.1.4 在诉讼实践中注意防控的环节

（1）作为原告，在起诉时已超过诉讼时效的，要积极收集证据，补正诉讼时效瑕疵，以避免被法庭驳回诉讼请求的风险。

(2) 作为被告，若认为存在管辖权异议应及时在法定期限内提出，否则将丧失该项权力，将被视为已接受受诉人民法院管辖。同时根据实际情况，决定是否提起反诉。

【案例】提出反诉以吞并原告诉讼请求维权

原告张某诉称，其在本村筹建的纯净水厂，由于A企业污染其水源，致使其原有客户拒绝再饮用原告生产的纯净水，遭受经济损失70万元。原告多次找被告协商解决，被告均置之不理。故请求法院判令被告赔偿原告经济损失50万元。A企业接到案件后，迅速进行了现场勘查。根据调查情况，张某纯净水厂位置是A企业生产用地(有地籍文件证明)，由于安全原因，该处生产设施被搬离。原告张某未经被告同意，擅自建立水厂，侵占了被告合法使用土地权。

为了对抗原告诉讼请求，变被动为主动，果断提起反诉，请求法院判令反诉被告立即拆除在反诉原告土地上的建筑物并恢复原状，同时，依法判令反诉被告赔偿因侵权给反诉人造成的损失40万元。该案经一审，法院以〔2007〕×法民初字第×号驳回原告诉讼请求，并责令将纯净水厂从A企业合法用地上搬走。原告不服一审判决，提起上诉，二审维持原判。

因污染而提起的诉讼，举证责任倒置，被告负有举证责任。提出反诉，吞并并抵消原告诉讼请求，是一种积极对抗的诉讼策略。

(3) 证据不经质证，不能作为认定案件事实的依据。同时，对于较易灭失证据，可以申请法院进行证据保全，也可以通过社会公证部门对证据进行公证保全。

【案例】通过证据公证保全

石化下属C单位进行野外施工作业，村民张某以施工作业所产生噪音造成其所养种猪死亡为由要求C单位赔偿56.16万元，村民张某所在市某兽医站为其出具了种猪死亡系噪音污染所致的鉴定结论。获悉后C单位立即委托该市某公证处对种猪死亡现场进行公证并封存样品，即在该市某公证处的监督下，种猪养殖户、C单位有关部门共同对现场进行拍照，初步查明死亡的品种、大小、数量，然后取部分死亡禽畜现场封存，其余销毁。随后在公证处公证下到省兽医站对死亡种猪进行解剖，死因鉴定系猪瘟所致，并告知养殖户，避免经济损失56.16万元。

(1)《最高人民法院关于民事诉讼证据的若干规定》第77条规定，物证、档案、鉴定结论、勘验笔录或者经过公证、登记的书证，其证明力一般大于其他书证、视听资料和证人证言；

(2)《公证法》第36条规定，经公证的民事法律行为、有法律意义的事实和文书，应当作为认定事实的根据，但有相反证据足以推翻该项公证的除外；

(3) 该类案件发生后，由于现场证据较易灭失，应迅速联系公证处对发案现场进行公证，保留证据。

(4) 未申请诉前保全，诉讼过程中发生情况紧急的，可以申请诉中保全，当然，人民法院也可以职权采取诉中保全措施。

(5) 法定期限内书面行使上诉权利。依法可以上诉的一审案件，会在判决书、裁定书最后部分告知当事人上诉权利、上诉法院及上诉期间，对一审判决、裁定不服要在法定期限内及时上诉。同时应注意，上诉状必须采用书面形式，口头表示上诉无效。根据《最高人民法院关于适用〈民事诉讼法〉若干问题的意见》第178条规定，一审宣判时或判决书、裁定书送达时，当事人口头表示上诉的，人民法院应告知其必须在法定上诉期间内提出上诉状。未在法定上诉期间内递交上诉状的，视为未提出上诉。

（6）向法官提供法律。在实际诉讼活动中，由于具体案件涉及的法律、法规或司法解释面多又广，针对某个特定案件所适用的法律、法规，法官也不一定都能全面掌握和了解，特别是对于基层人民法院。因此，针对具体的诉讼案件，要积极收集与此案件有关的最新法律、法规和司法解释，力争全面掌握和理解，并积极向法官提供法律建议。

（7）进行"风险代理"尝试，尽可能降低诉讼风险。对于案件复杂，胜诉难定案件，可以考虑进行"风险代理"尝试，以降低诉讼风险。

1.3.2 简易程序

根据《民事诉讼法》第157条规定，对于事实清楚、权利义务关系明确、争议不大的简单民事案件的审理，以及双方当事人约定使用简易程序审理的案件，基层人民法院和它派出的法庭可以使用简易程序。

1.3.2.1 简易程序适用范围

适用简易程序审理的案件，包括简单的民事案件，以及双方约定使用简易程序审理的案件。简单的民事案件应具有以下特点：

（1）事实清楚，当事人双方对争议的事实陈述基本一致，并能提供可靠的证据，无需人民法院调查收集证据即可判明事实、分清是非。

（2）权利义务关系明确，谁是责任的承担者，谁是权利的享有者，关系明确。

（3）争议不大，当事人对案件的是非、责任以及诉讼标的争执无原则分歧。

1.3.2.2 简易程序特点及要求

（1）原告可以口头起诉，人民法院可用口头或书面方式将起诉内容告知被告，当然，适用简易程序审理案件，只能是向基层人民法院或其派出法庭提起诉讼。

（2）当事人双方可以同到人民法院或者其派出法庭，请求解决纠纷，即可当庭审理，也可择期审理，并可用口头或者其他简便方式传唤当事人、证人、送达诉讼文书、审理案件，但应当保障当事人陈述意见的权利。

（3）由审判员一人独任审理，并不受普通程序通知当事人、法庭调查、法庭辩论顺序等约束，但必须由书记员担任记录，不得自审自记。对标的额在省、自治区、直辖市上年度就业人员年平均工资30%以下的简单的民事案件，实行一审终审。

（4）立案之日起3个月内审结，并且审理期间不得延长。在审理过程中，发现案情复杂，可以转为普通程序，由合议庭进行审理，审理期限从立案的次日起计算。

（5）判决结案的，必须像适用普通程序审理案件一样，进行公开宣判。

（6）起诉时被告下落不明的案件、已按照普通程序审理的案件、发回重审案件和按照审判监督程序再审的案件，不能适用简易程序审理。

1.3.3 二审程序

当事人对地方人民法院未生效的第一审判决或裁定不服的，根据《民事诉讼法》第164条规定，可以在法律文书送达后，在法定期限内提起上诉，就进入二审程序。

1.3.3.1 提起上诉

（1）上诉的法定期限。不服第一审判决的上诉期限为判决书送达之日起15日内；不服第一审裁定的上诉期限为判决书送达之日起10日内。

（2）上诉的提起。如果对第一审判决或裁定不服，就应在法定期限内书面提起上诉状。

上诉状应通过原审人民法院提出，并按照对方当事人人数准备副本(在一审判决书、裁定书后也告知上诉人应提交副本数)。原审人民法院会在5日内将副本送达对方当事人，对方当事人在法定期间提交答辩状的，会将答辩状副本送达上诉人。原审人民法院收到起诉状、答辩状后，会连同全部案卷和证据，报送二审人民法院。

《民事诉讼法》也允许当事人直接向第二审人民法院上诉，第二审人民法院会在5日内将上诉状移交原审人民法院。

(3)上诉状内容。主要包括当事人基本情况、原审人民法院名称、案件编号和案由，上诉的请求和理由。上诉的请求只能是申请二审人民法院依法撤销原审判决、裁定，或者改判。支持上诉请求的理由只能从原审人民法院适用法律不当或错误，认定的事实错误或不清，或者原判决违反法定程序，也可能是这几个方面交织在一起来阐述。如下为某人身伤害赔偿一案上诉状样式。

民事上诉状

上诉人(原审被告)：A公司

法定代表人：孔某，该公司经理

被上诉人(原审原告)：毕某1，长女，19××年×月×日出生，汉族，现住×县×村。身份证号：××。

被上诉人(原审原告)：毕某2，次女，19××年×月×日出生，汉族，现住×县×村。身份证号：××。

上诉人A公司因与被上诉人毕某1、毕某2人身损害赔偿纠纷一案，不服B县人民法院(2010)B民初字第1557号民事判决，特依法提出上诉。

上诉请求：

1. 请求依法撤销B县人民法院(2010)B民初字第1557号民事判决第一项，依法予以改判上诉人不承担责任。

2. 上诉费用由被上诉人承担。

上诉理由：

一、一审判决将被扶养人生活费列为赔偿范围无法律依据

…

二、一审判决计算被扶养人生活费数额错误

…….

三、一审判决判令A公司承担20%的赔偿责任无事实根据和法律依据

……

综上所述，上诉人认为，一审判决判令A分公司承担赔偿责任无事实和法律依据，且在认定赔偿项目和计算赔偿数额方面存在错误。请求二审法院查明事实，依法支持上诉人的上诉请求。

此致

B市中级人民法院

上诉人：A公司

二〇一一年七月二十日

1.3.3.2 开庭审理

第二审人民法院审理上诉案件，与第一审人民法院审理过程大致相同，也包括开庭准备、法庭调查、法庭辩论、合议庭合议和裁判等。

(1) 开庭审理与径行判决。二审人民法院审理上诉案件，必须由审判员成合议庭，并开庭审理。在事实核对清楚后，合议庭认为不需要开庭审理的，可径行判决、裁定。根据最高人民法院关于适用《民事诉讼法》若干问题的意见第 188 规定，下列上诉案件可径行判决、裁定：

a. 一审就不予受理、驳回起诉和管辖权异议作出裁定的案件；

b. 当事人提出的上诉请求明显不能成立的案件；

c. 原审裁判认定事实清楚，但适用法律错误的案件；

d. 原判决违反法定程序，可能影响案件正确判决，需要发回重审的案件。

(2) 二审法院审查范围。二审人民法院只对上诉请求的有关事实和适用法律进行审查，充分尊重当事人的实体处分权利。但在对上诉人上诉请求的有关事实和适用法律进行审查时，如果发现在上诉请求以外原判决确有错误的，也应予以纠正。

(3) 终审判决或裁定。二审人民法院的判决是终审的判决、裁定，一经宣判或者送达即发生法律效力，当事人不得上诉，且必须履行，否则会面临法院强制执行。二审人民法院经过审理，对上诉案件按下列情形处理：

a. 维持原判。经审理，原判决认定事实清楚，适用法律正确的，判决驳回上诉，维持原判决。

b. 依法改判。经审理，原判决适用法律错误的，依法改判。

c. 发回重审或改判。经审理，原判决认定事实错误，或者原判决认定事实不清，证据不足，裁定撤销原判决，发回原审人民法院重审，或者查清事实后改判。

d. 发回重审。经审理，原判决违反法定程序，可能影响案件正确判决的，裁定撤销原判决，发回原审人民法院重审。

(4) 审结期限。人民法院审理对判决的上诉案件，应当在第二审立案之日起 3 个月内审结，有特殊情况需延长的，由本院院长批准；审理对裁定的上诉案件，应当在第二审立案之日起 30 日内作出终审裁定，并且不得延长期限。

(5) 调解。第二审人民法院审理上诉案件，可以进行调解，调解达成协议，人民法院根据调解协议制作调解书。调解书送达后，原审判决即视为撤销。调解书同判决书具有同等法律效力。应当注意，《最高人民法院关于适用〈民事诉讼法〉若干问题意见》第 182、183、184 条规定了二审调解的一些特殊情形：

a. 对当事人在一审中已经提出的诉讼请求，原审人民法院未作审理、判决的，第二审人民法院可以根据当事人自愿的原则进行调解，调解不成的，发回重审。

b. 必须参加诉讼的当事人在一审中未参加诉讼，第二审人民法院可以根据当事人自愿的原则予以调解，调解不成的，发回重审。发回重审的裁定书不列应当追加的当事人。

c. 在第二审程序中，原审原告增加独立的诉讼请求或原审被告提出反诉的，第二审人民法院可以根据当事人自愿的原则就新增加的诉讼请求或反诉进行调解，调解不成的，告知当事人另行起诉。

(6) 撤诉。在第二审人民法院判决宣告前，上诉人可以申请撤回上诉，但是否准许，由人民法院裁定。人民法院裁定准许撤回的，上诉人将丧失上诉权，不得再上诉，一审判决将生效。根据《最高人民法院关于适用〈民事诉讼法〉若干问题意见》第190条规定，在下列情形下不准撤诉：

二审人民法院经审查认为一审判决确有错误，或者双方当事人串通损害国家和集体利益、社会公共利益及他人合法权益的，将不准撤诉。

1.3.3.3 在诉讼实践中注意防控环节

（1）应在法定期限内提起上诉，否则将丧失上诉权利。

（2）当事人对重审案件的判决、裁定，仍可以提起上诉。

（3）若超过法定上诉期限，应积极采取补救措施，看有无因不可抗拒的事由或者其他正当理由可以申请顺延期限，当然，是否准许，由人民法院决定。

（4）由于二审判决、裁定是终审判决、裁定，一旦宣告或送达立即生效，并不得上诉。若二审判决真有错误，只有通过审判监督程序申请再审，但不停止已生效判决、裁定的执行。

1.4 审判监督程序

1.4.1 再审案件的提起

1.4.1.1 人民法院依职权提起再审

（1）人民法院院长提出。根据《民事诉讼法》第198条规定，各级人民法院院长对本院已经发生法律效力的判决、裁定，调解书发现确有错误，认为需要再审的，应当提交审判委员会讨论决定。在本院审判委员会决定后，应当进入再审程序。

（2）上级人民法院和最高人民法院提出。最高人民法院对地方各级人民法院已经发生法律效力的判决、裁定、调解书，上级人民法院对下级人民法院已经发生法律效力的判决、裁定、调解书，发现确有错误的，有权提审或者指令下级人民法院再审。

1.4.1.2 人民检察院抗诉提起再审

对于已经发生法律效力的判决、裁定，发现有《民事诉讼法》第200条规定之一的，或调解书损害国家利益、社会公共利益的，人民检察院应当提出抗诉。

1.4.1.3 申请人申请再审

针对已经发生法律效力的判决、裁定，或调解书，当事人认为有错误的，可以向上一级人民法院申请再审；当事人一方人数众多或者当事人双方为公民的案件，也可向原审人民法院申请再审。

（1）申请期限。当事人申请再审，应当在判决、裁定发生法律效力后6个月内提出；对调解申请再审，应在调解书发生法律效力后6个月内提出。6个月是不变期间，不得延长。但是，据以作出原判决、裁定的法律文书被撤销或者变更，以及发现审判人员在审理该案件时有贪污受贿、徇私舞弊、枉法裁判行为的，自知道或者应当知道之日起6个月内提出。

（2）申请再审条件。当事人申请再审，对判决或裁定，应符合《民事诉讼法》第200条规定的13条再审情形之一；对调解申请再审，必须提出证据证明调解违反自愿原则或者调解协议的内容违反法律。

（3）不得申请再审情形。对已经发生法律效力的解除婚姻关系的判决、调解书，按照督促程序、公示催告程序、企业法人破产还债程序审理的案件，以及依照审判监督程序审理后维持原判的案件，当事人不得申请再审。

1.4.2 申请人申请再审程序

（1）书写再审申请书并准备好证据材料。再审申请书应主要包括当事人基本情况，作出生效判决或裁定的人民法院、案件编号、案由，申请再审的事实和理由三部分。事实和理由应符合《民事诉讼法》第200条规定的再审情形之一，并梳理准备好支持自己申请再审的证据材料，有证人的，还应附证人名单等。

（2）人民法院收到再审申请书之日起，5日内会将副本送达被申请人，被申请人应在15日内提出书面意见书，就是否同意再审表明态度，如人民法院应驳回对方当事人再审申请，并阐明事实与理由。

（3）在实际诉讼实践中，人民法院会举行再审听证会，听取双方阐述事实与理由，并可要求当事人补充资料，并询问有关事项。

（4）人民法院在收到再审申请书3个月内，经审查认为符合《民事诉讼法》第200条规定的再审情形之一的，会裁定再审，并同时裁定中止原判决的执行，另行组成合议庭进行再审；认为不符合再审情形之一的，人民法院会裁定驳回。有特殊情况需延长期限的，由本院院长批准。

1.4.3 再审案件的审理

（1）因当事人申请裁定再审的案件由中级人民法院以上的人民法院审理。最高人民法院、高级人民法院裁定再审的案件，由本院再审或者交其他人民法院再审，也可以交原审人民法院再审。审理再审案件，人民法院必须另行组成合议庭。

（2）发生法律效力的判决、裁定是由第一审人民法院作出的，按照第一审程序审理；发生法律效力的判决、裁定是由第二审人民法院作出的，按照第二审程序审理，上级人民法院按照审判监督程序提审的，按照第二审程序审理。

（3）按照第一审程序进行的再审，所作的判决、裁定，当事人仍可以上诉；按照第二审程序进行的再审，所作的判决、裁定，是发生法律效力的判决、裁定，不能上诉。

（4）再审或提审的人民法院审理后，会作出新的判决或裁定，确定是撤销、改变或者维持原审判决、裁定。

（5）人民法院审理再审案件，仍然可以调解，达成调解协议的，调解书送达后，原判决、裁定即视为撤销。

1.5 执行程序

1.5.1 申请执行的提出

对已生效的法律文书，如判决书、调解书、仲裁裁决书，债务人拒绝履行其债务的，除在特殊情况下由审判庭移送执行庭执行外，一般需债权人向人民法院提出申请，请求人民法院依法执行强制措施，迫使债务人履行债务，保护债权人合法权益。申请执行，应符合以下条件：

（1）法律文书已经生效，且法律文书确定的履行期间已经届满，对方当事人仍没有履行，或者没有完全履行义务。

（2）必须在法定期限内申请。申请执行法定期间为 2 年，从法律文书规定履行期间的最后一日起计算，申请时效的中止、中断，适用诉讼时效中止、中断的规定。超过法定期间的，人民法院不予受理执行申请。

（3）向人民法院递交申请执行书。申请执行一般应采用书面形式，包括申请人、被申请人基本情况，申请执行依据和申请执行事项，并附生效法律文书副本，如判决书、调解书、仲裁裁定书等。在递交的申请执行书中，应尽可能详尽提供被申请人财产状况或财产线索，以利于人民法院执行。

（4）发生法律效力的民事判决、裁定，以及刑事判决、裁定中的财产部分，向第一审人民法院或者与第一审人民法院同级的被执行财产所在地人民法院申请执行。

法律规定由人民法院执行的其他法律文书，向被执行人住所地或者被执行的财产所在地有管辖权的人民法院申请执行。

人民法院自收到申请执行书之日起超过 6 个月未执行的，申请执行人可以向上一级人民法院申请执行。

1.5.2 强制执行

1.5.2.1 人民法院发出执行通知

人民法院执行庭接到申请执行通知书或移交执行书后，就会向被执行人发出执行通知，责令其在指定的履行期间履行生效法律文书确定义务，逾期拒不履行的，就会采取强制执行措施，迫使被执行人履行。

（1）对执行行为违法异议的提出。当事人、利害关系人认为执行行为违反了法律规定，可向采取执行措施的人民法院提出书面异议。人民法院经审查认为异议不成立的，会裁定驳回，当事人、利害关系人可申请复议；异议成立的，人民法院会裁定撤销执行或者改正执行。

（2）对执行标的异议的提出。在执行过程中，如果案外人就执行标的提出书面异议，人民法院经审查认为异议成立的，会裁定中止对该标的的执行；异议不成立的，会裁定驳回。案外人、当事人对裁定不服，认为原判决、裁定错误的，依照审判监督程序办理；与原判决、裁定无关的，可向人民法院提起诉讼。

1.5.2.2 人民法院执行措施

（1）被执行人必须报告财产。未按执行通知要求履行法律文书确定义务，被执行人必须报告当前以及收到执行通知之日前一年的财产情况。拒绝报告或者虚假报告的，人民法院可对被执行人或主要负责人、直接责任人员予以罚款、拘留。

（2）人民法院通过查询、扣押、冻结、划拨、变价被执行人存款、债券、股票、基金份额等财产，来强制被执行人履行法律文书确定义务，有关单位必须按照人民法院协助执行通知要求办理。

（3）人民法院通过扣留、提取被执行人应当履行义务部分的收入来强制被执行人履行法律文书确定义务，被执行人所在单位等相关单位必须根据人民法院协助执行通知要求办理。在采取该强制措施时，人民法院应保留被执行人及其所抚养家属的生活必需费用。

（4）人民法院通过查封、扣押、拍卖、变卖被执行人应当履行义务部分的财产，来强制被执行人履行法律文书确定义务。采取该强制措施，人民法院应作出裁定，并保留被执行人及其所扶养家属的生活必需品。被执行人隐匿财产的，人民法院有权发出搜查令，搜查令应由院长签发。

(5) 交付财物或票据。执行员传唤双方当事人当面交付法律文书指定交付的财物或者票证，或者由执行员转交。该财物或票证，由有关单位持有的，应按照人民法院协助执行通知要求转交；由有关公民持有的，应按照人民法院通知交出。否则，人民法院强制执行。

(6) 强制迁出房屋或者强制退出土地。由院长签发公告，责令被执行人在指定期间迁出或退出，被执行人逾期不履行的，由执行员强制执行。强制迁出房屋被搬出财物，由人民法院交给被执行人，被执行人是公民的，也可交给其成年家属，因拒绝接收造成损失自行承担。

(7) 被执行人未按判决、裁定和其他法律文书指定的期间履行给付金钱义务的，应当加倍支付迟延履行期间的债务利息，未按判决、裁定和其他法律文书指定的期间履行其他义务的，应当支付迟延履行金。

1.5.2.3 强制执行

人民法院采取强制执行措施，由执行庭工作人员执行。执行员应出示证件，并根据不同的执行情形采取相应的强制执行措施。执行完毕，应将执行情况制作笔录，由在场的有关人员签名或盖章。

被执行人被执行的财产在外地的，负责执行的人民法院可以委托当地人民法院代为执行，受委托人民法院不得拒绝；负责执行的人民法院也可以直接到当地执行，即异地执行，并可以要求当地人民法院协助执行，当地人民法院应当根据要求协助执行。

在执行过程中，因提供担保或双方和解而暂缓执行或结束执行。

(1) 暂缓执行。在执行中，被执行人向人民法院提供担保，并经申请人同意的，人民法院可决定暂缓执行，在暂缓执行期限届满后仍不履行义务的，人民法院可以直接执行担保财产，或者裁定执行担保人的财产。暂缓执行期限应与担保期限一致，但最长不得超过一年。

(2) 自行达成和解协议。在执行中，双方当事人自行协商，达成和解协议，并按协议履行义务完毕的，就结束执行程序。一方当事人不履行或者不完全履行在执行中双方自愿达成的和解协议，对方当事人申请执行原生效法律文书的，人民法院会恢复执行，但已履行的和解协议部分除外。

1.5.3 执行中止与终结

1.5.3.1 执行中止

在出现《民事诉讼法》第256条规定下列情形之一的，人民法院会裁定中止执行，待中止执行原因消除后，继续恢复执行：①申请人表示可以延期执行的；②案外人对执行标的提出确有理由的异议的；③作为一方当事人的公民死亡，需要等待继承人继承权利或者承担义务的；④作为一方当事人的法人或者其他组织终止，尚未确定权利义务承受人的；⑤人民法院认为应当中止执行的其他情形。

1.5.3.2 执行终结

在出现《民事诉讼法》第257条规定下列情形之一的，执行工作无法进行或不再需要进行，人民法院会裁定终结执行：①申请人撤销申请的；②据以执行的法律文书被撤销的；③作为被执行人的公民死亡，无遗产可供执行，又无义务承担人的；④追索赡养费、扶养费、抚育费案件的权利人死亡的；⑤作为被执行人的公民因生活困难无力偿还借款，无收入来源，又丧失劳动能力的；⑥人民法院认为应当终结执行的其他情形。

1.5.4 在诉讼实践中注意防控环节

1.5.4.1 应积极向执行人民法院提供被执行人财产线索

（1）被执行人不能清偿债务，但若能发现其对第三人享有到期债权的，可向执行人民法院申请，通知该第三人向申请执行人履行债务。该第三人对债务没有异议又不在指定期限履行的，人民法院就可强制执行。

（2）人民法院采取执行措施后，被执行人仍不能偿还债务的，应积极发现被执行人有无其他新的财产线索，若发现新的其他可被执行财产时，可随时请求人民法院执行。

1.5.4.2 申请参与分配

作为债权人，在申请人民法院执行并已取得执行依据，或者已经起诉对方当事人，发现被执行人的财产已正在被人民法院执行，且被执行人的财产不能清偿所有债权的，可以向人民法院申请参与分配，以期最大限度维护自身利益。申请参与分配应当在已被人民法院执行的执行程序开始后、被执行人的财产被清偿前提出。

1.5.4.3 积极配合人民法院执行

作为单位或个人，有义务自觉履行人民法院已生效判决、裁定，或其他生效法律文书规定的义务，更应容忍人民法院的强制执行行为。否则，除被强制执行外，公民个人、单位主要负责人或直接责任人员还可能面临罚款、拘留，构成犯罪的，还会被追究刑事责任。

1.5.4.4 积极协助人民法院采取执行措施

作为协助执行单位，有义务积极协助人民法院采取执行措施。拒不履行的，人民法院除责令其履行协助义务外，并可予以罚款；同时可对单位负责人、主要责任人员予以罚款，直至拘留、提出予以纪律处分的司法建议。

1.6 非讼程序

1.6.1 特别程序

特别程序是人民法院依照民事诉讼法规定审理选民资格案件、宣告失踪或者宣告死亡案件、认定公民无民事行为能力或者限制民事行为能力案件、认定财产无主案、确认调解协议案件和实现担保物权案件等非民事权益纠纷案件所使用的特殊程序。

1.6.1.1 特别程序特点

（1）实行一审终审制，由审判员一人独任审理。根据《民事诉讼法》第178条规定，除选民资格案或者重大、疑难案件由审判员组成合议庭审理外，其他依照特别程序审理的案件由审判员一人独任审理，并实行一审终审制。

（2）依特别程序审理的案件属于非诉案件，人民法院审理目的是确认某种法律事实及某种权利的实际状态，不是为了解决双方当事人之间的民事权利义务争议。人民法院在审理过程中发现属于民事权益争议的，会裁定终结特别程序，并告知当事人可另行起诉。

（3）特别程序审理期限短。根据《民事诉讼法》第180条规定，应在立案之日起30日内或者公告期满后30日内审结。有特殊情况需延长的，由本院院长审批，但选民资格案件必须在选举日之前审结。

1.6.1.2 特别程序使用范围

（1）选民资格案。指公民对选举委员会公布的选民名单有异议，向选举委员会申诉且不服其所作的处理决定，而向人民法院提起的诉讼。

对选民资格有异议，第一，必须向选举委员会申诉，只有对申诉处理结果不满才能向人民法院起诉；第二，必须在选举日的5日以前向人民法院起诉，否则人民法院不予受理；第三，由选区所在地基层人民法院管辖；第四，人民法院必须由审判员组成合议庭进行审理，且必须在选举日前审结并将判决书送达选举委员会、起诉人和涉起诉案的有关公民；第五，审理时，起诉人、选举委员会代表、涉起诉案的有关公民必须参加；第六，法院判决为终审判决，不得上诉。

（2）宣告失踪或者宣告死亡案件。

a. 宣告失踪案件，指公民离开自己的住所下落不明，持续时间满2年，经利害关系人申请，人民法院查证后依法宣告该公民为失踪人案件。

宣告失踪，第一，必须满足公民下落不明满2年的前提条件；第二，必须经利害关系人如被申请宣告人配偶等向人民法院书面申请，申请书应写明失踪的事实、时间和请求，并附有公安机关等关于该公民下落不明的书面证明；第三，宣告失踪案件由下落不明人住所地基层人民法院管辖；第四，受理人民法院应发出寻找下落不明人的公告，公告期3个月；第五，公告期满，人民法院根据被宣告失踪的事实是否得到确认，作出宣告失踪或驳回申请的判决，人民法院判决宣告失踪的，应同时依照民法通则的规定指定失踪人的财产代管人；第六，被宣告失踪的公民重新出现，经本人或利害关系人申请，人民法院作出新判决，撤销原判决。

b. 宣告死亡案件，指公民下落不明满足法律规定期限，经利害关系人申请，人民法院依法宣告该公民死亡案件。

宣告死亡，第一，必须满足下列三个条件之一：①公民下落不明满4年，②因意外事故下落不明满2年，③因意外事故下落不明并经有关机关证明该公民不可能生存的；第二，必须经利害关系人向人民法院书面申请，申请书应写明下落不明的事实、时间和请求，并附有公安机关等关于该公民下落不明的书面证明；第三，宣告死亡案件由下落不明人住所地基层人民法院管辖；第四，受理人民法院应发出寻找下落不明人的公告，公告期1年，因意外事故下落不明并经有关机关证明该公民不可能生存的，宣告死亡公告期3个月；第五，公告期满，人民法院根据被宣告死亡的事实是否得到确认，作出宣告死亡或驳回申请的判决；第六，被宣告死亡的公民重新出现，经本人或利害关系人申请，人民法院作出新判决，撤销原判决。

（3）认定公民无民事行为能力或者限制民事行为能力案件，是指人民法院根据利害关系人的申请，对不能正确辨认或者不能完全辨认自己行为的精神病人，按照法定程序，认定并宣告该公民无民事行为能力或者限制民事行为能力的案件。

申请认定公民无民事行为能力或者限制民事行为能力，第一，必须由利害关系人向人民法院提出书面申请，申请书应当写明该公民无民事行为能力或者限制民事行为能力的事实和根据。第二，必须向该公民住所地基层人民法院提出。第三，人民法院受理申请后，必要时对该被请求认定的公民进行鉴定，以认定无民事行为能力或者限制民事行为能力。申请人已提供鉴定结论的，应当对鉴定结论进行审查。鉴定应当由具有一定权威性的鉴定机构作出。第四，人民法院经审理认定申请有事实根据的，会判决该公民为无民事行为能力或者限制民事行为能力人，认定申请没有事实根据的，会判决予以驳回。第五，在被认定为无民事行为能力或者限制民事行为能力的原因已经消除后，根据该被认定为无民事行为能力人、限制民事行为能力人或其监护人的申请，人民法院应当作出新判决，撤销原判决。

（4）认定财产无主案，指针对所有人不明或所有人不存在的财产，人民法院根据公民、法人或者其他组织的申请，依法定程序进行认定，判决宣布为无主财产，并收归国家或集体所有的案件。

申请认定财产无主，第一，由公民、法人或者其他组织向人民法院提出书面申请，申请书应当写明财产的种类、数量以及要求认定财产无主的根据；第二，必须向财产所在地基层人民法院提出；第三，人民法院受理申请后，经审查核实会发出财产认领公告，公告期一年；第四，公告满一年无人认领的，判决认定财产无主，收归国家或者集体所有，公告期间有人对财产提出请求，人民法院应裁定终结特别程序；第五，判决认定财产无主后，原财产所有人或者继承人出现，在民法通则规定的诉讼时效期间可以对财产提出请求，人民法院审查属实后，应当作出新判决，撤销原判决。超过诉讼时效主张权利的，人民法院会不予受理。

（5）申请司法确认调解协议。依照人民调解法等法律，由双方当事人自调解协议生效之日起30日内，共同向调解组织所在地基层人民法院提出。人民法院受理、审查后，符合法律规定的，裁定调解协议有效，一方不履的，另一方可申请人民法院执行；否则，裁定驳回申请。当事人可以通过调解方式变更原调解协议或者达成新的调解协议，也可以向人民法院提起诉讼。

（6）实现担保物权案件。依照物权法等法律，由担保物权人以及其他有权请求实现担保物权的人向担保财产所在地或者担保物权登记地基层人民法院提出。人民法院受理、审查后，符合法律规定的，裁定拍卖、变卖担保财产，当事人依据该裁定可以向人民法院申请执行；不符合法律规定的，裁定驳回申请，当事人可以向人民法院提起诉讼。

1.6.1.3 使用特别程序救济途径

人民法院适用特别程序审理的案件，在判决生效后，如果发现判决与新出现的事实不符，只能由作出该生效判决的人民法院，根据有关人员的申请作出新判决，撤销原判决。

适用特别程序审理的案件，不适用《民事诉讼法》关于审判监督程序的规定。

1.6.2 督促程序

督促程序，又称支付令程序，是债权人请求人民法院要求债务人给付金钱、有价证券，人民法院不开庭审理而直接向债务人发出支付令，如果债务人在法定期间内既不履行债务又不提出异议，则支付令就发生强制执行效力的程序。

1.6.2.1 支付令的申请

申请支付令，应符合以下条件：

（1）债权人请求给付的必须是以金钱或汇票、本票、支票以及股票、债券、国库券、可转让的存款单等有价证券为内容，并且请求给付的金钱或有价证券已到期且数额确定。

（2）必须提交书面申请，申请书应当写明请求给付金钱或者有价证券的数量和所根据的事实、证据。

（3）必须向有管辖权的基层人民法院申请支付令。

（4）债权人没有对待给付义务的。

（5）支付令能够送达债务人。债务人不在我国境内，或者虽在我国境内但下落不明的，就不能申请支付令。

1.6.2.2　人民法院受理和审理

（1）受理。债权人提出申请后，人民法院会在 5 日内通知债权人是否受理。一般来说，符合《民事诉讼法》第 214 条申请支付令条件的，人民法院会受理申请。

（2）审理。人民法院受理申请后，由审判员一人进行审查，通过对债权人提供的事实、证据的审查，对债权债务关系明确、合法的，会在 15 日内向债务人发出支付令；申请不成立的，会在 15 日内裁定驳回申请。该裁定实行一审终审，不得上诉。

1.6.2.3　债务人异议

债务人收到支付令后，必须自收到之日起 15 日内向债权人清偿债务，或者向人民法院提出异议。在法定期间内，既不提出异议又不履行支付令的，债权人可以向人民法院申请执行。

债务人必须书面提出异议，口头异议无效。人民法院收到债务人提出的异议后，经审查异议成立的，会裁定终结督促程序，支付令自行失效。债务人对债务本身没有异议，只是提出缺乏清偿能力，不影响支付令效力。

1.6.2.4　督促程序的终结

人民法院发出支付令前，申请人撤回申请的，会裁定终结督促程序。

人民法院收到债务人提出的书面异议，经审查异议成立的，会裁定终结督促程序，转入诉讼程序，但申请支付令一方当事人不同意提起诉讼除外。

1.6.3　公示催告程序

可以背书转让的票据被盗、遗失或者灭失的，失票前的最后持有人向人民法院提出申请，以公示催告的方式催促不明利害关系人在法定期间内申报权利，如果逾期无人申报或者虽有申报但被法院驳回的，法院就会做出票据无效判决的程序。

1.6.3.1　公示催告程序适用范围

（1）可以背书转让的票据。

（2）法律规定可以公示催告的其他事项。

1.6.3.2　公示催告申请

失票前的最后持票人，向票据支付地基层人民法院书面申请公示催告，申请书应写明票面金额、发票人、持票人、背书人等票据主要内容和申请的理由。

1.6.3.3　人民法院审查和受理

人民法院收到公示催告的申请后，会立即审查，并决定是否受理。审理由审判员一人独任审理，经审查认为符合受理条件的，通知予以受理；认为不符合受理条件的，7 日内裁定驳回申请。

1.6.3.4　停止支付和公示催告公告

人民法院决定受理申请后，会同时向票据支付人发出停止支付通知，支付人收到通知后必须停止支付，拒不支付的，人民法院除可依法采取强制措施外，在判决后，支付人仍应承担支付义务。

人民法院在发出停止支付通知后，会在3日内发出公示催告公告，催促不特定的利害关系人申报权利。公示催告期间不少于60日，在公示催告期间，转让票据权利的行为无效。利害关系人应在法定期间积极申报权利，否则会导致除权判决的法律后果。

1.6.3.5 权利申报与裁定终结

利害关系人应在公示催告期间向发出公示催告的人民法院积极申报权利，同时应向人民法院出示票据，经核查与申请公示催告的票据一致的，人民法院会裁定终结公示催告程序，与申请公示催告的票据不一致的，会裁定驳回利害关系人的申报。

利害关系人在申报期届满后，在判决作出之前申报权利的，经核查与申请公示催告的票据一致的，人民法院同样应裁定终结公示催告程序。

公示催告申请人撤回申请，应在公示催告前提出，在公示催告期间申请撤回的，人民法院可以径行裁定终结公示催告程序。

在公示催告公告期届满后1个月内，公示催告申请人逾期不申请判决的，人民法院会终结公示催告程序。

1.6.3.6 判决及法律后果

在申报权利期间没有人申报，或者虽有人申报但被驳回的，公示催告申请人必须在申报权利期间届满的次日起1个月内申请人民法院作出判决。

人民法院应当根据申请人的申请，组成合议庭审理，并作出判决，宣告票据无效。判决应当公告，并通知支付人。

自判决公告之日起，公示催告申请人有权依据判决向付款人请求付款。

1.6.3.7 未在法定期间申报权利的救济措施

利害关系人因正当理由不能在判决前向人民法院申报权利的，自知道或者应当知道判决公告之日起1年内，可以向作出判决的人民法院提起诉讼。

1.7 替代诉讼和仲裁机制的调解

调解作为一种争议解决机制，并非是无源之水、无本之木，而是有着其赖以存在的社会、经济、文化背景。我国调解方式的出现，最早可追溯至原始社会❶。当今时代，调解已广泛融入到诉讼和仲裁两种争议解决方式中，并且在法庭或仲裁员主持下达成的和解协议，经双方当事人签收后，即具有了法律效力。

调解作为替代诉讼和仲裁机制的争议解决方式，也广泛单独使用，虽然它达成的和解协议不具有法律上的强制力。但对当事人来说，在双方自愿基础上达成的和解协议，无胜败之分，不伤感情，有利于执行，也有利于促进社会和谐稳定。如果调解失败，当事人可以继续通过诉讼或仲裁方式来解决他们之间的争议。在国际商事纠纷调解中，模拟法庭在英美等国比较流行。在我国，人民调解制度早已深入人心，2011年1月1日起实施的《人民调解法》，对于规范人民调解活动，及时解决民间纠纷，维护社会和谐稳定，更有着深刻意义。中原油

❶杜新丽．国际商事仲裁理论与实践专题研究．北京：中国政法大学出版社，2009：202.

田普光气田油地巡回调解庭等调解实践活动，进一步丰富了中国石化系统通过调解来解决矛盾纠纷的内涵。

1.7.1 美英等国的模拟法庭

按照美国《布莱克法律词典》对这一术语的解释，是指当事人之间安排的一种自愿的、私下进行的、非正规的解决争议的方式。其具体做法是：模拟法庭由争议双方有权作出决定的公司主管和一位双方当事人共同认可的第三者组成。在开庭审理时，首先由双方律师对他们之间的争议作简要陈述，此后双方主管即试图对他们之间的争议的解决作出决断。在此之前，他们应当征求该第三者的意见：假定此案由法院判决，其结果如何？为此，该第三者就此案发表其无法律上的拘束力的咨询意见。双方主管在此意见的基础上就争议的解决作出决断，以了结双方当事人之间的争议❶。该中立的第三者一般为在解决特定争议方面的权威人士，主要是一些退休法官，以及声誉卓著的、富有经验的律师。目前，英、美等国家和地区许多争议解决机构都提供这样的专业人士的服务❷。

1.7.2 人民调解制度

人民调解，是指依法❸在村民委员会、居民委员会设立的人民调解委员会或企业事业单位根据需要设立的人民调解委员会，在遵循当事人自愿、平等的基础上，通过说服、疏导等方法，促使当事人在平等协商基础上自愿达成调解协议，解决民间纠纷的活动。人民调解员由人民调解委员会委员和人民调解委员会聘任的人员担任。人民调解委员会调解民间纠纷，不收取任何费用，并且不得因调解而阻止当事人依法通过仲裁、行政、司法等途径维护自己的权利。

当事人可以申请调解，人民调解委员会也可以主动调解，但当事人一方明确拒绝调解的，不得调解。根据调解纠纷的需要，人民调解委员会可以指定1名或者数名人民调解员进行调解，也可以由当事人选择1名或者数名人民调解员进行调解。在征得当事人同意后，还可以邀请当事人的亲属、邻里、同事等参与调解，也可以邀请具有专门知识、特定经验的人员或者有关社会组织的人员参与调解。

经人民调解委员会调解达成的调解协议，具有法律约束力，当事人应当履行。当事人之间就调解协议的履行或者调解协议的内容发生争议的，一方当事人可以向人民法院提起诉讼。另一方面，经人民调解委员会调解达成调解协议后，双方当事人认为有必要的，可以自调解协议生效之日起30日内共同向人民法院申请司法确认，经人民法院司法确认后，调解书产生与生效判决同样的法律效力。

1.7.3 中原油田普光气田油地联合巡回调解庭实践

中原油田西南工委与当地人民调解指导委员会联合建立了油地联合巡回调解庭。对普光

---

❶Black's Law Dictionary，West Publishing Co，1991，p. 689. 转引自赵秀文. 国际商事仲裁法院原理与案例教程. 北京：法律出版社，2010：9.

❷赵秀文. 国际商事仲裁法院原理与案例教程. 北京：法律出版社，2010：9.

❸《中华人民共和国人民调解法》，经第十一届全国人民代表大会常务委员会第十六次会议通过，2011 年 1 月 1 日起施行。

气田开发建设中出现的矛盾纠纷采取人民调解方式化解，迅速快捷解决民事矛盾，减少社会不稳定因素。该调解以当事人双方自愿为前提，尊重当事人通过仲裁、行政、司法等途径依法维权，在平等，不违背法律、法规、国家政策基础上，受理并调解在普光气田开发建设中出现的矛盾纠纷调解。同时，坚持通过调解工作宣传法律、法规，搞好普法教育。

根据实际需要，调解庭还建立了人民调解、行政调解、司法调解联动联调的大调解机制，针对纠纷的复杂性、广泛性、多元性，联合相关的单位、部门、人员共同参与调解，提高了调解的效率。

调解庭调解纠纷不收取任何费用，调解程序灵活，可以缩短办案时间。在调解庭调解下，双方自愿达成调解协议，争议双方不易结怨，调解协议也容易得到执行。

通过调解达成的调解协议，双方可以共同向人民法院申请司法确认。一经人民法院的确认，调解协议就具有法律强制力。在调解协议约定的期限内，一方拒不履行的，另一方可申请人民法院强制执行。

第2章　仲裁理论与实务

2.1　仲裁基本理论

2.1.1　对仲裁的认识

仲裁，俗称公断，是指各方当事人自愿将他们之间发生的争议交给作为仲裁人或公断人的第三者，由其依据法律或公平原则作出裁决，并约定自觉履行该裁决所确定的义务的一种制度❶。仲裁就其实质而言，是国际商事交易的当事人自愿解决争议的一种合同制度，即当事人同意把他们之间的已经发生的或者将来可能发生的争议提交给作为私人裁判官的仲裁员或作为私人裁判庭的仲裁庭解决❷。

因此，在国家法律允许通过仲裁方式解决的争议范围内，在合同中订立的仲裁条款，或以其他书面方式在纠纷发生前或发生后达成的请求仲裁的协议，是将他们之间的纠纷提交仲裁机构进行裁决的前提，也是仲裁机构取得管辖权的依据。当然，无效的仲裁协议或国家法律不允许通过仲裁解决的争议除外。

选择通过仲裁来解决民事争议，其同时也就排斥了人民法院的司法管辖。也即在常用的合同文本中，争议的解决方式，要么选择人民法院管辖，要么选择通过仲裁解决。当事人约定争议既可以向仲裁机构申请仲裁，又可以向人民法院起诉的，仲裁协议无效。但是，一方向仲裁机构申请仲裁，另一方未在仲裁庭首次开庭前提出异议的除外。

仲裁裁决同人民法院判决具有同等的法律效力。一方当事人拒不履行的，对方当事人可以向有管辖权的人民法院申请执行。但是，有《民事诉讼法》第237条、《仲裁法》第58条规定情形，被人民法院裁定不予执行或撤销的除外。

对于涉外仲裁，如果被执行人或者其财产不在我国领域内，由当事人直接向有管辖权的外国法院申请承认和执行；对于外国仲裁机构的裁决，需我国人民法院承认和执行的，应当由当事人直接向被执行人住所地或者其财产所在地的中级人民法院申请承认和执行。由于世界上大多数国家或地区都是《纽约公约》的缔约国，根据此公约，缔约国有义务承认与执行在执行地国以外作出的仲裁裁决，除非裁决有公约规定的拒绝承认与执行的理由。

2.1.1.1　仲裁的特征

（1）当事人意思自治。当事人通过仲裁方式解决纠纷，必须是在双方自愿基础上，在争议发生前或发生后达成仲裁协议，否则，一方申请仲裁，仲裁委员会不予受理。一方采取胁迫手段，迫使对方订立仲裁协议的，由于违背了双方自愿的基本原则，将是无效的仲裁协议。

（2）依法独立仲裁。仲裁机构，即仲裁委员会独立于行政机关，与行政机关没有隶属关系，仲裁委员会之间也没有隶属关系。仲裁机构依法独立仲裁，不受行政机关、社会团体和

---

❶肖永平．中国仲裁法教程．武汉大学出版社，1997：1.

❷赵秀文．国际商事仲裁法原理与案例教程．北京：法律出版社，2010：4.

个人的干涉。当事人达成仲裁协议，一方向人民法院起诉的，人民法院不予受理，排斥了法院的司法管辖，除非仲裁协议被人民法院依法认定无效。

（3）一裁终局。仲裁实行一裁终局制度。裁决作出后，当事人就同一纠纷再申请仲裁或者向人民法院起诉的，仲裁委员会或者人民法院不予受理。当然，裁决被人民法院依法裁定撤销或不予执行的，当事人就该纠纷可以根据双方重新达成的仲裁协议申请仲裁，或向人民法院提起诉讼。

（4）仲裁的保密性。仲裁不公开进行，有利于保护双方当事人商业秘密，当事人可以协议公开审理，但涉及国家秘密的，不允许公开审理。

（5）人民法院对仲裁的监督和保障。人民法院的监督表现在，经申请人申请，人民法院可以对仲裁协议的效力作出认定；可以依法裁定撤销或者不予执行仲裁裁定。人民法院的保障表现在，双方当事人发生争议，如果存在仲裁协议的，一方提起诉讼的人民法院不予受理；一方当事人不履行仲裁裁决的，另一方当事人可向有管辖权的人民法院申请执行；申请人申请财产保全、证据保全的，仲裁委员会应将当事人申请依照民事诉讼法的有关规定提交人民法院。

（6）涉外裁决可以在国际上得到承认和执行。1987 年我国成为《纽约公约》的缔约国，我国在加入该公约时做出了商事保留和互惠保留。根据该公约，除了公约规定条件下可以拒绝承认与执行外，每一个缔约国应该承认仲裁裁决有约束力，并且依照裁决需要其承认或执行的地方程序规则予以执行❶。对于非《纽约公约》缔约国，可以根据双边条约或按照互惠原则承认与执行。

2. 1. 1. 2　仲裁与诉讼的区别

（1）仲裁管辖权取得的依据是法律授权和当事人的意思自治。当事人申请仲裁，一方面必须有当事人在争议发生前或争议发生后自愿达成的仲裁协议，另一方面争议事项又必须是在法律允许仲裁的范围，法律不允许仲裁的争议，即便是当事人自愿达成仲裁协议，也是无效的仲裁协议，仲裁机构无权管辖。而诉讼管辖权全部来自于法律的强制性，不需要当事人达成合意。

（2）仲裁程序灵活，而诉讼程序法定。在不违背法律强制性约束情形下，在仲裁中，当事人享有选定仲裁员、仲裁地、仲裁语言以及适用法律的自由。当事人还可以就开庭审理、证据的提交和意见的陈述等事项达成协议，设计符合自己特殊需要的仲裁程序。在当事人没有协议的情况下，则由仲裁庭决定❷。然而诉讼必须严格依照民事诉讼法规定程序进行，不允许有丝毫逾越，否则将构成程序违法。因此，与人民法院严格的诉讼程序相比，仲裁程序更为灵活。

（3）民事诉讼涉及国家司法主权，必须依据所在国法律，而仲裁，由于不涉及司法主权，在符合法律规定条件下，可灵活选择程序规则和实体法；民事诉讼除特别程序外，实行两审终审制制度，而仲裁一裁终局，立即生效，其救济途径只有申请人民法院撤销或不予执行；民事诉讼实行级别管辖和地域管辖，而仲裁则可以自由地选择仲裁机构，没有级别管辖和地域管辖的约束。

仲裁一般不公开审理，除非当事人协议约定公开；而人民法院审理案件必须公开进行，

---

❶参见《关于承认和执行外国仲裁裁决的纽约公约》第 3 条。

❷参见贸仲网站，网址：http//cn. cietac. org/。

除了法律规定不公开的特别情形外，比如涉及个人隐私。

（4）仲裁庭裁决可以依据法律，也可以根据公平原则，裁决也应按多数仲裁员意见作出，但在不能形成多数意见情形下，按首席仲裁员意见作出裁决，持不同意见的仲裁员，可以签名，也可以不签名；但在民事诉讼中，人民法院必须依法裁判，判决也应按多数人意见作出，且在不能形成多数意见时，不得按审判长意见作出裁判。根据《最高人民法院关于人民法院合议庭工作的若干规定》❶，合议庭应当提请院长决定提交审判委员会讨论决定，不同意见审判人员也不得拒绝签字。

2.1.2 可仲裁争议范围

（1）根据《仲裁法》第2条规定，平等主体的公民、法人和其他组织之间发生的合同纠纷和其他财产权益纠纷，可以通过仲裁解决。但下列纠纷不能通过仲裁解决。

a. 因婚姻、收养、监护、抚养、继承而发生的纠纷；

b. 依法应当由行政机关处理的行政纠纷。

（2）劳动争议和农业集体经济组织内部的农业承包合同纠纷仲裁，不适用《仲裁法》的规定。比如劳动争议纠纷解决，必须先经当地劳动争议仲裁委员会调解或仲裁，在对仲裁结果不服时，可以在法定期间内向人民法院提起民事诉讼。

2.1.3 仲裁的基本程序

2.1.3.1 仲裁规则

仲裁规则是规定如何进行仲裁程序的规则。它规范仲裁机构、仲裁庭、当事人、证人以及与仲裁有关的其他人员之间的关系，包括仲裁程序的启动、仲裁庭的组成、仲裁审理、证据的提供与认定，以及仲裁裁决的作出❷。

针对具体争议的仲裁，按照双方约定的仲裁规则，或者约定的仲裁机构的仲裁规则进行，并受约束于国家有关仲裁立法的要求，如《仲裁法》及《民事诉讼法》关于仲裁的有关规定。中国国际经济贸易仲裁委员会仲裁规则（2012版）第四条规定，当事人同意将争议提交仲裁委员会仲裁的，均视为同意按照本规则进行仲裁。当事人约定适用其他仲裁规则，或约定对本规则有关内容进行变更的，从其约定，但其约定无法实施或与仲裁程序适用法强制性规定相抵触者除外。不同仲裁机构，其仲裁规则存在着差异，但仲裁的基本程序是一致的。

2.1.3.2 申请与受理

1. 申请仲裁

与相对方发生争议后，作为当事人想通过仲裁来解决存在的争议，首先应落实以下条件是否已经具备：

（1）双方之间已签订了仲裁协议。如果已在合同中订立了仲裁条款，或者在争议发生前或发生后已达成了其他书面请求仲裁协议，则该条件就具备了。如果没有，双方之间应尽快协商一致，达成仲裁协议，若双方之间不能就此达成合意，则只有通过提起诉讼来解决双方之间的争议。

（2）必须有具体的仲裁请求，以及支持自己仲裁请求的事实、理由。

---

❶2002年7月30日最高人民法院审判委员会第1234次会议通过法释〔2002〕25号。

❷赵秀文. 国际商事仲裁法原理与案例教程. 北京：法律出版社，2010：166.

（3）属于仲裁委员会（仲裁机构）受理范围。一方面申请仲裁事项应属法律允许的仲裁范围，另一方面申请仲裁事项应是仲裁协议项下所约定事项，如果超出了仲裁协议约定范围，仲裁机构也不会受理。

如果以上条件已经具备，作为当事人就可向仲裁委员会书面申请仲裁，并向仲裁委员会递交仲裁协议、仲裁申请书及副本。其中仲裁申请书内容同民事起诉状内容相类似，主要应包括以下内容：①当事人基本情况说明；②具体的仲裁请求，以及所依据的事实和理由；③证据和证据来源，如果是人证，还包括证人姓名和住所。

在提交仲裁申请书时，应附具申请人请求仲裁所依据的事实的证明文件。

2. 受理

（1）仲裁委员会收到仲裁申请书之日起 5 日内，经审查会通知当事人受理或不予受理，不予受理的会书面说明理由。

决定受理仲裁申请后，仲裁委员会会在仲裁规则规定的期限内将仲裁规则和仲裁员名册送达申请人，并将仲裁申请书副本和仲裁规则、仲裁员名册送达被申请人。

被申请人收到仲裁申请书副本后，应当在仲裁规则规定的期限内向仲裁委员会提交答辩书。仲裁委员会收到答辩书后，应当在仲裁规则规定的期限内将答辩书副本送达申请人。被申请人未提交答辩书的，不影响仲裁程序的进行。

（2）作为申请人，可以对其仲裁请求提出变更，作为被申请人可以提出反请求。

（3）如果有必要，作为申请人可以向仲裁委员会申请财产保全或证据保全，仲裁委员会会将当事人的财产保全申请转交被申请财产保全的当事人住所地或其财产所在地有管辖权的人民法院作出裁定，或者将证据保全申请转交证据所在地有管辖权的人民法院作出裁定。

（4）当事人对仲裁协议的效力有异议的，仲裁委员会有权对仲裁协议的存在、效力以及仲裁案件的管辖权作出决定。如有必要，仲裁委员会也可以授权仲裁庭作出管辖权决定。当事人对仲裁协议的效力有异议，应当在仲裁庭首次开庭前提出。

当事人对仲裁协议的效力有异议，一方请求仲裁委员会作出决定，另一方请求人民法院作出裁定的，由人民法院裁定。但根据最高人民法院关于适用《仲裁法》若干问题的解释❶第 13 条第 2 款规定，仲裁机构对仲裁协议的效力作出决定后，当事人向人民法院申请确认仲裁协议效力或者申请撤销仲裁机构的决定的，人民法院不予受理。

2.1.3.3 组成仲裁庭

1. 仲裁庭组成

（1）仲裁庭可以由 3 名仲裁员或者 1 名仲裁员组成，由 3 名仲裁员组成的，设首席仲裁员。

（2）当事人约定由 3 名仲裁员组成仲裁庭的，应当各自选定或者各自委托仲裁委员会主任指定 1 名仲裁员，第 3 名仲裁员由当事人共同选定或者共同委托仲裁委员会主任指定。第 3 名仲裁员是首席仲裁员。

（3）当事人约定由 1 名仲裁员成立仲裁庭的，应当由当事人共同选定或者共同委托仲裁委员会主任指定仲裁员。

（4）当事人没有在仲裁规则规定的期限内约定仲裁庭的组成方式或者选定仲裁员的，由仲裁委员会主任指定。

---

❶2005 年 12 月 26 日最高人民法院审判委员会第 1375 次会议通过法释〔2006〕7 号。

(5) 当事人一般应从仲裁委员会提供的名册中选定仲裁员。

2. 仲裁员回避

仲裁员不代表任何一方当事人，应独立于各方当事人，平等地对待各方当事人[1]。有下列情形之一的，仲裁员必须回避，当事人也有权提出回避申请：①是本案当事人或者当事人、代理人的近亲属；②与本案有利害关系；③与本案当事人、代理人有其他关系，可能影响公正仲裁的；④私自会见当事人、代理人，或者接受当事人、代理人的请客送礼的。

3. 仲裁员替换

仲裁员因回避或者其他原因，在法律上或事实上不能履行其职责的，应当依照法律或仲裁规则规定重新选定或者指定仲裁员。重新选定或者指定仲裁员后，当事人可以申请已进行的仲裁程序重新进行，是否允许由仲裁庭决定；仲裁庭也可自行决定已进行的仲裁程序是否重新进行。

2.1.3.4 开庭和裁决

(1) 开庭方式。仲裁一般开庭审理案件，但当事人协议一致，申请不开庭的，仲裁庭可以根据仲裁申请书、答辩书以及其他材料进行书面审理。

(2) 仲裁庭审理案件不公开进行。如果当事人要求公开审理的，可以公开进行，但涉及国家秘密的除外，是否公开审理由仲裁庭决定。

(3) 除非双方当事人另有约定，仲裁庭可以依它认为合适的方式、地点进行仲裁，仲裁庭应平等对待各方当事人，并应给予当事每一方充分的机会陈述其案情。

(4) 仲裁委员会在仲裁规则规定的期限内将开庭日期通知双方当事人。当事人有正当理由的，可在规定期限内请求延期开庭。是否延期，由仲裁庭决定。

(5) 当事人应当对自己的主张提供证据，仲裁庭认为需要的也可自行收集证据。针对专门性问题，仲裁庭认为需要鉴定的，可以交由当事人约定的或仲裁庭指定的鉴定部门鉴定。证据在开庭时出示，由当事人进行质证。

(6) 辩论终结时，首席仲裁员或者独任仲裁员应当征询当事人的最后意见。

(7) 申请人经书面通知，无正当理由不到庭或者未经仲裁庭许可中途退庭的，可以视为撤回仲裁申请。被申请人经书面通知，无正当理由不到庭或者未经仲裁庭许可中途退庭的，可以缺席裁决。

(8) 调解与仲裁。当事人申请仲裁后，自行和解并达成和解协议的，可以请求仲裁庭根据和解协议作出裁决书，也可以撤回仲裁申请。

仲裁庭在作出裁决前，可以先行调解。经调解达成协议的，仲裁庭应当制作调解书或者根据协议的结果制作裁决书。调解不成的，或在调解书签收前当事人反悔的，仲裁庭应当及时作出裁决。调解书与裁决书具有同等法律效力。

当事人达成和解协议，撤回仲裁申请后反悔的，可以根据仲裁协议重新申请仲裁。

(9) 裁决。裁决应当按照多数仲裁员的意见作出，仲裁庭不能形成多数意见时，裁决应当按照首席仲裁员的意见作出。裁决书应当写明仲裁请求、争议事实、裁决理由、裁决结果、仲裁费用的负担和裁决日期。当事人协议不愿写明争议事实和裁决理由的，可以不写。

仲裁庭仲裁纠纷时，可以就事实已经清楚部分先行裁决。对裁决书中的文字、计算错误或者仲裁庭已经裁决但在裁决书中遗漏的事项，仲裁庭应当补正；当事人自收到裁决书之日

[1]《中国国际经济贸易仲裁委员会仲裁规则》(2012 版)第 22 条。

起 30 日内，可以请求仲裁庭补正。

（10）裁决书自作出之日起发生法律效力，对双方当事人均具有约束力。一方当事人不履行的，另一方可以向有管辖权的人民法院申请强制执行。

2.1.4 仲裁裁决的撤销及不予执行

2.1.4.1 撤销仲裁裁决

（1）当事人申请。作为当事人，如果对仲裁裁决不服，并有证据证明仲裁裁决有《仲裁法》第 58 条规定的下列情形之一的，可以自收到裁决书之日起 6 个月内，向仲裁委员会所在地中级人民法院申请撤销裁决：①没有仲裁协议的；②裁决的事项不属于仲裁协议的范围或者仲裁委员会无权仲裁的；③仲裁庭的组成或者仲裁的程序违反法定程序的；④裁决所根据的证据是伪造的；⑤对方当事人隐瞒了足以影响公正裁决的证据的；⑥仲裁员在仲裁该案时有索贿受贿、徇私舞弊、枉法裁决行为的。

（2）人民法院作出裁定。人民法院受理撤销裁决申请后，自受理撤销申请之日起两个月内，应作出撤销裁决或者驳回申请的裁定。经组成合议庭审查核实该仲裁裁决有《仲裁法》第 58 条规定情形之一的，或者认定该裁决违背社会公共利益的，人民法院应当裁定撤销，否则，应驳回申请人申请。人民法院裁定撤销该仲裁裁决的，应同时裁定终结该裁决的执行。

（3）仲裁庭重新裁决。若当事人申请撤销仲裁裁决的原因是下列情形之一的：①仲裁裁决所根据的证据是伪造的；②对方当事人隐瞒了足以影响公正裁决的证据的。人民法院在受理该撤销裁决的申请后，应通知仲裁庭在一定期限内重新仲裁，并裁定中止撤销程序。但仲裁庭拒绝重新仲裁的，人民法院应当裁定恢复撤销程序。

2.1.4.2 仲裁裁决的不予执行

（1）不予执行。对仲裁裁决，一方当事人向人民法院申请强制执行，被申请人提出证据证明仲裁裁决有《民事诉讼法》第 237 条规定情形之一，经人民法院组成合议庭审查核实，或者人民法院认定执行该裁决违背社会公共利益的，裁定不予执行，并送达双方当事人和仲裁机构。

（2）重新仲裁或起诉。仲裁裁决被人民法院裁定不予执行的，当事人可根据双方达成的书面仲裁协议重新申请仲裁，也可向人民法院起诉。

2.1.5 涉外仲裁的特别规定

（1）可以聘用外籍仲裁员。我国仲裁机构进行涉外仲裁，可以从具有法律、经济贸易、科学技术等专门知识的外籍人士中聘任仲裁员。

（2）我国仲裁机构进行涉外仲裁，当事人申请证据保全的，涉外仲裁委员会应当将当事人的申请提交证据所在地的中级人民法院。

（3）我国仲裁机构进行涉外仲裁，当事人可以约定仲裁语言、所使用法律和其他仲裁规则。非适用中国法律，依所选定的法律仲裁庭可采取保全和临时措施[1]。

（4）我国仲裁机构作出涉外仲裁的撤销或不予执行，同国内仲裁有所不同。依据《民事诉讼法》第 274 条规定，人民法院只进行程序审查，而不进行实体审查。也即只就以下方面

---

[1] 参见《中国国际经济贸易仲裁委员会仲裁规则》(2012 年)。

进行审查：

a. 当事人在合同中没有订有仲裁条款或者事后没有达成书面仲裁协议的；

b. 被申请人没有得到指定仲裁员或者进行仲裁程序的通知，或者由于其他不属于被申请人负责的原因未能陈述意见的；

c. 仲裁庭的组成或者仲裁的程序与仲裁规则不符的；

d. 裁决的事项不属于仲裁协议的范围或者仲裁机构无权仲裁的。

当事人提出证据证明涉外仲裁裁决有以上情形之一的，经人民法院组成合议庭审查核实，或人民法院认定执行该裁决违背社会公共利益的，裁定撤销。

被申请人提出证据证明涉外仲裁裁决有以上情形之一的，经人民法院组成合议庭审查核实，或人民法院认定执行该裁决违背社会公共利益的，裁定不予执行。

（6）我国仲裁机构作出的发生法律效力的涉外仲裁裁决，当事人请求执行的，如果被执行人或者其财产不在我国领域内，应当由当事人直接向有管辖权的外国法院申请承认和执行。

（7）国外仲裁机构的裁决，需要我国人民法院承认和执行的，应当由当事人直接向被执行人住所地或者其财产所在地的中级人民法院申请，人民法院应当依照我国缔结或者参加的国际条约，或者按照互惠原则办理。

a. 非1958年《纽约公约》缔约国，按照双边条约或互惠原则办理。

b. 1958年《纽约公约》缔约国，按照国际条约执行。

根据最高人民法院关于执行我国加入的《承认及执行外国仲裁裁决公约》的通知，①根据我国加入该公约时所作的互惠保留声明，申请我国法院承认及执行的仲裁裁决，仅限于1958年《纽约公约》对我国生效后在另一缔约国领土内作出的仲裁裁决。②根据我国加入该公约时所作的商事保留声明，我国仅对按照我国法律属于契约性和非契约性商事法律关系所引起的争议适用该公约。③我国有管辖权的人民法院接到一方当事人的申请后，应对申请承认及执行的仲裁裁决进行审查，如果认为不具有1958年《纽约公约》第5条第1、2项所列的情形，应当裁定承认其效力，并且依照民事诉讼法规定的程序执行；如果认定具有第5条第2项所列的情形之一的，或者根据被执行人提供的证据证明具有第5条第1项所列的情形之一的，应当裁定驳回申请，拒绝承认及执行。

2.1.6 仲裁实践中注意防控环节

从已发生的许多商务纠纷仲裁案例中可以看出，在合同订立时，一般对涉及的合同实体部分都比较重视，约定也比较清晰明确，但对发生争议后解决方式等程序问题的约定，常常较容易忽视、轻视。如现实中有的当事人签订的合同，只是笼统约定如果产生争议通过仲裁方式解决。其实，其关于仲裁的约定根本不符合法定仲裁协议要件，若产生争议后不能就此达成补充协议，其仲裁协议很可能被认定无效。

在工作实践中，要重视解决纠纷方式的约定，若约定通过仲裁解决纠纷，一定要符合我国仲裁法规定的仲裁协议形式要件，才能使通过仲裁方式来解决可能产生的争议落到实处。

2.2 仲裁协议

仲裁协议是指当事各方同意将他们之间确定的不论是契约性或非契约性的、法律关系上已经发生或可以发生的一切或某些争议提交仲裁的协议。仲裁协议可以采取合同中的仲裁条款形式或单独的协议形式[1]。

2.2.1 仲裁协议的表现形式

（1）合同中的仲裁条款。即在合同中订立的关于通过仲裁方式解决将来可能发生纠纷的条款。

（2）其他书面形式订立的仲裁协议。具体包括以合同书、信件、数据电文（包括电报、电传、传真、电子数据交换和电子邮件）等形式达成的请求仲裁协议。

2.2.2 仲裁协议的效力

合同中的仲裁条款，或以其他书面形式订立的仲裁协议同合同相分离而独立存在，合同的变更、解除、终止、转让、无效，未生效、被撤销以及成立与否，都不影响仲裁条款或仲裁协议的效力。根据最高人民法院关于适用《仲裁法》若干问题的解释，以下情形下仲裁协议有效：

（1）当事人约定争议可以向仲裁机构申请仲裁，也可以向人民法院起诉的，在一方向仲裁机构申请仲裁后，另一方未在仲裁庭首次开庭前提出异议，仲裁协议有效。

（2）当事人订立仲裁协议后合并、分立的，仲裁协议对其权利义务的继受人有效，但当事人订立仲裁协议时另有约定的除外。

（3）当事人订立仲裁协议后死亡的，仲裁协议对承继其仲裁事项中的权利义务的继承人有效，但当事人订立仲裁协议时另有约定的除外。

（4）债权债务全部或者部分转让的，仲裁协议对受让人有效，但当事人另有约定、在受让债权债务时受让人明确反对或者不知有单独仲裁协议的除外。

2.2.3 仲裁协议内容

2.2.3.1 请求仲裁的意思表示

双方当事人同意自愿将他们之间已经发生或将来可能发生的争议提交仲裁解决的意思表示。

2.2.3.2 仲裁事项

双方当事人拟提交仲裁解决的争议具体内容。根据最高人民法院关于适用《仲裁法》若干问题的解释，当事人概括约定仲裁事项为合同争议的，基于合同成立、效力、变更、转让、履行、违约责任、解释、解除等产生的纠纷都可以认定为仲裁事项。但应注意，无论在什么情况下，当事人约定提交仲裁解决的事项都不能违背法律的强制性要求，即法律不允许通过仲裁解决的争议，不得约定。

2.2.3.3 选定的仲裁委员会

必须明确约定仲裁机构，否则，可能使仲裁协议无效。以下情形，根据最高人民法院关于适用《仲裁法》若干问题解释，视为约定了明确的仲裁机构：

（1）双方当事人仲裁协议约定由某地的仲裁机构仲裁，且该地仅有 1 个仲裁机构的，该仲裁机构视为约定的仲裁机构；

（2）仲裁协议约定的仲裁机构名称不准确，但能够确定具体的仲裁机构的，应当认定选

---

[1]《联合国国际贸易法委员会国际商事仲裁示范法》第 7 条第（1）款。

定了仲裁机构；

（3）仲裁协议仅约定了纠纷适用的仲裁规则，但按照约定的仲裁规则能够确定仲裁机构的，视为选定了仲裁机构。

2.2.3.4　实践中应约定的其他内容

在实践中，仲裁协议还应考虑就以下等方面内容进行约定，虽然不是法律要求所必需的：

（1）仲裁庭的组成形式，是一人独任制，还是三人组成合议庭；

（2）仲裁地点、审理方式、是否对仲裁规则进行变更等；

（3）如果是涉外仲裁，是否协议约定所适用法律、语言、仲裁规则等。

2.2.4　仲裁协议无效的情形

有下列情形之一的，根据《仲裁法》第17条规定，仲裁协议无效：

（1）约定的仲裁事项超出法律规定的仲裁范围的，如依法应由行政机关处理的行政争议，不能约定通过仲裁解决。

（2）无民事行为能力人或者限制民事行为能力人订立的仲裁协议；

（3）一方采取胁迫手段，迫使对方订立仲裁协议的。

仲裁协议对仲裁事项或者仲裁委员会没有约定或者约定不明确的，当事人又不能达不成补充协议的，根据《仲裁法》第18条规定，仲裁协议无效。

（1）仲裁协议仅约定纠纷适用的仲裁规则，但按照约定的仲裁规则不能够确定仲裁机构，且当事人也不能就此达成补充协议的，视为未约定仲裁机构，仲裁协议无效。

（2）仲裁协议约定两个以上的仲裁机构，但当事人不能就仲裁机构的选择协商达成一致的，仲裁协议无效。

（3）仲裁协议约定由某地的仲裁机构仲裁，但在该地有两个以上仲裁机构，当事人又不能就仲裁机构的选择协商达成一致的，仲裁协议无效。

2.2.5　仲裁协议效力的确认

仲裁协议的效力可以由仲裁机构或者人民法院确认。根据《仲裁法》第20条规定，当事人对仲裁协议的效力有异议的，可以请求仲裁委员会作出决定或者请求人民法院作出裁定。一方请求仲裁委员会作出决定，另一方请求人民法院作出裁定的，由人民法院裁定。

最高人民法院关于适用《仲裁法》若干问题的解释，对仲裁协议效力的认定作了以下特别规定：

（1）当事人对仲裁协议的效力有异议，但在仲裁庭首次开庭前没有对仲裁协议的效力提出异议，而后向人民法院申请确认仲裁协议无效的，人民法院不予受理。

（2）仲裁机构对仲裁协议的效力作出决定后，当事人向人民法院申请确认仲裁协议效力或者申请撤销仲裁机构的决定的，人民法院不予受理。

（3）当事人在仲裁程序中未对仲裁协议的效力提出异议，在仲裁裁决作出后以仲裁协议无效为由主张撤销仲裁裁决或者提出不予执行抗辩的，人民法院不予支持。

（4）当事人在仲裁程序中对仲裁协议的效力提出异议，在仲裁裁决作出后又以此为由主张撤销仲裁裁决或者提出不予执行抗辩，经审查符合《仲裁法》第58条或者《民事诉讼法》第237条、第274条规定的，人民法院应予支持。

（5）对涉外仲裁协议的效力审查，适用当事人约定的法律；当事人没有约定适用的法律但约定了仲裁地的，适用仲裁地法律；没有约定适用的法律也没有约定仲裁地或者仲裁地约定不明的，适用法院地法律。

2.3 国际商事仲裁简介

国际商事仲裁是在长期的国际商事交易实践中逐渐形成的，当事人自愿将他们之间已经发生或将来可能发生的争议提交第三方仲裁解决的合同制度。随着现代国际商事交往的频繁，目前已有140多个国家或地区加入了1958年《纽约公约》，通过仲裁来解决纠纷，已成为国际商事纠纷解决的通行做法。

我国仲裁中所遵循的基本原则，如当事人意思自治，仲裁庭独立、公正裁决，仲裁保密、法院的保障与监督等，同样也是国际商事仲裁所遵循的原则。我国商事仲裁的基本程序与规则与国际上通行的商事仲裁的基本程序与规则基本是一致的。我国1994年公布和实施的《仲裁法》，也参考了国际商事仲裁《示范法》❶，许多国家近年来均已经使其适用于国际仲裁的法律现代化。在这样做时，他们或者完全采用了示范法，或者仔细考虑了示范法的规定❷。在我国，不承认临时仲裁机构，而国际上不少国家或地区却是承认临时仲裁的。

2.3.1 仲裁协议是国际商事仲裁机构取得管辖及裁决执行的依据

根据1958年《纽约公约》、其他多边或双边国际条约、许多国家有关仲裁的国内立法、仲裁机构的仲裁规则，当事人之间业已自愿达成的仲裁协议，是仲裁机构取得具体纠纷管辖权的主要依据，只要不违背相关国家国内法的约束，如相关国家立法禁止通过仲裁方式解决的争议，当事人之间在国际商事交易中发生的契约性或非契约性商事法律争议，通常都可以约定通过仲裁方式来解决，而且裁决立即生效，并具有法律效力，并能在大多数国家得到较好的承认和执行，除非仲裁裁决被裁决地法院根据公约允许条款依据裁决地法律撤销，或被执行地法院根据公约允许条款依据执行地法律裁决不予承认和执行。广泛的执行力使仲裁的裁决具有超出一国法律获得承认和执行的效力。

2.3.2 国际商事仲裁法律基础

相同国家国民之间的仲裁，并且在该国进行，则一般仅涉及其发生地国的法律。该法通常适用于争议事项、仲裁的进行，并在必要的时候，适用于法院执行裁决。国际商事仲裁则不同。从其性质——当事人的不同国籍、仲裁地、仲裁执行地等——可以看出，国际商事仲裁跨越了国籍❸。由于跨越了国籍，国际商事仲裁实践过程中，会遇到不同国家的程序法和实体法，这些不同国家的法律通常会发生冲突，适应国际仲裁制度的发展，通过缔结国际公约来规范存在的关于仲裁的不同国内法冲突成为必要。1958年《纽约公约》、其他有关仲裁国际条约，各国有关仲裁的国内立法构成国际商事仲裁法律基础❹。

---

❶赵秀文．国际商事仲裁法原理与案例教程．北京：法律出版社，2010：21.

❷（英）雷德芬，（英）亨特等著；林一飞，宋连斌译．国际商事仲裁法律与实践（第四版）．北京：北京大学出版社，2005：75.

❸（英）雷德芬，（英）亨特等著；林一飞，宋连斌译．国际商事仲裁法律与实践（第四版）．北京：北京大学出版社，2005：66.

❹赵秀文．国际商事仲裁法原理与案例教程．北京：法律出版社，2010：20－21.

（1）纽约公约。从1923年关于仲裁条款的日内瓦议定书，到1927年关于执行外国仲裁裁决的日内瓦公约，再到1958年关于承认和执行外国仲裁裁决的纽约公约的制定，都是适应国际仲裁制度发展的需要。1958年《纽约公约》，即《承认和执行外国仲裁裁决公约》，是目前最完善、最全面的国际间承认与执行外国仲裁裁决的公约。根据该公约，仲裁裁决可以在缔约国得到承认和执行。

我国1986年加入该公约，并作了互惠保留和商事保留。根据最高人民法院关于中国加入《承认及执行外国仲裁裁决公约》的通知，根据我国法律属于契约性和非契约商事法律关系具体是指由于合同、侵权或者根据有关法律规定而产生的经济上的权利义务关系，例如货物买卖、财产租赁、工程承包、加工承揽、技术转让、合资经营、合作经营、勘探开发自然资源、保险、信贷、劳务、代理、咨询服务和海上、民用航空、铁路、公路的客货运输以及产品责任、环境污染、海上事故和所有权争议等，但不包括外国投资者与东道国政府之间的争端。外国投资者与东道国政府之间的争端，要通过解决国际投资争议中心来裁决。

（2）《关于解决各国和其他国家的国民之间的投资争端的公约》（简称华盛顿公约）及其他国际条约。1965年《华盛顿公约》的主要宗旨是依照本公约的规定为各缔约国和其他缔约国的国民之间的投资争端，提供调停和仲裁的便利。依据该公约，设立了专门解决公约缔约国与其他缔约国民之间由于在东道国投资而产生的争议的专门解决机构——解决投资争端的国际中心。1993年2月6日该公约对我国生效。

其他多边或双边国际条约，如我国与其他国家、地区签订的贸易协定、投资保护协订，都订立有通过国际仲裁解决争端的条款。

（3）各国关于仲裁的国内立法。根据1958年《纽约公约》，其他双边或多边国际公约，每一个缔约国有义务承认与执行仲裁裁决。在对公约作出互惠保留和商事保留后采用，并纳入到本地法或国家立法中，依法调整本地区或本国内国际商事仲裁活动，实现了仲裁裁决在不同国家得到承认和执行。如我国《民事诉讼法》关于涉外仲裁的规定，以及我国《仲裁法》都执行了我国缔结的国际公约要求，如外国仲裁裁决由当事人直接向被执行人住所地或者其财产所在地的中级人民法院申请承认和执行，人民法院依照缔结的国际条约，或者按照互惠原则办理。同时《仲裁法》的制定也参考了1985年联合国贸发会《国际商事仲裁示范法》，同国际通行仲裁做法相接近。

2.3.3 国际仲裁在不同国家或地区执行过程存在的差异

依据加入公约时所作的商事保留和互惠保留，不同国家国内仲裁立法，对其本国内国际商事仲裁活动进行调整时，其可仲裁范围存在着差异，同时在援引1958年《纽约公约》第5条款，拒绝承认和执行某仲裁裁决时，由于法院适用其本地区或本国内标准进行裁决，存在着因为理解、解释的不同，同一个仲裁裁决在不同国家或地区申请承认和执行，可能会面临着不同的尺度，会出现不同的裁决结果。因此，在合同中订立仲裁条款或单独订立仲裁协议时，对仲裁机构、仲裁规则、仲裁地点、所适用法律等作出明确而清晰的约定，可以有效化解因约定不明而产生的在不同国家不同的法律风险。

如依我国《仲裁法》及有关司法解释规定，仲裁协议没有约定明确的仲裁机构，事后也不能达成补充协议，且也不能依据已有仲裁协议推定出明确的仲裁机构，该仲裁协议无效。但在有的国家，却可能认为它是有效的。我国《仲裁法》有关司法解释也明确规定，对涉外仲裁协议的效力审查，适用当事人约定的法律；当事人没有约定适用的法律但约定了仲裁地的，适用仲裁地法律；没有约定适用的法律也没有约定仲裁地或者仲裁地约定不明的，适用法院地法律。当事人约定明确的仲裁地、所使用的法律，对确认仲裁协议的效力是非常重要的。

2.3.4 国际商事仲裁发展趋势

国际商事仲裁活动最终要通过各国或地区的国内或本地区仲裁立法来实现，虽然大多数国家或地区都加入了《纽约公约》并愿意接受该公约的约束，但是在不同国家或地区的仲裁立法中存在差异确是客观的现实。这主要涉及仲裁协议及其效力认定、仲裁庭的组成及其管辖权、仲裁程序的进行、仲裁裁决及其承认与执行等具体环节。

随着国际商事活动的日益频繁和发展，统一各国的有关仲裁的国内立法力量强大起来，为协调和统一各有关国家、地区关于国际商事仲裁的法律，联合国国际贸易法委员会主持制定了《国际商事仲裁示范法》，其文本以简单易懂的形式，从仲裁程序的开始到结束都进行了规定❶，供各有关国家的立法机关单方面参考和采纳。近年来一些国家颁布的有关仲裁的立法，在基本的出发点和立法的基本原则等方面都是与《国际商事仲裁示范法》相接近的。目前，《国际商事仲裁示范法》已被许多国家的立法机关采纳为各自国家的仲裁法，其他一些国家或地区近年来公布和实施的仲裁法也都参考了《国际商事仲裁示范法》❷。例如香港特别行政区就把《国际商事仲裁示范法》作为其仲裁法。如我国法院对国际仲裁的承认与执行，仅进行程序审查，不进行实体审查，与国际通行做法相一致，而对国内仲裁的申请执行，人民法院不仅进行程序审查，也进行实体审查。

《国际商事仲裁示范法》大大推进了关于调整国际商事仲裁的国内仲裁立法向一致性的方向发展，使各国关于国际商事仲裁的做法越来越相近。

2.4 国际常用仲裁规则

仲裁规则是调整规范仲裁程序如何进行的规则。一些相关国际组织和国际常设仲裁机构制定的仲裁规则是较常用的仲裁规则，而且随着国际商事活动的发展，这些仲裁规则朝着大统一的趋势发展。如中国国际经济贸易仲裁委员会仲裁规则(2012 版)就是在比较研究国际商事仲裁最新发展的基础上，对其 2005 版仲裁规则进行的修订，经中国国际贸易促进委员会/中国国际商会批准通过，于 2012 年 5 月 1 日起施行。国际上常用的仲裁规则有很多，现仅就中国国际经济贸易仲裁委员会、香港国际仲裁中心、国际商会国际仲裁院、联合国贸发会议、斯德哥尔摩商会仲裁院等的仲裁规则作简单介绍。

2.4.1 中国国际经济贸易仲裁委员会仲裁规则

中国国际经济贸易仲裁委员会(英文简称 CIETAC)是世界上主要的常设商事仲裁机构之一，曾用名中国国际贸易促进委员会对外贸易仲裁委员会、中国国际贸易促进委员会对外经济贸易仲裁委员会，2000 年同时使用“中国国际商会仲裁院”名称。

仲裁委员会从 1956 年开始，先后共制定了 8 套仲裁规则，每次规则的修订，都代表着

---

❶(英)雷德芬，(英)亨特等著；林一飞，宋连斌译．国际商事仲裁法律与实践(第四版)．北京：北京大学出版社，2005：75.

❷赵秀文．国际商事仲裁法原理与案例教程．北京：法律出版社，2010：21.

我国仲裁制度的变迁，同国际通行仲裁制度的融合。最新《中国国际经济贸易仲裁委员会仲裁规则(2012 版)》(简称贸仲规则)，与国际上主要仲裁机构的仲裁规则基本相同，在《仲裁法》允许的范围内最大限度地尊重了当事人意思自治❶。如贸仲规则新规定了合并仲裁制度，在非使用我国法律的情况下，允许仲裁庭采取临时保全措施，与国际通行做法相一致。

仲裁委员会设在北京，并在深圳、上海、天津和重庆设分会或中心，根据仲裁委员会授权接受仲裁申请并管理仲裁案件。贸仲规则统一适用于仲裁委员会及其分会。当事人可以约定将争议提交仲裁委员会或其分会/中心进行仲裁。仲裁委员会设秘书局，仲裁委员会分会/中心设秘书处，在秘书长或分会/中心秘书长的领导下负责处理仲裁委员会或分会/中心的日常事务。

仲裁委员会受理案件，不仅包括国际的或涉外的争议案件，也包括涉及港、澳、台地区的争议案件及国内争议案件，即只要是法律允许的契约性或非契约性经济贸易等争议案件都在其受理范围内。

当事人约定将争议提交仲裁委员会仲裁的，视为同意按照贸仲规则进行仲裁。当事人约定按照贸仲规则进行仲裁但未约定仲裁机构的，视为同意将争议提交仲裁委员会仲裁。当事人约定将争议提交仲裁委员会仲裁但对贸仲规则有关内容进行变更或约定适用其他仲裁规则的，从其约定，但其约定无法实施或与仲裁程序适用法强制性规定相抵触者除外。

贸仲规则规定有普通程序和简易程序。如争议金额不超过人民币 200 万元的，或争议金额虽超过人民币 200 万元，一方当事人书面申请适用简易程序且另一方当事人同意的，适用简易程序。

2.4.2 香港国际仲裁中心仲裁规则

香港国际仲裁中心(Hong KongInternational Arbitration Center，HKIAC)成立于 1985 年 9 月，是一个民间非营利性中立机构。仲裁中心由理事会领导，仲裁中心秘书处提供处理仲裁、调解、审裁和域名争议的管理服务，同时提供其他辅助服务。

2008 年 9 月，香港国际仲裁中心推出了《香港国际仲裁中心机构仲裁规则》，该规则参考瑞士规则，采纳了由机构"轻微"管理的模式，取代了 2005 年 3 月 31 日起生效的适用《联合国贸发会仲裁规则》作为国际仲裁规则的《香港国际仲裁中心国际仲裁管理程序》❷。

2011 年 6 月 1 日生效的新的《香港仲裁条例》，规定了《联合国国际贸易法委员会示范法》适用于所有在香港进行的仲裁，统一了过去在香港并行的国际仲裁和本地仲裁两套系统。《香港国际仲裁中心机构仲裁规则》在本地仲裁和国际仲裁中都可选用。

在香港国际仲裁中心进行的国际仲裁，如果当事人没有约定，通常适用《香港国际仲裁中心机构仲裁规则》或《联合国贸发会仲裁规则》。当然，当事人可自由选择其他仲裁规则，如《国际商会仲裁院仲裁规则》《斯德哥尔摩商会仲裁院仲裁规则》《中国国际经济贸易仲裁委员会仲裁规则》及当事人一致选定的其他机构的仲裁规则。

2.4.3 国际商会仲裁规则

国际商会仲裁院(The ICC Court of Arbitration，ICCCA)成立于 1923 年，是附属于国际商

❶参见贸仲网站，网址：http：//cn. cietac. org/.

❷参见香港国际仲裁中心网站，http：//www. hkiac. org.

会的一个国际性常设调解与仲裁机构。国际商会仲裁院职能是保证国际商会仲裁规则的实施，并独立履行这些职能，独立于国际商会及其任何部门，该仲裁院总部设在巴黎。其现行仲裁规则于 1998 年 1 月 1 日起生效。根据国际商会章程，仲裁院修订规则的任何建议都应先提交仲裁委员会，然后再上报国际商会执行局和理事会批准。

根据该仲裁规则，当事人可以在仲裁条款中规定合同准据法、仲裁员人数、仲裁地和仲裁语言。当事人协议按照国际商会仲裁规则提交仲裁，视为他们事实上愿意按照仲裁程序开始之日行之有效的仲裁规则进行仲裁，除非他们已经约定按照仲裁协议签订之日有效的仲裁规则进行仲裁。

2.4.4 斯德哥尔摩商会仲裁院仲裁规则

斯德哥尔摩商会仲裁院成立于 1917 年，它隶属于斯德哥尔摩商会，是一根据斯德哥尔摩商会仲裁院仲裁规则、斯德哥尔摩商会仲裁院快速仲裁规则以及当事人约定的其他程序或规则负责为争议解决提供管理的机构❶，但其在行使纠纷管理职能时又独立于商会，目前已经成为世界上主要的仲裁机构之一。

其现行仲裁规则和快速仲裁规则生效于 2010 年 1 月 1 日。当事人约定将争议提交斯德哥尔摩商会仲裁院时，既可以约定适用仲裁院仲裁规则，也可以约定适用其他仲裁规则，并可以就所使用的法律进行选择。

2.4.5 联合国贸发会仲裁规则

联合国贸发会仲裁规则于 1976 年 4 月 28 日由联合国国际贸易法委员会制定，同年 12 月 15 日联合国第三十一次大会通过，旨在提供一套适合国际商事仲裁的通用的程序规则。根据国际商事仲裁实务发展的需要，这套规则于 2010 年进行了修订，修订了临时保全措施，增加了合并仲裁等内容，对国际仲裁规则的发展产生着深远的影响。如《中国国际贸易仲裁委员会仲裁规则》(2012 版)，就比较研究了国际商事仲裁的最新发展，增加了合并仲裁、非适用中国法的临时保全措施等新内容。

---

❶斯德哥尔摩商会仲裁院仲裁规则，参见 http：//www. sccinstitute. com.

第3章 纠纷诉讼管理制度

3.1 纠纷诉讼管理综述

3.1.1 纠纷诉讼管理面临的机遇和挑战

当前，中国石化正进入深化改革、转型发展的新阶段。深刻把握公司内外部环境的新变化，认真分析并正确对待纠纷诉讼管理工作在面临的新形势、新任务，对于深化“两个根本转变”，更好地促进法律管理提升，大力促进公司依法治企、依法决策、合规经营十分现实和必要。

1. 从国际环境看

总体上看，世界经济仍处在金融危机后的调整期，全球经济复苏步伐依然沉重，经济增长速度仍显低迷，国际环境充满复杂性和不确定性。中东北非地缘政治局势仍然严峻，政治及公共安全法律风险难以得到快速有效解决。部分油气资源国通过随意变更国家政策谋取本国经济利益，在其投资的外国企业随时可能面临资源国有化的政策风险。一些西方发达国家继续加强对有关国家的制裁，对我企业“走出去”的影响加剧。国际间围绕能源安全、气候变化及贸易保护的博弈将更加激烈。这些都使我们“走出去”法律风险管理的难度将增大，法律风险防控任务更加艰巨，迫切需要我们更加重视国际投资贸易对象国法律环境变化的追踪研究，严格对管理、决策、项目、合同等的法律审核把关，坚决做到“国际化经营，法律要先行”“企业走出去，法律要先走出去”。

2. 从国内环境看

随着我国依法治国方略深入推进，中国特色社会主义法律体系基本形成，法治成为社会主义核心价值观，依法治国、依法行政、依法决策成为我国经济社会发展的主旋律和主基调。近年来，国家和地方政府密集出台了一系列与我们生产经营密切相关的法律法规，涉及企业的安全、环保、职业健康、劳动用工、对外经营、税务管理等各个方面，与此同时，执法监督力度持续加大。我国石油石化行业正经历由政府政策引导向以法律规范为主的快速转变。政策法律环境的深刻变化，为企业依法维护权益提供了重要法律支撑，也对企业依法合规经营提出了更高要求。

3. 从集团公司层面看

在2012年9月召开的中央企业法制座谈会上，国务院国资委领导明确要求中央企业越是市场形势严峻，越要坚持合规经营，自觉形成按规办事的思维方式和行为习惯，努力防范违规风险的发生，目前，集团公司党组提出，要跳出传统的发展模式和路径依赖，全面深化改革，加快转型发展，努力实现更有治理、更有效益、更可持续发展的发展。中国石化法律工作正在全面对标世界一流，加快完善制度机制，不断提高能力水平。我们要准确理解、正确把握国资委和党组有关要求，以“依法治企、依法决策，打造百年老店”为宗旨，坚持“管理第一位”，坚持深化法律工作“两个根本转变”，进一步加强集团法律防控，扎实推进法律管理信息化和标准化，努力提升法律管理的能力和水平，切实发挥企业法律工作的价值作用，全面落实法制工作新三年目标任务。

3.1.2 纠纷诉讼管理制度概况

纠纷诉讼管理的制度依据分为以下三个层级，最高层级的制度是国务院国有资产监督管理委员会制定的《中央企业重大法律纠纷案件管理暂行办法》，第二层级是总部法律部制定的原则类制度《中国石化法律纠纷管理办法》(中国石化法〔2012〕779 号)，第三层级为各单位根据《中国石化法律纠纷管理办法》制定的执行类制度。三个层级的制度综合构成了中国石化纠纷诉讼管理的制度体系。

中国石化法律纠纷管理制度历经多次修订，当前生效的是《中国石化法律纠纷管理办法》(中国石化法〔2012〕779 号)，该办法应总部制度标准化改造要求，较为原则，但各单位在制定本年度执行类制度时，应参照总部法律部 2011 年颁发的《中国石化法律纠纷管理办法》(中国石化法〔2011〕97 号)编制。

纠纷诉讼管理的对象是企业发生的法律纠纷。法律纠纷包括内部法律纠纷和外部法律纠纷。外部法律纠纷是指中国石化与自然人、系统外的法人或其他组织发生争议，进入或可能进入诉讼、仲裁、听证、复议等法律程序的纠纷。内部法律纠纷是指中国石化系统内各直属单位之间发生的法律纠纷。

3.2 纠纷诉讼管理制度的基本原则

纠纷诉讼管理制度的基本原则是与企业法律工作的职责定位分不开的，它包括法律机构归口管理制发案单位负责制内部法律纠纷内部解决制。

3.2.1 法律机构归口管理制

法律纠纷由法律机构归口管理，总部法律部和各直属单位法律机构按照《中国石化法律纠纷管理办法》，对法律纠纷进行分类分级管理。法律纠纷由法律机构归口管理主要有以下几个方面的优势：

（1）有利于发挥法律机构的专业优势。作为企业专门负责法律事务的法律机构，无疑在法律专业知识上有着优势。而妥善处理企业发生的法律纠纷，就必须充分发挥这种优势。

（2）有利于发挥法律机构的协调优势。法律纠纷的处理，需要与司法机关或行政机关进行沟通协调，法律机构在长期的法律纠纷处理工作中，与行政、司法机关建立良好的工作协调关系，可以有力地保障协调工作的开展。

（3）有利于法律纠纷的统计汇总。法律纠纷的统计汇总是本单位和上级主管单位了解发案趋势，处理动态和结果，进行总结和针对性部署的前提，法律机构归口管理，为法律纠纷的全面、及时统计汇总提供了组织保障。

（4）有利于法律纠纷的总结反馈。法律纠纷管理的一项重要职能是揭示法律纠纷背后所隐藏的生产经营管理活动中出现的问题，提出针对性的处理建议，并贯彻到生产经营活动中去。法律机构归口管理，为法律纠纷的总结反馈提供了条件。

【案例】片面重协调而忽视法律程序的后果

2006 年，某县安全生产监督管理局在对某钻井公司的钻井队检查后，以设备无铭牌为由对该钻井公司作出行政处罚，罚款 3 万元。随后，钻井公司即派员与安监局进行协调，阐述涉案设备合格的事实和理由，安监局人员口头上同意不再处罚，但拒绝正式撤销已经作出的行政处罚决定。钻井公司的工作人员轻信了安监局人员的的表态，未将此事移交法律机构，也未提起行政复议或诉讼。6个月后，安监局出尔反尔，申请法院强制执行，并要求加收日3%的滞纳金，共计18万元。钻井公司再次派员协调为时已晚，且丧失了行政复议或诉讼的法律救济途径，最终遭受了21万元的损失。

3.2.2 发案单位负责制

中国石化法律纠纷管理实行发案单位负责制，发案单位是处理法律纠纷的责任主体。

发案单位负责制的内涵，包括以下三个方面：

（1）发案单位获得因法律纠纷处理所得的收益，承担因法律纠纷处理所产生的法律责任；

（2）发案单位承担法律纠纷所需的费用，包括诉讼或仲裁费用、承办人和专案工作组的办案费用，代理律师的代理费；

（3）发案单位负责法律纠纷的上报，法律纠纷填报系统的填报，对承办人、专案工作组、承办律师的管理工作。

3.2.3 突发事件法律应对由法律机构负责制

突发事件的法律应对由法律机构负责。

3.2.4 内部法律纠纷内部调解处理制

内部法律纠纷实行内部调解处理，未经总部法律部批准，不得通过诉讼、仲裁等外部方式解决。

3.3 外部法律纠纷管理

3.3.1 外部法律纠纷的分类分级管理

3.3.1.1 外部法律纠纷分类

外部法律纠纷分为重大法律纠纷和一般法律纠纷。重大法律纠纷包括：

（1）集团公司、股份公司作为法律纠纷当事人的；

（2）一审由高级人民法院受理的；

（3）可能引发集体性或系列诉讼的；

（4）境内涉案金额超过500万元人民币或境外涉案金额超过500万美元(或其他等值外币)的；

（5）其他涉及中国石化重大权益或具有重大影响的。

除重大法律纠纷以外的其他外部法律纠纷均为一般法律纠纷。

3.3.1.2 外部法律纠纷的分类分级管理

总部法律部负责管理、指导、协调和处理重大法律纠纷，各直属单位法律机构负责处理本单位的法律纠纷。

各直属单位法律机构负责处理本单位的法律纠纷时，应当遵守以下规则：

（1）各直属单位发生重大法律纠纷时，应在提起诉讼、仲裁等法律程序前10个工作日内或被诉后立即向总部法律部报告。报告应包括但不限于以下内容：

a. 基本案情，包括案由、当事人、涉案金额、主要事实、争议焦点等；

b. 法律关系分析、处理措施和案件结果分析预测。

（2）重大法律纠纷处理方案须报总部法律部审核后，由发案单位组织实施。

（3）重大法律纠纷发案单位收到法院判决书、裁定书、调解书、仲裁机构裁决书、行政决定书等阶段性结案的相关法律文书后，应在3个工作日内向总部法律部上报结案报告。

3.3.2 法律纠纷的准备和处理

（1）法律纠纷尚未进入法律程序的，法律机构协助相关部门，提供法律意见或参与协商；法律纠纷进入法律程序的，由法律机构负责牵头处理，相关部门积极配合。

（2）法律机构负责签收司法机关、仲裁机构或行政管理机关等送达的法律文书；其他部门应立即向本单位法律机构移交留置送达或签收的法律文书。

（3）一般法律纠纷进入法律程序后，由各直属单位法律机构负责办理。发生重大法律纠纷，应成立由法律机构牵头、相关单位和部门组成的专案工作组。

（4）法律纠纷处理需外聘律师协助的，执行中国石化法律中介机构聘用管理有关规定。

3.3.3 法律纠纷处理过程中的证据管理

（1）法律机构负责组织相关单位和部门收集、整理、提供证据。

（2）未经法律机构审查，任何单位、部门和个人不得对外提供涉及法律纠纷的证据。

（3）对外提供证据涉及国家秘密或商业秘密的，须遵守国家相关法律法规及中国石化保密管理有关规定。法律机构应会同相关部门商定保密措施，并申请以不公开方式举证。

（4）发案单位收到法院判决书、裁定书、调解书、仲裁机构裁决书、行政决定书等阶段性结案的相关法律文书后，应及时整理案件卷宗、归档，就相关管理制度和程序完善提出法律建议。

3.4 内部法律纠纷管理

（1）内部法律纠纷实行内部调解处理，未经总部法律部批准，不得通过诉讼、仲裁等外部方式解决。

（2）内部法律纠纷发案单位应先行协商处理；协商不成的，任一发案单位均可书面向总部法律部申请调解。

（3）总部法律部会商有关单位和部门组成内部法律纠纷调解组，遵循公平、公正的原则，对内部法律纠纷进行调解。

（4）经内部法律纠纷调解小组调解达成和解的，由发案单位签订和解协议；不能达成和解的，由内部法律纠纷调解组出具调解意见书。发案单位应严格履行和解协议或调解意见书。

3.5 突发事件法律救济

（1）各直属单位在境内外发生突发事件，其法律机构应立即介入并向总部法律部报告，同时提供与突发事件相关的材料，材料不能同时提供的，应在2日内补报。情况特别紧急的突发事件，应先电话报告，并在1日内正式书面报告。

（2）总部法律部收到报告后，立即启动法律救济程序，牵头组织有关单位和部门开展调查取证、分析论证、证据保全、选聘律师、提出法律意见、发送律师函，以及参与事件、舆情等应对与处置工作。

（3）各有关单位和部门应积极配合总部法律部组织开展法律救济工作，提供突发事件的相关材料，并按照总部法律部的要求开展法律应对工作。

3.6 法律纠纷基础管理

（1）各直属单位应按总部法律部纠纷统计要求每月填报法律纠纷情况并动态更新；发生重大法律纠纷的，须立即填报；无法律纠纷的，实行零报告制度。

（2）各直属单位应于每年 1 月 10 日前向总部法律部报送上一年度法律纠纷管理总结。总结应包括但不限于以下内容：

a. 往年结转、当年新发和结案法律纠纷的数量、金额、类型、避免或挽回经济损失金额和纠纷处理费用等基本情况；

b. 法律纠纷处理情况；

c. 法律纠纷的特点和预测分析；

d. 法律纠纷管理体会、经验、教训和建议；

e. 相关管理制度、程序等改进的建议。

3.7 考核与奖惩

（1）各直属单位法律机构应加强对法律纠纷处理、报告等情况的自查、考评，并接受总部法律部的检查和考核。

（2）各直属单位应对在法律纠纷管理中作出重大贡献的法律机构及企业法律人员、有关业务部门及工作人员给予表彰和奖励。

（3）发生法律纠纷，给中国石化造成重大财产损失或不良影响的，纳入各直属单位领导班子年度绩效考核范围。

（4）有下列情形之一，对有关单位和个人给予通报批评：

a. 发生和处理重大法律纠纷未向总部法律部报告的；

b. 未经批准，擅自通过诉讼、仲裁等法律程序解决内部法律纠纷的。

（5）有关人员在处理法律纠纷案件中玩忽职守、滥用职权、谋取私利，给企业造成较大损失的，按中国石化有关规定追究其责任。

第 4 章　纠纷诉讼管理操作指南

为了指导各直属单位更好地执行《法律纠纷管理办法》，处理好本单位的法律纠纷，根据原《中国石化法律纠纷管理办法》（中国石化法〔2011〕97 号）的内容，制定了本章的纠纷诉讼管理操作指南。各直属单位可根据操作指南开展纠纷诉讼管理工作，也可参照操作指南制定法律纠纷管理的实施细则。

4.1　外部法律纠纷管理操作指南

外部法律纠纷发生后，主要有以下工作流程：

阶 段	工作内容
受理	受理法律纠纷或接受法律文书
处理准备	指定承办人员或成立专案工作组
	根据需要选聘律师
	办理处理法律纠纷所需法律手续
制定处理方案	调查取证
	承办人员或专案工作组提出法律纠纷初步处理方案
	集体讨论后，法律机构负责人批准或报有关领导批准处理方案
参加法律程序	承办人员或专案工作组制作法律文书
	承办人员或专案工作组参加法律程序
	提交代理意见，补充其他法律文书
阶段性结案的后续工作	收到法律文书后，承办人员或专案工作组形成结案报告和法律建议书，制作案卷
	法律机构根据案情分析，决定是否进入下一法律程序
结案后续工作	执行生效法律文书
	总结法律纠纷

以下按照上述的工作流程，分别编制操作指南。

4.1.1　外部法律纠纷的受理

4.1.1.1　接收司法机关、仲裁机构或行政机关送达的法律文书

接收司法机关、仲裁机构或行政管理机关送达的法律文书应当特别注意签收问题。法律文书，是指司法机关、仲裁机构或行政管理机关依法制作的、具有法律效力或法律意义的应诉通知书、开庭传票等文件。司法机关、仲裁机构或行政管理机关送达法律文书通常有三种方式，分别为直接送达、邮寄送达、留置送达。直接送达的法律文书应当由法律机构负责签收。如果司法机关或行政机关将法律文书直接送达至其他部门的，该部门应当向送达人员说明由法律机构负责签收，或经法律机构同意后签收。

如果出现其他部门已签收或被留置送达的，相关部门应在 1 个工作日内，向法律机构移交法律文书。

邮寄送达法律文书的，公文收发单位应按照公文处理程序，及时批转法律机构办理。

【案例】错误签收和未及时转送法律文书的严重后果

2007 年，某基层法院向中石化某油田发出协助执行通知书，要求提取 2003 年该院保全的一笔债权。经过调查，该笔债权的债权人系油田供货商，因欠款而被第三方诉至法院，第三方申请法院将该供货商在油田应收债权的保全。但是在送达的过程中，法院将扣押通知书送达至油田的财务结算部门，一名工作人员在没有任何授权的情况下，擅自签收了扣押通知书，嗣后，财务结算部门也没有向法律机构转送扣押通知书，导致油田财务部门在无意识的情况下，将该债务履行。至 2007 年法院来提取保全的债权时，油田对供货商已无任何应付账款，且供货商已资不抵债濒临破产，导致油田最终再向法院支付保全的款项，造成了损失。

4.1.1.2 接收法律纠纷对方当事人为协商解决纠纷向法律机构提供的公函、法律意见书、律师函等

协商是处理法律纠纷的重要途径，既可以妥善解决纠纷，又可以节约处理纠纷的成本。

法律纠纷对方当事人为协商解决纠纷向法律机构提供公函、法律意见书、律师函时，法律机构应当向发案单位初步调查落实纠纷事实情况，如果该纠纷与中国石化无关，或对方当事人的要求明显无事实或法律依据的，法律机构可向对方当事人说明情况，不予受理。

经向发案单位初步调查落实纠纷事实情况，如果该纠纷与中国石化有关，根据法律分析通过协商解决可能更有利于维护中国石化、发案单位权益的，法律机构应予受理，向发案单位出具法律意见书，协调、指导发案单位处理纠纷，发案单位应对该法律意见书出具书面答复意见。

4.1.1.3 下属发案单位申报法律纠纷

1. 发案单位申报法律纠纷

对外交往中发生法律纠纷时，一般应由发案单位的相关业务单位或部门先行出面协商解决。根据对方要求和解决纠纷的实际需要，法律机构应提供法律咨询服务或指派内部专职企业法律顾问、委派外聘律师协助谈判。相关业务单位或部门应给予法律机构合理的准备时间，紧急情况除外。

2. 诉讼、仲裁方式解决法律纠纷

在可能存在法律纠纷的情况下，经协商不能与对方达成一致，或认为不适宜采用协商方式，应以诉讼、仲裁方式解决法律纠纷时，相关业务单位或部门应及时填写《法律纠纷申报表》，向法律机构申报法律纠纷。

（1）相关业务单位或部门作为发案单位申报法律纠纷包括两种情况：作为责任人可能以被告、被申请人、第三人等身份参与诉讼或仲裁；作为权利人准备以原告、申请人、第三人等身份参与诉讼或仲裁。

（2）相关业务单位或部门作为责任人时，在知道或应当知道对方准备起诉或申请仲裁、已经起诉或申请仲裁后当天向法律机构申报；作为权利人时，应在准备起诉或申请仲裁前申报。

发案单位填写《法律纠纷申报表》时，应同时附送相关证据材料，如双方的主体资格证明等，并明确提出对法律纠纷的初步处理意见，如建议是否通过诉讼、仲裁等其他方式解决法律纠纷。

法律机构根据相关业务单位或部门填写的《法律纠纷申报表》及相关材料，在登记后研

究决定是否受理该法律纠纷，组织应诉或主张通过诉讼、仲裁等其他方式解决法律纠纷，或要求发案单位补充事实证据材料，并向发案单位通报处理意见。

3. 诉讼预警机制

法律机构应建立诉讼预警机制，提醒财务和业务部门及时催收债权或主张其他权利，确保不超过诉讼时效。对于即将超过诉讼时效的债权或其他权利，相关业务单位或部门作为发案单位应在时效届满前60个工作日向法律机构申报。

4.1.2 法律纠纷处理的准备

4.1.2.1 确定承办人员和专案工作组

法律机构受理法律纠纷后，应当首先确定法律纠纷的承办人员和组织。对于一般案件可以制定内部工作人员为承办人员；对于重大法律纠纷，应成立由法律机构牵头、相关单位和部门组成的专案工作组；发生其他复杂、疑难案件的，也可成立专案工作组。

法律纠纷承办人员的主要职责有：

（1）就法律纠纷有关事宜展开调查取证，提出法律纠纷初步处理方案，提交集体讨论及法律机构负责人审批。

（2）配合起草选聘律师的招标文件，并起草或审核外聘律师起草的处理法律纠纷所需起诉状、代理意见、结案报告等法律文书。

（3）参加诉讼、仲裁庭审或听证等其他法律程序。

（4）在法律纠纷处理过程中或处理完毕后，总结分析所发现的经营管理漏洞，并出具法律建议书。

法律纠纷专案工作组的主要职责有：

（1）组织法律纠纷承办人员、外聘律师进行调查取证，形成代理思路，完善初步处理方案。

（2）解答法律纠纷涉及的技术等专业问题。

（3）讨论并审核处理法律纠纷所需法律文书。

4.1.2.2 外聘律师

法律纠纷的处理，原则上应当利用本单位的法律工作人员，但是根据本单位法律工作人员的配备力量、法律纠纷的难易程度等情况，外聘律师处理法律纠纷，这些情况主要包括：

（1）本单位缺乏处理相关法律纠纷的专职人员。

（2）属于复杂疑难法律纠纷。

（3）根据国际惯例或开展涉外业务需要聘请律师处理的法律纠纷。

（4）本单位企业法律顾问不便或难以完成的。

为了规范外聘律师工作，总部法律部已经制定了《中国石化法律中介机构聘用管理办法》，各单位可以根据该办法和本单位制定的实施细则外聘律师。

委托外聘律师处理法律纠纷时，可以同时委托承办人员作为代理人。委托外聘律师处理法律纠纷的，由承办人员具体负责与外聘律师的联络、协调，配合外聘律师工作，督促外聘律师履行代理义务，监督外聘律师服务质量，考核外聘律师工作量，对纠纷处理全程进行及时、有效地跟踪。外聘律师向法律机构指定的承办人员报告工作，并同时向法律机构外聘律师日常管理人员报送工作备案。

法律纠纷承办人员承办案件后，应及时办理授权委托书等参与诉讼、仲裁等法律程序必备的法律手续。法律纠纷承办人员、外聘律师的授权委托书必须记明委托事项和权限。代为承认、放弃、变更诉讼请求，进行和解，提起反诉或者上诉的，必须办理特别授权。

4.1.3 法律纠纷处理方案

4.1.3.1 调查取证

接收委托或指派后，承办人员、外聘律师及专案工作组应及时调查取证。调查取证是法律纠纷处理过程中最重要、最基础性的工作，直接决定着法律纠纷的走向，可以说证据是诉讼之王。

从诉讼的进程来看，诉讼主要进行以下三个阶段：第一阶段查明案件事实。这一阶段的目标是完成三段论的小前提部分，在法庭辩论终结进行。庭审之前，当事人提交证据并进行证据交换，法院也会根据当事人的申请或依职权调查收集证据。进入庭审后，与案件有关的所有证据在法庭上展示，当事人、诉讼代理人及第三人对证据就其真实性、合法性、关联性以及证明力的有无、大小予以说明和质辩，作为认定案件事实的依据，为认定法律事实奠定基础。第二阶段选择适用法律。这一阶段的目标是确定三段论的大前提，在法定辩论和合议庭合议阶段进行。当事人对适用的法律提出自己的意见，并主张相应的权利义务；最终由法官选择应当适用的法律规范，为正确适用法律奠定基础。第三阶段作出相应判决。这一步的目标是完成三段论的结论，在合议庭合议阶段进行。法官根据第一阶段认定的法律事实和第二阶段选择适用的法律，根据演绎法作出判决。

从以上对程序的分析我们可以看出，当事人若主张诉讼请求或对抗对方诉讼请求，必须以法律事实为基础，而这里的法律事实源于客观事实却不等于客观事实，需要当事人用证据来证明。从某种程度上讲，当事人的诉讼请求和权利义务的基石在于手中掌握并可以出示的证据，而并非原本的客观事实。原本的客观事实不能直接用于认定法律关系或权利义务关系的，必须通过证据加以还原。如果客观事实不能通过证据加以还原，也就丧失了作为认定当事人权利义务关系的资格。法律永远只认可有证据证明的事实——“法律事实”。

第二阶段的工作是法官主导下的，由法官和律师共同完成；第三阶段的工作则完全由法官完成。作为当事人，能够主动有所作为的，就是在第一阶段，提供证据，尽量地还原客观事实。而这对维护自身的合法权益，抵制对方的不法诉讼请求，有着决定性意义。

【案例】莫兆军案

2001 年四会市法院法官莫兆军开庭审理李兆兴诉张坤石夫妇等 4 人借款 1 万元经济纠纷案，李以张夫妇等人写的借条为主要证据，而张辩称借条是持刀威逼所写的。莫兆军经审理，认为没有证据证明借条是在受到威逼的情况下写的，于是认为借条有效，判决被告还款。11 月 14 日，张坤石夫妇在四会法院喝农药自杀身亡。次日，四会市公安部门传唤李兆兴、冯志雄两人，两人承认借条系他们持刀威逼张坤石夫妇等人所写，后二人分别被以抢劫罪判处 7 年和 14 年有期徒刑。

嗣后，检察院和上级法院对法官莫兆军是否存在玩忽职守行为进行了司法审查，最终结论是张坤石夫妇的死亡超出莫兆军的主观意志之外，与莫的审理案件行为无直接关系，莫不应对此负责任。

在本案中，从客观事实上看，张坤石夫妇确实受到了冤枉，受恶人构陷承担不应承担的责任。但法律上看，李兆兴以借条证明了债权债务关系的存在；而张坤石夫妇对债务非法举证不能，法律事实并不能成立。法官根据法律事实作出的判决无误，从法律角度上看，张坤石夫妇甚至没有受到司法的“冤枉”，其所承担的法律责任是其举证不能的必然后果。

4.1.3.2 法律纠纷处理方案

在调查取证的基础上，承办人员、外聘律师应形成法律纠纷初步处理方案。初步处理方案应包括对案件事实的认识、涉及的法律法规、法律关系分析及下一步工作思路等内容。

承办人员、外聘律师形成法律纠纷初步处理方案后，提交法律机构集体分析讨论。集体讨论中应着重分析初步处理方案的可行性，探讨对方可能提出的反驳意见，形成法律纠纷处理方案，报法律机构负责人批准，或由法律机构负责人确定建议意见，报有关领导批准。

集体讨论的参与人员包括法律机构负责人、承办人员、外聘律师、专案工作组其他成员；对于疑难、复杂法律纠纷，可邀请专业技术人员、管理专家、外聘专家等。

各单位作为权利人，要主动通过诉讼、仲裁等方式解决法律纠纷，以执行为目标，加强可行性分析论证，深度挖掘包括动产、不动产、现金、存款、股权、无形财产、银行账号、对第三人所享有的债权、财产变动情况等有利证据和财产线索。

【案例】发电机组租赁费追索案

1994年，某油田将闲置的一套发电机组出卖给某电厂，并约定分期付款。最初数年，电厂还款基本正常，但随着原材料成本上升和发电机组老化，电厂经营趋于困难，还款多次迟延，甚至出现还款中断的情况。

此案中，由于电厂违约行为清楚，油田如通过诉讼途径，获得胜诉当无疑问，但由于电厂经营较为困难，执行将遇到较大困难。鉴于此，油田成立了清收小组，以执行为目标，密切追踪电厂的资产状况，采用多种手段进行清收，先后回收资金1000余万元。在获悉电厂股东方采取“脱壳”的措施后，迅速启动诉讼程序，最大限度地保全了可供执行的财产，最终油田成功收回了大部分资金。

承办人员、外聘律师应按照集体讨论的最终意见，修正、补充、完善代理思路，进一步展开工作，充实证据，并在起诉状、答辩状、代理意见或其他法律文书中体现集体讨论的意见。

4.1.4 参与法律程序

4.1.4.1 庭审

庭审是原被告等诉讼参与人交锋的战场，是证据互博、事实理清、权责辩论的舞台，是前期调查取证、制定处理方案等工作成果集中展示的地方。承办人员、外聘律师作为法律纠纷代理人应在规定的时间参加诉讼、仲裁庭审或其他应出席的法律程序，未经许可，不得缺席。

同时庭审也是发案单位全面了解案情、发现生产经营中问题、明确下一步工作的重要途径，除了承办人员，发案单位的相关经营管理人员也应当参与庭审活动。例如中原油田规定，发案单位的主要领导应当参加庭审活动，协调解决法律纠纷处理工作遇到的困难；对于法律纠纷所反映出经营管理中的问题，督促有关部门及时整改。

4.1.4.2 调解与和解

承办人员、外聘律师根据授权可在法院的主持下参与调解，此外承办人员、外聘律师也可参与自行和解谈判，并负责起草和解协议。

调解是目前法院审理案件的主要方式之一，对企业来说，也是经济合理地维护自身权益的重要方式；但是调解不可避免地需要面对合理性解释的问题，我们建议同时满足以下条件的案件可以调解结案。

（1）事实清楚，且有充分证据予以证实；

（2）依法我方应当承担责任；

（3）对方同意调解或和解，且我方承担的责任不超过合理的范围；

（4）一次性解决全部纠纷，不遗留其他问题；

（5）纠纷为偶发性事件，不会引发同类纠纷。

4.1.5 阶段性结案的后续工作

收到法院判决书、裁定书、调解书、仲裁机构裁决书、行政决定书等表明阶段性结案的相关法律文书后，承办人员、外聘律师应于当日向法律机构负责人汇报，并在3个工作日内向法律机构报送结案报告和法律建议书，并整理案卷报法律机构。法律机构根据结案报告及有关材料，在3个工作日内决定是否进入下一阶段法律纠纷处理程序。每一阶段法律纠纷处理均应遵守本办法的前述规定。

1. 案卷

案卷包括但不限于以下材料：案卷封面；案卷目录；法律纠纷处理中的内部文件和报告；法律纠纷涉及的法律文书；法律纠纷处理中的主要证据；结案报告和法律建议书。

2. 结案报告

结案报告包括但不限于以下内容：双方当事人的基本情况；案由；基本案情；法律纠纷处理的代理经过及双方的主要证据情况；结束本阶段法律纠纷法律文书的主要内容；小结。

3. 法律建议书

法律建议书的内容包括：研究法律纠纷形成的原因、分析案件风险源、提出避免同类型法律纠纷发生的建议，为有关管理机构提供参考意见。

4.1.6 结案后续工作

4.1.6.1 执行

法律纠纷以执行完毕作为处理终结的标志。法律文书生效后，若无进一步法律救济措施的，发案单位应及时履行。在有利于发案单位的情况下，发案单位、相关业务部门、承办人员、代理人等应当积极提供执行线索，及时申请执行，实现法律文书确定的内容最终到位。

4.1.6.2 费用管理

法律纠纷的办案费用应得到充分保证，费用的核定和使用由法律机构负责。

（1）法律纠纷处理费用包括：判决书等法律文书中确定由中国石化相关各单位承担的责任；诉讼费、仲裁费、执行费等；律师代理费。

（2）判决书等法律文书中确定我方当事人应承担的责任由发案单位负担，确定的权益由发案单位享有。

（3）诉讼费、仲裁费、执行费等是向法院、仲裁机构缴纳的专项经费，由发案单位负担。

（4）发案单位按照约定向律师事务所等中介机构支付费用。

4.1.6.3 案件总结

【案例】案例从诉讼案件中深挖风险源

2009年，某市一户居民家中发生爆炸，造成一死三重伤。经事故调查，事故原因是附近一天然气管道泄漏，天然气散逸到该户居民家中，遇明火爆炸。

进一步调查得知，该管线系某采油厂供一工业企业用气的专线。为了便于管线管理，采油厂与用气企业签订《天然气销售合同》的同时，签订《管线委托管理合同》：管道由用气企业使用和管理，用管道使用费折抵管道维护费，天然气所有权自管线起事端出口法兰处发生转移。《天然气销售合同》和《管线委托管理合同》期限为同期的一年，到期后《天然气销售合同》续签，《管线委托管理合同》未续签，但管线继续由用气企业使用和维护。

后受害人将事故责任各方诉至法院。最终法院判决采油厂承担40%的赔偿责任，共计300余万元。

面对这一重大损失，采油厂召开专题分析总结会，各业务部门均站在各自的角度展开检讨，深度挖掘工作中出现的失误，系统地梳理风险源：

(1) 合同名称应与其实质相符。《管线委托管理合同》的实质是租赁合同，错误使用“委托管理”的名称，易使法院认定双方为委托关系，而判令双方承担连带责任。

(2) 主合同续签的，从合同或相关合同也需续签。主合同续签，而从合同或相关合同未续签的，对方当事人可能否认从合同或相关合同中的义务。

(3) 对外租赁或委托管理的易燃易爆设施也需要办理行政备案手续。

(4) 对外租赁或委托管理的易燃易爆设施我方也需尽到监管职责。

(5) 管线周边的违章建筑应当及时、有效地通知产权人。

(6) 管线占压问题不能通过企业行为解决的，应当及时报告政府，由政府依法解决。

(7) 报告政府的事项，应当保留报告的证据。

…………

通过分析总结，各业务部门均获益匪浅，对油气管道的管理水平大幅度地提高。由此而诞生的对诉讼案件群策群力分析总结的制度，也得到固化。

4.1.7 法律纠纷处理互助平台

法律纠纷处理互助平台是法律部近年来着重推广的一项工作制度，利用中国石化下属单位点多、面广的优势，利用各下属企业在本地的优势资源、在本行业的优势资源，解决兄弟企业遇到的异地诉讼难题、专业知识难题。

4.1.7.1 中国石化内部法律纠纷处理互助平台

各单位在法律纠纷处理过程中，如遇以下情况，应及时向总部法律部申请提供帮助：

(1) 疑难法律问题或有代表性的法律问题，需要请国家有关机关给予解释的；

(2) 在异地遇到困难，需要法律部或中国石化有关单位协助的；

(3) 涉及专业问题，需要提供咨询意见的。

法律部指定有关单位提供协助的，该单位应当积极提供协助。协助处理法律纠纷发生的费用由发案单位承担。

为了提高协助单位的积极性，相关法律纠纷处理终结后，发案单位应将处理结果报法律部和协助单位；对协助处理法律纠纷作出突出贡献的，发案单位应向协助单位书面致谢，并可给予相关人员适当奖励。

【案例】兄弟企业配合异地诉讼

2006年，地处北方的某油田，因一连环债权债务纠纷，作为次债务人被起诉至法院，由于债权人和主债务人均在南方某省，因此管辖法院也在南方该省。在诉讼中，油田发现既面临异地诉讼的不利局面，又陷入债权人和主债务人串通的圈套，可能败诉。为了妥善处理该案，法律部指令法院所在地的该省石油公司参与诉讼案件的处理，由石油公司协助聘请当地知名律师，并协调法院关系。通过法律部、发案单位、协助单位的通力配合，油田逐步摆脱了不利局面，最终法院驳回了债权人对油田的诉讼请求。

4.1.7.2 国资委协调

此外，根据《中央企业重大法律纠纷案件管理暂行办法》第17条规定，中国石化在下列情形之一可以请求国务院国资委对重大法律（注解）纠纷案件予以协调：

（1）法律未规定或者规定不明确的；

（2）有关政策未规定或者规定不明确的；

（3）受到不正当干预，严重影响中央企业和出资人合法权益的；

（4）国务院国资委认为需要协调的其他情形。

4.2 内部法律纠纷管理操作指南

内部法律纠纷内部解决制是法律纠纷管理的基本原则之一，即内部法律纠纷未经法律部批准，不得通过诉讼、仲裁等外部方式解决。这一原则既可以有效地解决内部法律纠纷，又可以避免诉讼支出，维护中国石化的整体利益。但是这一原则不意味着所有的法律纠纷都允许通过诉讼、仲裁等外部方式解决，为了实现特殊的目的，例如得到生效判决所认定的法律事实，相关单位可以在报请总部法律部批准后，将内部法律纠纷提交诉讼、仲裁等法律程序。

内部法律纠纷包括两个层面的法律纠纷：

（1）中国石化各直属单位之间的法律纠纷；

（2）中国石化各直属单位的下属单位之间发生的法律纠纷。

第一类内部法律纠纷应按照《法律纠纷管理办法》处理，第二类法律纠纷应按照各直属单位制定执行类制度处理，两类内部法律纠纷均可参照本节以下的操作指南进行处理。

4.2.1 内部法律纠纷的受理

各单位之间发生内部法律纠纷后，发案单位应首先自行协商处理，协商达不成一致时，纠纷任何一方可向法律机构申请内部调解处理。发案单位申请内部法律纠纷调解处理应当符合下列条件：

（1）申请人是与本纠纷有直接利害关系的当事人。

（2）有明确的被申请人。

（3）有具体的调解处理请求。

（4）有明确的事实依据。

（5）有自行协商的情况说明。

（6）本纠纷的内部法律纠纷调解处理结果不涉及中国石化系统以外第三人利益。

法律机构收到调解申请书后，对于符合内部法律纠纷调解处理条件的，应及时通知申请人和被申请人；不符合内部法律纠纷调解处理条件的，法律机构应向申请人说明，或者要求其提交补充说明及证据材料。

4.2.2 内部法律纠纷的处理

4.2.2.1 调解机构

法律机构会商有关单位和部门组成内部法律纠纷调解组，遵循公平、公正的原则，对内部法律纠纷进行调解。内部法律纠纷涉及专业问题的，由法律机构向有关专业管理部门进行咨询。

4.2.2.2 内部法律纠纷的处理

法律机构在查明事实、分清责任的基础上，遵循公平、公正的原则对内部法律纠纷进行调解处理。其基本程序如下：

（1）被申请人提交答辩。

（2）调解处理听证。

（3）发案单位之间达成和解协议或调解组出具调解处理意见。

（4）和解协议或调解处理意见的履行。

（5）被申请人收到调解处理通知后，应在15个工作日内向法律机构提交书面答辩意见和主张，并附相关证据。

（6）内部法律纠纷调解处理听证由调解组组长主持。双方当事人必须派人参加，提出主张，提供相关证据，质证对方提出的证据，发表辩论意见或协商处理纠纷。调解组应认真听取双方当事人的主张及理由，查验有关证据，做好调解处理笔录。

（7）调解组应在听证时或听证后积极促使当事人达成和解协议。

和解协议由双方当事人签字盖章，由当事人、法律机构分别存档。

（8）内部法律纠纷经听证调解处理后双方当事人不能达成和解协议的，由调解组出具调解处理意见。

调解处理意见由调解组组长签发，由当事人、法律部分别存档。

4.2.3.3 处理意见的执行

单位签署和解协议或收到调解处理意见后，应当自觉履行和解协议或调解处理意见规定的义务。

4.3 纠纷诉讼管理人员的培养和成长

纠纷诉讼管理对管理人员的要求较高，除了具备较好的法学功底和对企业生产经营的深入了解，还要有很强的与外部律师、案件当事人、法官等人员的沟通能力。如何由法学院的毕业生成长为一个比较优秀的纠纷诉讼管理人员？实践表明，通过亲身参与或代理民事诉讼，从一个案件的提起到处理完毕，经历起诉或应诉、案情分析、证据准备、法律文书撰写和提交、答辩或反诉、管辖异议、出庭代理、一审、二审或再审、执行等各个环节或阶段，将所学的法律理论适用于具体的诉讼行为，是快速锻炼新人的不二法门。只有通过诉讼的磨练，才能熟练掌握与外部律师、案件当事人、法官等不同群体的交流方式和沟通技巧，才能切身感受每个具体个案所揭示的法律风险，才能更好地为将来从事法律事务管理夯实基础。根据大陆法系纠问式诉讼的特点，从事诉讼工作快捷入手应注意以下几个方面：

（1）要培养相对扎实的专业功底和涉猎较广的知识面，这是胜任工作和平等互动的起点。经过几年的大学专业训练，法律功底的重要性无需赘言。但法律人关心时事，拓宽知识面也非常重要。因为诉讼工作往往牵涉到方方面面，需要和多个群体打交道，广博的知识面有助于增强自身的亲和力，便于获得对方尊重，迅速找到沟通的切入点，最终有助于纠纷的解决。

(2) 要坚守一个法律人的良心道德、职责操守，在忠诚维护企业利益的同时，秉承公正之心，勇于排除各种不当干扰，依法处理好对方当事人的合理诉求。这既是法律人的本份，也是避免讼累、降低诉讼成本的内在要求。只有这样，才能把握办案底线，在诉讼过程中做到不违规、不逾矩。

(3) 要重视和做好沟通协调工作。无论是内部协调，还是与外部法院、政府监管机构的沟通，必须有礼有节，在不失原则的情况下谋求最大的灵活性，否则难收实效。这是做好诉讼工作必须营造的法律环境。比如内部方面，案件发生后，作为诉讼代理人如何应对，准备哪些措施和策略，必须要和主管领导深入交流。要善于采取合理的交流方式，让决策者愿意倾听和接受正确的法律意见。比如在与法院的沟通上，如何让己方的辩护观点为法官所接受，除了庭审过程，庭外的沟通说服工作尤其不能忽视。

(4) 要善于使用专业的检索工具和法律文献，做好案件的法律研究，这是开展诉讼工作基础和前提。案件发生后，要对案件事实进行逻辑分析，抓住主要争议焦点、核心事实、关键证据开展法律研究，切忌平均着力，不分重点。检索工具方面，《北大法宝》比较专业，其法律检索、法条联想的功能十分强大，其庞大的司法案例库能为相似案件的处理提供思路和借鉴。法律文献上，最高法的《民事审判指导与参考》更新较快，往往围绕当前法律热点，既有新颁法律法规、司法解释，又有大多由法官执笔典型案例研究、理论探讨等文章，其中的观点大多可以直接引用，并具有相当的说服力。

(5) 要学习掌握撰写案件研究报告的方法和技巧，抽丝剥茧，条分缕析，在法律研究的基础上，进行立场互换式内部争鸣和探讨，最后形成翔实的法律研究报告，这是决定诉讼成败的关键。往往研究报告完成后，起诉、答辩、代理意见已基本成型，相关文书大多可以直接参考研究报告的内容。当然，根据诉讼过程中的新情况，研究报告内容还可以进行补充和修正。

以上五个方面，侧重各有不同。有的需要在实践中逐渐领悟和积累，不能一蹴而就；有的属于技术层面，学习后就可以立即应用，产生效果。总之，践行这些理念，可以少走弯路，对于成为一个优秀的诉讼顾问的目标，虽不中，亦不远也。

第 2 编

纠纷诉讼操作实务

第5章　劳动争议处理操作实务

5.1　劳动争议理论概述

5.1.1　劳动争议的概念

广义的劳动争议就是劳动纠纷，是指劳动关系双方当事人因劳动问题引起的纠纷。

狭义的劳动争议是指劳动关系双方当事人之间因实现劳动权利、履行劳动义务的问题产生分歧而引起的争议，具体指劳动者与用人单位之间，在《中华人民共和国劳动法》(简称《劳动法》)的范围内，因适用国家法律、法规和订立、履行、变更、终止劳动合同以及其他与劳动关系直接相联系的问题而引起的纠纷。

本书所指的"劳动争议"，如无特别说明，都是指狭义的劳动争议。

劳动关系的当事人，一方为劳动者，另一方为用人单位。不具有劳动关系当事人身份者之间所发生的争议，不属于劳动争议。

如果争议不是发生在劳动者与用人单位之间，即使争议内容涉及劳动问题，也不构成劳动争议。例如，劳动者与劳动者之间在劳动过程中发生的争议，两家用人单位之间因劳动力流动问题发生的争议，劳动者或用人单位与劳动行政部门之间发生的争议，劳动者或用人单位与劳动服务主体之间发生的争议，国家指令安置军队转业人员，因用人单位不予接收发生的争议等，都不属于劳动争议。

5.1.2　劳动争议的主体

劳动争议主体即劳动争议的当事人，包括劳动者和用人单位。

根据我国相关法律法规的规定，劳动者是指年满16周岁，与在中国境内的企业、个体经济组织建立劳动合同关系的职工和与国家机关、事业组织、社会团体建立劳动合同关系的职工；用人单位是指在中国境内的企业、个体经济组织以及国家机关、事业组织、社会团体等与劳动者订立了劳动合同的单位。因此有下列情况的，不能成为劳动争议的主体：

(1) 未满16周岁的未成年人。根据国务院颁布的《禁止使用童工规定》，用人单位均不得招用不满16周岁的未成年人，但是，经未成年人的父母或者其他监护人同意，文艺、体育单位招用不满16周岁的专业文艺工作者、运动员的除外。

(2) 务农的农民、家庭保姆、现役军人。

(3) 未取得《外国人就业证》的外国人。根据相关规定，在中国就业的外国人应持职业签证入境，入境后取得《外国人就业证》和外国人居留证，未取得《外国人就业证》的涉外劳动者不能成为劳动关系主体。

(4) 利用业余时间勤工俭学的在校学生，不视为劳动争议的主体。

5.1.3　劳动争议的内容

劳动争议的内容以劳动权利与劳动义务为中心。在劳动关系当事人之间发生的争议不一定都是劳动争议，比如劳动者与用人单位之间因为借贷关系产生的争议属于民事争议，用人单位与劳动行政部门在劳动行政管理中发生的争议属于行政纠纷。劳动争议的核心内容是劳动者与用人单位在劳动权利义务问题产生的纠纷，在一定意义上是因遵守劳动法订立、履行、变更和终止劳动合同和集体合同所发生的争议。

5.1.4 劳动争议的分类

(1) 以劳动争议的主体为标准，分为个体劳动争议、集体劳动争议和团体劳动争议。

个体劳动争议指劳动者个人与用人单位发生的劳动争议。

集体劳动争议是指劳动者一方为10人以上，且发生争议的原因和请求是共同的。集体劳动争议中劳动者一方应推举代表参加法定的处理程序。在处理程序上，集体劳动争议与个人劳动争议相同，但根据相关规定，职工一方在30人以上的集体劳动争议适用特别程序。

团体劳动争议指以工会组织为一方，代表职工与用人单位因签订和执行集体合同而产生的争议。

(2) 从劳动争议的客体上划分，即从争议涉及的劳动关系上分，可分为权利争议和利益争议。权利争议是指因执行劳动法律、法规、劳动合同和集体合同的规定而发生的劳动争议；利益争议是指因确定或变更劳动者的权利义务而发生的劳动争议。

(3) 从劳动争议的内容上分，劳动争议可分为因执行国家有关工资、保险、福利、职业培训、劳动保护的规定发生的争议；因履行劳动合同发生的争议；因用人单位开除、除名、辞退职工和职工辞职、自动离职发生的争议等。

5.1.5 劳动争议的范围

劳动争议的范围是劳动争议处理的前提，《中华人民共和国劳动争议调解仲裁法》第2条对劳动争议的受案范围作出了统一明确的规定，具体包括：

(1) 因确认劳动关系发生的争议。是否存在劳动关系，决定了劳动者是否享有劳动法规定的各项权益和保护。

(2) 因订立、履行、变更、解除和终止劳动合同发生的争议；劳动合同是确定用人单位和劳动者权利义务的基本依据，劳动争议中大部分是劳动合同争议。

(3) 因除名、辞退和辞职、离职发生的争议。这类劳动争议产生的原因，通常是劳动者自动或被强迫解除劳动合同，终止劳动权利义务。除名与辞退一般是由于劳动者不正确行使自己的权利或者没有履行自己的义务而被用人单位解除与其的劳动合同，但是也有例外。至于辞职和离职，双方都有可能因为劳动权利义务而解除劳动合同。

(4) 因工作时间、休息休假、社会保险、福利、培训以及劳动保护发生的争议。劳动法规定，劳动者有参加劳动的权利，有获得休息休假的权利，有参加社会保险的权利，有获得福利和劳动保护的权利，有参加企业组织的培训的权利等，而用人单位应该承担这些义务，这些都是劳动争议的主要内容。

(5) 因劳动报酬、工伤医疗费、经济补偿或者赔偿金等发生的争议。劳动法规定，劳动者有参加劳动并获得报酬的权利；劳动者在劳动过程中因为意外事故而造成工伤，用人单位应该承担其医疗费用；当劳动者与用人单位解除劳动合同时，用人单位应当按照相关规定对劳动者进行一定的经济补偿。如果用人单位不能履行这些义务，就违背了相关法律法规的规定，劳动争议因此产生。

（6）法律、法规规定的其他劳动争议。

5.1.6 劳动争议处理的原则

5.1.6.1 在查清事实的基础上，依法处理劳动争议的原则

在处理劳动争议过程中，劳动争议处理机构和劳动争议当事人必须在查清事实的基础上依法处理劳动争议。

要查清事实，当事人应积极就自己的主张和请求提出证据，劳动争议处理机构应及时调查取证，两者相互配合，有机结合，共同达到查清事实的目的。

依法处理劳动争议，是指劳动争议处理机构应当依据相关法律法规的要求去解决争议，不仅要符合相关实体法规的要求，而且要符合相关程序法的要求，同时要掌握好法律适用顺序，即：有法律依法律，没有法律依法规，没有法规依规章，没有规章依政策。不同层次的法规相矛盾，则依据高层次的法规。另外，处理劳动争议还可以依据依法签订的集体合同、劳动合同，以及依法制定并经职代会或职工大会讨论通过的企业规章。

5.1.6.2 劳动争议当事人在法律面前一律平等的原则

劳动争议双方当事人拥有平等的法律地位，具有平等的权利和义务，任何一方当事人不得有超越另一方当事人的特权。劳动争议双方当事人虽然在其劳动关系中，存在行政上的隶属关系，但双方在法律面前是平等的，没有职位高低之分。

5.1.6.3 着重调解劳动争议的原则

调解是处理劳动争议的重要手段，它不仅是一项独立的劳动争议处理程序，而且贯穿于整个劳动争议处理的过程。采用仲裁或诉讼手段处理劳动争议，都应当先行调解，甚至在裁决或判决之前，劳动争议处理机构还要为当事人提供一次用调解解决争议的机会。

调解应当在劳动争议双方当事人完全自愿的前提下，依法进行，不得有丝毫强迫，既要遵守相关程序法的规定，也要遵守相关实体法的规定。

着重调解原则有利于增加当事人之间的相互理解，使其在今后的工作中能够相互支持和配合，同时可以简化程序，有利于及时、高效地处理劳动争议。

5.1.6.4 及时处理劳动争议的原则

首先，劳动争议发生后，当事人应当及时协商或及时申请调解以至申请仲裁，避免超过仲裁申请时效，丧失申请仲裁的权利。其次，劳动争议处理机构在受理案件后，应当在法定结案期限内，尽快处理完毕。劳动争议往往涉及当事人尤其是职工一方的切身利益，如果不及时加以处理，势必会损害劳动者合法权益，甚至使矛盾激化。因此有关劳动法规对争议处理规定了严格的时间限制，避免“案无定日”、久拖不决的现象。再次，对处理结果，当事人不履行协议或决定的，要及时采取申请强制执行等措施，以保证案件的顺利处理和处理结果的最终落实。

5.1.6.5 基层解决争议原则

劳动争议案件应主要由企业设立的调解委员会和当地县、市、市辖区仲裁委员会解决。向法院起诉，应按法定管辖权向当地基层法院提起。基层解决原则，方便当事人参加调解、仲裁和诉讼活动，有利于争议的及时处理和法律文书的送达与执行，有利于就地调查，查明事实真相。

5.1.7 劳动争议的处理机制

我国目前的劳动争议处理机制可以用“一调一裁两审”和“一调一审”并存来概括。

"一调一裁两审"是指发生劳动争议后，当事人除先进行协商外，可以向本单位劳动争议调解委员会申请调解；调解不成，当事人一方要求仲裁的，可以向劳动争议仲裁委员会申请仲裁。当事人一方也可以直接向劳动争议仲裁委员会申请仲裁。对仲裁裁决不服的，可以向人民法院提起诉讼，其诉讼程序按照民事诉讼法的规定，实行两审终审制。

"一调一裁"的处理机制主要是指《劳动争议调解仲裁法》第 47 条规定的，下列劳动争议，除另有规定的外，仲裁裁决为终局裁决，除劳动者对仲裁裁决不服可以起诉外，裁决书自作出之日起发生法律效力：

（1）追索劳动报酬、工伤医疗费、经济补偿或者赔偿金，不超过当地月最低工资标准 12 个月金额的争议；

（2）因执行国家的劳动标准在工作时间、休息休假、社会保险等方面发生的争议。

5.1.8 劳动争议的协商解决制度

5.1.8.1 协商解决的概念

劳动争议的协商解决是指发生劳动争议，一方当事人可以通过与另一方当事人约见、面谈等方式协商解决。

5.1.8.2 协商解决的主体

（1）劳动争议双方的当事人是劳动争议协商解决的主体。

（2）劳动者可以要求所在企业工会参与或者协助其与企业进行协商，工会也可以主动参与劳动争议的协商处理，维护劳动者合法权益。

（3）劳动者可以委托其他组织或者个人作为其代表进行协商。

5.1.8.3 协商解决的程序

一方当事人提出协商要求后，另一方当事人应当积极做出口头或者书面回应。5 日内不作出回应的，视为不愿协商。协商的期限由当事人书面约定，在约定的期限内没有达成一致的，视为协商不成。当事人可以书面约定延长期限。

5.1.8.4 和解协议

协商达成一致，应当签订书面和解协议。和解协议对双方当事人具有约束力，当事人应当履行。

发生劳动争议，当事人不愿协商、协商不成或者达成和解协议后，一方当事人在约定的期限内不履行和解协议的，可以依法向调解委员会或者乡镇、街道劳动就业社会保障服务所(中心)等其他依法设立的调解组织申请调解，也可以依法向劳动人事争议仲裁委员会(简称仲裁委员会)申请仲裁。

经仲裁庭审查，和解协议程序和内容合法有效的，仲裁庭可以将其作为证据使用。但是，当事人为达成和解的目的作出妥协所涉及的对争议事实的认可，不得在其后的仲裁中作为对其不利的证据。

5.1.9 劳动争议的调解

5.1.9.1 劳动争议调解的概念

劳动争议的调解是指在劳动争议调解组织的主持下，在双方当事人自愿的基础上，通过宣传法律、法规、规章和政策，劝导当事人化解矛盾，自愿就劳动争议事项达成协议，使劳动争议及时得到解决的一种方式。

5.1.9.2 劳动争议调解的原则

1. 当事人双方自愿原则

劳动争议调解组织，应当以双方当事人的自愿为前提进行调解。经调解成功的，制作调解协议书，双方当事人应自觉履行协议书；调解不成的，当事人在规定的期限内，可以到劳动争议仲裁委员会申请仲裁。

当事人双方自愿原则体现在以下三方面：

（1）劳动争议调解组织的调解在我国劳动争议处理程序中不是必经程序，因此是否向劳动争议调解组织申请调解是当事人自愿的行为，由双方当事人自行决定，任何人不得强加干涉。

（2）调解过程是一个自愿协商的过程，劳动争议调解组织没有决定权，是否达成调解协议，由双方当事人自愿协商确定。

（3）调解协议的执行是自愿的。经调解达成的调解协议，没有强制执行的法律效力，调解协议的执行，依靠当事人自觉履行。

2. 依据事实，合法、平等、公正地解决劳动争议的原则

调解劳动争议，应当根据事实和有关法律法规的规定，遵循合法、平等、公正的原则。劳动争议双方当事人具有平等的法律地位，不存在孰高孰低的问题，劳动争议调解组织应当公平对待，任何一方都没有超过另一方的特权。

3. 及时调解的原则

对劳动争议的调解要及时处理，劳动争议调解组织应在规定的时间内及时结案，不要使当事人丧失仲裁的权利。

5.1.9.3 劳动争议的调解组织

发生劳动争议，当事人不愿协商、协商不成或者达成和解协议后不履行的，可以向劳动调解组织申请调解。劳动调解组织包括：

1. 企业劳动争议调解委员会

依据《企业劳动争议协商调解规定》，大中型企业应当依法设立调解委员会，并配备专职或者兼职工作人员。有分公司、分店、分厂的企业，可以根据需要在分支机构设立调解委员会。总部调解委员会指导分支机构调解委员会开展劳动争议预防调解工作。调解委员会可以根据需要在车间、工段、班组设立调解小组。小微型企业可以设立调解委员会，也可以由劳动者和企业共同推举人员，开展调解工作。

调解委员会由劳动者代表和企业代表组成，人数由双方协商确定，双方人数应当对等。劳动者代表由工会委员会成员担任或者由全体劳动者推举产生，企业代表由企业负责人指定。调解委员会主任由工会委员会成员或者双方推举的人员担任。调解委员会主要履行下列职责：

（1）宣传劳动保障法律、法规和政策；

（2）对本企业发生的劳动争议进行调解；

（3）监督和解协议、调解协议的履行；

（4）聘任、解聘和管理调解员；

（5）参与协调履行劳动合同、集体合同、执行企业劳动规章制度等方面出现的问题；

（6）参与研究涉及劳动者切身利益的重大方案；

（7）协助企业建立劳动争议预防预警机制。

调解委员会成员均为调解员，由调解委员会聘任的本企业工作人员担任，调解员应当公道正派、联系群众、热心调解工作，具有一定劳动保障法律政策知识和沟通协调能力。调解员主要履行下列职责：

（1）关注本企业劳动关系状况，及时向调解委员会报告；

（2）接受调解委员会指派，调解劳动争议案件；

（3）监督和解协议、调解协议的履行；

（4）完成调解委员会交办的其他工作。

2. 依法设立的基层人民调解组织

3. 在乡镇、街道设立的具有劳动争议调解职能的组织

5.1.9.4　劳动争议调解的程序

1. 劳动争议调解的申请

发生劳动争议，当事人可以口头或者书面形式向调解委员会提出调解申请。申请内容应当包括申请人基本情况、调解请求、事实与理由。口头申请的，调解委员会应当当场记录。

2. 劳动争议调解的受理

（1）调解委员会接到调解申请后，对属于劳动争议受理范围且双方当事人同意调解的，应当在3个工作日内受理。对不属于劳动争议受理范围或者一方当事人不同意调解的，应当做好记录，并书面通知申请人。

（2）发生劳动争议，当事人没有提出调解申请，调解委员会可以在征得双方当事人同意后主动调解。

（3）调解委员会调解劳动争议一般不公开进行。但是，双方当事人要求公开调解的除外。

（4）调解委员会根据案件情况指定调解员或者调解小组进行调解，在征得当事人同意后，也可以邀请有关单位和个人协助调解。

（5）调解员应当全面听取双方当事人的陈述，采取灵活多样的方式方法，开展耐心、细致的说服疏导工作，帮助当事人自愿达成调解协议。

3. 调解协议的达成

经调解达成调解协议的，由调解委员会制作调解协议书。调解协议书应当写明双方当事人基本情况、调解请求事项、调解的结果和协议履行期限、履行方式等。

调解协议书由双方当事人签名或者盖章，经调解员签名并加盖调解委员会印章后生效，对双方当事人具有约束力，当事人应当自觉履行。调解协议书一式三份，双方当事人和调解委员会各执一份。

双方当事人可以自调解协议生效之日起15日内共同向仲裁委员会提出仲裁审查申请。仲裁委员会受理后，应当对调解协议进行审查，并根据《劳动人事争议仲裁办案规则》第54条规定，对程序和内容合法有效的调解协议，出具调解书。

达成调解协议后，双方当事人未按规定提出仲裁审查申请，一方当事人在约定的期限内不履行调解协议的，另一方当事人可以依法申请仲裁。

5.1.9.5　调解的期限

调解委员会调解劳动争议，应当自受理调解申请之日起15日内结束。但是，双方当事人同意延期的可以延长。在规定期限内未达成调解协议的，视为调解不成。

当事人不愿调解、调解不成或者达成调解协议后，一方当事人在约定的期限内不履行调

解协议的，调解委员会应当做好记录，由双方当事人签名或者盖章，并书面告知当事人可以向仲裁委员会申请仲裁。

5.1.9.6 支付令的申请

因支付拖欠劳动报酬、工伤医疗费、经济补偿或者赔偿金事项达成调解协议，用人单位在协议约定期限内不履行的，劳动者可以持调解协议书依法向人民法院申请支付令。人民法院应当依法发出支付令。

5.1.10 劳动争议的仲裁

5.1.10.1 仲裁的概念

仲裁，也称作“公断”，是指争议双方在同一问题上无法取得一致时，由无利害关系的第三者居中作出裁决的活动。

劳动争议仲裁是指劳动争议仲裁机构对劳动争议当事人争议的事项，根据有关劳动法律、法规、规章和政策等的规定，依法作出裁决，从而解决劳动争议的一项劳动法律制度。

5.1.10.2 劳动争议仲裁的特点

1. 灵活、快捷

劳动争议仲裁具有灵活快捷的特点。《劳动争议调解仲裁法》第 43 条和第 44 条规定，仲裁庭裁决劳动争议案件，应当自劳动争议仲裁委员会受理仲裁申请之日起 45 日内结束。案情复杂需要延期的，经劳动争议仲裁委员会主任批准，可以延期并书面通知当事人，但是延长期限不得超过 15 日。逾期未作出仲裁裁决的，当事人可以就该劳动争议事项向人民法院提起诉讼；仲裁庭裁决劳动争议案件时，其中一部分事实已经清楚，可以就该部分先行裁决；仲裁庭对追索劳动报酬、工伤医疗费、经济补偿或者赔偿金的案件，根据当事人的申请，可以裁决先予执行，移送人民法院执行。

2. 具有公正性

劳动争议仲裁由中立的第三方（劳动争议仲裁委员会）居中裁判，有利于实现公正性。劳动争议仲裁委员会由来自政府、企业、工会的三方代表组成，采取回避、合议等制度，保证了劳动争议仲裁的公正性。

3. 具有强制执行的效力

劳动争议仲裁是解决劳动纠纷的重要手段，申请劳动争议仲裁是解决劳动争议的选择程序之一，也是提起诉讼的前置程序，即如果想提起劳动争议诉讼，必须要经过仲裁程序，不能直接向人民法院提起诉讼。

5.1.10.3 劳动争议仲裁的组织机构

劳动争议仲裁的组织机构即劳动争议仲裁委员会，具体包括：仲裁委员会办事机构、仲裁庭和仲裁员。

1. 设立原则

劳动争议仲裁委员会按照统筹规划、合理布局和适应实际需要的原则设立。省、自治区人民政府可以决定在市、县设立；直辖市人民政府可以决定在区、县设立。直辖市、设区的市也可以设立一个或者若干个劳动争议仲裁委员会。劳动争议仲裁委员会不按行政区划层层设立。

2. 组成成员

劳动争议仲裁委员会由劳动行政部门代表、工会代表和企业方面代表组成。劳动争议仲裁委员会组成人员应当是单数。劳动争议仲裁委员会下设办事机构，负责办理劳动争议仲裁委员会的日常工作。

3. 仲裁庭的组成

劳动争议仲裁委员会裁决劳动争议案件实行仲裁庭制。仲裁庭由3名仲裁员组成，设首席仲裁员。简单劳动争议案件可以由1名仲裁员独任仲裁。劳动争议仲裁委员会应当在受理仲裁申请之日起5日内将仲裁庭的组成情况书面通知当事人。

4. 成为仲裁员的条件

劳动争议仲裁委员会应当设仲裁员名册。仲裁员应当公道正派并符合下列条件之一：

(1) 曾任审判员的；

(2) 从事法律研究、教学工作并具有中级以上职称的；

(3) 具有法律知识、从事人力资源管理或者工会等专业工作满5年的；

(4) 律师执业满3年的。

5.1.10.4 劳动争议仲裁的管辖

1. 地域管辖

劳动争议仲裁委员会负责管辖本区域内发生的劳动争议。劳动争议由劳动合同履行地或者用人单位所在地的劳动争议仲裁委员会管辖。双方当事人分别向劳动合同履行地和用人单位所在地的劳动争议仲裁委员会申请仲裁的，由劳动合同履行地的劳动争议仲裁委员会管辖。

发生劳动争议的企业与职工不在同一个仲裁委员会管辖区域内的，由职工当事人工资关系所在地的仲裁委员会管辖。

我国公民与国(境)外企业签订的劳动(工作)合同履行地在我国领域内，因履行该合同发生争议的，由合同履行地仲裁委员会受理。

2. 级别管辖

劳动争议仲裁委员会不按行政区划层层设立，因此级别管辖并不明显，主要体现在两个方面：

(1) 直辖市。其市辖区仲裁委员会受理本辖区内的劳动争议案件，而直辖市仲裁委员会则受理一些在本市有重大影响的(如集体劳动争议)、案情复杂的(如法律适用存在的问题)，以及外商投资企业及大型企业的劳动争议案件。

(2) 省、自治区仲裁委员会。一般省级仲裁委员会不直接受理劳动争议案件，只负责指导全省(区)的劳动仲裁工作，而计划单列市、省辖区乃至地区一级的仲裁委员会受理本行政区域内有重大影响的、案情复杂的，以及外商投资企业及大型企业的劳动争议案件。

5.1.10.5 仲裁员的回避与解聘制度

仲裁员有下列情形之一，应当回避，当事人也有权以口头或者书面方式提出回避申请：

(1) 是本案当事人或者当事人、代理人的近亲属的；

(2) 与本案有利害关系的；

(3) 与本案当事人、代理人有其他关系，可能影响公正裁决的；

(4) 私自会见当事人、代理人，或者接受当事人、代理人的请客送礼的。

劳动争议仲裁委员会对回避申请应当及时作出决定，并以口头或者书面方式通知当事人。

仲裁员私自会见当事人、代理人，或者接受当事人、代理人的请客送礼的，或者有索贿受贿、徇私舞弊、枉法裁决行为的，应当依法承担法律责任。劳动争议仲裁委员会应当将其解聘。

5.1.10.6 劳动争议仲裁案件的当事人

（1）发生劳动争议的劳动者和用人单位为劳动争议仲裁案件的双方当事人。

（2）劳务派遣单位或者用工单位与劳动者发生劳动争议的，劳务派遣单位和用工单位为共同当事人。

（3）与劳动争议案件的处理结果有利害关系的第三人，可以申请参加仲裁活动或者由劳动争议仲裁委员会通知其参加仲裁活动。

劳动争议仲裁案件的当事人可以委托代理人参加仲裁活动。委托他人参加仲裁活动，应当向劳动争议仲裁委员会提交有委托人签名或者盖章的委托书，委托书应当载明委托事项和权限。

丧失或者部分丧失民事行为能力的劳动者，由其法定代理人代为参加仲裁活动；无法定代理人的，由劳动争议仲裁委员会为其指定代理人。劳动者死亡的，由其近亲属或者代理人参加仲裁活动。

5.1.10.7 劳动争议仲裁的审理形式

劳动争议仲裁公开进行，但当事人协议不公开进行或者涉及国家秘密、商业秘密和个人隐私的除外。

5.1.10.8 劳动争议仲裁的时效

1. 时效的起算

劳动争议申请仲裁的时效期间为 1 年。仲裁时效期间从当事人知道或者应当知道其权利被侵害之日起计算。

2. 时效的中断

因当事人一方向对方当事人主张权利，或者向有关部门请求权利救济，或者对方当事人同意履行义务而中断。从中断时起，仲裁时效期间重新计算。

有下列情形之一的，按照《劳动人事争议仲裁办案规则》第 10 条的规定属于仲裁时效中断，从中断时起，仲裁时效期间重新计算：

（1）一方当事人提出协商要求后，另一方当事人不同意协商或者在 5 日内不作出回应的；

（2）在约定的协商期限内，一方或者双方当事人不同意继续协商的；

（3）在约定的协商期限内未达成一致的；

（4）达成和解协议后，一方或者双方当事人在约定的期限内不履行和解协议的；

（5）一方当事人提出调解申请后，另一方当事人不同意调解的；

（6）调解委员会受理调解申请后，在第 29 条规定的期限内一方或者双方当事人不同意调解的；

（7）在第 29 条规定的期限内未达成调解协议的；

（8）达成调解协议后，一方当事人在约定期限内不履行调解协议的。

3. 时效的中止

因不可抗力或者有其他正当理由，当事人不能在本条第 1 款规定的仲裁时效期间申请仲裁的，仲裁时效中止。从中止时效的原因消除之日起，仲裁时效期间继续计算。

4. 不受时效限制的情形

劳动关系存续期间因拖欠劳动报酬发生争议的，劳动者申请仲裁不受前述的仲裁时效期间的限制；但是，劳动关系终止的，应当自劳动关系终止之日起 1 年内提出。

5. 1. 10. 9　劳动争议仲裁的程序

1. 提交仲裁申请书

申请人申请仲裁应当提交书面仲裁申请，并按照被申请人人数提交副本。仲裁申请书应当载明下列事项：

（1）劳动者的姓名、性别、年龄、职业、工作单位和住所，用人单位的名称、住所和法定代表人或者主要负责人的姓名、职务；

（2）仲裁请求和所根据的事实、理由；

（3）证据和证据来源、证人姓名和住所。

书写仲裁申请确有困难的，可以口头申请，由劳动争议仲裁委员会记入笔录，并告知对方当事人。

2. 劳动争议仲裁的受理

劳动争议仲裁委员会收到仲裁申请之日起 5 日内，认为符合受理条件的，应当受理，并通知申请人；认为不符合受理条件的，应当书面通知申请人不予受理，并说明理由。对劳动争议仲裁委员会不予受理或者逾期未作出决定的，申请人可以就该劳动争议事项向人民法院提起诉讼。

劳动争议仲裁委员会受理仲裁申请后，应当在 5 日内将仲裁申请书副本送达被申请人。被申请人收到仲裁申请书副本后，应当在 10 日内向劳动争议仲裁委员会提交答辩书。劳动争议仲裁委员会收到答辩书后，应当在 5 日内将答辩书副本送达申请人。被申请人未提交答辩书的，不影响仲裁程序的进行。

3. 劳动争议仲裁的审理

（1）审理前的调解。

劳动争议仲裁在正式审理前，应当先在当事人之间进行调解，达成调解协议的，制作调解书结案，没有达成调解协议的，继续审理。

（2）审理的基本程序。

a. 仲裁庭应当在开庭 5 日前，将开庭日期、地点书面通知双方当事人。当事人有正当理由的，可以在开庭 3 日前请求延期开庭。是否延期，由劳动争议仲裁委员会决定。

申请人收到书面通知，无正当理由拒不到庭或者未经仲裁庭同意中途退庭的，可以视为撤回仲裁申请。被申请人收到书面通知，无正当理由拒不到庭或者未经仲裁庭同意中途退庭的，可以缺席裁决。

b. 在审理时，仲裁员应查明仲裁参加人是否到庭，宣布仲裁纪律、开庭和案由及仲裁庭成员名单，告知当事人权利义务并询问是否申请回避，庭审调查，听取辩论和当事人最后陈述，当庭再行调解，休庭合议，复庭宣布裁决或延期裁决。

当事人在仲裁过程中有权进行质证和辩论。质证和辩论终结时，首席仲裁员或者独任仲裁员应当征询当事人的最后意见。

仲裁庭对专门性问题认为需要鉴定的，可以交由当事人约定的鉴定机构鉴定；当事人没有约定或者无法达成约定的，由仲裁庭指定的鉴定机构鉴定。根据当事人的请求或者仲裁庭的要求，鉴定机构应当派鉴定人参加开庭。当事人经仲裁庭许可，可以向鉴定人提问。

c. 仲裁庭应当将开庭情况记入笔录。当事人和其他仲裁参加人认为对自己陈述的记录有遗漏或者差错的，有权申请补正。如果不予补正，应当记录该申请。笔录由仲裁员、记录人员、当事人和其他仲裁参加人签名或者盖章。

d. 当事人申请劳动争议仲裁后，可以自行和解。达成和解协议的，可以撤回仲裁申请。

5.1.10.10　劳动争议仲裁的举证责任

劳动争议仲裁中的举证责任，不完全实行“谁主张谁举证”，而是适当按照有利于劳动者的原则进行。《劳动争议调解仲裁法》第39条规定：当事人提供的证据经查证属实的，仲裁庭应当将其作为认定事实的根据；劳动者无法提供由用人单位掌握管理的与仲裁请求有关的证据，仲裁庭可以要求用人单位在指定期限内提供。用人单位在指定期限内不提供的，应当承担不利后果。

5.1.10.11　劳动争议仲裁的裁决

1. 裁决前的先行调解

仲裁庭在作出裁决前，应当先行调解。调解达成协议的，仲裁庭应当制作调解书。调解书应当写明仲裁请求和当事人协议的结果。调解书由仲裁员签名，加盖劳动争议仲裁委员会印章，送达双方当事人。调解书经双方当事人签收后，发生法律效力。调解不成或者调解书送达前一方当事人反悔的，仲裁庭应当及时作出裁决。

2. 裁决的期限

（1）仲裁庭裁决劳动争议案件，应当自劳动争议仲裁委员会受理仲裁申请之日起45日内结束。案情复杂需要延期的，经劳动争议仲裁委员会主任批准，可以延期并书面通知当事人，但是延长期限不得超过15日。逾期未作出仲裁裁决的，当事人可以就该劳动争议事项向人民法院提起诉讼。

（2）仲裁庭裁决劳动争议案件时，其中一部分事实已经清楚，可以就该部分先行裁决。

（3）仲裁庭对追索劳动报酬、工伤医疗费、经济补偿或者赔偿金的案件，根据当事人的申请，可以裁决先予执行，移送人民法院执行。仲裁庭裁决先予执行的，应当符合下列条件：

a. 当事人之间权利义务关系明确；

b. 不先予执行将严重影响申请人的生活。

劳动者申请先予执行的，可以不提供担保。

3. 裁决的作出

劳动争议仲裁裁决应当按照多数仲裁员的意见作出，少数仲裁员的不同意见应当记入笔录。仲裁庭不能形成多数意见时，裁决应当按照首席仲裁员的意见作出。

劳动争议仲裁裁决书应当载明仲裁请求、争议事实、裁决理由、裁决结果和裁决日期。裁决书由仲裁员签名，加盖劳动争议仲裁委员会印章。对裁决持不同意见的仲裁员，可以签名，也可以不签名。

4. 终局裁决的情形

《劳动争议调解仲裁法》第47条规定，下列劳动争议，除另有规定的外，仲裁裁决为终局裁决，裁决书自作出之日起发生法律效力：

（1）追索劳动报酬、工伤医疗费、经济补偿或者赔偿金，不超过当地月最低工资标准12个月金额的争议；

（2）因执行国家的劳动标准在工作时间、休息休假、社会保险等方面发生的争议。

劳动者对前述仲裁裁决不服的，可以自收到仲裁裁决书之日起 15 日内向人民法院提起诉讼。

当事人对《劳动争议调解仲裁法》第 47 条规定以外的其他劳动争议案件的仲裁裁决不服的，可以自收到仲裁裁决书之日起 15 日内向人民法院提起诉讼；期满不起诉的，裁决书发生法律效力。

5. 劳动争议仲裁裁决的撤销

用人单位有证据证明《劳动争议调解仲裁法》第 47 条规定的仲裁裁决有下列情形之一，可以自收到仲裁裁决书之日起 30 日内向劳动争议仲裁委员会所在地的中级人民法院申请撤销裁决：

（1）适用法律、法规确有错误的；

（2）劳动争议仲裁委员会无管辖权的；

（3）违反法定程序的；

（4）裁决所根据的证据是伪造的；

（5）对方当事人隐瞒了足以影响公正裁决的证据的；

（6）仲裁员在仲裁该案时有索贿受贿、徇私舞弊、枉法裁决行为的。

人民法院经组成合议庭审查核实裁决有前述规定情形之一的，应当裁定撤销。

仲裁裁决被人民法院裁定撤销的，当事人可以自收到裁定书之日起 15 日内就该劳动争议事项向人民法院提起诉讼。

6. 劳动争议仲裁的执行

当事人对发生法律效力的调解书、裁决书，应当依照规定的期限履行。一方当事人逾期不履行的，另一方当事人可以依照民事诉讼法的有关规定向人民法院申请执行。受理申请的人民法院应当依法执行。

5.1.11 劳动争议诉讼

5.1.11.1 劳动争议诉讼的概念

劳动争议诉讼是指人民法院对劳动争议当事人不服劳动争议仲裁机构的裁决或决定而起诉的劳动争议案件，依照法定程序进行审理和判决，并对劳动争议当事人具有强制执行力的一种劳动争议处理程序。此外，劳动争议诉讼还包括一方当事人不履行仲裁委员会已发生法律效力的裁决书或调解书，另一方当事人申请人民法院强制执行的活动。

根据相关法律法规，诉讼程序是处理劳动争议事项的最后一道程序。

5.1.11.2 劳动争议仲裁与诉讼的衔接

劳动争议仲裁与诉讼的衔接问题包括以下三个方面：

（1）对《劳动争议调解仲裁法》第 47 条规定的案件，仲裁裁决一经作出，立即生效，在劳动者一方不起诉的前提下，案件就此终结，不得再进行诉讼程序，用人单位无权起诉，但在具备法定情形时，可申请撤销仲裁裁决。

（2）对《劳动争议调解仲裁法》第 47 条规定以外的情形，对仲裁裁决不服的，双方当事人均可以起诉。

（3）《最高人民法院关于审理劳动争议案件适用法律若干问题的解释（二）》第 3 条规定，劳动者以用人单位的工资欠条为证据直接向人民法院起诉，诉讼请求不涉及劳动关系其他争议的，视为拖欠劳动报酬争议，按照普通民事纠纷受理。

5.1.11.3 劳动争议诉讼的要件

(1) 对劳动争议仲裁委员会不予受理或者逾期未作出决定的，申请人可以就该项劳动争议向人民法院提起诉讼。

(2) 对仲裁裁决不服的，收到仲裁裁决书之日起 15 日内，该项劳动争议的当事人可以向人民法院提起诉讼。

5.1.11.4 劳动争议诉讼的管辖

劳动争议诉讼案件由用人单位所在地或者劳动合同履行地的基层人民法院管辖，劳动合同履行地不明确的，由用人单位所在地的基层人民法院管辖。

对公民提起的劳动争议诉讼，由被告住所地人民法院管辖；被告住所地与经常居住地不一致的，由经常居住地人民法院管辖。对法人或者其他组织提起的劳动争议诉讼，由被告住所地人民法院管辖。

5.1.11.5 劳动争议诉讼的程序

1. 劳动争议诉讼的一般程序

劳动争议诉讼案件，由人民法院民事审判庭按照一般民事诉讼的程序进行审理，简单的劳动争议诉讼案件可以适用民事诉讼中的简易程序进行审理，一般的案件适用普通程序审理。

诉讼中，法院审理的对象主要是劳动权利义务，但是诉讼请求中如果包括有与劳动权利义务事项相联系的民事权利义务事项，法院也应一并审理。

人民法院受理劳动争议案件后，当事人增加诉讼请求的，如该诉讼请求与讼争的劳动争议具有不可分性，应当合并审理；如属独立的劳动争议，应当告知当事人向相应的劳动争议仲裁委员会申请仲裁。

2. 劳动者在争议诉讼中的举证责任分配

在劳动争议诉讼中，举证责任原则上按照民事诉讼中的“谁主张，谁举证”的规定进行分配，但是对于某些特殊问题和证据，劳动者提出请求时，应由用人单位从反面来举证。根据《最高人民法院关于审理劳动争议案件适用法律若干问题的解释》第 13 条规定，因用人单位作出的开除、除名、辞退、解除劳动合同、减少劳动报酬、计算劳动者工作年限等决定而发生的劳动争议，用人单位负举证责任。

3. 劳动争议诉讼中的财产保全

劳动争议诉讼过程中，劳动者向法院申请采取财产保全措施，经审查，人民法院认为申请人经济确实存在困难，或有证据证明用人单位存在欠薪逃匿的可能，应当减轻或者免除劳动者提供担保的义务，及时采取保全措施。

人民法院作出的财产保全裁定中，应当告知当事人在劳动仲裁机构的裁决书或者在人民法院的裁判文书生效后 3 个月内申请强制执行，逾期不申请的，人民法院应当裁定解除财产保全措施。

4. 劳动争议诉讼的处理结果

劳动争议案件经过审理后，法院应区分不定情况，依法作出不同的处理：

(1) 用人单位对劳动者作出的开除、除名、辞退等处理，或者因其他原因解除劳动合同确有错误的，人民法院可以依法判决予以撤销。

（2）对于追索劳动报酬、养老金、医疗费以及工伤保险待遇、经济补偿金、培训费及其他相关费用等案件，给付数额不当的，人民法院可以予以变更。

（3）对于当事人申请执行的裁决书、调解书，被申请人提出证据证明劳动争议仲裁裁决书、调解书有下列情形之一，并经审查核实的，人民法院可以裁定不予执行：

a. 裁决的事项不属于劳动争议仲裁范围，或者劳动争议仲裁机构无权仲裁的；

b. 适用法律确有错误的；

c. 仲裁员仲裁该案时，有徇私舞弊、枉法裁决行为的；

d. 人民法院认定执行该劳动争议仲裁裁决违背社会公共利益的。

人民法院在不予执行的裁定书中，应当告知当事人在收到裁定书之次日起30日内，可以就该劳动争议事项向人民法院起诉。

5. *劳动争议诉讼中的特别程序——支付令*

支付令属于民事诉讼法规定的督促程序，《劳动法》和《劳动争议调解仲裁法》将其引用到了劳动争议处理机制中。劳动者向用人单位追索劳动报酬、工伤医疗费、经济补偿金和赔偿金的，可依法请求法院发出支付令。

（1）申请支付令的条件。

劳动者申请支付令，必须符合民事诉讼规定的条件。劳动者和用人单位之间必须没有其他债务纠纷，并且支付令能够送达用人单位。

（2）人民法院的受理。

劳动者提出支付令申请之后，人民法院应当在5日内通知劳动者是否受理。

人民法院受理申请后，进行审查。

人民法院经过审查，认为申请复核条件的，应当在15日内向用人单位发出支付令；不符合条件的，裁定予以驳回。

（3）支付令的效力。

a. 法院发出的支付令，用人单位没有异议的，应当按照支付令的要求向劳动者支付拖欠的劳动报酬、工伤医疗费、经济补偿金或者赔偿金。

b. 对于法院发出的支付令，用人单位可以提出书面异议，如果异议成立，法院就会裁定终结督促程序，支付令自行失效。

c. 用人单位在收到人民法院发出的支付令之日起15日内不提出书面异议，又不履行支付令的，劳动者可以向人民法院申请执行，人民法院应当按照民事诉讼法规定的执行程序强制执行。

5.2 因确认劳动关系发生的争议

5.2.1 劳动关系的概念、特征和认定

5.2.1.1 劳动关系的概念

劳动关系又称为劳资关系，在《中华人民共和国劳动法》中，对劳动关系作了明确的界定，是指劳动者与所在单位之间在劳动过程中发生的关系。

在实践中是否签订劳动合同并不是判断劳动关系存在与否的标准。

5.2.1.2 劳动关系的法律特征

《劳动法》中所规范的劳动关系，主要包括以下三个法律特征：

（1）劳动关系是在现实过程中所发生的关系，与劳动者有着直接的联系；

（2）劳动关系的双方当事人，一方是劳动者，另一方是提供生产资料的劳动者所在单位；

（3）劳动关系的一方劳动者如成为另一方所在单位的成员，要遵守单位内部的劳动规章以及有关制度。

5.2.1.3 如何认定当事人之间存在劳动关系

首先，书面劳动合同是判断劳动关系的基本标准。《劳动法》第16条规定：企业与劳动者间建立劳动关系应该签订劳动合同。《劳动合同法》第10条规定：建立劳动关系，应当订立书面劳动合同的，应当自用工之日起1个月内订立书面劳动合同。用人单位与劳动者在用工前订立劳动合同的，劳动关系自用工之日起建立。

订立书面劳动合同的时间不同，用人单位与劳动者建立劳动关系的时间也不同，具体体现在：

（1）劳动关系和劳动合同同时成立，即用人单位招用劳动者之后按照法律规定签订劳动合同，劳动关系同时成立；

（2）劳动关系的建立早于劳动合同，即用人单位在用工后并未立即与劳动者签订劳动合同，在用工1个月内未订立书面劳动合同的，劳动关系应在用工之日起就建立，而不是签订劳动合同之日；

（3）劳动合同早于劳动关系的建立，即用人单位在用工前就与劳动者订立了劳动合同，但是这时签订的劳动合同并不代表劳动关系的成立，因为双方并未按照劳动合同开始履行双方权利和义务，劳动关系应当从用工之日起建立。

其次，劳动者与用人单位没有签订劳动合同的，可以出具相关证明文件来证明双方存在事实劳动关系。

5.2.2 事实劳动关系

5.2.2.1 事实劳动关系的概念

事实劳动关系是指用人单位与劳动者之间没有订立书面合同或没有有效书面合同，但双方实际上已经履行了劳动权利义务而形成的劳动关系。

5.2.2.2 认定事实劳动关系的要件、凭证和举证责任

1. 认定事实劳动关系的要件

在实践中，事实劳动关系主要是由于以下原因而形成：①用人单位与劳动者在建立劳动关系时没有签订书面合同；②在原劳动合同期满后未办理终止和续订手续，劳动关系继续履行；③当事人因履行无效劳动合同而形成的事实劳动关系。

无书面形式的劳动合同是引起事实劳动关系发生的最主要的原因。

实践中，事实劳动关系是否存在，主要从以下三个要件进行认定：

（1）双方主体是否适格，即劳动者和用人单位都是符合劳动法规定的法律主体。根据《劳动合同法》的规定，用人单位范围包括中华人民共和国境内的企业、个体经济组织、民办非企业单位以及聘用劳动者的国家机关、事业单位、社会团体。劳动者通常是指达到法定

年龄(我国是16周岁)，具有劳动能力，以从事某种社会劳动获得收入为主要生活来源，依据法律或合同的规定，在用人单位的管理下从事劳动并获取劳动报酬的自然人(中外自然人)。

(2) 双方之间存在着管理与被管理的关系，即用人单位对劳动者进行管理，劳动者从事用人单位安排的有偿劳动，劳动者与用人单位存在着从属的管理关系，是认定双方之间劳动关系的主要特点，这也是区别于雇佣关系的主要特点。

(3) 劳动者提供的劳动是用人单位业务的组成部分，即劳动者从事的劳动应当是属于用人单位业务范围之内的。

2. 认定事实劳动关系的凭证

如何判断是否已经形成了事实劳动关系？根据劳动与社会保障部颁发的《关于确定劳动关系有关事项的通知》，用人单位未与劳动者签订劳动合同，认定双方存在劳动关系时可参照下列凭证：

(1) 工资支付凭证或记录(职工工资发放花名册)、缴纳各项社会保险费的记录；

(2) 用人单位向劳动者发放的“工作证”“服务证”等能够证明身份的证件；

(3) 劳动者填写的用人单位招工招聘“登记表”“报名表”等招用记录；

(4) 考勤记录；

(5) 其他劳动者的证言等。

在实践中，除了上述规定的五类凭证之外，可以作为事实劳动关系证据的通常还包括：

(1) 用人单位与劳动者之间的联络信函，如E-mail；

(2) 与用人单位有业务往来的第三方的证言；

(3) 劳动者向用人单位报销的凭证(如差旅费报销凭证、医疗费报销凭证等)。

3. 认定事实劳动关系中的举证责任

根据我国相关法律法规的规定，举证责任的分配规则通常情况是“谁主张，谁举证”，对于事实劳动关系的认定的举证责任，也应该贯彻该项规则，即主张存在实施劳动关系的一方负有基本的举证义务。

但是，作为劳动者，往往处于弱势地位，在举证时面临许多困难，不能提供相关证据凭证。因此，认定事实劳动关系的举证责任存在例外情况，即“举证责任倒置”。根据《关于确立劳动关系有关事项的通知》的规定，对于认定事实劳动关系所依据的凭证中的以下三类凭证，由用人单位负举证责任：

(1) 工资支付凭证或记录(职工工资发放花名册)、缴纳各项社会保险费的记录；

(2) 劳动者填写的用人单位招工招聘“登记表”“报名表”等招用记录；

(3) 考勤记录。

在实践中，需要注意的是，以上三类凭证由用人单位负责举证责任，并不意味着劳动者在处理确认劳动关系争议的案件中不需要提供人和证据，劳动者仍应对劳动关系认定的基本证据负有举证责任，如“工作证”、第三方证人证言等。

5.2.2.3 产生事实劳动关系的责任承担

1. 用人单位的责任

如果是由于用人单位的原因，产生了事实劳动关系，根据《劳动合同法》的相关规定，用人单位应当承担以下责任：

(1) 及时补订书面劳动合同。《劳动合同法》第10条规定：已建立劳动关系，未同时订立书面劳动合同的，应当自用工之日起 1 个月内订立书面劳动合同。

（2）未订立劳动合同超过 1 个月未满 1 年期限的，用人单位向劳动者支付双倍工资。《劳动合同法》第 82 条第 1 款规定：用人单位自用工之日起超过 1 个月不满 1 年未与劳动者订立书面劳动合同的，应当向劳动者每月支付 2 倍的工资。

支付 2 倍工资的起算时间为用工之日起满 1 个月的次日，截止时间为补订书面劳动合同的前一日。

（3）超过 1 年未签订劳动合同的，视为用人单位与劳动者订立了无固定期限劳动合同。《劳动合同法》第 14 条规定：用人单位自用工之日起满 1 年不与劳动者订立书面劳动合同的，视为用人单位与劳动者已订立无固定期限劳动合同。

2. *劳动者的责任*

如果因为劳动者的原因，而只是产生事实劳动关系，则产生以下法律后果：

（1）劳动者与用人单位产生劳动关系未满 1 年的，用人单位可单方面终止劳动关系，终止劳动关系时，用人单位应当书面通知劳动者。

劳动关系终止后，用人单位根据情况承担不同的责任：①自用工之日起 1 个月内，经用人单位书面通知后，劳动者不与用人单位订立书面劳动合同，用人单位终止劳动关系的，无需向劳动者支付经济补偿，但应当依法向劳动者支付其实际工作期间的劳动报酬。②自用工之日起超过 1 个月不满 1 年，若劳动者不与用人单位订立书面劳动合同的，用人单位终止劳动关系，应同时向劳动者支付经济补偿金。

（2）视为用人单位与劳动者签订无固定期限合同。即使劳动者存在不与用人单位签订劳动合同的情形，但该事实劳动关系存在满 1 年时，视为自用工之日起满 1 年的当日，用人单位已经与劳动者订立无固定期限劳动合同，用人单位应当立即与劳动者补订劳动合同。

5.2.2.4 怎样避免产生事实劳动关系

事实劳动关系主要会对用人单位产生较多的不利影响，用人单位应该采取相应措施以避免事实劳动关系的产生。

（1）强化招聘后的签约管理。建议用人单位在招聘员工成功后及时签约，然后再让员工入职，避免产生事实劳动关系。

（2）在劳动合同中约定合同到期顺延条款。

合同到期后未及时续订劳动合同而产生事实劳动关系的情况，更容易被用人单位忽略。因此，在用人单位和劳动者签订的劳动合同条款中约定合同到期顺延条款可以有效地避免由于以往或疏忽而未能及时签订劳动合同的尴尬。

但是这种约定顺延条款也会产生不利的影响。例如，用人单位由于疏忽未能在劳动合同到期时及时与劳动者续签劳动合同，合同到期后 1 个月内，用人单位又认为该劳动者表现不佳，不打算与其续签合同，此时，如果强行解除该劳动者的合同，会构成非法解除劳动合同。

（3）及时补签书面劳动合同。

用人单位应与劳动者就未签订劳动合同之事沟通协商好，并及时补签劳动合同，避免因未及时签订书面劳动合同所要承担的法律责任。

（4）对恶意不签订劳动合同行为的证据保留。

对于用人单位而言，如果遇到劳动者恶意不愿意签订书面合同的情形，一定要注意保存好相关的书面证据，例如要求劳动者签订劳动合同的书面通知书、E－mail或工会等有关人员的证明，以便在出现相关争议时，保护好自己的合法利益，避免不必要的损失。

【案例】用人单位不及时与劳动者续订书面劳动合同

2006 年 1 月，刘某与某大型炼油厂签订了期限为三年的劳动合同。2009 年 1 月合同到期后，刘某要求与炼油厂续签劳动合同，但炼油厂未作答复，也未终止与刘某的劳动关系，刘某仍然在炼油厂原工作岗位上班。2009 年 7 月，炼油厂管理层讨论了部分员工合同期满后的去留问题，决定不与刘某续订劳动合同，主要理由是刘某对工作不负责任，不服从领导安排。2009 年 8 月，炼油厂以劳动合同期满为由，解除与刘某的劳动合同关系。刘某认为，2009 年 1 月合同到期后，自己曾多次要求与炼油厂续订劳动合同，炼油厂虽未与自己续订劳动合同，但仍让其在原工作岗位上工作，已经形成了新的劳动关系，因此，不能以原劳动合同期满为由终止劳动合同，要求续订三年的书面劳动合同。

本案涉及的问题是：固定期限劳动合同到期后，如果用人单位没有终止劳动合同，劳动者也照常提供劳动的，从原劳动合同到期之日起，劳动者与原用人单位之间形成什么样的劳动关系？

在该案中，劳动合同到期之后，用人单位既没有与劳动者终止劳动合同，也没有及时与劳动者续订劳动合同，而劳动者仍然继续向用人单位提供劳动。根据《劳动合同法》的规定，对这种情形，应当视为用人单位与劳动者又订立了一个与原劳动合同有关期限、工作岗位、报酬等内容完全相同的劳动合同，因此，用人单位不能随时终止劳动合同，而是要遵循劳动合同法有关解除与终止的规定。

该案情形就是因用人单位不及时与劳动者续订书面劳动合同造成的。根据《劳动合同法实施条例》第 6 条的规定，用人单位自用工之日起超过 1 个月不满 1 年未与劳动者订立书面劳动合同的，应当依照《劳动合同法》第 82 条的规定，向劳动者每月支付 2 倍的工资，并与劳动者补订书面劳动合同；劳动者不与用人单位订立书面劳动合同的，用人单位应当书面通知劳动者终止劳动关系，并依照劳动合同法第 47 条的规定支付经济补偿。用人单位向劳动者每月支付 2 倍工资的起算时间为用工之日起满 1 个月的次日，截止时间为补订书面劳动合同的前一日。

因此，对于本案，用人单位应支付刘某双倍的工资，并与刘某签订书面劳动合同，支付起算时间为原劳动合同到期之日起满 1 个月的次日，截止时间为补订书面劳动合同的前一日。

【法条链接】

《劳动合同法》

第四十七条　经济补偿按劳动者在本单位工作的年限，每满一年支付一个月工资的标准向劳动者支付。六个月以上不满一年的，按一年计算；不满六个月的，向劳动者支付半个月工资的经济补偿。

劳动者月工资高于用人单位所在直辖市、设区的市级人民政府公布的本地区上年度职工月平均工资三倍的，向其支付经济补偿的标准按职工月平均工资三倍的数额支付，向其支付经济补偿的年限最高不超过十二年。

本条所称月工资是指劳动者在劳动合同解除或者终止前十二个月的平均工资。

第八十二条　用人单位自用工之日起超过一个月不满一年未与劳动者订立书面劳动合同的，应当向劳动者每月支付二倍的工资。

用人单位违反本法规定不与劳动者订立无固定期限劳动合同的，自应当订立无固定期限劳动合同之日起向劳动者每月支付二倍的工资。

《劳动合同法实施条例》

第五条　自用工之日起一个月内，经用人单位书面通知后，劳动者不与用人单位订立书面劳动合同的，用人单位应当书面通知劳动者终止劳动关系，无需向劳动者支付经济补偿，但是应当依法向劳动者支付其实际工作时间的劳动报酬。

第六条　用人单位自用工之日起超过一个月不满一年未与劳动者订立书面劳动合同的，应当依照劳动合同法第八十二条的规定向劳动者每月支付两倍的工资，并与劳动者补订书面劳动合同；劳动者不与用人单位订立书面劳动合同的，用人单位应当书面通知劳动者终止劳动关系，并依照劳动合同法第四十七条的规定支付经济补偿。

前款规定的用人单位向劳动者每月支付两倍工资的起算时间为用工之日起满一个月的次日，截止时间为补订书面劳动合同的前一日。

第七条　用人单位自用工之日起满一年未与劳动者订立书面劳动合同的，自用工之日起满一个月的次日至满一年的前一日应当依照劳动合同法第八十二条的规定向劳动者每月支付两倍的工资，并视为自用工之日起满一年的当日已经与劳动者订立无固定期限劳动合同，应当立即与劳动者补订书面劳动合同。

5.2.3　劳动关系与雇佣关系的区别

劳动关系与雇佣关系是社会中最为普遍的两种用人关系。这两种关系既存在使用他人劳动力的共同点，也存在着一定的区别。无论是对用人单位还是劳动者而言，准确地区分劳动关系与雇佣关系，对于如何处理相关争议具有十分重要的现实意义，特别是判定在工作中的受伤属于工伤还是人身伤害时，起着关键作用。

劳动关系与雇佣关系的区别主要体现在以下几方面：

1. 适用法律方面不同

劳动关系主要由劳动法规规范和调整，包括《劳动法》《劳动合同法》《劳动争议仲裁调解法》《劳动合同法实施条例》等法律法规。

雇佣关系主要由民法进行规范和调整，包括《民法通则》《合同法》《民事诉讼法》等法律法规。

2. 用工主体的要求不同

按照《劳动合同法》第2条的规定，劳动关系中的用工主体主要指中华人民共和国境内的企业、个体经济组织、民办非企业单位等组织，同时包括与劳动者建立劳动关系的国家机关、事业组织、社会团体。同时，依照《工伤保险条例》第2条和第63条的规定，非法用工单位和劳动者发生的劳动关系也按照劳动关系处理。因此，如果用工主体仅因为违反法律规定没有办理获得合法主体资格的手续，但已经具备了“用人单位”的其他形式要件，也可以将其认定为《劳动法》中的“用人单位”，只是该“用人单位”是非法的(至于其自身的违法问题，应当由工商部门予以纠正)。

雇佣关系中的用工主体范围相当广泛，可以是自然人、法人或其他组织。

3. 主体地位不同

劳动关系主体双方具有行政上的隶属关系。劳动者是用人单位的内部成员，应当遵守其内部的规章制度，服从单位的领导与安排(当然也享受单位的社保、医保等福利待遇)。在一般情况下，用人单位只允许劳动者在其一家用人单位上班。

雇佣关系中主体地位是平等的。它们之间是一种“劳务”与“报酬”之间的交换，受雇人可以不遵守雇佣方的内部规定（当然也不享受雇佣方的福利待遇），受雇人还可以同时选择向两家以上的雇佣方提供劳务。

因此，用人单位制定的规章制度和奖励惩罚措施可以约束其内部员工，但未经受雇人同意却不得约束受雇人。受雇人只需要按照雇佣契约完成工作任务，无需接受雇佣人的其他无理指示。雇佣关系强调成果之给付，而劳动关系则强调劳动者与生产资料相结合的劳动过程。

4. 工作时间长短一般不同

在劳动关系中，劳动者与用人单位之间，一般会有比较长期、持续、稳定的关系，劳动者一般会为用人单位连续稳定地进行工作。

在雇佣关系中，一般是以完成特定工作为目的，不具有长期、持续、稳定的特征。例如企业为完成某一项工作，请了几个工人为其工作，项目完工后所招员工就离开了，这种情况下双方所形成的关系就不是劳动关系，而是雇佣关系。.

5. 两种关系当事人之间在承担义务方面的区别

（1）社会保险方面。

在劳动关系中，用人单位与劳动者之间存在着人身依附关系，员工构成了用人单位的一分子，用人单位必须按照规定为职工承担缴纳社会保险的义务。

在雇佣关系中，雇主与受雇者之间是平等主体之间的民事法律关系（在实际工作中，尽管雇主对受雇者具有一定的管理权限，但这并不影响雇主与受雇者之间平等主体的法律关系），雇主也没有为受雇者购买社会保险的义务。

（2）工资薪酬方面。

在劳动关系中，法律法规更注重保护劳动者的权益，用人单位向劳动者支付的报酬不得低于当地最低工资水平，超过法定劳动时间的工作，用人单位还需向劳动者支付加班费用等。

而在雇佣关系中，雇员的报酬与其所提供的劳务相对应，不存在支付加班费、工资最低规定的范围。

（3）人身安全保障。

在劳动关系中，劳动者在提供劳动过程中受到伤害，用人单位应当按照工伤保险的相关规定，向劳动者提供工伤赔偿待遇。

而在雇佣关系中，雇员受到伤害的，用人单位应当按照民法的有关规定，向雇员进行赔偿。

例如，某化工企业为整修厂区内的草坪，以每人日工资120元，临时招用了5名农民工，1名农民工在工作中不小心被割草机碰伤致残。在该案中，尽管劳动者在工作当中要服从用人单位的安排，但劳动者与用人单位之间不存在行政上的隶属关系，因此双方所形成的只是一种雇佣关系，所受到的伤害不应该算为工伤，不能按照劳动争议进行处理，而应该按照民法的相关规定进行处理。

5.2.4 在校实习生与用人单位的关系

5.2.4.1 在校实习生与用人单位的关系界定

实习生，是指在用人单位从事实践和学习的在校学生。在校生在用人单位实习是一种很普遍的现象。但实习生是学生还是劳动者呢？是否受相关劳动法律法规的保护呢？

一般认为，实习生仍是在校学生，不是法律意义上的劳动者。对于参加实习的学生来说，实习是为了积累实践经验；对于用人单位来说，实习只是为学生提供一个参加实践的机会，也是考察人才的一个过程。

劳动部印发的《关于贯彻执行〈中华人民共和国劳动法〉若干问题的意见》第12条规定：在校生利用业余时间勤工俭学，不视为就业，未建立劳动关系，可以不签订劳动合同。从该规定可以看出，在校实习生并不具备“劳动者的资格”。

在校实习生参加实习，不是以实习劳动作为自己的谋生手段，而在实习过程中，用人单位发放给实习生的实习费用，只是一种补偿性的费用，不是劳动法意义上的工资。

在校实习生在实习期间虽然得服从用人单位的实习管理，但是他们与用人单位之间并没有依附关系。

所以，在校实习生不能算是《劳动合同法》意义上的劳动者，他们与用人单位之间不存在劳动关系，不享受社会保险待遇，在实习期内发生伤亡事故不具备工伤认定的主体资格。

5.2.4.2 实习生在实习过程中权益受损的责任承担

由于在校实习生与用人单位之间不存在劳动关系，所以，实习生在劳动过程中受到伤害时，不能作为劳动争议处理。

通常，在校实习生在用人单位劳动过程中受伤的责任承担可区分为三种情况来认定：

(1) 在校学生的实习是经过学校安排、推荐的。在这种情况下，学生和用人单位应当对实习生承担连带赔偿责任，实习生可以选择要求其中一方或者两方承担赔偿责任。

(2) 在校学生的实习未经学校安排或者推荐，而是自己联系的。在这种情况下，只要学校在平时的监管活动中尽到了监管责任，对学生自己联系实习可能会出现的问题进行了适当的宣传和告知活动，实习生在劳动过程中受到伤害，就应当由用人单位对实习生的受伤承担主要责任，学校仅出于监管义务承担补充责任。即在用人单位不能支付给实习生全部补偿费用时，由学校承担补充赔偿义务，或者是在用人单位不能及时支付赔偿费用影响实习生的治疗与康复的，由学校先行垫付相关费用。

(3) 如果在校实习生是未成年人，那么无论该实习生的实习是否有学校参与，学校都应与用人单位对该实习生在劳动过程中受到的伤害承担连带责任。

5.2.4.3 使用在校实习生的法律建议

(1) 若有可能，最好由学校推荐选择实习单位。

(2) 签订实习协议来保障实习生与用人单位的权益。在法律没有明确规定的前提下，签订实习协议可以补充法律的不足。实习协议是指实习生与企业、学校通过三方自愿协商的方式签订的协议，对实习报酬、安全工作、事故责任、投保等事项作出具体约定，特别是对实习生在实习期间发生伤亡事故承担责任的问题进行明确约定，以便进行有效救济。明确的协议，是处理实习生与用人单位双方争议时最有效的证据。

(3) 完善保险体制。大部分在校学生都参加了学生意外伤害保险，但其赔偿限额极其有限，不能满足重大伤亡事故中的学生获得相应赔偿。实习过程中的意外风险有时要大于在校期间的意外伤害风险。实习生可以结合自身情况参加更高赔偿限额的人身意外险或类似的其他险种，防患于未然。作为学校和用人单位，从维护实习学生、学校、企业的各方利益出发，对于未参加保险的学生，可以不安排或不接受实习。至于保险费的承担问题，可以在实习协议中给予明确规定。

5.2.5 离退休返聘人员与用人单位的关系

5.2.5.1 离退休返聘人员与用人单位的关系界定

根据我国劳动法律相关规定，在签订或履行劳动合同时，劳动者必须具备法定的资格，即劳动者要有劳动权利能力和劳动行为能力，是符合法律要件的劳动者。现阶段，劳动法规中给劳动者规定的劳动权利能力和行为能力开始于16岁，终止于60岁(女性55岁)，即60岁(女性工人50岁、干部55岁)是劳动者法定退休年龄。《劳动合同法实施条例》第21条规定：劳动者达到法定退休年龄的，劳动合同终止。因此，劳动者达到法定离退休年龄之后就不能再与用人单位签订劳动合同。被用人单位聘用或者被返聘回原单位的离退休人员，与用人单位聘用或者原工作单位之间不存在劳动关系，而是劳务关系，双方签订的合同属于民事雇佣合同，适用《民法通则》和《合同法》等民事法律进行调整，而不属于《劳动合同法》的调整范围。

5.2.5.2 聘用离退休人员的权益保护

根据《劳动部关于实行劳动合同制度若干问题的通知》第13条的规定，已享受养老保险待遇的离退休人员被再次聘用时，用人单位应与其签订书面协议，明确聘用期内的工作内容、报酬、医疗、劳保待遇等权利和义务。离退休人员与用人单位应当按照聘用协议的约定履行义务，聘用协议约定提前解除书面协议的，应当按照双方约定办理，未约定的，应当协商解决。

被返聘的离退休人员在工作中发生事故造成伤害的，不能适用《工伤保险条例》的规定进行处理。由于被返聘的离退休人员与用人单位属于劳务关系，因此，离退休人员在工作中发生伤害时，用人单位应按照雇主责任承担责任。

5.2.5.3 关于聘用离退休人员的建议

(1) 双方签订书面的劳务合同。书面的劳务合同一方面可以明确双方的权利义务，如劳动报酬、工作时间、解除合同条件等，另一方面也有利于在一方损害对方利益时，提供有利的证据。

(2) 作为用人单位，应当购买相应的商业保险作为防范风险的主要方式，可以避免在事故发生后，企业承担较大的经济负担。

(3) 用人单位应当注意对离退休人员的基本权益的保障。一是工作时间的保障，用人单位应当遵照国家关于工作时间的相关规定；二是劳动保护的规定，即用人单位应当向被聘用的离退休人员提供符合安全的工作条件和场所；三是满足最低工资规定，用人单位支付给被聘用的离退休人员的劳动报酬，应当符合当地最低工资标准的要求。

5.3 关于劳动合同订立、履行、解除、中止、终止、无效的争议

劳动合同是劳动者与用工单位之间确立劳动关系、明确双方权利和义务的协议。劳动者同用人单位订立的劳动合同，是劳动者实现劳动权的重要保障，是用人单位合理使用劳动力、巩固劳动纪律、提高劳动生产率的重要手段，是减少和防止发生劳动争议的重要措施。劳动合同不仅是劳动者与用人单位确立劳动关系、明确双方权利和义务的契约协议，而且还是用人单位与劳动者建立劳动关系的书面证明。

在劳动合同的订立、履行、解除或中止的过程中，劳动者与用人单位之间有时会因为种种原因产生争议。

5.3.1　关于劳动合同订立的争议

5.3.1.1　不订立劳动合同的风险以及风险防范

1. 不订立劳动合同存在的风险

在实践中，许多用人单位至今仍有一个错误的认识，认为签订劳动合同就是将自己套牢，没有劳动合同就与劳动者没有劳动关系，就可以规避相关劳动法律法规。实际上，劳动法上所说的劳动关系是指用人单位与劳动者之间因雇佣劳动而产生的权利义务关系，劳动合同只是这种劳动关系的书面约定，没有劳动合同并不意味着劳动关系不存在。相反，不订立劳动合同，对于用人单位而言，存在各种风险。

（1）支付双倍工资的风险。

根据法律规定，建立劳动关系，应当订立书面劳动合同，用工单位不与劳动者签订书面的劳动合同，将承担不利的法律后果，《劳动合同法》第82条规定"用人单位自用工之日起超过一个月不满一年未与劳动者订立书面劳动合同的，应当向劳动者每月支付二倍的工资。用人单位违反本法规定不与劳动者订立无固定期限劳动合同的，自应当订立无固定期限劳动合同之日起向劳动者每月支付二倍的工资。"《劳动合同法》第14条第3款规定"用人单位自用工之日起满一年不与劳动者订立书面劳动合同的，视为用人单位与劳动者已订立无固定期限劳动合同。"

（2）劳动者可以随时解除劳动合同，且不承担任何违约责任或者赔偿。

如果双方签订了书面劳动合同，劳动者要提前解除劳动合同，必须提前30日书面通知用人单位，否则就是违法解除劳动合同，造成用人单位损失的，应该依法承担赔偿责任。如果用人单位没有与劳动者签订书面劳动合同，劳动者不但可以随时解除劳动合同，还可以根据《劳动合同法》第82条的规定要求用人单位从用工之日起向劳动者每月支付2倍的工资，不需要对用人单位承担违约责任或者赔偿责任。

（3）单位不能以试用不合格为由辞退劳动者。

根据《劳动合同法》的规定，劳动者和用人单位可以在劳动合同中约定试用期。在试用期内，劳动者不符合录用条件的，用人单位可以随时解除劳动合同且不需要向劳动者支付经济补偿金。但是，如果劳动者与用人单位之间没有签订书面劳动合同，用人单位应该按照《劳动合同法》第82条的规定，从用工之日起向劳动者每月支付2倍的工资。

（4）不签劳动合同不利于单位保护商业秘密。

商业秘密的构成要件之一，是单位必须对所谓商业秘密采取了一定的保密措施。而在劳动合同中约定保密条款或者签订专门的保密协议，是对商业秘密采取保密措施的表现形式之一。如果没有签订保密条款或者保密协议，明确保密的范围和法律责任，单位就难以证明哪些属于商业秘密，是否已对其主张的所谓商业秘密采取了保密措施，从而有可能不被认定为商业秘密，这对企业的发展是非常不利的。

（5）不签劳动合同造成劳动者损失的，用人单位要承担赔偿责任。

如果因为用人单位的原因故意不订立劳动合同（包括劳动合同到期后不及时续订劳动合同），造成劳动者工资、工伤、医疗等待遇损失的，除依法承担赔偿责任外，同时还要支付25%的额外赔偿费用。劳动行政部门还可以责令用人单位支付赔偿金、给予行政处罚等。

2. 劳动合同订立的风险防范

（1）先签合同再用工。用人单位在决定招用劳动者后，可将入职时间和合同签订时间予以区分，要求劳动者先签订合同再办理入职手续、上班工作。合同签订时间在前，合同开始时间在后。这主要是从源头预防后期争议的发生。

对在职人员的劳动合同续签评估必须在劳动合同到期前完成，并在劳动合同到期前签订新的劳动合同。劳动合同管理是企业人力资源管理的重要环节，劳动合同到期终止或续签是劳动合同管理的重要组成部分，建议用人单位可以建立合同到期的预警制度，也即在劳动合同到期前30天左右作为预警时间，由专人或者办公系统自动作出提示。对于用人单位决定与其续签的，建议在合同到期前续签劳动合同，对于用人单位不愿意与其续签的，在合同到期时及时终止劳动合同。

（2）让劳动者先签字，用人单位再盖章。劳动合同双方签字盖章往往难以在同一时间完成，用人单位可以首先要求劳动者在劳动合同上签字，劳动者在劳动合同上签字完毕后将劳动合同交还公司，用人单位再安排专人盖章。用人单位将签字盖章后的劳动合同交付给劳动者时，应让劳动者进行书面签收，从而证明用人单位已经将劳动合同交付给劳动者。

（3）避免因工作过失导致不签合同。对此可以从以下几个方面着手：①员工较多且劳动合同到期时间不一致的，用人单位有必要对劳动合同资料实行计算机管理，设计合同到期提前预警程序；②为避免由于没有续签合同出现事实劳动关系，企业可以与员工对劳动合同中的终止及续签条款根据企业自身情况进行约定，如可以约定劳动合同到期没有及时续签而劳动者又继续留用的，劳动合同自动顺延一定期限等诸如此类的条款。③劳动合同丢失损毁也可能造成事实劳动关系，对此用人单位有必要与劳动者签订多份劳动合同，并且分别妥善保管。

5.3.1.2 劳动合同的续订

1. 劳动合同续订的概念和特征

劳动合同的续订，是指劳动者与用人单位经协商一致达成协议，使原签订的期限届满的劳动合同延长期限的法律行为。

续订劳动合同的主要特征如下：

（1）是在合同双方当事人既定的前提下进行的，不需要再确定新的当事人，双方可以根据自己的情况作出续或不续的选择。

（2）以原劳动合同为基础，当事人享有原劳动合同相同或相似的权利和义务，在续订时，双方当事人可根据自己的实际情况提出新的条件。

（3）续订劳动合同，对劳动者不再实行试用期。按照法律规定，在同一个用人单位工作时，只能设定一次试用期，因此用人单位不得以续订劳动合同为由，再设定试用期。

2. 原劳动合同到期不续签的后果

（1）按照法律规定，劳动合同到期后不续签即劳动合同终止，对于劳动者和用人单位来说，这是一种法定权利，双方都有权决定不再续订劳动合同。在劳动合同到期不续签的情况下，如果满足相应条件，劳动者可以按照《劳动合同法》的规定领取经济补偿。

（2）对于特殊的员工，用人单位不能到期终止与其的合同。特殊的员工指的是“三期”（怀孕期、产期、哺乳期）女职工、处于医疗期的劳动者、工伤员工等。

（3）如果劳动者继续留在用人单位，而未及时续签劳动合同，则可能出现以下后果：

a. 劳动合同到期以后，因为用人单位的原因未与劳动者续订劳动合同，双方形成事实劳动关系。

b. 劳动合同到期后，劳动者继续在该单位工作形成事实劳动关系后，如果用人单位维持或提高合同条件与劳动者签订劳动合同，劳动者拒签，用人单位有权依法终止与该劳动者的事实劳动关系。在这种情况下，如果要求签订的时间为原合同到期后的 1 个月之内，用人单位不需要支付经济补偿金，但若要求签订的时间已经超过原合同到期后的 1 个月，劳动者仍有权要求用人单位支付终止劳动合同经济补偿金。

(3) 如果劳动合同到期后劳动者继续在该单位工作形成事实劳动关系后满 1 年的，用人单位未能与劳动者续订劳动合同，视为双方已经签订了无固定期限合同，此时，解除劳动合同应依法定条件进行。

(4) 根据《劳动合同法》第 14 条规定，符合签订无固定期限劳动合同条件的，劳动合同到期后，劳动者提出续签或者同意续订劳动合同的，应签订无固定期限的劳动合同。

3. 续签劳动合同的操作建议

(1) 用人单位应当建立员工劳动合同期限档案，以便在劳动合同到期前能够采取相应的措施，避免由于疏忽大意造成的风险。

(2) 在劳动合同到期前 1 个月，用人单位应当对续签劳动合同之事进行内部意见沟通，对是否继续与员工签订合同形成一致意见。

(3) 用人单位在劳动合同到期前，应当向劳动者发放续订劳动合同征询意见书，要求劳动者对“是否同意续订”劳动合同作出明确的书面答复，如果用人单位维持或提高待遇标准，劳动者仍然不同意续订劳动合同，用人单位则不需要向劳动者支付经济补偿金。

(4) 对于特殊员工应当及时采取相应措施。根据《劳动法合同法》第 42 条的规定，劳动者具有以下情形时，不得到期终止其劳动合同，劳动合同应当续延至相应的情形消失时终止：①从事接触职业病危害作业的劳动者未进行离岗前职业健康检查，或者疑似职业病病人在诊断或者医学观察期间的；②在本单位患职业病或者因工负伤并被确认丧失或者部分丧失劳动能力的；③患病或者非因工负伤，在规定的医疗期内的；④女职工在孕期、产期、哺乳期的；⑤在本单位连续工作满 15 年，且距法定退休年龄不足 5 年的；⑥法律、行政法规规定的其他情形。虽然对于以上特殊员工不能到期直接终止其合同，用人单位仍应在到期前，书面通知劳动者，告知用人单位对相应情形消失后是否签订劳动合同的意见。

5.3.1.3 无固定期限劳动合同

1. 无固定期限劳动合同的概念

无固定期限劳动合同，又称不定期劳动合同，是指用人单位与劳动者约定无确定终止时间的劳动合同。这里说的无确定终止时间并不意味着没有终止时间，只是终止的时间不能确定。只要没有出现法律规定的条件或者双方约定的条件，双方当事人就要继续履行劳动合同规定的义务。一旦出现了法律规定的情形，无固定期限劳动合同也同样能够解除。

订立无固定期限的劳动合同，劳动者可以长期在一个单位或部门工作。这种合同适用于工作保密性强、技术复杂、工作又需要保持人员稳定的岗位。这种合同对于用人单位来说，有利于维护其经济利益，减少频繁更换关键岗位的关键人员而带来的损失。对于劳动者来说，也有利于实现长期稳定职业，钻研业务技术。

2. 无固定期限合同订立要件

《劳动合同法》第 14 条第 2 款规定，用人单位与劳动者协商一致，可以订立无固定期限劳动合同。有下列情形之一，劳动者提出或者同意续订、订立劳动合同的，除劳动者提出订立固定期限劳动合同外，应当订立无固定期限劳动合同：①劳动者在该用人单位连续工作满10年的；②用人单位初次实行劳动合同制度或者国有企业改制重新订立劳动合同时，劳动者在该用人单位连续工作满10年且距法定退休年龄不足10年的；③连续订立2次固定期限劳动合同，且劳动者没有本法第39条和第40条第1项、第2项规定的情形，续订劳动合同的用人单位自用工之日起满1年不与劳动者订立书面劳动合同的，视为用人单位与劳动者已订立无固定期限劳动合同。

订立无固定期限劳动合同主要有两种情形：

(1) 用人单位与劳动者协商一致，可以订立无固定期限劳动合同。

根据《劳动合同法》的规定，订立劳动合同应当遵循平等自愿、协商一致的原则。只要用人单位与劳动者协商一致，没有采取胁迫、欺诈、隐瞒事实等非法手段，符合法律的有关规定，就可以订立无固定期限劳动合同。

(2) 在法律规定的情形出现时，劳动者提出或者同意续订劳动合同的，应当订立无固定期限劳动合同。

无固定期限合同一经签订，双方就建立了一种相对稳固和长远的劳动关系，只要不出现法律规定的条件或者双方约定的条件，劳动合同就不能解除。因此，法律对无固定期限劳动合同的签订条件作了严格的规定，当事人一方并不能随意地要求签订或者拒绝签订无固定期限劳动合同。

根据《劳动合同法》第14条规定，只要出现了三种情形，在劳动者主动提出续订劳动合同或者用人单位提出续订劳动合同且劳动者同意的情况下，就应当订立无固定期限劳动合同。这种续订劳动合同意愿的主动权掌握在劳动者手中，无论用人单位是否同意续订劳动合同，只要劳动者提出，用人单位就必须同意续订，而且是订立无固定期限劳动合同。如果用人单位提出续订劳动合同，劳动者有权不同意。这三种情形如下：

(1) 劳动者已在该用人单位连续工作满10年的。

签订无固定期限劳动合同的劳动者必须在同一单位连续工作了10年以上，是这个情形的最基本的内容。具体是指劳动者与同一用人单位签订的劳动合同的期限不间断达到10年，如有的劳动者在用人单位工作5年后，离职到别的单位去工作了2年，然后又回到了这个用人单位工作5年，虽然累计时间达到了10年，但是劳动合同期限有所间断，不符合在“该用人单位连续工作满10年”的条件。劳动者工作时间不足10年的，即使提出订立无固定期限劳动合同，用人单位也有权不接受。

(2) 用人单位初次实行劳动合同制度或者国有企业改制重新订立劳动合同时，劳动者在该用人单位连续工作满10年且距法定退休年龄不足10年的。

劳动合同制是以签订劳动合同的形式，明确规定用工单位和劳动者双方的权力、责任、利益，把用工与经济责任制相结合的一种新的用工制度。在推行劳动合同制度前，或是在国有企业进行改制前，用人单位的有些职工已经在本单位工作了很长时间。推行新的制度以后，很多老职工难以适应这种新型的劳动关系，一旦让其进入市场，确实存在着竞争力弱难以适应的问题，年龄的局限又使其没有充足的条件来提高改进，应当说这是由于历史的原因造成的。他们担心的不仅是能否与原单位签订劳动合同的问题，还存在着虽然签了劳动合同但期限很短，在其尚未退休前合同到期却没有用人单位再与其签订劳动合同的问题。我们在制定法律和政策的同时，应当考虑那些给国家和企业作出过很多贡献的老职工的利益。因此，对于已在该用人单位连续工作满10年并且距法定退休年龄不足10年的劳动者，在订立劳动合同时，允许劳动者提出签订无固定期限劳动合同。如果一个劳动者以在该用人单位满10年，但距离法定退休年龄超过10年，则不属于本项规定的情形。

（3）连续订立2次固定期限劳动合同，且劳动者没有《劳动合同法》第39条规定的情形，用人单位与劳动者续订劳动合同的。

根据这一情形的规定，在劳动者没有《劳动合同法》第39条规定的用人单位可以解除劳动合同的情形下，如果用人单位与劳动者签订了一次固定期限劳动合同，在签订第二次固定期限劳动合同时，就意味着下一次必须签订无固定期限劳动合同。所以在第一次劳动合同期满，用人单位与劳动者准备签订第二次固定期限劳动合同时，应当作出慎重考虑。

3. 订立无固定期限劳动合同应注意的原则

（1）劳动者在满足订立无固定期限的条件时，应主动向用人单位提出签订无固定期限合同。

（2）除劳动合同期限之外的其他劳动合同内容，劳动者与用人单位应当按照合法、公平、平等自愿、协商一致、诚实信用的原则协商确定。

（3）如果劳动合同对劳动报酬和劳动条件等标准约定不明确，引发争议的，用人单位与劳动者可以重新协商；协商不成的，适用集体合同规定；没有集体合同或者集体合同未规定劳动报酬的，实行同工同酬；没有集体合同或者集体合同未规定劳动条件等标准的，适用国家有关规定。

4. 无固定期限合同的变更

无固定期限劳动合同和其他类型的合同一样，也适用《劳动法》与《劳动合同法》的协商变更原则。按照《劳动法》的规定，用人单位与劳动者协商一致，可以变更劳动合同约定的内容。除了劳动合同期限以外，双方当事人还可以就工作内容、劳动报酬、劳动条件和违反劳动合同的赔偿责任等方面协商，进行变更。在变更合同条款时，应当按照自愿、平等原则进行协商，不能采取胁迫、欺诈、隐瞒事实等非法手段，同时还必须注意变更后的内容不违法，否则，这种变更是无效的。

5. 无固定期限合同的解除

无固定期限的劳动合同也是劳动合同的一种类型，在履行过程中，任何一方由于某种原因希望或已提出解除劳动合同，另一方只要表示同意，双方达成一致意见，就可以依据《劳动合同法》第36条的规定解除劳动合同。当法律规定的可以解除劳动合同的条件出现，或当事人在合同中约定的可以解除劳动合同的条件出现，无固定期限的劳动合同就可以依法定条件或约定条件解除。如劳动者有《劳动合同法》第39条规定的情形之一出现时，用人单位就可以解除劳动合同。用人单位有《劳动合同法》第38条规定的情形之一时，劳动者就可以解除劳动合同。由此可见，无固定期限合同并不是没有终止时间的"铁饭碗"，只要符合法律规定的条件，劳动者与用人单位都可以依法解除劳动合同。

5.3.2 劳动合同履行争议

5.3.2.1 劳动合同履行的概念

劳动合同履行是指劳动者和用人单位按照劳动合同规定的条件，履行自己所应承担义务的行为。

履行劳动合同，应当遵照以下原则：①亲自履行原则；②权利义务统一原则；③全面履行原则；④协作履行原则。

根据《劳动合同法》的规定，劳动合同履行的要求如下：

（1）用人单位与劳动者应当按照劳动合同的约定，全面履行各自的义务。

应特别注意“全面履行”的含义。一方面，全面履行不仅意味着劳动者和用人单位双方应当履行劳动合同中已经约定的义务，劳动行政法规对双方要求的强制性义务也应得到履行，例如用人单位为劳动者缴纳社会保险的义务。另一方面，对于劳动者而言，一旦与用人单位建立劳动关系后，应当履行为用人单位保守相应商业秘密的义务，并不能由于劳动合同中没有约定就违反或漠视该义务。

a. 用人单位应当按照劳动合同约定和国家规定，向劳动者及时足额支付劳动报酬。用人单位拖欠或者未足额支付劳动报酬的，劳动者可以依法向当地人民法院申请支付令，人民法院应当依法发出支付令。

b. 用人单位应当严格执行劳动定额标准，不得强迫或者变相强迫劳动者加班。

c. 劳动者拒绝用人单位管理人员违章指挥、强令冒险作业的，不视为违反劳动合同。劳动者对危害生命安全和身体健康的劳动条件，有权对用人单位提出批评、检举和控告。

d. 用人单位变更名称、法定代表人、主要负责人或者投资人等事项，不影响劳动合同的履行。

e. 用人单位发生合并或者分立等情况，原劳动合同继续有效，劳动合同由承继其权利和义务的用人单位继续履行。

（2）用人单位应当依法建立和完善劳动规章制度，保障劳动者享有劳动权利、履行劳动义务。

应当注意的是：如果用人单位的规章制度未经公示或者对劳动者告知，该规章制度对劳动者不生效。用人单位公示或告知劳动者规章制度可以采用张贴通告、员工手册送达、会议精神传达等方式。

5.3.2.2　劳动合同主体变更时的履行

在实践中，引起劳动合同主体变更的情况一般有两种：①企业合并、分离的情况；②用人单位将员工转至关联企业或其他公司的情况。

对于第一种情况，根据《劳动合同法》第34条的规定，用人单位发生合并或者分立等情况，原劳动合同继续有效，劳动合同由承继其权利和义务的用人单位继续履行。

至于第二种情况，在企业没有发生合并、分立的情况下将劳动者安排至其他独立的用人单位工作而发生的劳动合同主体变更，单位应尊重当事人的意愿，经双方协商一致达成协议，可以变更劳动合同的主体。需要明确的是，如劳动者非因本人原因从原用人单位被安排到新用人单位工作的，劳动者在原用人单位的工作年限合并计算为新用人单位的工作年限。如果原用人单位已经向劳动者支付经济补偿的，新用人单位在依法解除、终止劳动合同计算支付经济补偿的工作年限时，不需要再计算劳动者在原用人单位的工作年限。

【案例】合同主体变更时的经济补偿

某大型石化企业A公司下有一家子公司B，B的员工都是与A签订劳动合同的。后来，该石化企业决定将B转变成具有独立法人资格的企业，此时B企业员工的劳动合同需要变更，员工要求A公司支付经济补偿，是否合理？

A公司或B公司目前不用支付补偿金，根据《劳动合同法》有关规定，公司需要向员工说明情况，征求员工意见。若继续聘用，即由B公司与员工签订新的合同，B公司应把员工此前在A公司的工龄连续计算累计算入B公司的工龄。

5.3.2.3 劳动合同履行地与用人单位注册地不一致的处理

劳动合同履行地即劳动者与用人单位实际履行劳动合同权利义务的地域位置，而用人单位注册地则是指用人单位进行工商税务登记管辖地。劳动合同履行地与用人单位实际注册地的不同将会产生以下问题：

（1）由于不同该地区经济条件的差异，履行地与用人单位实际注册地不一致，可能会导致最低劳动报酬标准、劳动条件、劳动保护、职业危害防护和上年度职工月平均工资的差距。

对于此种情形，按照以下原则执行：

a. 按照劳动合同履行地的有关规定执行。即劳动合同履行地与用人单位注册地不一致的，有关劳动者的最低工资标准、劳动保护、劳动条件、职业危害防护和本地区上年度职工月平均工资标准等事项，按照劳动合同履行地的有关规定执行；

b. 按照约定以用人单位注册地标准执行。如果用人单位注册地的有关标准高于劳动合同履行地的有关标准，且用人单位与劳动者约定按照用人单位注册地的有关规定执行的，应当从其约定。

建议：如果在履行劳动合同的过程中出现合同履行地与用人单位注册地不一致的情况，最好是在劳动合同中明确双方权利义务的执行标准，防患于未然。

（2）工伤保险标准不同的处理。用人单位注册地与劳动合同履行地不在同一统筹地区的，原则上在注册地参加工伤保险。未在注册地参加工伤保险的，在劳动合同履行地参加工伤保险。

（3）劳动争议处理的管辖问题。

根据《劳动争议调解仲裁法》规定，如果劳动合同履行地与用人单位注册地不一致，发生劳动争议时，处理原则为：

a. 两地均有管辖权。即劳动争议由劳动合同履行地或者用人单位所在地的劳动争议仲裁委员会管辖。

b. 劳动合同履行地管辖权优先。如果劳动合同双方当事人分别向劳动合同履行地和用人单位所在地的劳动争议仲裁委员会申请仲裁的，由劳动合同履行地的劳动争议仲裁委员会管辖。

5.3.2.4 调岗调薪的争议

在新劳动法的模式下，法律条款刚性明显增加，用人单位的人力资源管理将面临更多、要求更高的精细化管理的新挑战，调岗调薪就是一个重要问题。调岗调薪牵涉到每个员工的切身利益，是劳动争议的核心问题，因此如何处理好这方面的工作就显得至关重要。

1. 调岗事由

根据《劳动合同法》及《劳动合同法实施条例》的规定，调岗事由可以归纳为以下几种情形：

（1）劳动者患病或者非因工负伤，在规定的医疗期满后不能从事原工作，用人单位可以与劳动者协商调岗。

（2）劳动者不能胜任工作，用人单位可以与劳动者协商调岗；

（3）劳动合同订立时所依据的客观情况发生重大变化，致使劳动合同无法履行，用人单位可以与劳动者协商调岗。

2. 调薪

除了用人单位对员工进行调岗而随之产生的调薪外，用人单位与劳动者协商一致对薪酬的增加或减少及用人单位单方面对劳动者增加薪水等，都是调薪。

用人单位单方面调整工资，必须符合法律法规的规定，通常要做到：

（1）调整薪水应当通过书面的形式固定，若是协议调薪，劳动者与用人单位双方应通过补充协议的方式进行，若是用人单位增加薪水，则应当以调薪单的形式由劳动者确认；由调岗产生的调薪应当由调岗的合法事由确立。

（2）调薪的幅度应具有合理性，调薪的事由一旦产生，则薪酬变动的幅度应当具有合理性，即以正常的理性人标准来考量其可接受性，否则较易产生争议性。

5.3.3 劳动合同解除争议

1. 概念和特征

劳动合同的解除是指劳动合同订立后，尚未全部履行以前，由于某种原因导致劳动合同一方或双方当事人提前消灭劳动关系的法律行为。

劳动合同解除具有以下法律特征：

（1）被解除的劳动合同是依法成立的有效的劳动合同；

（2）解除劳动合同的行为必须是在被解除的劳动合同依法订立生效之后、尚未全部履行之前进行；

（3）用人单位与劳动者均有权依法提出解除劳动合同的请求；

（4）用人单位和劳动者双方协商解除劳动合同，可以不受劳动合同中约定的终止条件的限制。

2. 劳动合同解除的类型

依据劳动者与用人单位是否提前协商一致，可以将劳动合同的解除分为两种情况：

（1）双方协商解除合同。用人单位与劳动者协商一致，可以解除劳动合同。双方协商解除劳动合同没有规定实体、程序上的限定条件，只要双方达成一致，内容、形式、程序不违反法律禁止性、强制性规定即可。若是用人单位提出解除劳动合同的，用人单位应向劳动者支付解除劳动合同的经济补偿金。

（2）单方解除劳动合同。单方解除劳动合同又分为劳动者单方解除劳动合同和用人单位单方解除劳动合同两种类型。

a. 劳动者单方解除劳动合同，即具备法律规定的条件时，劳动者享有单方解除权，无须双方协商达成一致意见，也无须征得用人单位的同意。具体又可以分为预告解除和即时解除。

预告解除，即劳动者履行预告程序后单方解除劳动合同，一是劳动者提前30日以书面形式通知用人单位，可以解除劳动合同；二是劳动者在试用期内提前3日通知用人单位，可以解除劳动合同。

即时解除，指当用人单位侵犯劳动者重大权益的时候，法律规定劳动者在这种情况下，可以不经预告，即时解除合同。

《劳动合同法》第38条规定：用人单位有下列情形之一的，劳动者可以解除劳动合同：

（一）未按照劳动合同约定提供劳动保护或者劳动条件的；

（二）未及时足额支付劳动报酬的；

（三）未依法为劳动者缴纳社会保险费的；

（四）用人单位的规章制度违反法律、法规的规定，损害劳动者权益的；

（五）因本法第二十六条第一款规定的情形致使劳动合同无效的；

（六）法律、行政法规规定劳动者可以解除劳动合同的其他情形。

用人单位以暴力、威胁或者非法限制人身自由的手段强迫劳动者劳动的，或者用人单位违章指挥、强令冒险作业危及劳动者人身安全的，劳动者可以立即解除劳动合同，不需事先告知用人单位。

b. 用人单位的单方解除劳动合同，即具备法律规定的条件时，用人单位享有单方解除权，无须双方协商达成一致意见。主要包括过错性辞退、非过错性辞退、经济性裁员三种情形。

过错性辞退，即在劳动者有过错性情形时，用人单位有权单方解除劳动合同。过错性解除劳动合同在程序上没有严格限制，用人单位无须支付劳动者解除劳动合同的经济补偿金，若规定了符合法律规定的违约金条款的，劳动者须支付违约金。适用情形如下：

- 在试用期间被证明不符合录用条件的；
- 严重违反用人单位的规章制度的；
- 严重失职，营私舞弊，给用人单位造成重大损害的；
- 劳动者同时与其他用人单位建立劳动关系，对完成本单位的工作任务造成严重影响，或者经用人单位提出，拒不改正的；
- 因劳动者以欺诈、胁迫的手段或者乘人之危，使对方在违背真实意思的情况下订立或者变更劳动合同致使劳动合同无效的；
- 被依法追究刑事责任的。

非过错性辞退，即劳动者本人无过错，但由于主客观原因致使劳动合同无法履行，用人单位在符合法律规定的情形下，履行法律规定的程序后有权单方解除劳动合同，用人单位应当支付劳动者经济补偿。

非过错性解除劳动合同在程序上具有严格的限制。具体是指：用人单位应提前 30 日以书面形式通知劳动者本人或者额外支付劳动者 1 个月工资后，才可以解除劳动合同；用人单位选择额外支付劳动者 1 个月工资解除劳动合同的，其额外支付的工资应当按照该劳动者上 1 个月的工资标准确定。

适用类型如下：

- 劳动者患病或者非因工负伤，在规定的医疗期满后不能从事原工作，也不能从事由用人单位另行安排的工作的；
- 劳动者不能胜任工作，经过培训或者调整工作岗位，仍不能胜任工作的；
- 劳动合同订立时所依据的客观情况发生重大变化，致使劳动合同无法履行，经用人单位与劳动者协商，未能就变更劳动合同内容达成协议的。

经济性裁员，是指用人单位为降低劳动成本，改善经营管理，因经济或技术等原因 1 次裁减 20 人以上或者不足 20 人以上但占企业职工总数 10% 以上的劳动者。经济性裁员具有严格的条件和程序限制，用人单位裁员时必须遵守规定。经济性裁员，用人单位应当支付劳动者经济补偿金。

经济性裁员适用的情形包括：

• 依照企业破产法规定进行重整的；生产经营发生严重困难的；企业转产、重大技术革新或者经营方式调整，经变更劳动合同后，仍需裁减人员的；

• 其他因劳动合同订立时所依据的客观经济情况发生重大变化，致使劳动合同无法履行的。

裁员时应优先留用的人员包括：

• 与本单位订立较长期限的固定期限劳动合同的；

• 与本单位订立无固定期限劳动合同的；

• 家庭无其他就业人员，有需要扶养的老人或者未成年人的。

裁员后重新招录的限制：用人单位依法裁减人员时，在6个月内重新招用人员的，应当通知被裁减的人员，并在同等条件下优先招用被裁减的人员。

经济性裁员的例外：即用人单位有以下情形之一的，不得依据《劳动合同法》第40条非过错性辞退和第41条经济性裁员的规定单方解除劳动合同：

• 从事接触职业病危害作业的劳动者未进行离岗前职业健康检查，或者疑似职业病病人在诊断或者医学观察期间的；

• 在本单位患职业病或者因工负伤并被确认丧失或者部分丧失劳动能力的；

• 患病或者非因工负伤，在规定的医疗期内的；

• 女职工在孕期、产期、哺乳期的；

• 在本单位连续工作满15年，且距法定退休年龄不足5年的；

• 法律、行政法规规定的其他情形。

【案例】因个人原因辞职支付单位违约金

化工专业的杨小姐大学毕业后应聘到一家事业单位工作，与其签订了一份为期3年的劳动合同，其中约定试用期为3个月。为了防止职工随意跳槽，在合同中该单位还特意与杨小姐等新员工约定了关于违约的赔偿内容，即：若职工提前辞职，每提前1年，需要支付违约金1万元；赔付各种教育培训费；赔偿给单位的生产经营造成的经济损失费。3个月试用期满后，杨小姐觉得在这家事业单位条件不理想，没有大的发展前途，同时另一家化工研究机构表示愿意接收她，杨小姐经过思考后就向单位提出了辞职。单位同意了杨小姐的辞职，但要求她按照合同约定支付违约金2.7万元，1万元上岗培训费，并赔偿给单位生产带来的经济损失5万元。杨小姐则认为单位的要求不合理，她认为自己是在试用期刚刚结束时辞职，不应支付违约金，单位的上岗培训只是简单的作业指导，没有什么成本，而她不过刚刚参加工作，并非业务骨干，她的离开根本不会给单位生产造成损失，因此，拒绝赔偿公司要求的以上费用。

根据《劳动法》第25条之规定，劳动者在试用期内被证明不符合录用条件的，严重违反企业规章制度的，给单位造成重大损害的，以及被追究刑事责任的，用人单位可以行使单方辞退员工的权利；劳动者不胜任工作的，医疗期满的，客观情况发生重大变化的，用人单位在履行一定的程序后，可以提前30日书面通知劳动者解除劳动合同。

该案中，杨小姐由于个人原因辞职应当向单位支付违约金，但是单位要求其支付培训损失和给单位生产带来的经济损失5万元，显然证据不足。如果杨小姐是在试用期内辞职，就无须承当上述费用。此外，用人单位不按约定支付劳动报酬或提供劳动条件的，用人单位以暴力、威胁或者非法限制人身自由的手段强迫劳动者的，劳动者因此而辞职也不需要支付违约金和赔偿经济损失。

5.3.4 劳动合同的中止、终止争议

5.3.4.1 劳动合同的中止

1. 劳动合同中止的概念和理由

劳动合同中止是指在劳动合同履行的过程中，出现法定或者约定的状况，致使没有劳动过程，但是劳动合同关系仍继续保持的状态。劳动合同中止履行的，劳动合同约定的权利和义务暂停履行(但是法律、法规、规章另有规定的除外)，待到法定或约定的原因消除后，劳动合同仍继续履行。中止期间如若劳动合同期满的，劳动合同终止。

劳动合同中止履行有以下两种情形：

(1) 用人单位和劳动者协商一致中止履行劳动合同。

在签订劳动合同时，用人单位和劳动者可以就中止履行劳动合同的情形进行协商并在劳动合同中予以约定，一旦约定的情形出现，劳动合同就中止履行。如女职工因为怀孕较长时间休假等。如果事先未约定或约定不明确的，用人单位应在相应事由出现后跟劳动者协商，尽快签订相应的补充协议。

(2) 符合法定情形时劳动合同可由用人单位单方中止，具体包括：①劳动者涉嫌违法犯罪被有关机关收容审查、拘留或逮捕而被限制人身自由的，在被限制人身自由期间，用人单位可以中止劳动合同；②劳动者在取保候审期间，用人单位可以中止与其的劳动合同。如果职工系被错捕，无罪释放，企业应恢复与该职工的劳动关系，如果职工经审理确有问题，被司法机关定罪量刑，则原劳动合同因无法履行而可解除。

2. 劳动合同中止的法律后果

劳动合同中止后，劳动关系依然存在，只是处于暂时阶段，待中止的事项消失后，劳动合同仍继续履行。

劳动合同中止有以下法律后果：

(1) 暂停劳动合同中相关的权利和义务。即劳动者无须提供劳动与接受劳动管理，用人单位也不用承担劳动用工的相关义务。

(2) 中止期间的工作时间暂停计算。中止期间不计入试用期，也不计入合同期，因此也不计算为发放经济补偿金的年限。

(3) 中止的情形消除后，劳动合同期按原先协议恢复履行。但中止履行的情形消失后，劳动合同已不具备继续履行的条件的，劳动合同终止。

5.3.4.2 劳动合同终止

1. 劳动合同终止的概念

劳动合同终止，是指企业劳动合同法律效力的终止，也就是双方当事人之间劳动关系的终结，彼此之间原有的权利和义务关系不复存在。劳动合同的终止有广义和狭义之分，广义的劳动合同终止包括劳动合同解除，狭义的劳动合同终止则不包括劳动合同解除。我国劳动法中所指的劳动合同终止是狭义的劳动合同终止，不包括劳动合同解除。

2. 劳动合同终止的法定情形

劳动合同订立后，劳动者和用人单位双方当事人不得随意终止劳动合同，只有在劳动法律、法规允许的情况下，当事人才可以终止劳动合同。按照我国劳动法规的规定，劳动合同依法终止的条件有：

(1) 合同期限已满。定期的劳动合同在合同约定的期限届满后，除非双方是依法续订或依法延期，否则合同即行终止；

(2) 合同目的已经实现。以完成一定的工作为期的劳动合同在其约定工作完成以后，或其他类型的劳动合同在其约定的条款全部履行完毕以后，合同因目的的实现而自然终止；

(3) 合同约定的终止条件出现。企业劳动合同或集体合同对企业劳动合同约定的终止条件出现以后，企业劳动合同就此终止；

(4) 当事人死亡。劳动者一方死亡，合同即行终止；雇主一方死亡，合同可以终止，也可以因继承人的继承或转让第三方而使合同继续存在，这要依实际情况而定；

(5) 劳动者退休。劳动者因达到退休年龄或丧失劳动能力而办离退休手续后，合同即行终止；

(6) 企业不复存在。企业因依法宣告破产、解散、关闭或兼并后，原有企业不复存在，其合同也告终止。

3. 劳动合同终止的经济补偿

劳动合同终止后，在一定情况下，用人单位要给予劳动者经济补偿，但并不是所有的劳动合同终止用人单位都要支付经济补偿金，只有在法律强制性规定下才是必须要支付的，对于劳动合同终止的情况，法定应给予经济补偿的情形有届满终止和非届满终止。

劳动合同届满终止应当支付经济补偿金的具体情形是：①用人单位拒绝续订劳动合同的；②用人单位同意以低于原劳动合同约定条件续订劳动合同的(这种情况下不论劳动者是否同意)；③用人单位维持或者提高劳动合同条件续订劳动合同，劳动者同意续订的。

劳动合同非期限届满终止可以适用于所有劳动合同种类。非期限届满终止除因解除而终止外尚包括用人单位被依法宣告破产、被吊销营业执照、被责令关闭、撤销或者用人单位提前决定解散的诸种情形。解除情形具体适用解除补偿制度，对此劳动法和劳动合同法都有明确规定。

上述解除以外的导致劳动合同非期限届满而终止的诸种情形都应当支付经济补偿金。由此可见，劳动合同终止需要支付经济补偿金的为绝大多数情况，而不需要支付经济补偿金的情形仅为一种，即用人单位维持或者提高劳动合同条件续订劳动合同，劳动者不同意续订的情形。

4. 劳动合同终止的特殊保护

劳动合同法的重要宗旨之一是保护劳动者的合法权益，对于一些处于特殊困难阶段或者作出特殊贡献的劳动者，劳动合同法给予了相应的特殊保护。合同期满是合同终止的一个常见理由，但在下列情况下，即使合同期满，用人单位也不得与劳动者终止劳动合同，而是应该延续劳动合同，具体情形有：

(1) 女职工在“三期”(孕期、产期、哺乳期)的，劳动合同不能终止，只有在“三期”期满后，劳动合同才可以终止。

(2) 患病或者非因工负伤，在规定的医疗期内的，劳动合同不能终止。劳动合同期满的，必须等到医疗期满后才能终止劳动合同。

(3) 在本单位连续工作满 15 年，且距法定退休年龄不足 5 年的。

(4) 从事接触职业病危害作业的劳动者未进行离岗前职业健康检查，或者疑似职业病病人在诊断或者医学观察期间的。

(5) 在本单位患职业病或者因工负伤并被确认丧失或者部分丧失劳动能力，劳动合同何时终止，不以相应情形消失为准，而是按照国家有关工伤保险的规定执行。

【案例】女职工“三期”内的劳动合同期限延续

小凡是某油田职员，经医院确诊怀孕40多天后，小凡将自己怀孕的消息告诉了油田人力资源部的张小姐。张小姐核查了小凡的劳动合同后发现，她的劳动合同将在1个月后到期。而根据相关法律的规定，由于小凡处于“三期”内，油田不能终止她的劳动合同，于是张小姐为她办理了合同续签手续，双方签订了续签协议，约定“双方的劳动合同顺延至小凡哺乳期结束方可终止”。

未料想，没到合同到期日，小凡流产了。由于已经不存在“三期”的客观情况，张小姐遂通知小凡在一周之内办理工作交接，并将于合同到期日终止与她的劳动关系。但小凡却拒绝了张小姐的要求，称其与油田的协议明确约定，哺乳期结束双方的劳动合同才会终止，现在流产不证明自己之后不会怀孕，哺乳期也就没有结束，因此，油田应当继续履行劳动合同。这下让张小姐很为难，协议确实写着哺乳期结束，合同才会终止，这是否说明小凡什么时候哺乳期真正结束劳动合同才能终止呢？

根据《劳动合同法》第42条的规定，女职工在孕期、产期、哺乳期的，用人单位不得依照本法第40条、第41条的规定解除劳动合同，劳动合同应当续延至相应的情形消失时终止。第45条规定，劳动合同期满，有本法第42条规定情形之一的，劳动合同应当续延至相应的情形消失时终止。因此，当女员工处于孕期、产期、哺乳期时，即使劳动合同到期也不能终止劳动合同，只能待女员工哺乳期结束时才能将合同归于结束。所以，如果小凡顺利生产，在婴儿满1周岁之前，公司都不能终止劳动合同。但是，在女职工“三期”内，劳动合同期限届满，此时劳动合同期限的延续是一种法定的期限变更，而不是劳资双方约定后调整，因此，即使双方没有重新签订劳动合同，也视为是原劳动合同继续有效。

确认劳动合同的解除或终止一般需要通过司法机关作出，而不是单凭用人单位的主观判断，因此为防止出现约定不清、界定不明而导致合同无法终止的情形，建议在约定合同期限时可以考虑分别覆盖孕期、产期、哺乳期三个不同的环节，以减少因理解偏差而产生的风险。同时，我们也建议，如果女职工出现终止妊娠、婴儿未满1岁死亡等情况时，企业也应从人性化角度考虑，权衡员工的身体健康状况，不宜立即终止合同，而是给予一段合理的保护期限。

5.3.5 劳动合同无效争议

5.3.5.1 劳动合同无效的概念

无效的劳动合同是指当事人所订立的劳动合同不符合法律、法规规定，或缺少有效要件，导致全部或部分不具有法律效力的劳动合同。

劳动合同无效是与劳动合同有效相对而言的概念，劳动合同依法成立，经双方当事人签字盖章即具有法律效力，对双方当事人都有法律约束力，双方必须履行劳动合同中规定的义务。而无效劳动合同不能发生当事人预期的法律后果，造成劳动合同无效的责任者还应承担相应的法律责任。法律规定劳动合同无效制度，主要是为了切实维护劳动者的合法权益，防止用人单位在订立劳动合同时利用劳动者求职时的弱势地位进行欺诈或作出显失公平的约定。

5.3.5.2 无效劳动合同的法律规定

根据《劳动合同法》第26条的规定，下列劳动合同无效或者部分无效：

（1）以欺诈、胁迫的手段或者乘人之危，使对方在违背真实意思的情况下订立或者变更劳动合同的无效。双方应当在订立劳动合同、拟订劳动合同条款时出于自愿，要遵守诚实信用原则。欺诈、胁迫手段或者乘人之危使劳动关系的一方违背了他们的真实意愿。

（2）用人单位免除自己的法定责任、排除劳动者权利的无效。劳动合同订立应遵循公平原则，核心含义就是要求劳动合同当事人的权利与义务相一致。为了保障劳动者的合法权益，用人单位免除己方法定责任如“一律不支付经济补偿金”“生死病老都与企业无关”等条款无效。

（3）违反法律、行政法规强制性规定的。

劳动合同主体、内容必须符合法律的规定，否则不能产生法律效力。主体必须合法。即签订劳动合同的双方必须符合法律规定的用人单位资格和劳动者资格。内容必须合法，我国在《劳动法》以及相关的法律规定中，有很多强制性的规定，用人单位必须遵守。如果违反法律的强制性规定，则该条款无效。程序必须合法。

5.3.5.3 劳动合同无效的认定

对劳动合同的无效或部分无效有争议的，必须由劳动争议仲裁机构或者人民法院依法认定，其他机构如劳动行政部门、劳动争议调解委员会、工会等机构都不具有认定劳动合同效力的权利。无效劳动合同并不是不产生任何效力，无效劳动合同仍然可在当事人之间产生债权债务关系。但是劳动合同不同于一般民事合同，劳动者付出的劳动不具有返还的可能性，在劳动关系中不能实行返还原则，也不能实行折价补偿原则，用人单位应当向劳动者赔付劳动力对价。

合同被确认无效，给对方造成损害的，有过错的一方应当承担赔偿责任。用人单位有过错的，劳动者不仅可以要求支付劳动报酬、社会保险、经济补偿以及其他劳动者应享受的待遇，同时可求对用人单位给予相应的制裁。因劳动者的过错导致的无效，也应当赔偿用人单位的财产损失。劳动合同被确认为无效后，用人单位一般可参照本单位同期、同工种、同岗位的工资标准支付劳动报酬。

有些劳动合同条款虽然违反法律规定，但并不影响其他条款效力。《劳动合同法》第27条规定“劳动合同部分无效，不影响其他部分效力的，其他部分仍然有效”。劳动合同的各个条款之间在效力上具有相对的独立性，其余部分仍然有效，对双方当事人仍有约束力。

5.3.5.4 劳动合同无效的后果

（1）劳动合同被确认无效，劳动者已付出劳动的，用人单位应当向劳动者支付劳动报酬。劳动报酬的数额，参照本单位相同或者相近岗位劳动者的劳动报酬确定。

（2）劳动合同被确认无效，给对方造成损害的，有过错的一方应当承担赔偿责任。

5.4 经济补偿金与赔偿金争议

5.4.1 经济补偿金的概念

经济补偿金是用人单位解除劳动合同时，给予劳动者的经济补偿。经济补偿金是在劳动合同解除或终止后，用人单位依法一次性支付给劳动者的经济上的补助。我国法律一般称作“经济补偿”。

5.4.2 经济补偿金的类型及支付范围

经济补偿金的规定主要规定在《劳动法》第28条、《劳动合同法》第46条及劳动部《违反和解除劳动合同的经济补偿办法》中。根据引起劳动合同解除或终止的原因，经济补偿金可以分为以下 10 类：

（1）单位解约型经济补偿金。单位解约型经济补偿金是指用人单位依据《劳动法》第 26 条、《劳动合同法》第 40 条规定解除劳动者劳动合同时应当支付的经济补偿金。用人单位支付此类经济补偿金的情形主要有 3 种：

a. 劳动者患病医疗期满后，不能从事原工作的，由原用人单位另行安排其他工作之后，仍不能从事安排的工作，此时，用人单位可以解除劳动者的劳动合同，但是应当支付相应的经济补偿金。

b. 劳动者不能胜任工作，经过培训或者调整工作岗位，仍不能胜任工作的，用人单位可以解除劳动合同，并支付经济补偿金。此处的“不能胜任工作”是指不能按要求完成劳动合同中约定的任务或者同工种、同岗位人员的工作量。用人单位不得故意提高定额标准，使劳动者无法完成。

c. 劳动合同订立时所依据的客观情况发生重大变化，致使原劳动合同无法履行，经当事人协商不能就变更劳动合同达成协议的，用人单位可以解除劳动合同，并支付经济补偿金。“客观情况”是指：发生不可抗力或出现致使劳动合同全部或部分条款无法履行的其他情况，如企业迁移、被兼并、企业资产转移等情形。

（2）劳动者解约型经济补偿金。劳动者解约型经济补偿金是指劳动者在《劳动合同法》第 38 条规定情形下被迫与单位解约，用人单位应当支付劳动者相应的经济补偿金，具体情形包括：

a. 以暴力、威胁或者非法限制人身自由的手段强迫劳动的；

b. 未按照劳动合同约定提供劳动保护和劳动条件的；

c. 用人单位未及时足额支付劳动报酬的；

d. 低于当地最低工资标准支付劳动者工资的；

e. 用人单位未依法为劳动者缴纳社会保险费的；

f. 用人单位的规章制度违反法律、法规的规定，损害劳动者权益的；

g. 用人单位以欺诈、胁迫的手段或者乘人之危，使劳动者在违背其真实意思的情况下订立或者变更劳动合同的。

h. 法律、行政法规规定的其他情形。

（3）裁员型经济补偿金。裁员型经济补偿金是指用人单位依据《劳动法》第 27 条、《劳动合同法》第 41 条规定进行裁员时支付的经济补偿金。

（4）竞业限制型经济补偿金。竞业限制型经济补偿金是指双方当事人可以在劳动合同或保密协议中对负有保守用人单位秘密义务的劳动者的竞业限制义务进行约定，同时也需约定在终止或解除劳动合同时用人单位给予劳动者的经济补偿。

根据《劳动合同法》第 24 条规定，用人单位可以规定掌握商业秘密的职工在终止或解除劳动合同后的一定期限(2 年内)，不得到生产同类产品或经营同类业务且由竞争关系的其他用人单位任职。

（5）惩罚补偿型经济补偿金。惩罚补偿型经济补偿金是指用人单位没有按照法律规定支付经济补偿金、克扣或拖欠劳动者工资、支付劳动者工资低于当地最低工资标准及拒不支付经济补偿金时，除了支付经济补偿金及工资，还需支付 50% 或 25% 的额外补偿金。

（6）协商解约型经济补偿金。协商解约型经济补偿金是指当用人单位提出解除劳动合同时，经与劳动者协商一致解除劳动合同时应当支付的经济补偿金。

（7）医疗补助型经济补偿金。医疗补助型经济补偿金是指劳动者患病或非因工负伤时劳动合同期满终止或劳动者患病或者非因工负伤，不能从事原工作和用人单位另行安排的工作而被解除劳动合同时，用人单位应当支付相应的医疗补助金。

（8）劳动合同终止型经济补偿金。劳动合同终止型经济补偿金是指签订固定期限劳动合同的劳动者，劳动合同期限届满时，除用人单位维持或者提高劳动合同约定条件续订劳动合同，劳动者不同意续订的情形外，劳动合同因到期而终止时，用人单位应当支付相应的经济补偿金。

（9）单位消亡型经济补偿金。单位消亡型经济补偿金是指用人单位解散、被吊销营业执照或责令关闭或被依法宣告破产时，用人单位应当支付的经济补偿金。

（10）其他类型的经济补偿金。除了支付经济补偿金的情况外，其他法律、法规、地方性法规对劳动合同解除或终止后用人单位应当支付经济补偿金的情形作出规定的。

5.4.3 不需支付经济补偿金的情形

不需支付经济补偿金的情形主要包括：

（1）协商解除时，劳动者主动提出解除劳动合同的，双方经协商一致解除劳动合同时，用人单位不需要支付经济补偿。

（2）劳动者自身的过错致使劳动合同被解除的，用人单位不需要支付经济补偿金。依据《劳动法》第25条、《劳动合同法》第39条规定，劳动者有下列情形之一的，用人单位可以解除劳动合同：①在试用期间被证明不符合录用条件的；②严重违反用人单位规章制度的；③严重失职，营私舞弊，对用人单位利益造成重大损害的；④被依法追究刑事责任的；⑤同时与其他用人单位建立劳动关系，对完成本单位的工作任务造成严重影响，或者经用人单位提出，拒不改正的；⑥以欺诈、胁迫的手段或者乘人之危，使用人单位在违背真实意思的情形下订立或变更劳动合同的。在这些情形发生时，用人单位解除劳动者劳动合同，不需要支付经济补偿金。

（3）试用期内劳动者主动辞职时，用人单位不需要支付经济补偿金。

（4）在劳动合同期满终止时，《劳动合同法》规定，用人单位维持或提高劳动合同约定条件续订合同的，劳动者不愿意继续签订劳动合同的，用人单位不需要支付劳动者经济补偿金。

（5）企业法人分立、合并时，经与劳动者协商一致重新签订劳动合同时，不需要支付经济补偿金。

5.5 其他类型劳动合同争议

5.5.1 以完成一定任务为期限的合同

5.5.1.1 以完成一定任务为期限的合同的概念

以完成一定工作任务为期限的劳动合同，是指用人单位与劳动者约定以某项工作的完成为合同期限的劳动合同。用人单位与劳动者协商一致，可以订立以完成一定工作任务为期限的劳动合同。

该种劳动合同是以某一项工作开始之日作为其期限起算之日，以劳动者完成该项工作之日作为其期限终止之日。因此，存在变更、解除、中止（双方协议暂停履行）或终止，但不存在续签问题。在房屋拆迁、城市建设领域，承办拆迁、建设工作的单位为了完成一定区域内的房屋拆迁、垃圾清运等事项，以及一些季节性、临时性的事情，可以签订一个以完成一定工作任务为期限的劳动合同。以完成一定工作任务为期限的劳动合同或者劳动合同期限不满 3 个月的，不得约定试用期。

以完成一定工作任务期限的劳动合同，用人单位同样需要为劳动者缴纳社会保险金和税金。

5.5.1.2 以完成一定工作任务为期限的劳动合同与固定期限劳动合同不同之处

（1）不受无固定期限劳动合同约束。

《劳动合同法》第 14 条规定："用人单位与劳动者协商一致，可以订立无固定期限劳动合同。有下列情形之一，劳动者提出或者同意续订、订立劳动合同的，除劳动者提出订立固定期限劳动合同外，应当订立无固定期限劳动合同：①劳动者在该用人单位连续工作满 10 年的；②用人单位初次实行劳动合同制度或者国有企业改制重新订立劳动合同时，劳动者在该用人单位连续工作满 10 年且距法定退休年龄不足 10 年的；③连续订立 2 次固定期限劳动合同，且劳动者没有本法第 39 条和第 40 条第 1 项、第 2 项规定的情形，续订劳动合同的。用人单位自用工之日起满 1 年不与劳动者订立书面劳动合同的，视为用人单位与劳动者已订立无固定期限劳动合同。"

"以完成一定工作任务为期限的劳动合同"不属于固定期限劳动合同，所以即使连续签订 2 次之后再签的，也无需签订无固定期限劳动合同。

（2）劳动合同期满终止的，用人单位可以不支付经济补偿金。

对于劳动合同期满终止，《劳动合同法》第 46 条第 5 项规定"除用人单位维持或者提高劳动合同约定条件续订劳动合同，劳动者不同意续订的情形外，依照本法第 44 条第 1 项规定终止固定期限劳动合同的"需要支付经济补偿金，由于"以完成一定工作任务为期限的劳动合同"不属于固定期限劳动合同，所以不用支付经济补偿金。当然，如果出现《劳动合同法》第 46 条第 1、2、3、6、7 项之一的，用人单位应当向劳动者支付经济补偿。

5.5.2 非全日制劳动合同

5.5.2.1 非全日制劳动合同的概念

非全日制用工是指以小时计酬为主，劳动者在同一用人单位一般平均每日工作时间不超过 4 小时，每周工作时间累计不超过 24 小时的用工形式。非全日制用工是随着市场经济的就业形式多样化而发展起来的用工形式。与全日制用工相比，非全日制用工更为便捷、灵活，既有利于用人单位灵活用工，也有利于创造更多的就业机会，促进劳动者就业。

5.5.2.2 非全体制劳动合同的特点

（1）非全日制劳动合同是以小时为单位建立劳动关系，而普通的劳动关系是以日、月、年为单位建立劳动合同的。与此相对应的是，非全日制劳动合同的计酬单位也是小时。

（2）劳动者可以与两个以上用人单位建立劳动关系。我国《劳动法》规定，劳动者只能与一个用人单位建立正式的劳动关系。如果劳动者在正式的工作之外还为其他用人单位服务，则只能算作兼职，而不能视为正式劳动关系，不能缴纳社会保险费。而非全日制劳动关系不是标准的劳动关系，因而不受这一规定的约束。但是我国《劳动合同法》第 69 条规定，后订立的劳动合同不得影响先订立的劳动合同的履行。

(3) 非全日制用工双方当事人可以订立口头协议。

(4) 非全日制用工双方当事人不得约定试用期。

(5) 非全日制用工双方当事人任何一方都可以随时通知对方终止用工。终止用工，用人单位不向劳动者支付经济补偿。

(6) 非全日制用工小时计酬标准不得低于用人单位所在地人民政府规定的最低小时工资标准。非全日制用工劳动报酬结算支付周期最长不得超过15日。

5.6 工伤及职业病争议

5.6.1 工伤概述

5.6.1.1 工伤的概念

工伤，是指在生产、劳动过程中，因工作、执行职务行为或从事与工作、执行职务相关的活动，发生以外事故而受到的人身伤害，包括负伤、致残、死亡或患职业病等。

5.6.1.2 工伤保险的缴纳

工伤保险是针对工业化社会客观存在的工伤事故和职业危害所强制采取的保障工伤职工基本权益的一项社会保险。《工伤保险条例》规定，用人单位应当按时缴纳工伤保险费，职工个人不缴纳工伤保险费。工伤保险费根据以支定收、收支平衡的原则，确定费率。国家根据不同行业的工伤风险程度确定行业的差别费率，并根据工伤保险费使用、工伤发生率等情况在每个行业内确定若干费率档次。条例规定，用人单位缴纳工伤保险费的数额为本单位职工工资总额乘以单位缴费费率之积。跨地区、生产流动性较大的行业，可以采取相对集中的方式异地参加统筹地区的工伤保险。

5.6.1.3 工伤保险制度的适用范围

从权利主体的角度看，凡是中华人民共和国境内的各类企业的职工和个体工商户的雇工，均享有工伤保险待遇权利。而不管劳动者与用人单位是否订立书面劳动合同，不管劳动者的用工形式如何，不管劳动者的用工期限长短，也不管劳动者的身份是什么。

从义务主体角度看，凡在中华人民共和国境内的各类企业、有雇工的个体工商户，都有义务参加工伤保险，为本单位全部职工缴纳工伤保险费。“各类企业”涵盖投资者所有制性质和企业组织方式各不相同的各类企业，既包括个体工商户、农村集体所有制企业、城镇集体所有制企业、私营企业，也包括股份有限公司(含上市公司)、有限责任公司、个人独资企业、合伙企业，以及其他民办的企业化经营的事业单位。

5.6.1.4 工伤保险的缴费原则

我国《工伤保险条例》规定实行差别费率，此差别费率根据不同行业的伤亡事故风险和职业危害程度的类别确定，各个地方存在差异，但总的来说工伤保险的费率一般确定为职工总工资的0.3%—3%之间。工伤保险采取由用人单位缴费、个人不缴费的原则，即工伤保险费用完全由企业或雇主承担。单位缴费的数额为本单位职工工资总额乘以单位缴费率之积。工资总额由以下及部分组成：计时工资；计件工资；奖金；加班加点工资；津贴和补贴；特殊情况下支付的工资。

5.6.1.5 工伤认定的范围

1. 认定为工伤的情形

根据《工伤保险条例》的规定，应当认定为工伤的情形如下：

（1）在工作时间和工作场所内，因工作原因受到事故伤害的；

（2）工作时间前后在工作场所内，从事与工作有关的预备性或者收尾性工作受到事故伤害的；

（3）在工作时间和工作场所内，因履行工作职责受到暴力等意外伤害的；

（4）患职业病的；

（5）因工外出期间，由于工作原因受到伤害或者发生事故下落不明的；

（6）在上下班途中，受到机动车事故伤害的；

（7）法律、行政法规规定应当认定为工伤的其他情形。

需要注意的是，根据最新《工伤保险条例》规定，职工在上下班途中，受到非本人主要责任的交通事故或者城市轨道交通、客运轮渡、火车事故伤害的，也应当认定为工伤。

2. 视同工伤的情况

（1）在工作时间和工作岗位，突发疾病死亡或者在48小时之内经抢救无效死亡的；

（2）在抢险救灾等维护国家利益、公共利益活动中受到伤害的；

（3）职工原在军队服役，因战、因公负伤致残，已取得革命伤残军人证，到用人单位后旧伤复发的。

3. 不得认定为工伤的情况

（1）故意犯罪的；

（2）醉酒或者吸毒的；

（3）自残或者自杀的；

（4）法律、法规规定的其他情形。

5.6.1.6 工伤认定的程序

职工发生工伤事故之后，在整个工伤赔偿的流程中，首先要进行的就是工伤认定，只有经过劳动部门的认定确认为工伤，才会享有相应的工伤保险待遇。工伤认定的基本程序如下：

1. 工伤认定申请主体

（1）用人单位申请工伤认定。当职工发生事故伤害或者按照职业病防治法规定被诊断、鉴定为职业病，用人单位应当依法申请工伤认定，此系其法定义务。

（2）受伤害职工或者其直系亲属、工会组织申请工伤认定。在用人单位未在规定的期限内提出工伤认定申请的场合，受伤害职工或者其直系亲属、工会组织可直接依法申请工伤认定。据此，此种申请必须满足一个前提条件，那就是用人单位未在规定的期限内提出工伤认定申请。而非职工发生事故伤害或者按职业病防治法规定被诊断、鉴定为职业病时就可以由受伤害职工或者其直系亲属、工会组织直接申请工伤认定。此种场合的直接申请工伤认定就受伤害职工或者其直系亲属来说，是其民事权利而非义务。同时，法律授权工会组织也享有工伤认定申请权，以维护受伤害职工的合法权益。

2. 工伤认定管辖

（1）劳动保障行政部门。具体的说，应当向统筹地区劳动保障行政部门提出工伤认定申请。

（2）依《工伤保险条例》第17条第1款应向省级劳动保障行政部门提出工伤认定申请的，根据属地原则应向用人单位所在地设区的市级劳动保障行政部门提出。

3. 认定申请时限

（1）用人单位申请工伤认定时限：30 日，自事故伤害发生之日或者被诊断、鉴定为职业病之日起算。遇有特殊情况，经报劳动保障行政部门同意，申请时限可以适当延长。至于何为“特殊情况”及何为“适当延长”由劳动保障行政部门酌情认定、决断。上述期间内，用人单位未申请工伤认定的，受伤害职工或者其直系亲属、工会组织申请工伤认定始得直接申请工伤认定。

（2）受伤害职工或者其直系亲属、工会组织申请工伤认定时限：1 年，自事故伤害发生之日或者被诊断、鉴定为职业病之日起算。该期间为除斥期间。

4. 工伤认定材料提交

（1）填写由劳动保障部统一制定的《工伤认定申请表》；

（2）劳动合同文本复印件或其他建立劳动关系的有效证明；

（3）医疗机构出具的受伤后诊断证明书或者职业病诊断证明书（或者职业病诊断鉴定书）。

申请人提供材料不完整的，劳动保障行政部门应当当场或者在 15 个工作日内以书面形式一次性告知工伤认定申请人需要补正的全部材料。

5. 受理或不予受理

（1）受理条件：①申请材料完整；②属于劳动保障行政部门管辖；③受理时效尚未经过；④申请主体适格。上述四个条件须同时满足，否则，申请将不会被受理。劳动保障部门受理的，应当书面告知申请人并说明理由。

（2）不予受理：应当书面告知申请人并说明理由。

6. 证据的调查核实

（1）劳动保障部门根据需要可以对提供的证据进行调查核实；

（2）劳动保障部门调查核实，应由两名以上人员共同进行，并出示执行公务的证件；

（3）调查核实时，依法行使职权并履行法定保密义务；

（4）根据工作需要，委托其他统筹地区的劳动保障行政部门或相关部门进行调查核实。

（5）举证责任：①原则上，适用谁主张，谁举证，否则，承担举证不能的不利后果。②职工或者其直系亲属认为是工伤，用人单位不认为是工伤的情况下，由该用人单位承担举证责任。用人单位拒不举证的，劳动保障行政部门可以根据受伤害职工提供的证据依法作出工伤认定结论。

7. 工伤认定决定

（1）认定决定包括工伤或视同工伤的认定决定和不属于工伤或不视同工伤的认定决定。

（2）劳动保障行政部门应当自受理工伤认定申请之日起 60 日内作出工伤认定决定。但是事实清楚、权利义务关系明确的，15 天内应作出决定。

（3）工伤认定决定应当依法载明必记事项。

（4）工伤认定决定应加盖劳动保障行政部门工伤认定专用印章。

8. 送达与抄送

（1）劳动保障行政部门应当自工伤认定决定作出之日起 20 个工作日内，将工伤认定决定送达工伤认定申请人以及受伤害职工（或其直系亲属）和用人单位，并抄送社会保险经办机构。

（2）工伤认定法律文书的送达按照《民事诉讼法》有关送达的规定执行。

9. 复议或诉讼

职工或者其直系亲属、用人单位对不予受理决定不服或者对工伤认定决定不服的，可以依法申请行政复议或者提起行政诉讼。

10. 资料存档

工伤认定结束后，劳动保障行政部门应将工伤认定的有关资料至少保存20年。

5.6.1.7 工伤待遇

根据《工伤保险条例》第30条至第40条的规定，工伤保险待遇包含以下项目：工伤医疗待遇(包括医疗费、住院伙食补助费、异地就医治疗所需交通及食宿费、康复性治疗费用)、配置残疾辅助器具待遇、停工留薪期待遇、生活护理费待遇、伤残待遇、因工死亡直系亲属享受待遇、旧伤复发待遇等。在具体个案中，职工能够享受的待遇取决于自身受伤害或者所患职业病所造成的后果。

5.6.2 职业病争议

5.6.2.1 职业病认定

职业病是指企业、事业单位和个体经济组织的劳动者在职业活动中，因接触粉尘、放射性物质和其他有毒、有害物质等因素而引起的疾病。各国法律都有对于职业病预防方面的规定，一般来说，凡是符合法律规定的疾病才能称为职业病。

职业病的构成必须具备以下四个条件，缺一不可：

(1) 患病主体是企业、事业单位或个体经济组织的劳动者；

(2) 必须是在从事职业活动的过程中产生的；

(3) 必须是因接触粉尘、放射性物质和其他有毒、有害物质等职业病危害因素引起的；

(4) 必须是国家公布的职业病分类和目录所列的职业病。

5.6.2.2 职业病鉴定的具体程序

根据《职业病诊断与鉴定管理办法》的规定，只有当患者对职业病诊断由异议时，才有必要通过鉴定来最终确定是否为职业病。职业病鉴定分为首次鉴定和再鉴定，分别由设区的市级卫生局和省级卫生厅局组织的职业病诊断鉴定委员会负责。职业病鉴定的具体程序如下：

(1) 当事人对职业病诊断有异议的，在接到职业病诊断证明书之日起30日内，可以向做出诊断的医疗卫生机构所在地设区的市级卫生行政部门申请鉴定。

设区的市级卫生行政部门组织的职业病诊断鉴定委员会负责职业病诊断争议的首次鉴定。

(2) 当事人申请职业病诊断鉴定时，应当提供以下材料：

a. 职业病诊断鉴定申请书；

b. 职业病诊断证明书；

c. 本办法第11条规定的材料；

d. 其他有关资料。

(3) 当事人对设区的市级职业病诊断鉴定委员会的鉴定结论不服的，在接到职业病诊断鉴定书之日起15日内，可以向原鉴定机构所在地省级卫生行政部门申请再鉴定。

(4) 省级职业病诊断鉴定委员会的鉴定为最终鉴定。

(5) 职业病诊断鉴定委员会由卫生行政部门组织。职业病诊断鉴定办事机构应当在受理鉴定之日起60日内组织鉴定。

（6）职业病鉴定的费用由用人单位承担。

5.7 社会保险事务争议

5.7.1 社会保险概述

5.7.1.1 社会保险的概念

社会保险是由国家立法规范，面向劳动者及其他社会成员建立的一种强制性社会保障制度，它由用人单位和个人缴费及政府补助形成各项社会保险基金，以解除劳动者及其他社会成员在养老、疾病、职业伤害、失业、生育等方面的后顾之忧为目标，是促使劳资关系和谐和维护劳动者及其他社会成员福利权益的根本性制度保障。

5.7.1.2 社会保险类型及征缴范围

1. 社会保险类型

根据《社会保险法》的固定，社会保险的类型包括基本养老保险、基本医疗保险、工伤保险、失业保险、生育保险等社会保险制度。

基本养老保险又分为职工基本养老保险、城镇居民社会养老保险、新型农村社会养老保险三种类型。

基本医疗保险又分为职工基本医疗保险、城镇居民医疗保险、新型农村合作医疗三种类型。

2. 社会保险的交费主体

（1）对于职工基本养老保险，《社会保险法》规定：职工应当参加基本养老保险，由用人单位和职工共同缴纳基本养老保险费。无雇工的个体工商户、未在用人单位参加基本养老保险的非全日制从业人员以及其他灵活就业人员可以参加基本养老保险，由个人缴纳基本养老保险费。

（2）对于职工基本医疗保险，《社会保险法》规定：职工应当参加职工基本医疗保险，由用人单位和职工按照国家规定共同缴纳基本医疗保险费。无雇工的个体工商户、未在用人单位参加职工基本医疗保险的非全日制从业人员以及其他灵活就业人员可以参加职工基本医疗保险，由个人按照国家规定缴纳基本医疗保险费。

（3）对于生育保险费，城镇企业应当向社会保险经办机构缴纳生育保险费，职工个人不需要缴纳生育保险费。

需要注意以下几个小问题：

（1）在校实习生和退休返聘人员不具备劳动法意义上的劳动者主体资格，其与用人单位之间并非劳动关系，因此用人单位无需为其缴纳社会保险费。

（2）员工自入职之日起就与用人单位建立劳动关系，试用期内，用人单位应当依法为劳动者缴纳各种社会保险费。

（3）对企业富余人员、长期请(病)假、外借人员和带新培训(上学)人员的社会保险费扔按规定由原单位和个人继续缴纳，缴纳保险费期间计算为缴纳年限。

3. 社会保险费用的交费基数及缴纳比例

（1）职工基本养老保险。职工本人一般以上一年度本人月平均工资为个人养老保险缴费工资基数，单位的缴费工资基数为职工个人的缴费工资基数之和。自2006年1月1日起，个人账户的规模统一由本人缴费工资的11%调整为8%，全部由个人缴费形成，单位缴费不再划入个人账户。

（2）职工基本医疗保险。《国务院关于建立城镇职工基本医疗保险制度的决定》中规定，用人单位缴费率应控制在职工工资总额的6%左右，职工缴费额一般为本人工资收入的2%。

（3）工伤保险。《工伤保险条例》规定，用人单位缴纳工伤保险费的数额为本单位职工工资总额乘以单位缴费费率之积。

（4）失业保险。《失业保险条例》第6条规定，城镇企事业单位按照本单位工资总额的2%缴纳失业保险费。城镇企事业单位职工按照本人工资的1%缴纳失业保险费。

（5）生育保险。《企业职工生育保险试行办法》规定，生育保险费的提取比例由当地人民政府根据当地计划生育内生育人数和生育津贴、生育医疗费等项费用确定，并可以根据费用支出情况适时调整，但最高不得超过工资总额的1%。

养老保险、基本医疗保险、失业保险、生育保险、工伤保险的缴费工资基数是一致的，即以职工本人上一年度月平均工资作为缴费工资基数。

5.7.2 养老保险争议

5.7.2.1 养老保险概述

养老保险是指达到法定条件的老年人，在完全或者基本退出工作岗位之后，由社会提供物质帮助以满足其基本生活需求的一种社会保险制度，包括职工基本养老保险制度、企业年金（企业补充养老保险制度）、城镇社会养老保险及农村社会养老保险。与中国石化相关的，主要是职工基本养老保险制度和企业年金。

职工基本养老保险是社会保障制度的重要组成部分，是我国在城镇职工及相关劳动者中建立多层次养老保险体系的第一个层次，是按国家法律法规以及统一政策强制实施的。

企业年金，是指企业根据自身经济实力，在国际规定的实施政策和实施条件下为本企业职工所建立的一种辅助性的养老保险，居于多层次养老保险的第二个层次，不具有强制性。企业年金由企业和职工个人共同缴费，企业缴费不超过本企业上年职工工资总额的1/12；职工个人缴费不超过本人上年工资总额的1/12。年金待遇可在退休后根据本人实际情况，选择一次性领取，或者定期领取。职工个人储蓄性养老保险是由职工自愿参加、自愿选择经办机构的一种补充保险形式，居于多层次养老保险体系的第三个层次，不具有强制性。

根据法律规定，我国城镇居民社会养老保险主要是针对城镇非就业居民所建立的社会化养老保险制度，参加城镇居民养老保险的城镇居民，年满60周岁可按月领取养老金。

农村社会养老保险是国家在有条件的农村地区推行的养老保险制度。

5.7.2.2 养老保险争议处理

养老保险争议处理程序包含两方面：养老保险行政争议处理和劳动争议处理。

1. 养老保险行政争议处理

（1）申请复查和行政复议的具体范围。

按照《社会保险行政争议处理办法》规定：有下列情形之一的，公民、法人或者其他组织可以申请行政复议：

a. 认为经办机构未依法为其办理社会保险登记、变更或者注销手续的；

b. 认为经办机构未按规定审核社会保险交费基数的；

c. 认为经办机构未按规定记录社会保险费情况或者拒绝其查询缴费记录的；

d. 认为经办机构违法收取费用或者违法要求履行义务的；

e. 对经办机构核定其社会保险待遇有异议的；

f. 认为经办机构不依法支付其社会保险待遇或者对经办机构停止其享受社会保险待遇有异议的；

g. 认为经办机构未依法为其调整保险待遇的；

h. 认为经办机构未依法为其办理社会保险关系转移或者接续手续的；

i. 认为经办机构的其他具体行政行为侵犯其合法权益的。

属于上述第 b、e、f、g 项情形的，公民、法人或其他组织可以直接向劳动保障行政部门申请行政复议，也可以先向作出该具体行政行为的经办机构申请复查，对复查决定不服的，再向劳动保障行政部门申请行政复议。申请人认为经办机构的具体行政行为所依据的除法律、法规、规章和国务院文件以外的其他规范性文件不合法，在对具体行政行为申请行政复议时，可以向劳动保障行政部门一并提出对该规范性文件的审查申请。

(2) 申请复查和行政复议的具体程序。

申请人对经办机构作出的具体行政行为不服，可以向直接管理该经办机构的劳动保障行政部门申请行政复议。

申请人与经办机构之间发生的属于人民法院受案范围的行政争议案件，申请人也可以依法直接向人民法院提起行政诉讼。

申请人认为经办机构的具体行政行为侵犯其合法权益的，可以自知道该具体行政行为之日起 60 日内向经办机构申请复查或者向劳动保障行政部门申请行政复议。申请人对经办机构的复查决定不服，或者经办机构逾期未作出复查决定的，申请人可以向直接管理该经办机构的劳动保障行政部门申请行政复议。

(3) 行政复议的受理程序。

根据规定，处理机构接到行政复议申请后，应当注明收到日起，并在 5 个工作日内进行审查，由劳动保障行政部门按照下列情况分别作出决定：①对符合法定受理条件，但不属于本行政机关受理范围的，应当告知申请人向有关机关提出；②对不符合法定受理条件的，应当作出不予受理决定，并制作行政复议不予受理决定书，送达申请人。行政复议申请自劳动保障行政部门的保险争议处理机构收到之日起即为受理，并制作行政复议受理通知书，送达申请人和被申请人。

(4) 行政复议的处理程序。

社会保险争议处理机构应当自收到申请之日起 7 个工作日内，将申请书副本或者申请笔录复印件和行政复议受理通知书送达被申请人。被申请人应当自接到行政复议申请书副本或者申请笔录复印件之日起 10 日内，提交答辩书，并提交作出该具体行政行为的证据、所依据的法律规范及其他有关材料。劳动保障行政部门处理社会保险行政争议案件，原则上采用书面审查方式。必要时，可以向有关单位和个人调查了解情况，听取申请人、被申请人和有关人员的意见，并制作笔录。

(5) 行政复议决定书的内容。

行政复议决定书应当载明下列事项：申请人的姓名、性别、年龄、工作单位、住址；被申请人的名称、地址、法定代表人的姓名、职务；申请人的复议请求和理由；被申请人的答辩意见；劳动保障行政部门认定的事实、理由，适用的法律、法规、规章和依法制定的其他规范性文件；复议结论；申请人不服复议决定向人民法院起诉的期限；作出复议决定的年、月、日。

申请人不服复议决定的，可以在收到复议决定书之日起 15 日内向人民法院提起诉讼。因此，养老保险行政争议人不服复议决定的，应在规定的期限内提起诉讼。

2. 养老保险劳动争议处理

根据《劳动争议调解仲裁法》的规定，用人单位不缴或少缴养老保险费时，劳动者可以采取以下程序维护自己的合法权益：

（1）向用人单位提出自己的请求，要求单位为自己不缴所有应缴纳的养老保险费；

（2）如果用人单位拒绝，可以积极与单位协商，也可以请工会与单位协商，达成和解协议；

（3）如果当事人不愿意协商、协商不成或达成和解协议后不履行，可以向调解组织申请调解；

（4）不愿意调解、调解不成或达成调解协议后不履行的，可以向劳动争议仲裁委员会申请仲裁；

（5）对仲裁裁决不服的，可以在收到裁决书之日起 15 日内向法院起诉。

5.8 集体合同争议处理

5.8.1 集体合同争议的概念

集体合同争议是劳动争议的一种，是集体合同当事人对合同的内容、履行情况和不履行后果产生的争议。对集体合同内容的争议，是指当事人在集体合同协商时就确定合同的标准条件、义务条款产生的纠纷或对已签订的合同的标准条件、义务条款在理解和解释上产生的分歧。对集体合同履行情况的争议，是指当事人对合同是否已经履行或是否已经按约定的方式履行产生的分歧。对集体合同不履行后果的争议，是指当合同没有履行或没有完全履行时，当事人对应当由哪一方承担责任和承担多少责任产生的分歧。

集体合同争议不同于集体争议，其区别在于：

（1）集体合同当事人，一方是工会或职工推举的代表和企业的全体职工，另一方是用人单位；集体争议是指职工一方当事人为 10 人以上（劳动者一方当事人在 30 人以上的集体劳动争议，根据国家劳动法律、法规的规定适用劳动争议处理的特别程序）有共同理由的劳动争议。集体争议不过是多个个别劳动争议的集合，其实质仍然为个别劳动争议。此类争议的显著特征是对即存权利义务的争议。

（2）集体合同争议的标的是工会所代表的全体劳动者的共同劳动权利义务；集体争议的标的是用人单位部分特定劳动者的劳动权利义务。

5.8.2 集体合同争议的管辖机构

所谓管辖，是指由哪些有权机构管理因集体合同所发生的争议。

（1）集体合同处于协商争议阶段产生的纠纷，按照劳动和社会保障部于 2004 年颁布的《集体合同规定》第 51 条规定：集体协商争议处理实行属地管辖，具体管辖范围由省级劳动保障行政部门规定。中央管辖的企业以及跨省、自治区、直辖市用人单位因集体协商发生的争议，由劳动保障部指定的省级劳动保障行政部门组织同级工会和企业组织等三方面的人员协调处理，必要时，劳动保障部也可以组织有关方面协调处理。

（2）集体合同履行阶段产生的纠纷，如果是申请仲裁的，按照2001年10月27日修订的《工会法》第20条第4款规定：企业违反集体合同，侵犯职工劳动权益的，工会可以依法要求企业承担责任；因履行集体合同发生争议，经协商解决不成的，工会可以向劳动争议仲裁机构提请仲裁，仲裁机构不予受理或者对仲裁裁决不服的，可以向人民法院提起诉讼。劳动和社会保障部于2004年颁布的《集体合同规定》第55条也规定：因履行集体合同发生的争议，当事人协商解决不成的，可以依法向劳动争议仲裁委员会申请仲裁。此处应该由有权的劳动争议仲裁机构受理。

（3）如果提起诉讼的，则按照诉讼法所规定的诉讼管辖来执行。

5.8.3 集体合同争议处理原则

我国集体合同争议处理的基本原则是：

（1）集体合同争议处理是劳动争议处理法律制度中的重要组成部分，其基本职能就是通过法定机构和法定程序，妥善处理企业职工与企业之间发生的争议，促进劳动关系的稳定。

（2）合法、公平、及时处理争议。合法是指，要严格依照法律规定的程序和手段进行处理，这样才能使处理结论得到当事人的有效执行。公平是指，对集体合同争议进行公正处理，使争议当事人对处理结果服气。及时是指，迅速处理集体合同争议，特别是对那些有可能涉及社会公众利益的集体合同争议，更应在尽量短的时间内加以妥善解决。

（3）保障社会公众的整体利益。

集体合同争议区别于其他劳动争议的特点是，它涉及面广，影响广泛，特别是那些与公共利益有关的企业或行业因集体合同发生争议，将会在一定程度上影响社会公众的利益。所以，处理集体合同争议时，要通过各种必要的手段制止或限制发生此类集体合同争议。即使发生了此类争议，政府劳动行政主管部门应发挥不可替代的作用，及时、妥善地解决那些涉及面广的集体合同争议。

根据我国《劳动法》的规定，我国集体合同争议可以分为因签订集体合同发生的争议和因履行集体合同发生的争议两类。与此对应，集体合同争议处理的两大内容也就是因签订集体合同发生的争议的处理和因履行集体合同发生的争议的处理。这两种集体合同争议处理的方式，其处理程序、处理机构都有所不同。

5.8.4 集体合同争议的处理程序

根据劳动和社会保障部于2004年颁布的《集体合同规定》第53条规定．协调处理集体合同争议应当按照以下程序进行：

（1）受理协调处理申请。由申请处理的一方或者双方向协调处理机构或者人员提交处理申请。协商机构或者人员在收到该申请时接受该申请。

（2）调查了解争议的情况。在受理申请后，协调机构或者人员应该对双方争议的事实进行调查，以便进一步进行处理。

（3）研究制定协调处理争议的方案。通过调查，掌握相关的资料，在已有资料的基础上，需要制定让双方都能接受的处理方案。

（4）对争议进行协调处理。制定方案后，对双方当事人进行协调处理，使其尽量接受协调方案。

（5）制作《协调处理协议书》。其中应当载明协调处理申请、争议的事实和协调结果，双方当事人就某些协商事项不能达成一致的，应将继续协商的有关事项予以载明。《协调处理协议书》由集体协商争议协调处理人员和争议双方首席代表签字盖章后生效。

5.8.5 集体合同争议的解决

在我国，由于集体合同当事人之间没有根本的利害冲突，大多数合同纠纷通过当事人双方协商、政府协调、劳动争议仲裁机构仲裁便可得到解决。少数经协调、仲裁仍不能解决和当事人直接提起诉讼的案件，可由人民法院判决解决。

（1）协商解决集体合同纠纷。协商解决集体合同纠纷是指企业与工会在自愿的基础上，互谅互让，按照法律、法规规定，解决双方纠纷。协商解决要注意：①协议内容不得违反国家法律、法规，不得损害第三者的利益，即国家利益、社会利益和其他人的利益。对于违约责任的处理，只要集体合同中约定的违约责任条款是合法的，就应追究违约者的责任。不能借协商之名，对违法行为姑息迁就。②在平等的前提下协商解决。集体合同当事人双方的法律地位是平等的，在协商解决集体合同纠纷时，都应以平等的态度对待对方，决不允许给对方施加压力，或以某种手段要挟。协商解决集体合同纠纷，简便易行，能够及时解决纠纷，且有利于双方团结，防止矛盾扩大。

（2）协调解决集体合同纠纷。协调解决集体合同纠纷是指在当地人民政府劳动行政部门会同有关部门通过调解，使集体合同当事人双方解决纠纷。一般来讲，由当地人民政府出面协调，有利于企业内部的集体合同纠纷的解决。为此，劳动法规定：“因签订集体合同发生争议，当事人协商解决不成的，当地人民政府劳动行政部门可以组织有关各方协调处理。”

当地人民政府劳动行政部门协调解决集体合同纠纷，应查清事实，分清责任，耐心听取双方意见，宣传国家有关法律、法规和政策，并明确指出当事人的过错、责任。只有这样，才能促使双方在自愿的基础上达成协议。当地人民政府劳动行政部门协调解决纠纷，要秉公办事，不拘私情，不要以势压人。否则，将不利于解决纠纷。集体合同纠纷，经协调达成协议，应制定协议书，作为解决集体合同纠纷的根据。当事人双方和主持协调部门应在协议书上签名盖章。

（3）集体合同争议的仲裁。集体合同争议仲裁是指劳动争议仲裁机关对集体合同纠纷的仲裁。它既不同于当地人民政府行政部门协调解决，也不同于法院的审判，它是具有法律效力的行政措施。通过仲裁，对不遵守集体合同的有过错的一方，采取强制措施，追究违约责任，以保护集体合同的全面履行。集体合同仲裁兼有行政、社会和法律的三重性质。

（4）集体合同纠纷的审判。集体合同争议的审判是指人民法院审理集体合同争议案件的活动。目前我国集体合同争议案件一般通过行政手段加以解决。通过司法手段解决行政手段不能解决的那部分集体合同争议案件，有利于集体合同制度的推行和生产、工作秩序的稳定。

第6章　侵权纠纷操作实务

6.1　产品侵权

产品责任是指因产品有缺陷造成他人财产、人身损害，产品的制造者、销售者所应承担的侵权责任。我国《侵权责任法》和《产品质量法》中都对产品责任作出了规定，采取了二元归责原则，即对生产者和销售者适用无过错责任原则，对运输者、仓储者及中间供货人适用过错责任原则。本章对产品、产品责任、责任主体、缺陷、免责事由、诉讼时效等问题进行集中说明，同时对中国石化法律工作者如何应对产品侵权纠纷提出建议。

6.1.1　产品与产品责任概述

6.1.1.1　产品

我国《产品质量法》第2条第2款对产品作出了规定"本法所称产品是经过加工、制作，用于销售的产品。"而后颁布的《侵权责任法》中并未对产品作出新的定义。根据上述规定，只有经过加工、制作，并进入流通领域的物品才是产品，就将几类"物"排除在产品范畴之外。

（1）排除了天然物品，包括种植业、畜牧业等所生产的初级农产品，以及未经加工的原始矿产品。之所以排除天然产品，是因为天然产品的质量不是人的意志和要求能决定的，不能按照人为设置的标准产生，即使存在"缺陷"，也与人无关。在国际上，大多数国家法律和条约将天然产品排除在产品范畴之外，但是也有特例，《产品责任法律冲突规则公约》即《海牙公约》中，对产品的定义包括天然产品和工业产品，而不论其是否经过加工。那么对于石油开采企业来讲，原油能否被认为是产品也存在争议，但是有一点可以肯定，原油不属于我国《产品质量法》中所规定的"产品"范畴。

（2）排除了不动产。《产品质量法》第2条第3款明确规定："建设工程不适用本法规定。"国际上大部分国家和地区都排除不动产，但《海牙公约》例外。排除建设工程，并非建设工程存在质量问题不承担侵权责任。《侵权责任法》第86条："建筑物、构筑物或者其他设施倒塌造成他人损害的，由建设单位与施工单位承担连带责任。建设单位、施工单位赔偿后，有其他责任人的，有权向其他责任人追偿。"可见不动产侵权属物件侵权范围。

（3）排除了服务的适用。对于有"缺陷"的服务造成损害，更多的适用一般侵权或者通过合同责任来寻求救济，无需通过产品责任来解决。

6.1.1.2　产品责任的概念、性质

1. 产品责任的概念

产品责任是工业化时代的产物，人类的生活时刻需要各种工业产品。在意大利，产品责任被称为"制造者责任"，在日本产品责任被称为"制造物责任"。根据我国《产品质量法》，我国产品责任是指因产品有缺陷造成他人财产、人身损害，产品的制造者、销售者所应承担的民事责任。

2. 产品责任的性质

传统民法一般认为产品责任是一种特殊侵权责任。也有学者认为产品责任是物件侵权的一种特殊类型。之所以认为产品责任是一种特殊侵权责任是基于两方面的考虑：一是规则原则的特殊性，即无过错责任原则和严格责任原则。二是责任的承担不以合同关系存在为前提，而是基于产品缺陷造成损害这一事实而产生。

6.1.1.3 相关立法的发展与完善

我国关于产品责任的立法起步较晚，1986年《民法通则》第122条规定："因产品质量不合格造成他人财产、人身损害的，产品制造者、销售者应当依法承担民事责任。运输者、仓储者对此负有责任的，产品制造者、销售者有权要求赔偿损失。"这是我国第一次在法律中确定产品责任。随着我国法律体系不断完善，1993年出台了《产品质量法》，1994年出台了《消费者权益保护法》，2000年对《产品质量法》进行了修订，2010年实施《侵权责任法》，上述这些立法与修订，使我国产品责任立法不断完善。

6.1.2 产品责任的责任主体与请求权人

6.1.2.1 责任主体(侵权人)

产品责任主体是指当缺陷产品致人损害时，应当承担民事责任的主体。各国对于产品责任主体的规定不尽相同，美国法律规定原则上由缺陷产品的生产者承担责任。欧盟法规定原则上由生产者承担责任，进口缺陷产品的进口商也被认为应承担同生产者一样的产品责任，在不能确定产品生产者时才需要销售者承担责任。而我国《侵权责任法》列举了4类责任主体：生产者、销售者、运输者、仓储者，这四类主体可分为直接责任主体和间接责任主体。

直接责任主体即产品生产者和销售者，按照我国《民法通则》《侵权责任法》《产品质量法》的相关规定：生产者和销售者均为责任主体，被侵权人可以向产品生产者、销售者要求赔偿；销售者非因自己过错承担了责任，可向生产者追偿；属于产品销售者的责任，生产者赔偿的，生产者有权向销售者追偿；如果销售者不能说明缺陷产品供货者的，销售者承担赔偿责任。总而言之，就是被侵权人可以向生产者和销售者之一或二者同时索赔，至于生产者和销售者之间的责任划分，不得对抗请求权人。

6.1.2.2 请求权人(被侵权人)

产品责任的请求权人(被侵权人)是指因缺陷产品造成财产和人身损害，有权请求赔偿的主体。在此问题上，应当注意如下问题：请求权人不限于因合同关系购买缺陷产品的用户、消费者，还包括缺陷产品购买者、使用者之外的第三人；若被侵权人死亡，死者的近亲属可以作为赔偿请求权人。

6.1.3 产品责任的构成要件

产品责任的构成要件主要有三个：产品存在缺陷、有损害结果发生、缺陷和损害结果之间有因果关系。

6.1.3.1 缺陷

我国《产品质量法》第46条对缺陷作出了规定："本法所称缺陷，是指产品存在危及人身、他人财产安全的不合理的危险；产品有保障人体健康和人身、财产安全的国家标准、行业标准的，是指不符合该标准。"而《侵权责任法》未再次对缺陷进行界定。根据《产品质量法》的规定，有以下两个问题值得探讨：

（1）缺陷是不合理的危险，合理的危险不是缺陷。那么何为合理的危险呢？合理的危险应该是能够为消费者认知和理解，通过一般的预防措施能够避免的危险。例如过量的饮酒伤害身体，酒精饮品存在危险性，但是它是合理的危险，是能够被消费者所认知和加以预防的，因为能够安全消费。相反，用工业酒精勾兑的假酒则不具有不合理的危险性，它不能为消费者所认识到和加以预防，因而不能安全消费。

（2）如果某一产品达到了国家和行业制定的标准，是否就可以认为该产品没有缺陷了呢？不是的，没有达到国家和行业标准的产品一定可以被认为是缺陷产品，达到国家和行业标准的产品也是可能存在缺陷的，产品达到了国家和行业标准不能作为免除产品责任的抗辩事由。

6.1.3.2　损害

损害是指使用缺陷产品所导致的死亡、人身伤害和财产损失以及其他损失。产品缺陷致人损害较一般侵权损害存在特殊之处：

（1）缺陷产品被批量生产，往往被侵权人人数众多，易形成群体诉讼。

（2）产品致人损害，有些损害后果在短暂的时间内可以出现，也有的损害后果会在直接受害人的后代身上反映出来。

（3）缺陷产品本身的价值损失并不包括在损害的范围之内，缺陷产品本身的价金只能通过合同责任来解决。

6.1.3.3　因果关系

产品责任案件中的因果关系是指由于产品缺陷，导致了损害后果的发生，二者是因果关系。我国《最高人民法院关于民事诉讼证据的若干规定》第4条第6项规定：“因缺陷产品致人损害的侵权诉讼，由产品的生产者就法律规定的免责事由承担举证责任。”

那么在产品侵权责任诉讼中的缺陷和损害之间的因果关系应当由何人来证明呢？应该由原告也就是被侵权人来证明，证明的对象不仅包括因果关系的存在，还包括证明被告是缺陷产品的生产者或者销售者、产品缺陷的存在、所受的损害。

6.1.4　产品责任的归责原则、免责条件、诉讼时效和责任方式

6.1.4.1　产品责任的归责原则

我国有关产品责任的立法，采取了二元归责原则，既有适用无过错责任原则的，也有适用过错责任原则的。在生产者和销售者承担侵权责任时，适用无过错责任；运输者、仓储者和中间供货人只有在产品流通环节存在过错才能承担责任，适用典型的过错责任原则。

6.1.4.2　产品责任的免责条件

我国《产品质量法》中规定：“生产者能够证明有下列情形之一的，不承担赔偿责任：①未将产品投入流通的；②产品投入流通时，引起损害的缺陷尚不存在的；③将产品投入流通时的科学技术水平尚不能发现缺陷存在的。”

其中需要注意的问题有：

（1）投入流通指的是：任何形式的出售、出租、租赁、租卖以及抵押、质押、典当。如果产品处于生产阶段或者是生产结束后的仓储阶段则不能认为投入流通。

（2）第二个免责条款“产品投入流通时，引起损害的缺陷尚不存在的”并不能排除如下情形：如产品的缺陷是由于运输者、仓储者或者销售者的过错所致，该缺陷产品致人损害，被侵权人向产品生产者主张赔偿时，生产者也应先行赔付，然后再向存在过错的运输者、仓

储者追偿。在此种情形下生产者虽然承担了直接责任，但是不需承担最终责任。

（3）除了上述三个免责条款外，通常情况下被侵权人的过错，包括滥用、误用、过度使用、不按警示进行改装、拆卸等，也被认为是免责条款。

6.1.4.3 产品责任的诉讼时效

对于产品责任的诉讼时效，《民法通则》第136条规定："身体受到伤害要求赔偿的，以及出售不合格产品未声明的，诉讼时效为1年。"而《产品质量法》第23条规定："因产品存在缺陷造成损害要求赔偿的诉讼时效期间为2年，自当事人知道或者应当知道其权益受到损害时起计算；因产品存在缺陷造成损害要求赔偿的请求权，在造成损害的缺陷产品交付最初消费者满10年丧失；但是，尚未超过明示的安全使用期的除外。"

在实践中，按照特别法优先于普通法的原则，产品侵权的诉讼时效应该适用产品质量法中的2年之规定。而10年的长期诉讼时效是指缺陷产品第一次售出后满10年的，造成损害后，法院一般不再保护受害者。

6.1.4.4 产品责任的责任方式

产品责任的责任方式有赔偿损失、排除妨害、消除危险和召回以及惩罚性赔偿。赔偿损失、排除妨害、消除危险很好理解，在此重点阐述召回和惩罚性赔偿的相关知识。

1. 召回制度

产品生产商、进口商、经销商在得知其生产、进口、经销的产品存在可能危及人身健康、财产安全的缺陷时，依法向政府部门报告，并告知消费者，从市场消费者手中无偿收回有问题的产品，实施修理、更换、赔偿等积极有效的措施，这种挽救措施即为召回制度。召回可以有效地阻断可能发生的危害，防止损害进一步扩大，从而减轻可能承担的产品责任，从另一层面上讲也可以提高企业信誉。

2. 惩罚性赔偿

惩罚性赔偿也称惩戒性赔偿，是加害人给付受害人超过其实际损失数额的一种金钱赔偿，是一种集补偿、惩罚、遏制等功能于一身的赔偿制度。适用惩罚性赔偿的条件主要在于产品侵权具有主观故意，因此对于大多数没有主观恶意的产品侵权来说适用的几率较小，但是受害人仍可以在起诉时主张。需要我们特别注意的是，《食品安全法》第92条第2款规定，生产不符合食品安全标准的食品或者是销售者明知不符合食品安全标准的食品，消费者除了要求赔偿损失外，可以向生产者或者销售者要求支付价款10倍的赔偿金。因此销售企业在非油品销售过程中，尤其是食品销售中应以更高的标准加强管理。

6.1.5 法律提示

中国石化向社会提供了诸多石油化工产品，如各种成品油、化工原料等，直接关系到人们的衣食住行等方面。近些年来，油品销售方面也出现过各种产品质量问题，例如"问题油""掺水油"等。为此，我们一方面要注重产品质量的提升，另一方面也要做好产品质量侵权纠纷诉讼的应对，防止质量争议、投诉给自己带来损失。另外，销售企业非油品业务的销售范围也在逐年扩展，非油品业务面临的最大外部经营风险是产品质量风险，尤其是经营的食品、饮料、烟酒、保健品与消费者生命、健康、安全直接相关。如果销售的商品存在质量问题，造成了消费者人身财产严重损害，不仅法律责任重，而且社会影响大。根据《产品质量法》《消费者权益保护法》《食品安全法》《侵权责任法》，作为销售者有连带责任，有义务赔偿。尽管实践中利用中国石化的商业优势地位，可以在合同条款中约定发生任何产品质量责任都由供应商承担，但该约定无法对抗第三人。一旦发生索赔，消费者多会选择销售商为第一赔偿责任人。

【案例】油品质量问题引发社会关注

2011年，中石化在一些地方出现油品质量问题，主要有“问题油”“掺水油”。多家媒体先后报道了香港出租车在中石化加气站加气后出现熄火现象，河南安阳一些机动车加油后出现汽车抖动、尾气排放异常、损害发动机等现象，以及湖南、海南发生的类似事件。经过调查，香港和海南的相关事件已经证实并非中石化的油品出现问题，而河南方面则确定问题出现在外采油上。中石化是国内最大的油品供应商，也是最大的油品采购商，中石化销售的成品油中约有10%—15%是外采得来。中石化为了保证市场供应，在油品供应紧张时需要进行外采。河南油品资源较少，以铁路为主的输油途径瓶颈较大，因此会从一些地方炼厂进行汽油采购。中石化在外采油的质量监控上一直有严格的流程，可能由于之前很少出现过质量问题，管理上出现懈怠，一些环节出现了疏漏，导致此次质量事故。

6.2 环境污染侵权

6.2.1 环境污染与石油化工

环境污染表现形式多样，主要有水污染、大气污染、土地污染、海洋污染、破坏森林植被等。环境污染的结果是使得影响人类生存和发展的自然因素的总体发生物理、化学变化，从而影响人类的生存和健康。

石油化工工业的上、中、下游产业都存在一定环境污染的风险、石油化工污染案例，应提高对环境污染侵权重要性的认识。

6.2.2 环境保护立法现状

20世纪以来，世界各国逐步认识到环境污染的巨大威胁，并开始逐步制定完善法律保护环境和治理污染。我国也经历了这样一个过程，石油石化行业“战天斗地”的过程中，也曾忽视对环境的保护，缺乏基本的环境意识。直到1978年，我国才首次将保护环境写进宪法。

我国现在环境保护立法体系主要包括：①宪法；②保护环境的专门立法，包括环境保护法、海洋环境保护法、水污染防治法等专门法律；③综合保护自然资源的法律法规，如土地管理法、森林法、草原法；④其他法律中的相关规定，如侵权责任法。

6.2.3 环境污染侵权行为构成要件

环境污染致人损害的侵权责任需要具备一定的构成要件，但其又有别于一般侵权行为的责任构成要件。一般将其构成要件概括为：污染环境行为、损害、行为与损害结果之间存在因果关系。

6.2.3.1 污染行为

污染环境的行为是构成环境污染侵权的构成要件之一，没有环境污染的行为，则不可能构成环境污染侵权。在实践中，所谓污染环境的行为包括排放废水、废气、废渣、粉尘、有毒有害气体、放射性物质及噪声、振动、电磁波辐射等对环境造成污染和危害。

对环境污染行为的认定，是否只有违反法律规定的排污标准才被认为是污染行为呢？由于科学技术水平的限制，要想完全避免“三废”排放是不现实的，出于综合考虑，国家允许排污行为存在，同时又制定环保排放标准，因此有人认为污染环境未违反国家排放标准的，不构成环境污染侵权行为。在此问题上，我国民法通则和环境保护法的规定有所矛盾，但是侵权责任法在规定环境污染侵权行为构成要件时，并未要求以违法性作为要件，所以即便是排污没有超标，但是造成了他人人身、财产损害也要承担侵权责任。

6.2.3.2 损害

环境污染的损害往往会呈现几个特点：①损害有潜伏性。大多数侵权行为的损害后果在侵权行为发生后不久就可以表现出来，而环境污染损害既可能很快就显现出来，也可能潜伏相当长的一段时间，尤其是人身健康损害，从污染开始到发病有一个过程。②损害的广泛性。多数环境污染致人损害的案件，其损害都具有广泛性的特征，不仅污染的地域广泛，受害对象也广泛，受侵害的民事权益范围也十分广泛。损害的广泛性决定了在诉讼中易出现集体诉讼，赔偿数额巨大。

6.2.3.3 因果关系和证明责任

因果关系是任何侵权行为的构成要件之一，如果侵害行为与损害之间不存在因果关系，则不认为存在侵权行为。

被侵权人需要证明的对象：①侵权人具有排放污染物的行为；②被侵权人曾接触过污染物质或暴露于污染物；③被侵权人在接触或暴露于污染物后受到损害。

被侵权人证明上述对象并大致证明因果关系框架后，证明责任既由被侵权人转至侵权人，侵权人需要对法律规定的免责事由和其损害行为和损害结果之间不存在因果关系承担举证责任。此规定在我国多数环境保护立法中都得到了明确，在侵权责任法中进一步得到明确。

6.2.4 环境污染侵权行为归责原则与免责

6.2.4.1 归责原则

目前，对于环境污染侵权的归责原则为无过错责任原则，无过错责任原则是世界环境保护立法的趋势所在，采取无过错责任原则有利于强化污染者的法律责任，促进其履行环境保护的义务，严格控制和积极治理污染。

在具体诉讼实践中，法院为了简化诉讼程序，及时审结案件，照顾处在弱势地位的被侵权人，考虑其因果关系的举证困难，一般会采取无过错责任原则。如果采取过错责任原则，那么被侵权人就要承担更多的举证责任。

6.2.4.2 免责事由

1. 不可抗拒的自然灾害

一般侵权行为的免责事由通常表述为不可抗力，对于环境污染侵权来说，不可抗力的表述过于宽泛，不能排除第三人过错等情况，自然灾害通常是指地震、飓风、洪水、雷电等，不可抗拒的自然灾害才可能成为免责条件；可以预见和避免的自然灾害不能成为免责条件。

2. 战争行为

此类情形出现概率较少，不作详细阐述。我国环境保护法中将战争作为海洋环境污染的免责条款，但未作为大气和水污染侵权的免责条款。

3. 被侵权人过错

只有当被侵权人具有故意和重大过失，才能免除环境污染侵权人的责任，被侵权人的一般过失不能减轻污染者责任。当侵权人提出被侵权人具有过错时，应当承担证明该过错的证明责任。

4. 第三人过错

对此问题，我国法律规定也不尽相同。海洋环境保护法和水污染防治法规定，污染损害是由第三者故意或者过失造成的，第三人应当承担责任。大气污染防治法则没有规定第三人过错可以作为免责事由。

《侵权责任法》第68条规定因第三人的过错污染环境造成损害的，被侵权人可以向污染者请求赔偿，也可以向第三人请求赔偿。污染者赔偿后，有权向第三人追偿。根据新法优于旧法的原则，海洋环境保护法和水污染防治法中第三人过错不能再作为侵权人免责条款了。

【案例】东营海底原油泄露案

2005年6月至8月间，河北农民王某与山东无棣县渔民刘某伙同他人，多次在胜利油田海洋采油厂海底输油管道上装卡打孔，盗放原油，致使管道多处发生漏油事故。

案件经东营中院审理，10名犯罪分子为盗窃原油在海底输油管道上打孔，造成管道泄漏事故和特大海洋环境污染事故，经济损失特别巨大，环境污染后果特别严重，社会影响特别恶劣，其行为均已构成破坏易燃易爆设备罪。法院依法判处王某、刘某死刑，剥夺政治权利终身，其他被告人也被判处相应刑罚。宣判后，王某等人不服，提出上诉，山东省高院判决驳回上诉，维持原判。最高人民法院于2008年12月14日作出了死刑核准裁定。该案同时引发民事索赔，一些渔业养殖户提起诉讼，要求胜利油田赔偿经济损失，最终以胜利油田与受害养殖户达成和解协议而告终。

6.2.4.3 诉讼时效的特别规定

我国环境保护法第42条规定，因环境污染损害赔偿提起诉讼的时效期间为3年，从当事人知道或者应当知道受污染的损害时计算。环境污染致人损害的侵权行为所具有的潜伏性和广泛性的特点，决定了诉讼时效适当延长的结果。

6.2.5 海洋环境污染侵权

6.2.5.1 海洋环境保护现状

我国是一个拥有广阔海域和广泛海上利益的国家，海洋是我国经济、社会发展的重要依托领域之一。但是由于人类开发利用海洋及其资源活动的发展，向海洋排放的废弃物和污染物大量增加，使海洋环境呈日趋恶化的趋势。保护海洋，防止沿海环境污染，已越来越引起人们的关注。我国现行的与海洋石油开采环境保护有关的法律法规主要有：全国人大常委会于1982年8月23日审议通过，1999年12月25日修订的《海洋环境保护法》；国务院于2006年8月30日审议通过，2006年11月1日实施的《防治海洋工程建设项目污染损害海洋环境管理条例》；国务院于1983年12月29通过的《海洋石油勘探开发环境保护管理条例》和1982年1月制定、2001年9月31日修订的《对外合作开采海洋石油资源条例》。其中，《海洋石油勘探开发环境保护管理条例》已近30年未修订。这些法律法规大多是在我国海洋石油资源开采刚起步的历史背景下制定的，在大规模开发利用海洋资源的形势下已不能适应现实的需要。

6.2.5.2 近年发生的海洋环境污染侵权的典型案件

近年来，发生了一系列石油公司因海底原油泄露而承担巨额赔偿责任的案例。2010年4月20日，英国石油公司BP租赁的“深水地平线”海上钻井平台在墨西哥湾水域发生爆炸并沉没，造成11名工人死亡，其开采的马孔多油井大量漏油，酿成美国历史上最严重的原油泄漏事故。根据调查结果，BP对油井运营负有“最终责任”，运行钻井平台的瑞士越洋钻探公司和负责油井水泥工程的美国哈利伯顿公司也应担负监管油井的相关责任。BP单单处理墨西哥湾漏油事故花费约407亿美元，随后还可能面临数十亿美元的罚款、赔偿等费用，BP因此设立了200亿美元的赔偿基金，用于负责赔偿受害人。

2011年，我国发生了蓬莱19－3油田溢油事故。事发油田是由中国海洋石油总公司与美国康菲石油中国公司在渤海海域合作勘探发现的，年产量约占渤海原油产量的1/5，漏油事故经过近3个月的封堵仍未彻底成功，事故造成蓬莱19－3油田“三停”，即停注、停钻、停产。与此同时，国家海洋局代表国家对康菲公司提出生态索赔。截至2011年9月中旬，溢油事故累计造成5500多平方公里海水污染，给渤海海洋生态和渔业生产造成严重影响。最终，康菲与中国政府达成10亿元的赔偿协议。

伴随着国民经济的高速发展，近年来我国对海洋资源的开发利用呈快速发展趋势。无论是海洋交通、渔业养殖、海洋工程，还是海洋石油资源勘探开发，使用海域的深度和广度前所未有。根据有关材料介绍，目前渤海湾近岸、海上钻井超过1500口，有近200个钻井平台。如此高密度、高强度开采海洋石油资源，无疑对海洋环境保护提出了新的挑战。

6.2.5.3 民事责任承担

海洋污染事故发生后，赔偿请求权主体的确定存在问题，在康菲漏油事故发生后，康菲仅与政府之间达成赔偿协议，许多受损的渔业养殖户并未因此获得赔偿，据报导有渔民不得不组团前往美国诉讼。赔偿范围的确定是整个事故处理需要确定的另一个重要问题，现行规定对于赔偿程序，特别是近年来提出的生态赔偿等缺乏明确的规定。同时，海洋污染事故的损害鉴定、评估是专业性很强的工作，需要遵循严格的技术标准、技术规范。海洋行政管理部门虽然制定了《海洋溢油生态损害评估技术导则》，但仅属于部门规章，相关内容在《海洋环境保护法》中尚缺乏规定。

6.3 高度危险侵权

6.3.1 概述

6.3.1.1 定义

高度危险侵权是指从事高度危险作业造成他人损害的，应当承担侵权责任的一种特殊侵权形式。

6.3.1.2 范围

高度危险作业的范围包括：民用核设施、民用航空器、占有或者使用易燃、易爆、剧毒、放射性等高度危险物、从事高空、高压、地下挖掘活动或者使用高速轨道运输工具。在中国石化上、中、下游企业的生产活动中都存在高度危险作业行为。

6.3.1.3 构成要件

（1）高度危险作业的行为。高度危险作业常常是为了完成某项既定的任务，通常表现为一种生产经营活动，也包括科研活动和自然资源勘探等活动。正常操作高速运转的机器，从事高空、地下、明火作业，从事易燃易爆物的生产、使用、运输等作业行为，称为高度危险作业的行为。

（2）损害事实。高度危险作业致人损害的事实，可以分为人身损害或财产损害。其中，财产损害包括直接损失和间接损失，人身损害包括致伤、致残、致死三种情形。在人身损害发生时，因生命权、身体权或健康权受侵害而符合请求精神损害赔偿的条件的，受害人可以主张精神损害赔偿。在法律适用中，财产损害及人身损害有关损失的计算及证明方法，可以适用财产损害赔偿与人身损害赔偿的一般规则，但如果专门性法律、行政法规等有特别规定的，应适用特别规定。最高人民法院就触电人身损害赔偿案件作出了专门的司法解释，这对于其他类型高度危险作业的人身损害的赔偿问题也可以参照执行。

（3）因果关系。在侵权行为引起的诉讼中，除非法律对证明责任有特别规定，受害人应当承担对因果关系的证明责任。鉴于高度危险作业的技术性和复杂性，在因果关系的证明中，应当适当减轻受害人的举证责任——只要受害人能够证明高度危险作业行为与损害事实之间存在着一定的联系，这种联系是为社会一般人的观念所认可的，相应因果关系就应当被认定为成立，除非加害人一方可以提供充分的证据推翻因果关系的存在。在高度危险作业致人损害的侵权行为中，如果存在高度危险作业的危险并且这种危险已经严重危及受害人的人身、财产安全，即使受害人人身、财产损害的事实没有出现，受害人也可以要求人民法院责令高度危险的作业人消除危险。

（4）归责原则。依照法律规定，在高度危险作业致人损害的民事责任中，应当适用无过错责任原则。

6.3.2 举证责任分配

按照我国民法相关规定，高度危险作业采取无过错归责原则。由此，对于加害人的主观过错问题，受害人不必证明；加害人也不得以其没有主观过错主张免责。

受害人虽然不对加害人的主观过错承担举证责任，但仍然应当就以下三方面的要件事实承担举证责任：①加害人从事对周围环境有高度危险的作业，主要涉及高空、高压、易燃、易爆、剧毒、放射性、高速运输工具等作业；②造成了人身或者财产损害；③损害结果与加害人的高度危险作业行为之间存在因果关系。

加害人应当就受害人故意造成损害的事实承担举证责任。应当注意的是，加害人对受害人故意造成损害的事实承担举证责任，并不是举证责任的倒置，而是一种正常分配。

【案例】精神病人被变电器击伤案

2005 年，某精神病人的监护人诉至法院，以该精神病人遭某油田供电设施电击而被截肢为由，要求油田赔偿各项损失 50 余万元。经查，设置在居民区内的高压变压器按有关安全标准，设置了 2.2 米高的围墙，由于不明原因，该围墙上部出现 0.4 米见方的豁口。某日该精神病人病情发作，沿豁口爬入围墙，接触变电器，被电击造成双上肢截肢。

法院经审理认为，由于油田无法证明豁口由何人造成，以及未能“及时、不断地修补”，对高压电力设施管理存在管理漏洞，应当承担损害赔偿责任；但被侵权人也对损害发生有过错，应当减轻油田的损害赔偿责任。最终判决油田承担 50% 的赔偿责任共计 16 万元。

该案是一起比较典型的电力设施的高度危险作业导致的侵权案件，本案可以带来以下启示：

（1）安全设施和危险警示标志同等重要。危险的警示标志对具有完全民事行为能力的人可以起到保护作用，避免事故发生，但对无民事行为能力或限制行为能力的自然人不能起到保护作用，必须还有安全设施。如果发生伤亡事故，而安全设施不到位的话，相关责任人还需承担赔偿责任。

（2）负有消除危险义务的人如果不能消除危险，也需承担赔偿责任。

（3）存在不同危险作业衔接的时候，划清产权分界线和责任范围非常重要。

6.3.3 法律提示

高度危险作业不意味着损害的必然发生，加强安全管理，避免事故发生永远是第一位的。但是其他方面加强管理，一旦事故发生后可以减少或者避免我方承担的赔偿责任。建议在以下方面加强管理：

6.3.3.1 辨识高度危险作业

此项工作是高度危险作业管理的开端，也是此后各项工作的基础。按照《民法通则》和《侵权责任法》列举的类别，结合本单位的工作实际，将属于高度危险作业的工作分门别类梳理。如前后高度危险作业相衔接，应划清产权分界线或责任分界点，识别我方实施的高度危险作业。

6.3.3.2 分门别类进行高度注意管理

针对每一类高度危险作业，梳理相关法律、法规和规章，以及操作规范，归纳实施高度危险作业应承担的义务。

对不特定的人：标示危险区域、设置警示标志、设置安全设施；

对特定的人：提醒危险存在、警告危险发生、制止危险行为。

（1）将上述各项义务纳入工作程序，实施高度危险作业过程中认真履行。

（2）他人实施违法行为，可能诱发高度危险作业发生损害，而我方无法制止的，及时通报国家机关申请制止该违法行为。

（3）实施上述工作前后，做好证据管理工作。

6.3.3.3 地震勘探侵权案件特别提示

油田企业地震勘探作业的外部环境复杂，穿越村庄、农田、草原、牧区、鱼塘、湖泊等敏感地域的施工行为不可避免，容易产生企地矛盾。从目前来看，地震勘探作业引发的损害赔偿纠纷近年来呈增长趋势。因此震作业勘探涉及炸药雷管等爆炸物品，有的地方法院认定属高度危险作业。高度危险作业侵权责任归责原则为无过错责任，对我方极为不利，且法院对此方面的专业性问题无法判断，均要求进行司法鉴定，而鉴定机构水平和素质参差不齐，人为因素较多，加之地方保护主义、群众法律意识增强等因素，在某些地区表现为恶意诉讼，如果不加以重视，任之蔓延，有可能对油田企业的地震勘探作业造成更大的干扰。

对于此类案件，应从施工管理和诉讼应对两个方面开展工作：

（1）地震勘探作业施工管理措施。在施工过程中，加强《安全生产法》《物权法》《侵权责任法》《爆破安全施工规程》等与物探施工相关法律法规的普法宣传，提升地震勘探施工相关人员法律风险防范意识，提示相关企业应在新疆、东北等类似案件高发地区更加谨慎施工。同时，加强沟通，寻求地方政府支持和利益相关方理解，按规定进行适当补偿。作业单位事前应与利益相关方充分沟通，消除利益相关方的误解，打消其顾虑。实践中，绝大多数损害都能通过协商得到合理解决。例如，2006 年我物探队伍在新疆某水库施工，水库周围有大小 20 余个鱼塘，施工中养殖户索要高额补偿，强行阻挠施工，造成停工。通过与主管水库的新疆建设兵团某部积极沟通，说明我为防止损害发生所采取的技术手段，如改变炮点位置、深井小药量，养殖户发生损失的可能性已被降到最低，并在水库附近选点进行放炮实验，让养殖户代表参加，消除其对地震作业不了解而产生的恐惧感，使养殖户了解即便发生损失，我方也将及时赔偿。通过这些充分的沟通和有效的前期工作，有效地化解了矛盾，地震作业得以顺利实施，且作业完成后没有任何一家养殖户提起索赔。

（2）地震勘探作业诉讼处理措施。对于确实因地震作业造成损害的诉讼案件，依据相关规定实事求是地进行补偿(赔偿)，通过调解或庭外和解、原告撤诉等方式处理，既可以解决问题，又能避免引发不明真相的其他利益相关方效仿起诉。但对于目前出现的一些有预谋的“恶诉”案件，地震勘探作业队伍和人员应依法维权，有理有据，以十足的信心、果敢应诉的战斗力，全力以赴争取胜诉。首先要努力说服法官将此认定为一般侵权，加重我方举证责任，其次应积极收集勘探作业施工前后的相关证据，找出鉴定结论和损失数额上的疑点，通过权威专家证人、现场勘验等方式，从证据上搜寻原告的漏洞，争取法官认可我方意见。条件具备的，可通过申请法院重新鉴定以获得支持。第三，诉讼技巧方面，通过管辖权异议的程序性权利，一方面可以赢取更多诉讼准备时间，另一方面也可以争取提高审级，从而一定程度上突破地方保护的藩篱，争取公正、公平的办案环境。

【案例】地震勘探作业侵权案件

2005 年 1 月 5 日晚，辽宁某油田勘探公司为探油，在新民市前当堡镇一面积为 500 亩的鱼塘内冰面上设了 32 个炮点，向鱼塘底钻探 15—18 米后，放炸药爆破，进行勘探作业。勘探公司放炮后，该鱼塘主人韩某发现鱼塘冰面下陆续出现死鱼现象。韩某认为，是放炮引起的震动造成鱼蟹大量死亡。由于当时正处于封冻期，韩某无法对死鱼进行打捞。一直到了春天，韩某才委托有关部门进行鉴定和评估。后来在沈阳市诚信公证处的监督下，辽宁省淡水渔业监督检测站作出鉴定评估报告，认为该鱼塘死鱼完全是由于放炮造成的，死亡的鲢鱼、鳙鱼、草鱼、河蟹等损失金额为 178 万余元。鱼塘主人因鱼、蟹大量死亡将该勘探公司告上法庭。但勘探公司否认“鱼死蟹亡”是由于自己作业造成的，不认可辽宁省淡水渔业监督检测鉴定结论。法院认为，韩某举证证明了勘探公司进行爆破作业，造成其饲养的鱼类大量死亡的事实。而勘探公司也承认在韩某鱼塘的冰面上进行勘探作业和爆破的事实，只是否认韩某鱼塘内的死鱼与其爆破行为间存在因果关系，但未能举证证明，也未能举证证明其存在法律规定的免责事由。故勘探公司构成对韩某财产权利的侵害，应当承担侵权赔偿责任。韩某提供了鉴定机构的鉴定结论，虽然勘探公司提出异议，认为该鉴定结论是韩某单方委托的。但在鱼塘冰面开封后，韩某曾三次通知勘探公司派员到现场参加取样、确认损失，勘探公司收到通知后，均没有派员到现场，应视为其放弃对现场损失的确认权。鉴定机构在公证处临场监督下的取样及鉴定活动是符合法律规定的，其鉴定结论应当予以采信。

6.4 物件侵权

6.4.1 物件侵权概述

6.4.1.1 物件致人损害概念

物件致人损害责任是指物件的所有人、管理人或者其他主体对其所管领的物件致人损害承担的侵权责任。物件致人损害责任并非物件所有人、管理人自身行为存在不当，而是对物造成的的损害承担侵权责任。在诉讼实践中，在企业的社会化管理部门出现过建筑物附件坠落造成财产损失、路边堆放物致人损害等各类案件。

在物件致人损害侵权中，首先应明确的是物件的范畴。在生产生活中出现的物件并非都能成为致人损害责任中的物件。多数国家立法将此物件限制在建筑物以及其他地上构筑物或者类似物上，我国侵权责任法将林木、堆放物、地下设施、妨碍通行物增加为此类物件，原因是基于这些物件已经成为一种不特定的危险来源，造成损害的概率较大。

6.4.1.2 物件致人损害种类

物件致人损害主要分为六类：①建筑物、构筑物或者其他设施致人损害；②地下设施致人损害；③林木致人损害；④搁置物、悬挂物致人损害；⑤堆放物致人损害；⑥妨碍通行物致人损害。前三类较为常见，后三类是我国法律独创。

6.4.1.3 物件致人损害特征

1. 物件致人损害的基础是物而不是人的行为

物件致人损害责任是基于物件的特殊危险性而产生的一种损害赔偿责任，造成损害的直接原因是物件的危险状态，如建筑物坍塌、搁置物坠落等等。在物件致人损害责任中，要寻找所有人或管理人的因素恐怕只能是这两种人对管理、维护等特定义力的不作为，导致物件出现危险状态，进而造成损害。

2. 物件致人损害原则上适用过错推定

物件致人损害中的物件出现危险状态的危险性高于一般物件，但是未达到高度危险作业侵权中的危险程度，故其规责原则也介于过错责任和无过错责任之间，也就是过错推定，由物件所有人或者管理人证明自己没有过错。

3. 物件致人损害责任中存在一定补偿性

在侵权责任法中规定的物件致人损害责任并非完全都是侵权责任，有些规则是补偿规则，具有社会救助的性质。如侵权责任法第 87 条，抛掷物或者坠落物侵权人不明时对被侵权人的补偿规则，本身属于社会救助的性质。

6.4.2 建筑物、构筑物或者其他设施致人损害

6.4.2.1 相关概念

建筑物、构筑物或者其他设施致人损害责任，是指因建筑物、构筑物或者其他设施及其搁置物、悬挂物存在设计缺陷、施工缺陷或维护缺陷而发生倒塌、脱落、坠落等事故，导致人身或者财产损害的侵权责任。我国侵权责任法第 85 条规定："建筑物、构筑物或者其他设施及其搁置物、悬挂物发生脱落、坠落造成他人损害，所有人、管理人或者使用人不能证明自己没有过错的，应当承担侵权责任。所有人、管理人或者使用人赔偿后，有其他责任人的，有权向其他责任人追偿。"第 86 条规定："建筑物、构筑物或者其他设施倒塌造成他人损害的，由建设单位与施工单位承担连带责任。建设单位、施工单位赔偿后，有其他责任人的，有权向其他责任人追偿。因其他责任人的原因，建筑物、构筑物或者其他设施倒塌造成他人损害的，由其他责任人承担侵权责任。"如某单位一楼房年久失修，外立面脱落砸坏楼下停放的汽车，引发诉讼纠纷。

6.4.2.2 建筑物、构筑物或者其他设施的范围

我国侵权责任法对此几种物的规定，主要是通过列举的方式确定的。建筑物主要指房屋；构筑物指桥梁、码头、堤坝、隧道、井架、电线杆、路灯、水塔、围坊、纪念碑、雕塑

等；其他设施指建筑脚手架、起重吊塔、缆车、索道、电线、路标、广告牌、标语牌等。搁置物和悬挂物是我国法律特有规定，并非建筑物组成部分或者从物，仅仅是搁置或者悬挂在建筑物上的物件而已，因搁置物、悬挂物与建筑物存在一定物理联系，故而与建筑物放在一起进行规范。

6.4.2.3 我国相关立法

对此类侵权，我国法律主要是《民法通则》《人身损害赔偿解释》，《侵权责任法》出台后，对民法通则和人身损害赔偿解释中的相关规定整合在一起，形成了第 85、86 条，侵权责任法最大特色在于区分了建筑物脱落、倒塌的不同责任主体，平衡了各方面的利益关系。

6.4.2.4 责任承担

此类侵权的责任主体是管理人、使用人，在具体诉讼中包括所有人、占有人，且认定的难度不大。管理人、使用人在承担责任之后，可以根据侵权责任法第 85 条第 2 款向其他责任人追偿。

6.4.3 堆放物、妨碍通行物、地下设施致人损害

6.4.3.1 堆放物致人损害

堆放物致人损害，是指由于堆放物整体倒塌或者个别物件滚落、滑落而致人损害，堆放人承担的赔偿责任。《侵权责任法》第 88 条规定："堆放物倒塌造成他人损害，堆放人不能证明自己没有过错的，应当承担侵权责任。"

堆放物致人损害是责任是我国侵权责任法独有的规定，其立法依据与建筑物致人损害责任相似，也适用过错推定责任。堆放物致人损害责任中，堆放物因在先的堆放行为继而产生了维持堆放物安全、防止损害发生的义务，对此种义务的不作为产生了此种侵权责任。如果产生损害的是第三人的原因，堆放人在承担责任后，同样可以向第三人行使追偿权。

【案例】路面堆放物引发侵权

某日宋某四人驾驶农用三轮车沿油区一道路行驶时，路过一桥面时，遇到桥面堆放的废土石料，致使车辆左转并碰撞到桥边上的护栏，造成一人死亡的交通事故。在案件审理过程中法院查明，宋某等四人没有取得驾驶证，不具备驾驶机动车的资格。油区道产权属某油田，但是事故发生时，地方公路局正在按照地方人民政府与该油田签订的升级改建的协议，对该路段进行改造，废土石料是施工方堆放的。最后法院判决原告承担主要责任，施工方地方人民政府承担次要赔偿责任，油田分公司不承担责任。

6.4.3.2 妨碍通行物致人损害责任

妨碍通行物致人损害责任，是指在公共道路上堆放、倾倒、遗撒妨碍通行的物品造成他人损害的，由实施该行为的单位、个人或者负有道路安全保障义务的主体承担侵权责任。

在诉讼实践中，堆放人、倾倒人、遗撒人往往很难查明，承担责任最多的就是负有道路安全保障义务的主体。

【案例】道路遗撒垃圾引发交通事故，道路维护人承担责任

一日清晨，王某无证驾驶摩托车沿油区一道路行驶，行至一路段撞上了撒落在公路上的建筑垃圾，致使摩托车失控侧翻，撞到公路边的树上，造成王某当场死亡的交通事故。由于未能查清建筑垃圾的抛撒者，法院经审理认定：王某系无证驾驶且未佩戴头盔，对事故的发生负主要责任；某单位是道路的所有人、管理人，没有尽到及时管理、维护的义务，承担事故的次要责任。

6.5 交通事故侵权

交通事故侵权是指机动车因过错或者意外造成他人人身伤亡或者财产损失时相关主体承担侵权责任。据统计，交通事故侵权占法院民事案件审理数量的40%左右，近几年，交通事故侵权的诉讼案件数量居高不下，由于石化企业拥有数量庞大的各类交通车辆和工程特种车辆。因此很有必要对此类案件进行梳理总结。

6.5.1 交通事故侵权责任概述

6.5.1.1 交通事故侵权概念性质

《道路交通安全法》第119条第5项规定，交通事故是指车辆在道路上因过错或者意外造成的人身或者财产损失的事件。《道路交通安全法》中将交通事故的原因分为过错和意外。如果确认机动车在道路上行驶是一种高度危险作业，那么它的归责原则应当按照民法通则和侵权责任法的相关规定确定。在《侵权责任法》第48条中规定，机动车发生交通事故造成损害的，依照道路交通安全法的相关规定承担赔偿责任。

6.5.1.2 归责原则和抗辩事由

1. 归责原则

依据《道路交通安全法》第76条的规定，道路交通事故侵权归责原则既不能简单地一概适用过错归责原则，也不能一概适用无过错或者严格责任原则，而是确立了一个归责原则体系，对于不同的情况适用不同的归责原则。概括的讲，主要有以下几种情况：

（1）保险公司在第三者责任强制保险范围内承担无过错责任。如果车辆参加了机动车第三者责任强制保险，一旦发生交通事故导致他人人身或者财产损害，保险公司就应当在机动车交通事故责任强制保险责任限额内予以赔偿。

（2）道路交通事故社会救助基金对于被侵权人抢救费用的先行垫付适用无过错责任，只有这样才符合该救助基金的设立初衷。

（3）机动车之间的交通事故责任适用过错责任。双方都有过错时过错相抵，按照双方过错比例分担责任。

（4）机动车与非机动车驾驶人、行人之间交通事故一般采用无过错责任。机动车与非机动车驾驶人、行人之间发生交通事故的，由机动车一方承担责任。在被侵权人存在过错的情况下，可以适当减轻或者免除机动车方的责任。

2. 抗辩事由

依据道路交通安全法的相关规定，肇事者法定免责事由为被侵权人故意碰撞机动车导致损害发生。该法第76条规定："机动车一方没有过错的，承担不超过百分之十的赔偿责任。"

6.5.2 道路优先通行权与过错认定

6.5.2.1 各类车辆的优先通行权与过错认定

我国法律规定了一系列享有优先通行权的机动车：①警车、消防车、救护车、工程抢险车在执行紧急任务时享有优先通行权；②道路养护车辆、工程作业车辆在进行作业时享有优先通行权，但不得影响其他车辆正常行驶；③洒水车、清扫车等车辆可不受车辆分道行驶的规定，不得逆向行驶。

6.5.2.2 行人的优先通行权与过错认定

行人相对于机动车来说是弱者，我国法律对其有特别保护的规定，即便车辆发现行人已经处在违章状态，也应该减速、避让。

6.5.2.3 过错认定与过失相抵的情形

1. 机动车驾驶过错认定的其他法定情形

在《道路交通安全法》中还有一些关于道路交通参与者的法定义务，如果交通参与者违反了这些法定义务，就会导致交通事故的发生，这样就可以认定交通参与者具有过错，应该承担责任。

以下几种情形下，交通参与者是有可能被认为有过错的：机动车驾驶人驾驶的是不符合安全技术标准的机动车的；饮酒、服用管制精神药品、患有妨碍安全驾驶机动车疾病或者过度疲劳驾驶机动车的；超速行驶的；存在道路交通安全法第43条规定的情形超车的；违反载客规定或者超载的；违反路权规定的。

2. 过失相抵

在道路交通侵权案件中，过失相抵是法院认定责任分担的一种常见方法，是公平原则的体现。作为侵权人一方，既要按照无过错责任承担责任，也要积极寻找证据证明被侵权人过错，这样才能够在计算损害赔偿数额是有所折抵，减少损失数额。

6.5.3 机动车致非机动车、行人损害责任

《道路交通安全法》第76条第2款规定："机动车发生交通事故造成人身伤亡、财产损失的，由保险公司在机动车第三者责任强制保险责任限额范围内予以赔偿；不足的部分，按照下列规定承担赔偿责任：机动车与非机动车驾驶人、行人之间发生交通事故，非机动车驾驶人、行人没有过错的，由机动车一方承担赔偿责任；有证据证明非机动车驾驶人、行人有过错的，根据过错程度适当减轻机动车一方的赔偿责任；机动车一方没有过错的，承担不超过百分之十的赔偿责任。交通事故的损失是由非机动车驾驶人、行人故意碰撞机动车造成的，机动车一方不承担赔偿责任。"

机动车造成非机动车、行人损害适用无过错责任，曾经有人提出"行人违章撞了白撞"，这是不符合法律规定的说法，行人违章只能作为机动车驾驶人减轻、免除责任的情形，至于承担多大责任还要具体案例具体分析。只有在行人出现自杀、自残、或者"碰瓷"的情况下，才能真正免除责任。

6.5.4 机动车之间的损害

《道路交通安全法》第76条第1款规定："机动车发生交通事故造成人身伤亡、财产损失的，由保险公司在机动车第三者责任强制保险责任限额范围内予以赔偿；不足的部分，按照下列规定承担赔偿责任：机动车之间发生交通事故的，由有过错的一方承担赔偿责任；双方都有过错的，按照各自过错的比例分担责任。"

机动车之间交通事故的责任承担法律已经规定得很明确了，有一个问题需要明确，那就是公安机关交通管理部门出具的《交通事故认定书》的效力问题。在实践中法院一般根据该认定书划分责任，但是交警部门出具该认定书的行为并非具体行政行为，该认定书只能作为证据使用，法院开庭审理时对该认定书是需要质证的。因此，在交通事故侵权案件的庭审中，侵权人是可以对此类证据提出质疑的。

6.5.5 机动车一方责任承担和强制保险

6.5.5.1 机动车一方责任承担

根据企业生产实际，机动车一方责任主要的问题有两个：

（1）租赁机动车侵权责任的承担，现实中有企业可能需要租赁车辆使用，也有可能向他人出租特种车辆。一旦租赁车辆发生交通事故，责任如何承担各地法院对此认识不同，有的法院认为出租方应与承租方承担连带责任，也有法院认为汽车租赁发生后，承租人实际控制车辆，发生交通事故时，过错在承租人一方，应由承租人承担侵权责任。也有的汽车租赁合同中会约定："出租方不承担车辆租赁期间的交通事故伤亡赔偿。"此种约定法院一般会认定为内部约定，对第三人不发生效力。

（2）挂靠车辆发生交通事故时责任的分担问题。有的企业管理不严，有车辆挂靠在该单位从事营运活动。一旦车辆发生交通事故致人损害，责任的分担便成为难题。在审判实践中，比较普遍的做法是将挂靠者与被挂靠者列为共同被告，由挂靠者和被挂靠者承担连带责任。针对此类问题，各企业应及时展开清查工作，将挂靠车辆及时清理，以有效避免此类风险。

【案例】无证驾驶责任保险不担责

孙某系某公司加油站员工，未取得机动车驾驶证。2008 年 5 月，孙某为顾客张某加油时，因加油站内车太多，孙某驾驶张某的车挪动位置，结果将在加油站内送报纸的李某撞伤。李某被送到医院救治，经鉴定为伤残十级。经交警认定，孙某付全部责任。后李某起诉该公司、车主张某、保险公司要求赔偿损失 11 万余元。此案经两审，法院判令该公司承担赔偿 10 万余元，因为孙某系无证驾驶，保险公司不承担责任。

第7章　行政纠纷操作实务

7.1　行政复议

7.1.1　行政复议概述

行政复议，是指行政相对人不服行政主体的具体行政行为，依法向行政复议机关提出申请，请求重新审查并纠正原具体行政行为，行政复议机关据此对原具体行政行为是否合法与适当进行审查并作出决定的法律制度，是公民、法人或其他组织通过行政救济途径解决行政争议的一种方法。

行政复议的特征主要有：行政复议以行政争议和部分民事争议为处理对象；行政复议直接以具体行政行为为审查对象；行政复议以合法性和合理性为审查标准；行政复议以书面审理为主要方式；行政复议以行政相对人为申请人，以行政主体为被申请人；行政复议以行政机关为处理机关。

行政复议的基本原则包括：

（1）合法、公正、公开、及时和便民原则。合法原则，是任何行政行为和司法行为都必须遵守的基本原则。公正原则，是指行政复议要符合公平、正义的要求。公开原则，要求行政复议的依据、程序及其结果都要公开，复议参加人有获得相关情报资料的权利。及时原则，是指复议机关应当在法律许可的期限内，以效率为目标，及时完成复议案件的审理工作。便民原则，要求行政复议要方便行政相对人获得该种行政救济，而不因此遭受拖累。

（2）书面审查原则。行政复议则是一种行政司法行为，它具有行政性，它不仅要追求公平，更要追求效率。行政复议不可能像行政诉讼那样要经过严格的开庭辩论程序，只需根据双方提供的书面材料就可以审理定案，以求实现行政效率。

（3）合法性和适当性审查原则。这一原则要求，行政复议机关在实施行政复议时，不仅应当审查具体行政行为的合法性，还要审查它的合理性。行政复议基本制度包括一级复议制度、合议制度、书面审查制度、回避制度、听证制度和法律责任追究制度。

7.1.2　行政复议的受理范围

研究分析行政复议程序时，首先要从实体方面分析所争议的事项是否属于行政复议的受案范围，以确保行政复议顺利启动。

7.1.2.1　可以申请行政复议的具体行政行为

根据《行政复议法》《行政复议法实施条例》及相关司法解释的规定，公民、法人或者其他组织认为具有行政职权的机关和组织及其工作人员的具体行政行为侵犯其合法权益，可以提起行政复议。具体有下列行为：

（1）对行政机关作出的警告、罚款、没收违法所得、没收非法财物、责令停产停业、暂扣或者吊销许可证、暂扣或者吊销执照、行政拘留等行政处罚决定不服的；

（2）对行政机关作出的限制人身自由或者查封、扣押、冻结财产等行政强制措施决定不服的；

(3) 对行政机关作出的有关许可证、执照、资质证、资格证等证书变更、中止、撤销的决定不服的；

(4) 对行政机关作出的关于确认土地、矿藏、水流、森林、山岭、草原、荒地、滩涂、海域等自然资源的所有权或者使用权的决定不服的；

(5) 认为行政机关侵犯合法的经营自主权的；

(6) 认为行政机关变更或者废止农业承包合同，侵犯其合法权益的；

(7) 认为行政机关违法集资、征收财物、摊派费用或者违法要求履行其他义务的；

(8) 认为符合法定条件，申请行政机关颁发许可证、执照、资质证、资格证等证书，或者申请行政机关审批、登记有关事项，行政机关没有依法办理的；

(9) 申请行政机关履行保护人身权利、财产权利、受教育权利的法定职责，行政机关没有依法履行的；

(10) 申请行政机关依法发放抚恤金、社会保险金或者最低生活保障费，行政机关没有依法发放的；

(11) 涉及公平竞争权案件、国际贸易案件、反倾销案件、反补贴案件的具体行政行为；

(12) 认为行政机关的其他具体行政行为侵犯其合法权益的。

7.1.2.2 可以附带对抽象行政行为进行审查的事项

在对上述行政行为提出行政复议的同时，可以对具体行政行为所依据的下列规定一并向行政复议机关提出对该规定(不含国务院部、委员会规章和地方人民政府规章)的审查申请：

(1) 国务院部门的规定；

(2) 县级以上地方各级人民政府及其工作部门的规定；

(3) 乡、镇人民政府的规定。

7.1.2.3 操作实务注意事项

1. 准确区分具体行政行为和抽象行政行为

抽象行政行为是指行政机关作出的具有普遍约束力的决定、命令，具有以下特点：

(1) 抽象行政行为所针对的对象是不特定的，而具体行政行为所针对的对象是特定的。这里所说的特定对象，可以是特定的行政管理相对人，也可以是特定的事项。

(2) 抽象行政行为具有后及力，并且在相对长的时期内可以被用来反复适用，而具体行政行为的作出，往往是以抽象的具有普遍约束力的规范性文件为依据，并且只能是一次性处理有效，对以前或者以后的同一事项均不能再适用。

(3) 抽象行政行为具有普遍的约束力，它往往需要以具体行政行为的介入方可执行，而具体行政行为一旦作出，则无须另外的行政行为介入即可直接进入执行程序。

(4) 抽象行政行为可以说是具体行政行为的依据和源头，要纠正违法和不当的具体行政行为，必须同时要正本清源，从源头开始审查和纠正。如果抽象行政行为是违法的或不当的，那么以这种违法的或不当的抽象规范性文件为依据所作出的具体行政行为，肯定也是违法的和不当的。针对抽象行政行为不得单独提起审查申请，必须在对依据该抽象行政行为作出的具体行政行为提出复议时一并提出。

5. 不可申请行政复议的行为

不服行政机关作出的行政处分或者其他人事处理决定的，依照有关法律、行政法规的规定提出申诉。不服行政机关对民事纠纷作出的调解或者其他处理，可依法申请仲裁或者向人民法院提起诉讼。

3. 处理劳动保障行政复议的注意事项

劳动保障行政复议是指法律、法规、规章规定的劳动保障行政复议机关通过受理行政管理相对人的复议申请，对引起争议的具体行政行为进行审查并作出裁决的行政行为。劳动保障行政复议是劳动保障行政机关解决行政争议的重要手段，也是劳动保障行政机关内部自我纠正错误的一种监督制度。应注意的是：

(1) 劳动保障行政复议是基于劳动保障行政机关上下级领导和被领导、指导和被指导关系而产生的内部层级监督，是依行政管理相对人申请行为而启动的被动的层级监督形式。

(2) 劳动保障行政复议具有某些司法活动的特点，必须按照法定程序进行，从复议申请的受理到作出复议决定，复议机关的活动都必须依法进行。对有争议的劳动保障行政行为，经审查后可作出维持、撤销或者变更的裁决。

(3) 劳动保障行政复议是可选择的程序。也就是说行政管理相对人与劳动保障行政机关发生行政争议，可以向上一级劳动保障行政部门申请行政复议，也可以向同级人民法院提起行政诉讼。

7.1.3 行政复议的参加人

7.1.3.1 行政复议的申请人

行政复议申请人，是指与行政机关行使职权有法律上的直接利害关系的行政相对人或行政相关人。依据不同的事项，行政复议申请人(行政相对人)为下列主体：

(1) 合伙企业申请行政复议的，应当以核准登记的企业为申请人，由执行合伙事务的合伙人代表该企业参加行政复议；其他合伙组织申请行政复议的，由合伙人共同申请行政复议。除上述主体之外的不具备法人资格的其他组织申请行政复议的，由该组织的主要负责人代表该组织参加行政复议；没有主要负责人的，由共同推选的其他成员代表该组织参加行政复议。

(2) 股份制企业的股东大会、股东代表大会、董事会认为行政机关作出的具体行政行为侵犯企业合法权益的，可以以企业的名义申请行政复议。

(3) 第三人主动或被动参与行政复议的情况。

行政复议期间，行政复议机构认为申请人以外的公民、法人或者其他组织与被审查的具体行政行为有利害关系的，可以通知其作为第三人参加行政复议。

行政复议期间，申请人以外的公民、法人或者其他组织与被审查的具体行政行为有利害关系的，可以向行政复议机构申请作为第三人参加行政复议。

第三人不参加行政复议，不影响行政复议案件的审理。

7.1.3.2 行政复议的被申请人

行政复议被申请人是指由申请人指控其作出的具体行政行为违法或者不当，侵犯申请人的合法权益，并经行政复议机关通知参加行政复议的行政机关和法律、法规授权的组织。具体应区分以下情况作出判断：

(1) 两个或两个以上行政机关以共同名义作出具体行政行为的，共同作出具体行政行为的行政机关是共同被申请人。共同作出具体行政行为的主体必须都是行政主体，如果是行政主体与另一非行政主体共同作出某一具体行政行为的情况，则不能视为共同被申请人。

(2) 法律、法规授权的组织作为被申请人；根据有关法律的规定，具有公共管理职能的组织经过法律、法规的授权，可以行使行政管理权。所谓授权是指：法律法规将某些行政管理权授予非行政机关的组织行使。经过授权，该组织取得了行政管理的主体资格，可以以自己的名义行使行政管理权，以自己的名义独立承担因行使行政管理权而引起的法律后果。需要注意的是，部门和地方政府制定的行政规章不能授权非行政机关的组织行使行政管理权。

（3）行政机关委托的组织作出具体行政行为的，委托的行政机关是被申请人。因为受委托的组织本身没有法定授权，只是基于行政机关的委托代为行使行政权，由于受委托组织的行为引起的争议，自然应当由委托机关作为被申请人。

（4）经上级行政机关批准作出具体行政行为的，在行政处理决定书上签名的行政机关是被申请人。因为批准是行政机关的内部行为，对于公民、法人或者其他组织来说，直接对其作出具体行政行为的机关才是行政复议被申请人。

（5）县级以上地方人民政府依法设立的派出机关作出具体行政行为的，该派出机关人民是被申请人。例如，省、自治区人民政府设立的地区行政公署作出具体行政行为的，该行政公署就是被申请人，而不能以省或自治区政府为被申请人。

（6）政府工作部门依法设立的派出机构作出具体行政行为的，如果法律、法规或者规章明确授权派出机构可以以自己的名义作出该具体行政行为，该派出机构是被申请人。否则，设立该派出机构的行政机关是被申请人。

（7）作出具体行政行为的行政机关被撤销的，继续行使其职权的行政机关是被申请人。如果原行政职权已经被取消或者转变，不再属于行政机关的管辖范围，那么撤销该行政机关的行政机关为被申请人。

（8）因行政部门不作为提起复议的案件，负有作为义务的机关为被申请人。

7.1.4 行政复议的处理机关

行政复议的处理机关，即有权管辖并作出行政复议裁决的机关。准确地把握行政复议的处理机关，是行政复议申请的重要准备工作之一。

7.1.4.1 确定行政复议处理机关的一般规定

（1）对县级以上地方各级人民政府工作部门的具体行政行为不服的，由申请人选择，可以向该部门的本级人民政府申请行政复议，也可以向上一级主管部门申请行政复议。

（2）对海关、金融、国税、外汇管理等实行垂直领导的行政机关和国家安全机关的具体行政行为不服的，向上一级主管部门申请行政复议。

（3）对地方各级人民政府的具体行政行为不服的，向上一级地方人民政府申请行政复议。

（4）对省、自治区人民政府依法设立的派出机关所属的县级地方人民政府的具体行政行为不服的，向该派出机关申请行政复议。

（5）对国务院部门或者省、自治区、直辖市人民政府的具体行政行为不服的，向作出该具体行政行为的国务院部门或者省、自治区、直辖市人民政府申请行政复议。

7.1.4.2 确定行政复议处理机关的特殊规定

如果案件实际情况均不符合上述确定行政复议处理机关的一般规定，应按照以下原则确定：

（1）对县级以上地方人民政府依法设立的派出机关的具体行政行为不服的，向设立该派出机关的人民政府申请行政复议；

（2）对政府工作部门依法设立的派出机构依照法律、法规或者规章规定，以自己的名义作出的具体行政行为不服的，向设立该派出机构的部门或者该部门的本级地方人民政府申请行政复议；

（3）对法律、法规授权的组织的具体行政行为不服的，分别向直接管理该组织的地方人民政府、地方人民政府工作部门或者国务院部门申请行政复议；

（4）对两个或者两个以上行政机关以共同的名义作出的具体行政行为不服的，向其共同上一级行政机关申请行政复议；

（5）对被撤销的行政机关在撤销前所作出的具体行政行为不服的，向继续行使其职权的行政机关的上一级行政机关申请行政复议。

（6）在上述五种情况下，申请人也可以向具体行政行为发生地的县级地方人民政府提出行政复议申请，县级人民政府应当自接到该行政复议申请之日起七日内，转送有关行政复议机关，并告知申请人。

7.1.5 申请行政复议的期限

申请行政复议的期限，是指认为具体行政行为侵犯了其合法权益的公民、法人或者其他组织提出行政复议申请的法定有效期限。公民、法人或者其他组织认为具体行政行为侵犯其合法权益时，只有在法定有效期限内提出行政复议申请，行政复议机关才予受理；否则，行政复议机关不予受理。

7.1.5.1 一般行政复议期限的计算

（1）当场作出具体行政行为的，自具体行政行为作出之日起计算；

（2）载明具体行政行为的法律文书直接送达的，自受送达人签收之日起计算；

（3）载明具体行政行为的法律文书邮寄送达的，自受送达人在邮件签收单上签收之日起计算；没有邮件签收单的，自受送达人在送达回执上签名之日起计算；

（4）具体行政行为依法通过公告形式告知受送达人的，自公告规定的期限届满之日起计算；

（5）行政机关作出具体行政行为时未告知公民、法人或者其他组织，事后补充告知的，自该公民、法人或者其他组织收到行政机关补充告知的通知之日起计算；

（6）被申请人能够证明公民、法人或者其他组织知道具体行政行为的，自证据材料证明其知道具体行政行为之日起计算。

（7）行政机关作出具体行政行为，依法应当向有关公民、法人或者其他组织送达法律文书而未送达的，视为该公民、法人或者其他组织不知道该具体行政行为。

7.1.5.2 针对行政机关不作为的行政复议申请期限的计算

公民、法人或者其他组织依照行政复议法申请行政机关履行法定职责，行政机关未履行的，行政复议申请期限依照下列规定计算：

（1）有履行期限规定的，自履行期限届满之日起计算；

（2）没有履行期限规定的，自行政机关收到申请满 60 日起计算。

上述申请行政机关履行法定职责，限定为：

（1）符合法定条件，申请行政机关颁发许可证、执照、资质证、资格证等证书，或者申请行政机关审批、登记有关事项，行政机关没有依法办理的；

（2）申请行政机关履行保护人身权利、财产权利、受教育权利的法定职责，行政机关没有依法履行的；

（3）申请行政机关依法发放抚恤金、社会保险金或者最低生活保障费，行政机关没有依法发放的；

但是，公民、法人或者其他组织在紧急情况下请求行政机关履行保护人身权、财产权的法定职责，行政机关不履行的，行政复议申请期限不受上述两条规定的限制。

7.1.5.3 行政复议期限的中止

行政复议期限可以中止的情况有两类：①因不可抗力的发生，耽误了法定申请期限。不可抗力是指不能预见、不能避免和克服的客观情况。②其他正当理由。其他正当理由是指不可抗力之外的其他可以中止期限的事由，如法人处于合并或者改组阶段等。如果出现不可抗力或者其他正当理由，则申请复议期限处于中止状态，当这些障碍消除后，申请复议期限继续计算，而不是重新计算。

7.1.6 行政复议证据

行政复议的证据，与传统的民事诉讼、行政诉讼的证据一样，是据以推断、反映特定事实的材料。在实务中应注意把握以下内容：

7.1.6.1 充分利用行政复议举证规则

（1）行政复议举证规则的特殊性在于，被申请人对作出的具体行政行为承担举证责任。因此，申请人的重点工作是审查被申请人所提交证据材料是否能够充分支持其作出具体行政行为。同时，申请人、第三人可以查阅被申请人提出的书面答复、作出具体行政行为的证据、依据和其他有关材料（涉及国家秘密、商业秘密或者个人隐私除外）。

（2）注意行政复议无效证据排除规则。

在行政复议过程中，被申请人不得自行向申请人和其他有关组织或者个人收集证据，因为行政机关在作出行政行为之前，应当先调查取证，查明事实，在证据确实充分、事实清楚的基础上才能作出行政行为。申请人应当注意被申请人提交的证据收集时间，如果收集证据是在行政复议程序启动之后进行的，不得作为复议裁决的依据。但是申请人提出要求或者行政复议机关负责法制工作的机构认为有必要时，可以向有关组织和人员调查情况，听取申请人、被申请人和第三人的意见，此项规定是为了更好地查明事实，不属于行政复议过程中被申请人自行收集的证据。

7.1.6.2 申请人应当提供的证明材料

（1）认为被申请人不履行法定职责的，提供曾经要求被申请人履行法定职责而被申请人未履行的证明材料；

（2）申请行政复议时一并提出行政赔偿请求的，提供受具体行政行为侵害而造成损害的证明材料；

（3）法律、法规规定需要申请人提供证据材料的其他情形。

7.1.6.3 注意在法定期限内对复议材料进行补正

行政复议机关认为行政复议申请材料不齐全或者表述不清楚的，行政复议机构可以自收到该行政复议申请之日起 5 日内书面通知申请人补正。补正通知应当载明需要补正的事项和合理的补正期限。无正当理由逾期不补正的，视为申请人放弃行政复议申请。补正申请材料所用时间不计入行政复议审理期限。

7.1.7 行政复议的决定

在办理行政复议案件时，应从程序、实体的几个方面把握案件的进展。

7.1.7.1 行政复议的中止

行政复议期间有下列情形之一，影响行政复议案件审理的，行政复议中止：

(1) 作为申请人的自然人死亡，其近亲属尚未确定是否参加行政复议的；

(2) 作为申请人的自然人丧失参加行政复议的能力，尚未确定法定代理人参加行政复议的；

(3) 作为申请人的法人或者其他组织终止，尚未确定权利义务承受人的；

(4) 作为申请人的自然人下落不明或者被宣告失踪的；

(5) 申请人、被申请人因不可抗力，不能参加行政复议的；

(6) 案件涉及法律适用问题，需要有权机关作出解释或者确认的；

(7) 案件审理需要以其他案件的审理结果为依据，而其他案件尚未审结的；

(8) 其他需要中止行政复议的情形。

行政复议中止的原因消除后，应当及时恢复行政复议案件的审理。

7.1.7.2 行政复议的终止

行政复议期间有下列情形之一的，行政复议终止：

(1) 申请人要求撤回行政复议申请，行政复议机构准予撤回的；

(2) 作为申请人的自然人死亡，没有近亲属或者其近亲属放弃行政复议权利的；

(3) 作为申请人的法人或者其他组织终止，其权利义务的承受人放弃行政复议权利的；

(4) 申请人与被申请人依照本条例第 40 条的规定，经行政复议机构准许达成和解的；

(5) 申请人对行政拘留或者限制人身自由的行政强制措施不服申请行政复议后，因申请人同一违法行为涉嫌犯罪，该行政拘留或者限制人身自由的行政强制措施变更为刑事拘留的。

依照本条例第 41 条第一款第(一)项、第(二)项、第(三)项规定中止行政复议，满 60 日行政复议中止的原因仍未消除的，行政复议终止。

7.1.7.3 行政复议的调解与和解

(1) 行政复议中的调解，是指行政复议机关对申请人与被申请人之间的争议，按照自愿、合法的原则的调解，适用于以下行政复议案件：①公民、法人或者其他组织对行政机关行使法律、法规规定的自由裁量权作出的具体行政行为不服申请行政复议的；②当事人之间的行政赔偿或者行政补偿纠纷。

当事人经调解达成协议的，行政复议机关应当制作行政复议调解书。调解书应当载明行政复议请求、事实、理由和调解结果，并加盖行政复议机关印章。行政复议调解书经双方当事人签字，即具有法律效力。调解未达成协议或者调解书生效前一方反悔的，行政复议机关应当及时作出行政复议决定。

(2) 行政争议中的和解。行政争议的和解，是指申请人对行政机关行使法律、法规规定的自由裁量权作出的具体行政行为不服申请行政复议，申请人与被申请人在行政复议决定作出前自愿达成和解协议，并且和解内容不损害社会公共利益和他人合法权益，行政复议机构应当准许。

7.1.7.4 行政复议维持决定或驳回决定

复议决定总的原则是：行政复议机关在申请人的行政复议请求范围内，不得作出对申请人更为不利的行政复议决定。

复议维持原具体行政行为：复议机关针对具体行政行为认定事实清楚，证据确凿，适用依据正确，程序合法，内容适当的，应当决定维持。

复议驳回行政复议申请：

（1）申请人认为行政机关不履行法定职责申请行政复议，行政复议机关受理后发现该行政机关没有相应法定职责或者在受理前已经履行法定职责的；

（2）受理行政复议申请后，发现该行政复议申请不符合受理条件的。

7.1.7.5 行政复议撤销、确认违法、变更或复议作为的决定

（1）有下列情况之一的，行政复议机关应当决定撤销、变更或者确认该具体行政行为违法：①主要事实不清、证据不足的；②适用依据错误的；③违反法定程序的；④超越或者滥用职权的；⑤具体行政行为明显不当的。⑥被申请人不按照《行政复议法》的规定提出书面答复、提交当初作出具体行政行为的证据、依据和其他有关材料的，视为该具体行政行为没有证据、依据，决定撤销该具体行政行为。

决定撤销或者确认该具体行政行为违法的，可以责令被申请人在一定期限内重新作出具体行政行为，被申请人不得以同一事实和理由作出与原具体行政行为相同或者基本相同的具体行政行为。被申请人应当在法律、法规、规章规定的期限内重新作出具体行政行为；法律、法规、规章未规定期限的，重新作出具体行政行为的期限为 60 日。

以上情况下，行政复议机关可以针对下列两种情况作出复议变更的决定：①认定事实清楚，证据确凿，程序合法，但是明显不当或者适用依据错误的；②认定事实不清，证据不足，但是经行政复议机关审理查明事实清楚，证据确凿的。

（2）针对下列情况，行政复议机关将作出决定责令被申请人在一定期限内履行：①被申请人不履行法定职责的；②被申请人履行仍有现实意义的。

7.1.7.6 行政复议决定的履行

复议决定作出后，被申请人不履行或者无正当理由拖延履行行政复议决定的，行政复议机关或者有关上级行政机关应当责令其限期履行。被申请人不履行或者无正当理由拖延履行行政复议决定的，行政机关应对直接负责的主管人员和其他直接责任人员依法给予警告、记过、记大过的行政处分；经责令履行仍拒不履行的，依法给予降级、撤职、开除的行政处分。

复议决定作出后，申请人逾期不起诉又不履行行政复议决定的，或者不履行最终裁决的行政复议决定的，维持具体行政行为的行政复议决定，由作出具体行政行为的行政机关依法强制执行，或者申请人民法院强制执行；变更具体行政行为的行政复议决定，由行政复议机关依法强制执行，或者申请人民法院强制执行。

7.2 行政诉讼

7.2.1 行政诉讼概述

行政诉讼是个人、法人或其他组织认为国家机关作出的行政行为侵犯其合法权益而向法院提起的诉讼。行政诉讼法规定了法院审理行政案件和行政诉讼参加人（原告、被告、代理

人等）进行诉讼活动必须遵守的准则和规范，是行政诉讼制度的法律基础。我国《行政诉讼法》的颁布实施，彻底改变了“只准官告民，不准民告官”和“法律只管老百姓”等传统观念，使行政机关与作为原告的公民或组织以平等身份出庭应诉，接受司法审判，并可能承担赔偿等相应的法律后果，加强了对行政机关依法行政的监督，为行政相对方提供了针对不合法行政行为的救济渠道。

7.2.1.1 行政诉讼的特点

（1）行政诉讼的目的是解决行政争议，即行政机关或法律、法规授权的组织与公民、法人或者其他组织在行政管理过程中发生的争议。行政诉讼通过对被诉行政行为合法性进行审查以解决行政争议。其中进行审查的行政行为是具体行政行为，审查的根本目的是保障公民、法人或者其他组织的合法权益不受违法行政行为的侵害。

（2）行政诉讼是解决特定范围内行政争议的活动。行政诉讼并不解决所有类型的行政争议，有的行政争议不属于人民法院行政诉讼的受案范围，不属于行政诉讼解决的行政争议只能通过其他的救济途径解决。

（3）行政诉讼不适用调解。行政诉讼的核心是审理行政行为的合法性，对合法性的判断有明确的事实标准和法律依据，要么合法，要么违法，不容双方当事人协商，也不存在法院调解的空间和余地。由于调解的前提是当事人双方必须对其权利享有实体上处分权，而在行政案件中，虽然原告可能享有一定的实体处分权，但被告行政机关行使的国家管理权，这些职权同时也是其法定职责，是不允许其随意处分的。

（4）证明具体行政行为合法性的举证责任由被告承担。被告对作出的具体行政行为负有举证责任，应当提供作出该具体行政行为的证据和所依据的规范性文件。

7.2.1.2 《行政诉讼法》的基本原则

（1）人民法院依法独立审判原则。人民法院依法对行政案件独立行使审判权，不受行政机关、社会团体和个人的干涉。

（2）以事实为根据，以法律为准绳的原则。人民法院在审理行政案件过程中，要查明案件事实真相，以法律为尺度，作出公正的裁判。

（3）行政诉讼对具体行政行为合法性审查原则。人民法院通过行政审判对具体行政行为进行合法性审查，包括程序意义上的审查和实体意义上的审查两层含义。程序意义上的合法性审查，是指人民法院依法受理行政案件，有权对被诉具体行政行为是否合法进行审理并作出裁判。实体意义上的审查，是指人民法院只对具体行政行为是否合法进行审查，不审查抽象行政行为，一般也不对具体行政行为是否合理进行审查。

（4）当事人法律地位平等原则。当事人在行政诉讼中的法律地位平等。在行政诉讼的双方当事人中，一方是行政主体，它在行政管理活动中代表国家行使行政权力，处于管理者的主导地位；另一方是公民、法人或者其他组织，他们在行政管理活动中处于被管理者的地位。两者之间是管理者与被管理者之间从属性行政管理关系。但是，双方发生行政争议依法进入行政诉讼程序后，他们之间就由原来的从属性行政管理关系，转变为平等性的行政诉讼关系，成为行政诉讼的双方当事人，在整个诉讼过程中，原告与被告的诉讼法律地位是平等的。

（5）使用民族语文文字进行诉讼的原则。各民族公民都有用本民族语言、文字进行行政诉讼的权利。

（6）辩论原则。当事人在行政诉讼中有权进行辩论。所谓辩论，是指当事人在法院主持下，就案件的事实和争议的问题，充分陈述各自的主张和意见，互相进行反驳的答辩，以维护自己的合法权益。辩论原则具体体现了行政诉讼当事人在诉讼中平等的法律地位。

（7）合议、回避、公开审判和两审终审原则。人民法院审理行政案件，依法实行合议、回避、公开审判和两审终审制度。

（8）人民检察院实行法律监督原则。人民检察院有权对行政诉讼实行法律监督，人民检察院在行政诉讼中的法律监督，主要体现在对人民法院作出的错误的生效裁判，可以依法提起抗诉。

7.2.2 行政诉讼的受理范围

明确行政诉讼的受理范围，结合实际案件判断分析是否能够提起行政诉讼，是承办纠纷诉讼案件人员首要考虑的问题。

7.2.2.1 受理行政诉讼案件的标准

（1）从行政行为的实施主体和具体内容判断是否为职权行为。能够提起行政诉讼的案件，应当是具有相应的行政职权的行政机关或组织及其工作人员实施的行为。

（2）从行政行为是否属于具体行政行为、是否是违法行为判断是否可以提起行政诉讼。

（3）从行政行为的结果判断是否损害了行政相对人的合法权益为标准进行判断是否可以提起行政诉讼。

7.2.2.2 可以提起行政诉讼案件的具体范围

人民法院受理公民、法人和其他组织对下列具体行政行为不服提起的诉讼：

（1）对拘留、罚款、吊销许可证和执照、责令停产停业、没收财物等行政处罚不服的；

（2）对限制人身自由或者对财产的查封、扣押、冻结等行政强制措施不服的；

（3）认为行政机关侵犯法律规定的经营自主权的；

（4）认为符合法定条件申请行政机关颁发许可证和执照，行政机关拒绝颁发或者不予答复的；

（5）申请行政机关履行保护人身权、财产权的法定职责，行政机关拒绝履行或者不予答复的；

（6）认为行政机关没有依法发给抚恤金的；

（7）认为行政机关违法要求履行义务的；

（8）认为行政机关侵犯其他人身权、财产权的。

（9）法律、法规规定可以提起诉讼的其他行政案件。

7.2.2.3 不得提起行政诉讼的案件

公民、法人或者其他组织对下列行为不服提起诉讼的，不属于人民法院行政诉讼的受案范围：

（1）国防、外交等国家行为，是指国务院、中央军事委员会、国防部、外交部等根据宪法和法律的授权，以国家的名义实施的有关国防和外交事务的行为，以及经宪法和法律授权的国家机关宣布紧急状态、实施戒严和总动员等行为；

（2）行政法规、规章或者行政机关制定、发布的具有普遍约束力的决定、命令，是指行政机关针对不特定对象发布的能反复适用的行政规范性文件；

（3）行政机关对行政机关工作人员的奖惩、任免等决定，是指行政机关作出的涉及该行政机关公务员权利义务的决定；

（4）法律规定由行政机关最终裁决的具体行政行为，法律是指全国人民代表大会及其常务委员会制定、通过的规范性文件；

（5）公安、国家安全等机关依照刑事诉讼法的明确授权实施的行为；

（6）调解行为以及法律规定的仲裁行为；

（7）不具有强制力的行政指导行为；

（8）驳回当事人对行政行为提起申诉的重复处理行为；

（9）对公民、法人或者其他组织权利义务不产生实际影响的行为。

7.2.3 行政诉讼案件的参加人

7.2.3.1 行政诉讼原告（或具有原告性质的，与具体行政行为有法律上的利害关系的主体）的确认

1. 一般规定

依照《行政诉讼法》提起诉讼的公民、法人或者其他组织是原告。有权提起诉讼的公民死亡，其近亲属可以提起诉讼。近亲属包括配偶、父母、子女、兄弟姐妹、祖父母、外祖父母、孙子女、外孙子女和其他具有扶养、赡养关系的亲属。公民因被限制人身自由而不能提起诉讼的，其近亲属可以依其口头或者书面委托以该公民的名义提起诉讼。有权提起诉讼的法人或者其他组织终止，承受其权利的法人或者其他组织可以提起诉讼。

行政诉讼相关法律法规同时规定，与具体行政行为有法律上利害关系的公民、法人或者其他组织对该行为不服的，也可以依法提起行政诉讼，是指以下主体：

（1）被诉的具体行政行为涉及其相邻权或者公平竞争权的；

（2）与被诉的行政复议决定有法律上利害关系或者在复议程序中被追加为第三人的；

（3）要求主管行政机关依法追究加害人法律责任的；

（4）与撤销或者变更具体行政行为有法律上利害关系的。

2. 具体规定

（1）合伙企业向人民法院提起诉讼的，应当以核准登记的字号为原告，由执行合伙企业事务的合伙人作诉讼代表人；其他合伙组织提起诉讼的，合伙人为共同原告。

（2）不具备法人资格的其他组织向人民法院提起诉讼的，由该组织的主要负责人作诉讼代表人；没有主要负责人的，可以由推选的负责人作诉讼代表人。

（3）同案原告为5人以上，应当推选1至5名诉讼代表人参加诉讼；在指定期限内未选定的，人民法院可以依职权指定。

（4）联营企业、中外合资或者合作企业的联营、合资、合作各方，认为联营、合资、合作企业权益或者自己一方合法权益受具体行政行为侵害的，均可以自己的名义提起诉讼。

（5）农村土地承包人等土地使用权人对行政机关处分其使用的农村集体所有土地的行为不服，可以自己的名义提起诉讼。

（6）非国有企业被行政机关注销、撤销、合并、强令兼并、出售、分立或者改变企业隶属关系的，该企业或者其法定代表人可以提起诉讼。

（7）股份制企业的股东大会、股东代表大会、董事会等认为行政机关作出的具体行政行为侵犯企业经营自主权的，可以企业名义提起诉讼。

7.2.3.2 行政诉讼被告的确认

行政诉讼的被告，是指作出具体行政行为的行政机关。具体应按以下情况确定：

(1) 经复议的案件，复议机关决定维持原具体行政行为的，作出原具体行政行为的行政机关是被告；复议机关改变原具体行政行为的，复议机关是被告。复议机关在法定期间内不作复议决定，当事人对原具体行政行为不服提起诉讼的，应当以作出原具体行政行为的行政机关为被告；当事人对复议机关不作为不服提起诉讼的，应当以复议机关为被告。

(2) 两个以上行政机关作出同一具体行政行为的，共同作出具体行政行为的行政机关是共同被告。

(3) 由法律、法规授权的组织所作的具体行政行为，该组织是被告。由行政机关委托的组织所作的具体行政行为，委托的行政机关是被告。

(4) 行政机关被撤销的，继续行使其职权的行政机关是被告。

(5) 当事人不服经上级行政机关批准的具体行政行为，向人民法院提起诉讼的，应当以在对外发生法律效力的文书上署名的机关为被告。

(6) 行政机关组建并赋予行政管理职能但不具有独立承担法律责任能力的机构，以自己的名义作出具体行政行为，当事人不服提起诉讼的，应当以组建该机构的行政机关为被告。

(7) 行政机关的内设机构或者派出机构在没有法律、法规或者规章授权的情况下，以自己的名义作出具体行政行为，当事人不服提起诉讼的，应当以该行政机关为被告。

(8) 法律、法规或者规章授权行使行政职权的行政机关内设机构、派出机构或者其他组织，超出法定授权范围实施行政行为，当事人不服提起诉讼的，应当以实施该行为的机构或者组织为被告。

(9) 行政机关在没有法律、法规或者规章规定的情况下，授权其内设机构、派出机构或者其他组织行使行政职权的，应当视为委托。当事人不服提起诉讼的，应当以该行政机关为被告。

7.2.3.3 行政诉讼的第三人

(1) 同提起诉讼的具体行政行为有利害关系的其他公民、法人或者其他组织，可以作为第三人申请参加诉讼，或者由人民法院通知参加诉讼。

(2) 行政机关的同一具体行政行为涉及两个以上利害关系人，其中一部分利害关系人对具体行政行为不服提起诉讼，人民法院应当通知没有起诉的其他利害关系人作为第三人参加诉讼。

(3) 应当追加被告而原告不同意追加的，人民法院应当通知其以第三人的身份参加诉讼。

7.2.4 行政诉讼案件的管辖

明确行政复议案件的管辖权，是启动行政诉讼的先决条件。海事、军事等专门法院一律不得管辖行政诉讼，人民法庭不审理行政案件。具体案件的管辖，应按照以下规定确定。

7.2.4.1 级别管辖

(1) 原则上由基层人民法院管辖一审行政诉讼。

(2) 下列案件的一审行政诉讼由中级人民法院管辖：确认发明专利权的案件、海关处理的案件；对国务院各部门或者省、自治区、直辖市人民政府所作的具体行政行为提起诉讼的案件；本辖区内重大、复杂的案件，即被告为县级以上人民政府，且基层人民法院不适宜审理的案件；社会影响重大的共同诉讼、集团诉讼案件；重大涉外或者涉及香港特别行政区、澳门特别行政区、台湾地区的案件；其他重大、复杂案件。

（3）高级人民法院管辖本辖区内重大、复杂的第一审行政案件。

（4）最高人民法院管辖全国范围内重大、复杂的第一审行政案件。

7.2.4.2 地域管辖

（1）行政案件由最初作出具体行政行为的行政机关所在地人民法院管辖。经复议的案件，复议机关改变原具体行政行为的，也可以由复议机关所在地人民法院管辖。复议决定有下列情形之一的，属于行政诉讼法规定的“改变原具体行政行为”：改变原具体行政行为所认定的主要事实和证据的；改变原具体行政行为所适用的规范依据且对定性产生影响的；撤销、部分撤销或者变更原具体行政行为处理结果的。

（2）对限制人身自由的行政强制措施不服提起的诉讼，由被告所在地或者原告所在地人民法院管辖。“原告所在地”包括原告的户籍所在地、经常居住地和被限制人身自由地。

（3）因不动产提起的行政诉讼，由不动产所在地人民法院管辖。

（4）两个以上人民法院都有管辖权的案件，原告可以选择其中一个人民法院提起诉讼。原告向两个以上有管辖权的人民法院提起诉讼的，由最先收到起诉状的人民法院管辖。

（5）行政机关基于同一事实既对人身又对财产实施行政处罚或者采取行政强制措施的，被限制人身自由的公民、被扣押或者没收财产的公民、法人或者其他组织对上述行为均不服的，既可以向被告所在地人民法院提起诉讼，也可以向原告所在地人民法院提起诉讼，受诉人民法院可一并管辖。

7.2.4.3 当事人的管辖异议及法院之间管辖冲突的处理

（1）管辖异议的提出期限。当事人提出管辖异议，应当在接到人民法院应诉通知之日起10日内以书面形式提出。对当事人提出的管辖异议，人民法院应当进行审查。异议成立的，裁定将案件移送有管辖权的人民法院；异议不成立的，裁定驳回。

（2）人民法院发现受理的案件不属于自己管辖时，应当移送有管辖权的人民法院。受移送的人民法院不得自行移送。

（3）有管辖权的人民法院由于特殊原因不能行使管辖权的，由上级人民法院指定管辖。

（4）上级人民法院有权审判下级人民法院管辖的第一审行政案件，也可以把自己管辖的第一审行政案件移交下级人民法院审判。

（5）下级人民法院对其管辖的第一审行政案件，认为需要由上级人民法院审判的，可以报请上级人民法院决定。

（6）人民法院对管辖权发生争议，由争议双方协商解决。协商不成的，报它们的共同上级人民法院指定管辖。

7.2.5 提起行政诉讼的期限

7.2.5.1 对普通行政行为提起诉讼的期限

（1）公民、法人或者其他组织直接向人民法院提起诉讼的，应当在知道作出具体行政行为之日起3个月内提出。法律另有规定的除外。

（2）公民、法人或者其他组织申请行政机关履行法定职责，行政机关在接到申请之日起60日内不履行的，公民、法人或者其他组织向人民法院提起诉讼，人民法院应当依法受理。法律、法规、规章和其他规范性文件对行政机关履行职责的期限另有规定的，从其规定。

公民、法人或者其他组织在紧急情况下请求行政机关履行保护其人身权、财产权的法定职责，行政机关不履行的，起诉期间不受上述规定的限制。

（3）行政机关作出具体行政行为时，未告知公民、法人或者其他组织诉权或者起诉期限的，起诉期限从公民、法人或者其他组织知道或者应当知道诉权或者起诉期限之日起计算，但从知道或者应当知道具体行政行为内容之日起最长不得超过2年。

7.2.5.2　对经复议的具体行政性为提起诉讼的期限

（1）申请人不服复议决定的，可以在收到复议决定书之日起15日内向人民法院提起诉讼。复议机关逾期不作决定的，申请人可以在复议期满之日起15日内向人民法院提起诉讼。法律另有规定的除外。

（2）复议决定未告知公民、法人或者其他组织诉权或者法定起诉期限的，其起诉期限从知道或者应当知道复议决定具体内容之日起计算，但从知道或者应当知道复议决定内容之日起最长不得超过2年。

7.2.5.3　特定事项适用的最长诉讼时限

对涉及不动产的具体行政行为从作出之日起超过20年、其他具体行政行为从作出之日起超过5年提起诉讼的，人民法院不予受理。

7.2.5.4　起诉时限

在下列特殊情况下，起诉时限延长或扣除部分期限：

（1）公民、法人或者其他组织因不可抗力或者其他特殊情况耽误法定期限的，在障碍消除后的10日内，可以申请延长期限，由人民法院决定。

（2）由于不属于起诉人自身的原因超过起诉期限的，被耽误的时间不计算在起诉期间内。

（3）因人身自由受到限制而不能提起诉讼的，被限制人身自由的时间不计算在起诉期间内。

7.2.6　行政诉讼的举证和质证

行政诉讼证据有以下几种：书证；物证；视听资料；证人证言；当事人陈述；鉴定结论；勘验笔录、现场笔录。行政诉讼过程中，被告即行政机关承担主要的举证责任，应当对被诉具体行政行为的合法性提供证据材料。作为原告也负有客观、真实、全面地收集证据材料的义务。在具体办理行政诉讼过程中，应注意以下问题：

7.2.6.1　原告及第三人应提交的行政诉讼证据

行政诉讼中，原告首先应证明自身符合起诉条件；对于起诉行政不作为的案件主要应证明自己曾经提出过申请；对于要求损害赔偿的，应证明自己遭受损害的事实；对于被告作出具体行政行为时并未作为依据，但该事实与行为结果有密切联系的，负责证明该事实的存在。具体有以下情况：

（1）证明起诉符合法定条件的证据以及被诉具体行政行为存在的依据；

（2）依法须经复议程序才能起诉的，应当提供已经过复议程序的证据；

（3）在起诉被告不作为的行政案件中，应证明其提出的事实，但被告应当依职权主动履行法定职责及被告受理申请的登记不完备的除外；

（4）在一并提起的行政赔偿诉讼中，证明因受被诉具体行政行为侵害而造成损失的事实证据；

（5）对被诉的具体行政行为提出反驳理由的事实依据。

行政诉讼的第三人不承担举证义务，但有权举证或者申请法院调查取证。如果第三人证明被诉行政行为合法的，法院也将驳回原告的诉讼请求。

如果原告或第三人所需要的证据在相关部门保存或者客观上不能自行收集的，应积极申请人民法院调取证据。如果证据涉及国家、公共利益、他人合法权益的，或者涉及人民法院依职权追加当事人、中止或终结诉讼、回避等程序性事项的，人民法院可依职权调取。但人民法院不得依被告的申请调取证据。

7.2.6.2 视情况适时申请鉴定或证据保全

根据案情需要或者委托人提出需要勘验物证现场、重新勘验物证现场的，或者需要对专门性问题进行鉴定或重新鉴定的，应当向人民法院书面提出勘验申请或者鉴定申请，并说明申请理由。

在证据可能灭失或者以后难以取得的情况下，应及时向人民法院申请保全证据。申请证据保全应当在举证期限届满前书面提出，并说明证据的名称和地点、保全的内容和范围、申请保全的理由等事项。

7.2.6.3 证据的初步审查

对收集到的证据的合法性、真实性、关联性进行初步审查，具体包括以下几个方面：

（1）证据是否符合法定形式；

（2）证据的取得是否符合法律、法规、司法解释和规章的要求；

（3）证据的来源是否真实、可靠、合法；

（4）是否有影响证据效力的其他情形；

（5）证据形成和制作的形式要件是否完备、合法；

（6）证据是否为原件、原物，复制件、复制品与原件、原物是否相符；

（7）证据的内容是否清楚而无歧义，能否证明与案件有关的事实；

（8）各个证据之间的关系及是否互相印证，有无彼此矛盾之处；

（9）提供证据的人或者证人与当事人是否具有利害关系；

（10）证据的证明力；

（11）证据是否涉及国家秘密、当事人的商业秘密或者个人隐私；

（12）影响证据真实性的其他因素；

（13）其他需要审查的内容或形式。

7.2.6.4 证据的收集、整理、提交以及举证期限

1. 证据的收集整理

针对收集到的证据，应及时整理，进行编号，编制证据目录，并说明要证明的待证事实。

涉及证人证言的，应编制证人名单，并说明拟证明的事实。如需证人出庭作证的，在法律规定的时间内将证人名单递交人民法院。每一证人应附上相关材料，包括证人的姓名、年龄、文化程度、职业、工作单位、详细地址、证明事项、证明目的等。

2. 举证期限

原告或第三人应在开庭前或证据交换之日前举证，否则视为放弃举证权利。原告或第三人放弃举证权利的，同样有可能因为被告(行政机关)针对具体行政行为合法性的证据材料不足而败诉，并不必然导致败诉，但应充分重视在举证期限届满前提交证据。

如有正当的事由，可以申请延期提供证据，如果获得法院准许，可在法庭调查中提供证据。

如果提出在行政程序中未提出的证据或理由，经法院准许可以补充。但是在行政程序中，被告有合法的理由要求提出上述证据但原告或第三人未提出的，法院一般不予采纳。

在二审程序中，如在一审举证期限届满后新发现的证据，或者在一审中应当获得延期但未被准许或未取得的证据，经质证可以作为定案依据。

7.2.6.5 对被告所提供证据的抗辩

(1) 在行政诉讼中，被告对其作出的具体行政行为承担举证责任。被告应当在收到起诉状副本之日起10日内提交答辩状，并提供作出具体行政行为时的证据、依据；被告不提供或者无正当理由逾期提供的，应当认定该具体行政行为没有证据、依据。

(2) 在诉讼过程中，被告不得自行向原告和证人收集证据。但是，有下列情况之一的，被告经人民法院准许可以补充相关的证据：被告在作出具体行政行为时已经收集证据，但因不可抗力等正当事由不能提供的；原告或者第三人在诉讼过程中，提出了其在被告实施行政行为过程中没有提出的反驳理由或者证据的。

(3) 不能作为认定被诉具体行政行为合法根据的证据：

a. 未经法庭质证的证据；

b. 被告及其诉讼代理人在作出具体行政行为后自行收集的证据；

c. 被告严重违反法定程序收集的其他证据；

d. 复议机关在复议过程中收集和补充的证据，不能作为人民法院维持原具体行政行为的根据。

e. 被告在二审过程中向法庭提交在一审过程中没有提交的证据，不能作为二审法院撤销或者变更一审裁判的根据。

7.2.6.6 行政诉讼的质证

在质证过程中，应针对证据的真实性、关联性、合法性以及证据证明效力、大小及所要证明的相互法律关系等方面进行质证。

(1) 针对物证，主要从以下方面进行质证：

a. 物证的真伪；

b. 物证与本案的关系；

c. 物证与其他证据的关系；

d. 取得该物证的程序是否合法。

(2) 针对书证，主要从以下方面进行质证：

a. 书证是否为原件；

b. 书证的真伪；

c. 书证的合法性；

d. 书证所要证明的事实；

e. 书证与其他证据的矛盾；

f. 书证的来源。

(3) 针对证人证言，应结合有关背景材料进行综合分析，发表该证人证言能否采信，主要从以下方面进行质证：

a. 证人与双方当事人的关系，特别是与对方当事人有无关系，与本案有无利害关系；

b. 证人证言的来源及合法性；

c. 证人证言的内容及要证明的事实；

d. 证人的年龄、智力状况、行为能力等自然情况；

e. 证人的证言与其他证据的矛盾。

（4）对视听资料，主要从以下方面进行质证：

a. 取得和形成的时间、地点和周围的环境；

b. 有无剪补；

c. 收集的过程及其合法性；

（5）所要证明的事实与案件的联系。

（6）对鉴定人和鉴定结论，主要从以下几个方面质证，如果认为鉴定结论不能成立或者不完整的，可以申请重新鉴定或者补充鉴定：

a. 鉴定人的资格；

b. 鉴定人与双方当事人的关系；

c. 鉴定的依据和材料；

d. 鉴定的设备和方法；

e. 鉴定结论是否具有科学性。

7.2.7 行政诉讼的审理、判决、执行

基于行政诉讼特殊性，行政诉讼的判决不使用调解。人民法院审理行政案件不得加重对原告的处罚(但利害关系人同为原告的除外)，不得对行政机关未予处罚的人直接给予行政处罚。与此同时，行政诉讼的结案与普通民事案件有明显的区别，在办理行政诉讼案件时，应及时跟踪案件进展，并根据案件实际情况对可能的判决进行分析，积极争取有利的诉讼结果。

7.2.7.1 审理期限

人民法院应当在立案之日起3个月内作出第一审判决。有特殊情况需要延长的，由高级人民法院批准，高级人民法院审理第一审案件需要延长的，由最高人民法院批准。

人民法院审理上诉案件，应当在收到上诉状之日起2个月内作出终审判决。有特殊情况需要延长的，由高级人民法院批准，高级人民法院审理上诉案件需要延长的，由最高人民法院批准。

7.2.7.2 行政诉讼的中止和终止

1. 诉讼中止的情况

（1）原告死亡，须等待其近亲属表明是否参加诉讼的；

（2）原告丧失诉讼行为能力，尚未确定法定代理人的；

（3）作为一方当事人的行政机关、法人或者其他组织终止，尚未确定权利义务承受人的；

（4）一方当事人因不可抗力的事由不能参加诉讼的；

（5）案件涉及法律适用问题，需要送请有权机关作出解释或者确认的；

（6）案件的审判须以相关民事、刑事或者其他行政案件的审理结果为依据，而相关案件尚未审结的；

（7）其他应当中止诉讼的情形。

中止诉讼的原因消除后，恢复诉讼。

2. 诉讼终结的情况

（1）原告死亡，没有近亲属或者近亲属放弃诉讼权利的；

（2）作为原告的法人或者其他组织终止后，其权利义务的承受人放弃诉讼权利的；

（3）因诉讼中止的前 3 项原因，中止诉讼满 90 日仍无人继续诉讼的，裁定终结诉讼，但有特殊情况的除外。

7.2.7.3 行政诉讼的判决结果

（1）具体行政行为证据确凿，适用法律、法规正确，符合法定程序的，判决维持。如人民法院认为被诉具体行政行为合法，但不适宜判决维持或者驳回诉讼请求的，可以作出确认其合法或者有效的判决。

（2）具体行政行为有下列情况之一的，应判决驳回原告诉讼请求：

a. 起诉被告不作为理由不能成立的；

b. 被诉具体行政行为合法但存在合理性问题的；

c. 被诉具体行政行为合法，但因法律、政策变化需要变更或者废止的；

d. 其他应当判决驳回诉讼请求的情形。

（3）具体行政行为有下列情形之一的，应作出确认被诉具体行政行为违法或者无效的判决：

a. 被告不履行法定职责，但判决责令其履行法定职责已无实际意义的；

b. 被诉具体行政行为违法，但不具有可撤销内容的；

c. 被诉具体行政行为依法不成立或者无效的。

（4）具体行政行为有下列情形之一的，判决撤销或者部分撤销，并可以判决被告重新作出具体行政行为：

a. 主要证据不足的；

b. 适用法律、法规错误的；

c. 违反法定程序的；

d. 超越职权的；

e. 滥用职权的。

被诉具体行政行为违法，但撤销该具体行政行为将会给国家利益或者公共利益造成重大损失的，人民法院应当作出确认被诉具体行政行为违法的判决，并责令被诉行政机关采取相应的补救措施；造成损害的，依法判决承担赔偿责任。

判决撤销违法的被诉具体行政行为，将会给国家利益、公共利益或者他人合法权益造成损失的，人民法院在判决撤销的同时，可以分别采取以下方式处理：

a. 判决被告重新作出具体行政行为；

b. 责令被诉行政机关采取相应的补救措施；

c. 向被告和有关机关提出司法建议；

d. 发现违法犯罪行为的，建议有权机关依法处理。

判决被告重新作出具体行政行为，如不及时重新作出具体行政行为，将会给国家利益、公共利益或者当事人利益造成损失的，可以限定重新作出具体行政行为的期限。判决被告履行法定职责，应当指定履行的期限，因情况特殊难以确定期限的除外。

7.2.7.4 行政诉讼的二审、再审的判决

人民法院对行政诉讼案件进行二审、再审，与普通民事诉讼的程序基本相同，所作出的

判决、裁定类型与行政诉讼一审基本相当，在此不再赘述。

7.2.7.5 行政诉讼判决的执行

1. 申请强制执行的条件和拒绝履行判决裁定的责任

对发生法律效力的行政判决书、行政裁定书、行政赔偿判决书和行政赔偿调解书，负有义务的一方当事人拒绝履行的，对方当事人可以依法申请人民法院强制执行。如果行政机关拒绝履行判决、裁定的，第一审人民法院可以参照《民事诉讼法》第102条的有关规定，对主要负责人或者直接责任人员予以罚款处罚，也可以采取以下措施：

(1) 对应当归还的罚款或者应当给付的赔偿金，通知银行从该行政机关的账户内划拨；

(2) 在规定期限内不履行的，从期满之日起，对该行政机关按日处50元至100元的罚款；

(3) 向该行政机关的上一级行政机关或者监察、人事机关提出司法建议。接受司法建议的机关，根据有关规定进行处理，并将处理情况告知人民法院；

(4) 拒不履行判决、裁定，情节严重构成犯罪的，依法追究主管人员和直接责任人员的刑事责任。

2. 执行管辖

发生法律效力的行政判决书、行政裁定书、行政赔偿判决书和行政赔偿调解书，由第一审人民法院执行。第一审人民法院认为情况特殊需要由第二审人民法院执行的，可以报请第二审人民法院执行；第二审人民法院可以决定由其执行，也可以决定由第一审人民法院执行。

3. 申请强制执行的期限

申请人是公民的，申请执行生效的行政判决书、行政裁定书、行政赔偿判决书和行政赔偿调解书的期限为1年，申请人是行政机关、法人或者其他组织的为180日。申请执行的期限从法律文书规定的履行期间最后一日起计算；法律文书中没有规定履行期限的，从该法律文书送达当事人之日起计算。逾期申请的，除有正当理由外，人民法院不予受理。

7.3 行政复议与行政诉讼的选择策略

在决定启动行政争议时，应从争议处理的程序效率、最终结果等方面，充分衡量选择先行启动行政复议还是直接启动行政诉讼。

7.3.1 针对复议前置的案件，必须先进行复议

复议前置是指行政相对人对法律、法规规定的特定具体行政行为不服，在寻求法律救济途径时，应当先选择向行政复议机关申请行政复议，而不能直接向人民法院提起行政诉讼；如果经过行政复议之后行政相对人对复议决定仍有不同意见的，才可以向人民法院提起行政诉讼。具体有以下几种情况：

(1) 公民、法人或其他组织认为行政机关的具体行政行为侵犯其已经依法取得的土地、矿藏、水流、森林、山岭、草原、荒地、滩涂、海域等自然资源的所有权或者使用权的，应当先申请行政复议；对行政复议决定不服的，可以依法向人民法院提起行政诉讼。但是对涉及自然资源所有权或者使用权的行政处罚、行政强制措施等其他具体行政行为提起行政诉讼，不适用复议前置。

对于上述自然资源所有权、使用权进行确认的行为，最高人民法院先后出台了两个司法

解释，依据司法解释，公民、法人或者其他组织认为行政机关确认土地、矿藏、水流、森林、山岭、草原、荒地、滩涂、海域等自然资源的所有权或者使用权的具体行政行为，侵犯其已经依法取得的自然资源所有权或者使用权的，经行政复议后，才可以向人民法院提起行政诉讼，但法律另有规定的除外。行政机关对自然资源所有权、使用权的“确认”，是指当事人对自然资源的权属发生争议后，行政机关对争议的自然资源的所有权或者使用权所作的确权决定。有关土地等自然资源所有权或者使用权的初始登记属于行政许可性质，不应包括在行政确认范畴之内。据此，行政机关颁发自然资源所有权或者使用权证书的行为不属于复议前置的情形。

（2）纳税人、扣缴义务人、纳税担保人同税务机关在纳税上发生争议时，必须先依照税务机关的纳税决定缴纳或者解缴税款及滞纳金或者提供相应的担保，然后可以依法申请行政复议。

（3）对国务院反垄断执法机构做出的关于经营者集中的具体行政行为，先依法申请行政复议；对行政复议决定不服的，可以依法提起行政诉讼。

7.3.2 针对复议前置且复议结果为终局裁决的，必须谨慎对待

此类案件具有特殊性，申请人只能先申请行政复议，而且该复议结果是终局的，申请人不得再提起行政诉讼。具体是：根据国务院或者省、自治区、直辖市人民政府对行政区划的勘定、调整或者征用土地的决定，省、自治区、直辖市人民政府确认土地、矿藏、水流、森林、山岭、草原、荒地、滩涂、海域等自然资源的所有权或者使用权的行政复议决定为最终裁决。

7.3.3 针对复议或者诉讼由申请人自由选择的，优先考虑诉讼

此类案件如选择复议，复议决定为终局裁决的，在选择争议策略时，优先考虑诉讼，具体包括以下两类案件：

（1）对出入境处罚不服的；

（2）对国务院部门或者省、自治区、直辖市人民政府的具体行政行为不服的，向作出该具体行政行为的国务院部门或者省、自治区、直辖市人民政府申请行政复议；对行政复议决定不服的，可以向人民法院提起行政诉讼，也可以向国务院申请裁决，国务院依照《行政复议法》作出的裁决为最终裁决。

第8章 合同纠纷操作实务

8.1 合同纠纷概述

合同的含义十分广泛，有劳动合同法上的合同、行政法上的合同、民法上的合同，其中，民法上的合同还可以进一步细分，例如物权合同、债权合同、身份合同等。这里所说的合同，是我国民法学通说的合同，是平等民事主体之间设立、变更、终止民事权利义务关系的协议。合同是企业经营行为及内外经济交往的重要载体，以合同为支付凭证的财务支出占企业总支出的80%以上，加强合同业务管理、应对合同纠纷、防控法律风险，对中国石化及所属企业前移法律风险防范关口，实现合同经济签订目的具有重要意义。

8.1.1 合同纠纷的法律特征

合同纠纷案件是指平等主体的自然人、法人、其他经济组织之间因签订或履行合同及其他经济往来发生纠纷而形成的案件。合同纠纷主要有以下主要特点：

(1) 合同纠纷是自然人之间、法人之间、其他经济组织之间、法人与自然人之间以及自然人与自然人之间的纠纷，只要是平等民事主体之间经济往来而形成的合同关系纠纷都属于合同纠纷。中国石油化工股份有限公司及属子公司是独立的法人组织，可以作为独立的市场主体参与对外经济合同关系。所属分公司只是中国石油化工股份有限公司的分支机构，不是独立的法人主体，只能在授权范围内以从事对外经济合同交往。

(2) 合同纠纷种类繁多，涉及范围广泛。随着市场经济的发展及社会分工的完善，经济业务过程变得更加复杂，因而产生了不同的合同形式。根据《合同法》规定，常见的合同有买卖合同，供电、水、气、热力合同，赠与合同，借款合同，租赁合同，融资租赁合同，建设工程合同，运输合同，技术合同，保管合同，仓储合同，委托合同，行纪合同及居间合同，除此之外，现实生活中还存在大量的无名合同。本章论述的合同纠纷，只对与中国石化业务密切相关的合同进行论述，部分合同还根据中国石化业务实际进行了细化分类。

(3) 合同纠纷具有明显的财产性。在市场经济条件下，各种以价格为前提的产品、劳务、技术成果等标的的交换或流转，都表现出一定的经济关系，这种关系具体体现在物质生产资料的生产、交换、分配、消费等方面。不管这种交换、流转是发生在自然人之间、自然人与法人之间，还是法人之间，不管这种关系的客体是生产资料还是消费资料，是国家和集体所有财产，还是个人所有的财产，只要是发生在平等主体间交易所发生的纠纷都涉及财产利益经济性特征。

8.1.2 合同纠纷的法律表现

合同是交易两方权利义务协商一致的结果。一般情况下，合同双方都会遵循诚实信用原则履行义务、享受权利，相互配合，共同实现双方约定的经济目的，追求预期的经济效益。但是，由于受利益驱动、市场风险、投机心理、管理过错等因素的影响，双方常常会在合同履行中产生纠纷，这种纠纷从法律意义上表现为：

（1）因合同无效而发生纠纷。无效合同与有效合同的性质不同，所承担的民事责任也不相同，它的处理原则、处理方法和处理结果也不相同。有效合同受法律保护，发生纠纷时，应依照合同条款追究违约责任。而无效合同是违反法律强制性规定而签订的合同，法律对无效合同条款不予保护，法院也不承认无效合同所约定的条款，因此，对无效合同所引起的财产结果，不能按合同条款处理，应当依法采取返还、赔偿、收归国家所有等办法处理。

（2）因一方违约或双方违约而发生纠纷。从司法实践看，合同纠纷的产生往往是由于当事人的过错，造成不履行或不完全履行义务而形成。合同一方违约就要承担违约责任，追究不履行或不完全履行合同义务的违约责任，条件是违约一方已经实施了违约行为，如供方不按时供货，或者不按合同约定的数量、质量交货。违约方承担违约责任的形式有支付违约金和赔偿金等。

8.1.3 合同纠纷的解决方式

根据我国《合同法》第437条的规定，解决合同纠纷共有4种方式：①协商方式，即合同双方自行协商解决；②调解方式，由有关部门帮助解决；③仲裁方式，由仲裁机关解决；④诉讼方式，即向人民法院提起诉讼以寻求纠纷的解决。

选择何种方式来处置合同纠纷跟合同管理方式密切相关。目前，中国石化已全面推广应用合同管理信息系统（Contract Management Information System，简称CMIS系统），该系统改变了传统合同手工、线下管理模式，将现实中的合同管理思想、理念、制度、流程等，变成可实施应用的计算机软件系统，实行了合同远程分析、监控、决策管理的一体化集成，将统一合同业务流程、前移法律风险防控关口、提升合同监督检查能力的内控理念提升到了一个新高度。为便于一体化管控，CMIS系统对内部合同、外部合同进行了有别于传统日常合同管理的分类，将集团公司内部单位因交易行为而签订的合同界定为内部合同，其余合同界定为外部合同。按照中国石化纠纷诉讼管理要求，内部合同纠纷只能采取内部协调处理，这种管理方式增强了中国石化一体化管控能力，有利于减少、优化内部资源。

8.1.4 合同诉讼的请求权选择

诉讼是合同纠纷处理的一种方式，同时也是争议双方矛盾激化、升级的一种表现。在多数情况下，当事人一般会穷尽一切协商、调解等非诉手段来应对合同争议和纠纷，只有在非诉手段无法使问题彻底解决的情况下，才会选择诉讼方式。某种程度上，诉讼是合同纠纷终局解决方法。因此，合同双方对采用诉讼方式解决合同纠纷一般都相当慎重，对采用何种请求权提起诉讼去解决合同纠纷也格外注意。

在合同纠纷司法实践中，常常会碰到违约与侵权的选择问题，因为选择违约或侵权的请求权基础不同，归责原则、举证责任、时效限制、免责事由等都会不同，合同纠纷诉讼的结果、权益维护的效果也会不同。如果合同纠纷涉及违约或侵权的选择问题，就需要根据客观实际去选择对自身最为有利的诉由去维护自身权益。

《合同法》规定：因当事人一方的违约行为，侵害对方人身、财产权益的，受损害方有权选择依照本法要求其承担违约责任或者依照其他法律要求其承担侵权责任。《〈合同法〉若干问题的解释（一）》第30规定：债权人依照合同法第122条的规定向人民法院起诉时作出选择的，在一审开庭以前又变更诉讼请求的，人民法院应当准许。对方当事人提出管辖权异议，经审查成立的，人民法院应当驳回起诉。这些规定明确赋予权利方请求权选择的权利，任何情况下权利方均可选择对自己有利的一项请求权得到救济，这样更好地保护了受损害方依法获得补偿的权利。同时也明确了一点，即权利方只能在两种请求权中选择一个，而不能同时实现两种请求权，以避免使违约行为人因同一行为负有双重责任，受害人因同一原因获得双重赔偿而构成不当得利，从而违背公平正义的原则。由于两种责任在法律上存在重大差异，因此，不同的选择将极大影响到当事人的权利义务，也就是说，选择适用侵权责任或违约责任提起诉讼，将对纠纷管理、加害人的责任方式、责任范围、免责事由、受害人的举证责任、赔偿范围、方式等权利保护产生直接影响，以至于产生完全不同的诉讼结果或法律后果。

大多数情况下，受害人均会选择对其最为有利的方式提起诉讼，从而能够使其损失得到充分的补救。一般而言，若请求权人主张违约责任，受害人在对方责任成立、保护范围、举证责任及对他人行为的责任方面较为有利，但如果该诉讼涉及身体健康权，因侵权责任较违约责任有较广泛的赔偿范围，包括精神损害赔偿，从赔偿额度方面讲，选择侵权之诉对填补受害人所受的伤害更为有利，但如此选择却又不得不面临举证责任不能的风险，如何取舍，权利人需要根据诉讼的目的及自身实际去选择。司法实践中，从维护受害人权益的角度出发，究竟应依合同法提起违约之诉，还是应依侵权法提起侵权之诉，其利弊常常会因不同的案情各不相同。例如，在商业秘密侵权纠纷案件中，如果提起违约之诉，原告只需举证被告知悉该秘密，则由被告承担证明己方未泄密的举证责任；如果提起侵权之诉，依据“谁主张谁举证”的原则，原告要承担证明被告泄密的举证责任，不知悉被告情况的原告就将处于不利的地位。责任竞合制度确认了尊重当事人自主自愿的原则，因此，面对违约与侵权竞合的合同纠纷，权利当事人应当充分考虑利益保护和诉讼风险，平衡好矛盾，理智选择对自身最为有利的方式提起诉讼，最大限度地补救自身受到的损失。

合同纠纷的应对处理及操作既有共性，也有个性。尤其是不同合同法律特征不同，合同双方当事人的权利义务安排也不尽相同。发生合同纠纷时，不同类别的合同既有合同诉讼的共性规律，也有不同分类合同的特别诉讼方法及诉讼技巧。为此，我们根据中国石化合同管理业务的实际，对如下几类合同纠纷进行着重介绍。

8.2 物资采购类

企业物资采购主要是指以生产为目的的原料、主要材料、辅助材料、工具、备件和设备等物资的购买活动。其基本使命就是以尽可能便宜的价格，得到完全符合企业生产所需的生产物资。物资采购活动通常表现为物资采购合同签订、履行、终结等法律行为及特征。采购合同在法律特性上，是买卖合同的一种表现形式，属于《合同法》的调整范围。依据《合同法》第 130 条规定，买卖合同是出卖人转移标的物的所有权于买受人，买受人支付价款的合同。买卖合同的签订和履行应遵循平等原则、自愿原则、公平原则、诚实信用原则，应当遵守法律、行政法规，尊重社会公德，不得扰乱社会经济秩序，损害社会公共利益。

买卖合同的具体内容由当事人约定，一般包括以下条款：当事人的名称或者姓名和住所；标的；数量；质量；价款或者报酬；履行期限、地点和方式；违约责任；解决争议的方法以及当事人特别约定的条款等。此外，还可以包括包装方式、检验标准和方法、结算方式、合同使用的文字及其效力等条款。

依法成立的合同，对当事人具有法律约束力，受法律保护。当事人应当按照约定履行自己的义务，不得擅自变更或者解除合同。但有下列情形之一的，合同无效：一方以欺诈、胁迫的手段订立合同，损害国家利益；恶意串通，损害国家、集体或者第三人利益；以合法形式掩盖非法目的；损害社会公共利益；违反法律、行政法规的强制性规定。对于买卖合同订立时显失公平的或当事人一方重大误解的，以及一方以欺诈、胁迫的手段或者乘人之危，使对方在违背真实意思的情况下订立的，受损害方有权请求人民法院或者仲裁机构变更或者撤销。此外，合同中的下列免责条款无效：造成对方人身伤害的；因故意或者重大过失造成对方财产损失的。合同无效或者被撤销后，因该合同取得的财产，应当予以返还；不能返还或者没有必要返还的，应当折价补偿。有过错的一方应当赔偿对方因此所受到的损失，双方都有过错的，应当各自承担相应的责任。当事人恶意串通，损害国家、集体或者第三人利益的，因此取得的财产收归国家所有或者返还集体、第三人。中国石化购买合同的订立和履行，除应遵守《合同法》及配套法律法规的规定外，还应执行中国石化物资采购的管理规定。

物资采购合同的具体形式虽有所不同，但其纠纷产生的原因及表现形式是相同的，处理原则及法律适用是相同的，实践中常见的物资采购合同法律纠纷处理方式如下：

8.2.1 主体没有实际履行能力

在现实生活中，物资采购合同中合同纠纷行为主要是卖方订立合同的主体没有订立合同的资格，根本没有履行能力。这种情况的主要表现形式为：订立合同的卖方根本没有提供法人资格证明；合同卖方虽然提供了《企业法人营业执照》，但为副本或复印件，或为伪造的证明；卖方提供了正式的《企业法人营业执照》，但虚报注册资本，无实有资金，并没有实际履行能力；卖方在订立合同时虽然提供了正式的《企业法人营业执照》，但因未参加工商局年检已被吊销营业执照。

《合同法》第56条规定，无效的合同或者被撤销的合同自始没有法律约束力。对于无效合同的具体处理，《合同法》第58条明确规定：①按照合同中独立存在的有关解决争议方法条款处理；②返还财产。合同被确认无效后，已经交付的财产，交付方有权要求对方予以返还，接受财产的一方有返还的义务；③折价补偿。合同被确认无效后，有过错一方对于已经收到的财产无法返还的，负有折价补偿的义务；④赔偿损失，合同被确认无效后，有过错一方负有赔偿对方因此所受到的损失的义务，包括对订立合同的另一方为缔约合同所发生的缔约费用、为履行合同所发生的准备费用、因订立该合同而损失的机会成本。双方都有过错的，应当承担各自相应的责任；⑤收归国家所有或者返还集体、第三人。合同被确认无效后，对于当事人恶意串通，损害国家、集体或者第三人利益的，因此取得的财产收归国家所有或者返还集体、第三人，情节严重构成犯罪的，还要追究当事人的刑事责任。

8.2.2 采购合同的标的质量纠纷

物资采购合同的标的质量纠纷主要表现为合同条款对标的质量约定不明确、标的物不符合质量要求以及凭样品购买的质量纠纷等。

出卖人应当按照约定的质量要求交付标的物。出卖人提供有关标的物质量说明的，交付的标的物应当符合该说明的质量要求。对于质量约定不明确的，当事人在合同生效后可以协议补充；不能达成补充协议的，依照交易习惯确定。依上述规定仍不能确定的，进行如下处理：质量要求不明确的，按照国家标准、行业标准履行；没有国家标准、行业标准的，按照通常标准或者符合合同目的的特定标准履行。出卖人交付的标的物不符合质量要求的，买受人可以依照《合同法》的规定要求其承担违约责任。当事人双方在合同中约定违约责任的，应当按照当事人的约定承担违约责任。对违约责任没有约定或者约定不明确，按照合同有关条款或者交易习惯仍不能确定的，受损害方根据标的性质以及损失的大小，可以合理选择要求对方承担修理、更换、重作、退货、减少价款或者报酬等违约责任。

凭样品买卖的当事人应当封存样品，并可以协商对样品质量予以说明。出卖人交付的标的物应当与样品及其说明的质量相同。凭样品买卖的买受人不知道样品有隐蔽瑕疵的，即使交付的标的物与样品相同，出卖人交付的标的物的质量仍然应当符合同种物的通常标准。

8.2.3　因合同条款约定不明产生的纠纷

除质量约定不明确外，物资采购合同中条款约定不明确还主要体现在履行地点不明确、价款不明确、付款期限不明确、履行方式不明确、履行费用的负担不明确、包装不明确等。

合同生效后，当事人就合同上述内容没有约定或者约定不明确的，应当协议补充；不能达成补充协议的，应按照合同有关条款或者交易习惯确定；仍不能确定的，作如下处理：①履行地点不明确。给付货币的，在接受货币一方所在地履行；其他标的在履行义务一方所在地履行。买受人应当在出卖人的营业地支付，但约定支付价款以交付标的物或者交付提取标的物单证为条件的，在交付标的物或者交付提取标的物单证的所在地支付。交付地点约定不明确，标的物需要运输的，出卖人应当将标的物交付给第一承运人以运交给买受人；标的物不需要运输，出卖人和买受人订立合同时知道标的物在某一地点的，出卖人应当在该地点交付标的物；不知道标的物在某一地点的，应当在出卖人订立合同时的营业地交付标的物。②价款不明确的，按照订立合同时履行地的市场价格履行；依法应当执行政府定价或者政府指导价的，按照规定履行。执行政府定价或者政府指导价的，在合同约定的交付期限内政府价格调整时，按照交付时的价格计价。逾期交付标的物的，遇价格上涨时，按照原价格执行；价格下降时，按照新价格执行。逾期提取标的物或者逾期付款的，遇价格上涨时，按照新价格执行；价格下降时，按照原价格执行。③履行期限不明确的，债务人可以随时履行，债权人也可以随时要求履行，但应当给对方必要的准备时间。买受人应当在收到标的物或者提取标的物单证的同时支付。④履行方式不明确的，按照有利于实现合同目的的方式履行。⑤履行费用的负担不明确的，由履行义务一方承担。⑥出卖人应当按照约定的包装方式交付标的物。对包装方式没有约定或者约定不明确，应当按照通用的方式包装，没有通用方式的，应当采取足以保护标的物的包装方式。

8.2.4　合同标的物知识产权纠纷

物资采购购买合同中标的物很多属于高新技术产品，如精密仪器、计算机软件等，这些标的物大多涉及专利权、技术秘密等知识产权，购买方在使用这些设备时，应充分注意知识产权的保护。

依据《合同法》第 137 条的规定，出卖具有知识产权的计算机软件等标的物的，除法律另有规定或者当事人另有约定的以外，该标的物的知识产权不属于买受人。同时该法第 136 条还规定，出卖人应当按照约定或者交易习惯向买受人交付提取标的物单证以外的有关单证和资料。企业应对标的物所涉及的知识产权的具体情形及其使用方式与范围有明确的认识，有效预防因此而产生的侵权纠纷。

8.2.5 验收或检验期间因标的质量或数量而产生的纠纷

《合同法》第157条规定，买受人收到标的物时应当在约定的检验期间内检验。没有约定检验期间的，应当及时检验。企业设备购买合同当事人双方约定检验期间的，标的物的数量或者质量不符合约定的，买受人应当在检验期间内将此情形通知出卖人。买受人怠于通知的，视为标的物的数量或者质量符合约定。当事人没有约定检验期间的，企业作为买受人应当在发现或者应当发现标的物的数量或者质量不符合约定的合理期间内通知出卖人。买受人在合理期间内未通知或者自标的物收到之日起2年内未通知出卖人的，视为标的物的数量或者质量符合约定，但对标的物有质量保证期的，适用质量保证期，不适用该两年的规定。为维护社会经济秩序和保护当事人的合法权益，《合同法》明确规定，出卖人知道或者应当知道提供的标的物不符合约定的，买受人不受前两款规定的通知时间的限制。

8.2.6 标的物的风险责任承担纠纷

买卖合同中标的物的风险是指标的物因客观原因毁损、灭失的风险。依据《合同法》的规定，除法律另有规定或者当事人另有约定的外，一般风险责任的承担原则是在标的物交付之前由出卖人承担，交付之后由买受人承担。

合同履行中有下列情形的，由当事人分别承担：因买受人的原因致使标的物不能按照约定的期限交付的，买受人应当自违反约定之日起承担标的物毁损、灭失的风险；出卖人交由承运人运输的在途标的物，除当事人另有约定的以外，毁损、灭失的风险自合同成立时起由买受人承担；当事人没有约定交付地点或者约定不明确，依照《合同法》的相关规定标的物需要运输的，出卖人将标的物交付给第一承运人后，标的物毁损、灭失的风险由买受人承担；出卖人按照约定或者依照《合同法》的相关规定将标的物置于交付地点，买受人违反约定没有收取的，标的物毁损、灭失的风险自违反约定之日起由买受人承担。

《合同法》同时规定，出卖人按照约定未交付有关标的物的单证和资料的，不影响标的物毁损、灭失风险的转移；因标的物质量不符合质量要求，致使不能实现合同目的的，买受人可以拒绝接受标的物或者解除合同。买受人拒绝接受标的物或者解除合同的，标的物毁损、灭失的风险由出卖人承担；标的物毁损、灭失的风险由买受人承担的，不影响因出卖人履行债务不符合约定，买受人要求其承担违约责任的权利。

8.3 产品销售类

产品销售是企业将生产成品通过市场转让并获取利润的过程。销售合同是指供方（卖方）同需方（买方）根据协商一致的意见，由供方将一产品交付给需方，需方接受产品并按规定支付价款的协议。销售合同是企业产品销售及合同管理工作的重要内容。销售合同与采购合同一样，是买卖合同的一种法律表现形式，其内容、形式、归责原则、常见法律纠纷、风险防范等与物资采购合同基本一致，两者区别在于合同相对人的利益角色、市场地位不同。

销售合同纠纷是产品销售纠纷的法律表现形式。销售合同是站在卖方的利益角度对买卖合同所作的细分，这种利益角色的不同，使得处理销售合同纠纷的侧重点与采购合同纠纷的处理有所不同。在此，着重对销售合同纠纷及风险防范不同于采购合同的内容进行介绍。

8.3.1 认真审查购货方的主体资格、履约能力

对不同性质的产品购货方，我们审查的重点应有所不同：

(1) 凡持有营业执照(包括企业法人营照执照和营业执照)的当事人，均要查看营业执照、税务登记证等原件，以确认该单位是否已通过本年度的年检。我国法律规定，凡领有营业执照的企业法人，其他组织或个体工商户，每年均要接受工商、税务等部门的年度检验。如不参加年检或年检没有通过，则其商事主体资格已存在问题，对外签订的合同的效力也存在问题。凡已通过年检的单位，在其营业执照、税务登记证上均有相应机关的标记。由于我国工商管理的不规范，一些单位虽然没有参加年检，但依然持有营业执照原件和公章，骗子就可以利用这些对外签订合同进行诈骗。

(2) 通过营业执照了解对方单位的经营范围、注册资金、法定代表人或负责人姓名等相关信息。对于企业法人而言，其注册资金在营业执照上有标注，企业注册资金的数额很大程度上可以反映出该企业的实力以及对债务的偿还能力。当然，这也不是绝对的，很多企业都存在虚假出资或抽逃注册资本的现象。

(3) 区别公司财产和公司实际控制人或股东个人及家庭经济实力的不同。如果一个企业是有限责任性质的公司，则该公司实际控制人或股东个人及家庭的经济实力不代表该公司的实力。有限责任公司对外承担的是有限责任，即只要公司股东的注册资金到位，也不存在抽逃资金的现象，那么公司对外债务不能追索到股东个人或家庭财产。销售人员往往有一个误区，认为只要一个公司的实际控制人很有经济实力，就可以大胆跟他做生意了。这是一种错误的认识。当然对于个体工商户或合伙企业则不同，个体工商户或合伙人承担的是无限责任，即使企业破产了，我们照样可以要求其用个人或家庭财产来清偿债务。

(4) 区分自然人和个体工商户签订合同的区别。销售业务中经常会碰到两类合同，一是普通的产品销售合同，二是与经销商签订的经销合同。自然人可以购买产品归自己使用或消费，也可以与他人签订销售合同，但没有对外经营的权利，我们不能把经销权授予给他。个体商户则不同，他经过工商部门的批准，可以对外经营。所以对于没有个体营业执照的自然人，我们不应与其签订经销合同，但对于个体工商户，我们既可以与其签订一般的销售合同，也可以签订经销合同。

8.3.2 签订合同时认真起草或填写好合同条款

合同内容是否周密、合同条款填写是否规范合法对合同的履行及可能发生的纠纷将会产生很大的影响，其中几项条款内容填写时应特别注意的事项如下：

(1) 关于当事人条款。合同的签订，首先涉及的是当事人名称的填写。合同的头部和尾部均有空白的当事人条款需填写。当事人名称要写全称而不是简称，头部的名称与尾部的名称要一致。

(2) 关于质量条款。质量条款包含了三方面的内容，一是产品的质量标准；二是购货方对产品的验收方式；三是提出质量异议的期限及方式。这三方面的内容同样重要，填写合同条款时均要认真斟酌。

(3) 关于违约条款。违约责任的设定可宽可严，应视具体情况而定。对于销售合同，特别是总经销合同，一定要运用违约条款来保护自己的合法权益，在合同中应明确约定例如达不到销量指标的百分之几，有权终止合同、收回经销权。另外，在合同中确定逾期付款违约

金的计算标准，对催收货款有一定的帮助。

（4）关于付款条款。应明确约定付款的时间。模棱两可的约定会给合作方找到拖延付款的理由。应说明时间段的起点和终点，否则会造成无法确定时间的问题。

（5）关于合同盖章。合作方应加盖其单位的公章；如果只是经办人代表单位签字的，应要求对方出具加盖了其单位公章的签约授权委托书。加盖的公章应清晰可辨。合同文本经过修改的，应由双方在修改过的地方盖章确认。

（6）关于争议解决方式条款。法律允许当事人在合同中约定通过何种途径以及在何地司法机关解决合同争议。“仲裁排斥诉讼”，如果在合同中没有约定通过仲裁解决纠纷而事后双方也没有达成仲裁协议，则只能向法院提起诉讼。约定争议解决方式，重点在于对管辖地的选择上。仲裁和诉讼都可以选择管辖地，但两者在选择范围上有所不同。仲裁的管辖地没有限制，只要是在中国版图上存在的仲裁机关都可以由双方当事人协商选择。民事诉讼当事人只能在原告所在地、被告所在地、合同签订地、合同履行地、标的物所在地等五个地方的法院中选择，超出这些范围的约定无效。

（7）关于担保条款设置。在合同中要善于设置担保条款来保护自己的合法权益，特别是对那些有欠款或铺底的销售合同及经销合同。实践中常用的担保方式有两种，一是保证，二是抵押，两者可以单独使用，也可以结合起来。

8.3.3 通过诉讼追讨拖欠货款

客户拖欠货款，是产品销售中碰到的最为棘手的事，要善于通过诉讼方式追讨客户拖欠的货款，主要如下：

（1）把握好诉讼时效。对于欠款纠纷，法律规定的诉讼时效为2年。诉讼时效期间从知道或应当知道权利受侵害之时开始计算。如果在诉讼时效期间权利人向义务人主张权利，则诉讼时效中断，从中断之日起重新计算2年时间，但最长不能超过20年。向义务人主张权利，可以有多种方式，如发函、传真催讨、重新填写欠款单、双方达成还款协议、提起仲裁或诉讼等，都可以导致诉讼时效中断。主张时效中断的举证责任在于权利方，如果仅仅通过电话或上门催讨而没有相应的书面证据，往往会因对方的否认而承担败诉结果。

（2）利用好二审终审制。二审终审制是我国司法组织体系的基本原则。在二审法院作出判决前，一审法院的判决书并不必然发生法律效力。二审法院的判决书在送达当事人后，即发生法律效力。如果欠款方没有根据判决书履行义务，销售方可以申请一审的人民法院进行强制执行。目前，我国根据案件的性质及标的额大小来确定一审法院。利用诉讼追讨欠款，可以根据起诉的欠款额度选择有利于己方的一审或二审法院。

（3）善用财产保全措施。在诉讼清欠时，往往会遇到财产保全问题。可以采取保全措施的财产，可以是银行存款、房屋土地等不动产或机器、设备等动产。在司法实践中，财产保全措施往往很有效，一旦法院保全了对方的财产，对方当事人往往会要求主动履行债务，要积极主动地行使法律赋予的权利。

（4）巧用代位权诉讼。当向客户催讨货款时，客户有时可能会提出自己无力还款，同时以第三人对其本人存在债务为由抗拒，此时要善于运用代位权，必要时可以申请法院对第三人采取财产保全措施。要用好代位权，关键在于对客户的情况要有充分的了解。

（5）准确确定诉讼当事人。所谓诉讼当事人，是指参与诉讼并承担相应权利义务的人，如原告、被告及第三人等。我方要提起的诉讼，原告当然是我方公司，而欠款人及欠款人的保证人或抵押物的所有人则为被告。如果双方签有合同，则合同中的购货方为被告；如果有欠款单，则欠款单上注明的欠款人为被告；如果没有合同及欠款单，则应以发货清单上的收货人(签收人)为被告。大家应注意的是，在发生销售业务时要注意合同、欠款单及发货清单上三者名称的统一，否则往往会出现无所适从的情况。

(6) 确定管辖法院。管辖法院是指可以受理案件一审起诉的法院。如果双方在合同中已经约定了管辖法院并且这种约定符合法律规定，则只能向约定管辖的法院起诉。如果双方没有签订合同或在合同中没有约定管辖法院，则应该向两被告所在地法院或合同履行地法院起诉，两者只能选择其一。管辖法院还涉及级别管辖的问题，也就是说一个案件究竟应由哪一级法院来进行一审。对于买卖合同货款纠纷案件，主要由案件的标的额所决定，不同地区的规定有所差异。

(7) 精心准备诉讼材料。诉讼材料的准备包括两方面的内容，一是据此向法院起诉的证据，如签订的合同、客户出具的欠款单、发货清单及有关的物证、书证资料等；二是诉讼法律文书，主要指起诉状、财产保全申请书、财产保全担保书，同时应提供原告的营业执照复印件、公司法定代表人证明、委托代理人的授权委托书等。诉讼材料中最主要的是起诉状，起诉状一定要制作好，包括原、被告的情况，诉讼请求，事实与理由等均要表达清楚明确，用词简练，否则可能对案件审理带来不利的影响。

(8) 及时督促判决执行。案件判决书的执行是诉讼的最后一个程序，也是清欠起诉的最终目的。申请法院执行的依据是已经生效的判决书、调解书或依法可以申请法院强制执行的其他法律文书，如仲裁裁决书等。如果我们在起诉时已经申请法院进行财产保全，并且所保全的财产足以清偿债务，则只要申请法院对保全的财产进行划付、拍卖、变卖即可。如果没有保全的财产或保全的财产不足以支付欠款，法院往往会要求提供被执行人的财产情况及线索，这时就需要加强与法院的沟通，争取得到法院的支持，以最大限度地追回损失。

8.3.4 防范销售货物被骗

合同对方拖欠货款，可以通过催讨、仲裁或诉讼等方式追回，对于货物被骗，则往往只能向公安机关报案，通过公安机关追回被骗的货物，惩治犯罪行为人。

1. 识别货物诈骗

在产品销售中，典型的诈骗行为主要有：①利用已经过期或已经被吊销的营业执照来签订合同骗取货物；②冒用他人、其他单位的名义签订合同或者盗用他人的公章、介绍信等签订合同骗取财物；③开具空头支票来骗取财物；④谎称有工程而骗取他人保证和货物等。

防范销售诈骗，最主要的是营销人员在签订合同或销货时要慎重，尽量对客户的情况进行多方面了解。其中，与客户签订合同时对客户的主体资格进行审查非常重要。这种审查是多方面的。对于单位客户，营业执照是关键，特别是对营业执照是否经过年检的情况尤其要注意。另外，在签合同前，要进行实地考查，对客户的办公或营业场所进行了解，对客户介绍情况通过多种渠道核实。如果某人称自己是单位的业务员，则要对其身份进行核实，同时最好在签合同时要求他提供该单位的介绍信或授权书并对此进行核实。

开具空头支票类的货物诈骗，往往是由于业务员太轻信而造成的。对于不熟悉的客户或支票数额较大的销售行为，可以要求对方通过“倒打”方式付款，或在发货之前先拿支票到对方开户银行核实，确认对方账户有该笔款项时再发货。同时，对支票或汇票的票面审查也很重要。因为支票、汇票等属于要式票据，往往会因票面上一个很小的差错导致退票。犯罪分子往往会利用这一点，故意在票面上制造一点小差错，导致我们无法收到货款。

2. 如何报案追缴被骗货物

发现货物被骗，要及时向公安机关报案，千万不要耽误时间。向公安机关报案，首先碰到的一个问题是：该向哪里的公安机关报案。根据法律规定，犯罪行为实施地和犯罪结果发生地的公安机关均有权受理诈骗案件。货物被骗的地方就是犯罪行为的实施地，该地公安机关可以管辖。犯罪结果发生地是指因犯罪行为受损结果发生地。对公司销售而言，货物被骗受损害的当然是公司，那么，公司所在地公安机关同样可以受理报案。在决定向公安机关报案时，要综合考虑各方面的因素，考虑公安机关对查处该案件的配合程度，对追查被骗货物及打击犯罪分子是否便利等因素。

向公安机关报案，要准备好报案材料。报案材料包括证明我们货物被骗的有关凭证，如合同、送货清单、欠款单等，另外要写报案材料。在报案材料中，要把事情的经过写清楚，特别是要突出犯罪分子是如何通过虚构事实或隐瞒真相的手段骗走货物的经过。在向公安机关报案后，要积极配合公安机关的案件侦查工作。可以向公安机关提供犯罪分子行踪及被骗货物下落，及时要求公安机关对货物进行扣押，配合公安机关追捕犯罪分子。在已向公安机关报案的前提下，可以通过自身力量将犯罪分子扭送至公安机关。当然，在此过程中，注意保护自己，要避免出现像绑架、非法拘禁等犯罪行为。

8.3.5 产品销售中的打假

制造、销售假冒产品一方面损害企业品牌的声誉，另一方面冲击了企业产品市场，造成企业利益损失。在销售工作发现中这种现象，要坚决予以打击。

企业的注册商标由企业所有、使用，他人未经商标权人许可，擅自在相同或类似产品上使用同样的商标或相同的外包装，这种行为是法律所不允许的。情节轻者，属于一种不正当竞争行为，情节严重的，则触犯刑法，构成犯罪。

对于不正当竞争的行为，按我国法律的规定，应当由当地的工商行政管理部门查处。企业营销人员一旦发现有人在制造或销售假冒产品，一方面要向企业报告，另一方面应当向当地的工商行政管理部门举报。为避免地方保护主义的影响，在举报之前要尽可能地收集好证据，多方位地了解情况。实践中，可采用向制假、售假者购买产品的方式收集证据。此时，一定要让对方开具发票，发票上的内容要尽量翔实，并标明具体产品。如有可能，可以申请当地公证部门协助，在购买产品时邀请公证人员到场，对购买经过出具公证文书，购买产品由公证部门公证封存。只要有充分的证据，工商部门必须对此立案查处，否则，工商部门就会承担行政不力或行政不作为的责任。同时，对企业由此所受的经济损失，可以另行提起诉讼，要求制假、售假者承担赔偿责任。

根据我国《刑法》的规定，未经注册商标所有人许可，在同一种商品上使用与其注册商标相同的商标，情节严重的；或者销售明知是假冒注册商标的商品，销售数额较大的；或者伪造、擅自制造的注册商标标识或者销售伪造、擅自制造的注册商标标识，情节严重的行为，均构成犯罪，依法应判处 3 年以下有期徒刑、拘役或者管制。这里的情节严重、数额较大，是指多次伪造、销售或非法所得金额超过 5 万元人民币。如果情节特别严重或数额巨大的，处 3 年以上 7 年以下的有期徒刑。

8.4 合资合作类

合资合作合同通常指联营类合同，即两个以上的经济组织为了达到共同的经济目的，约定共同出资或相互合作，联合从事一定生产经济活动的协议。对联营合同可以从不同的角度进行不同的分类。根据联营关系的紧密程度，可以分为紧密型联营、半紧密型联营、松散型联营，或者法人型联营、合伙型联营、合同型联营等；根据联营各自的行业属性，分为工工之间的生产联营、工商之间的产销联营、工业与科研部门之间的技术联营、工业与金融部门之间的投资联营等；根据联营各方的所有制形式，可以分为全民所有制企业之间的联营、集体所有制企业之间的联营、全民与集体所有制企业之间的联营等。

从联营合同的法律性质上看，联营合同应分为法人型联营、合伙型联营、协作型联营三种情形。

（1）法人型联营。联营各方必须有共同投资，投资可以是资金、实物、工业产权和非专利技术等；联营组织是一个自主经营的经济联合实体，具有法人资格；联营各方对联营组织的债务以投资额为限承担责任。

（2）合伙型联营。可以形成一个组织，但这个组织不是一个经济实体，不具有法人资格，类似于公民个人之间的合伙；联营各方必须有投资，但对于联营组织的债务，联营各方不能仅以其投资额为限承担责任，而应由联营各方按照出资比例或者协议的约定，以各自所有的或者经营管理的财产承担，依照法律的规定或协议的约定负连带责任的，承担连带责任；联营各方直接参与联营事务的管理，不像法人型联营那样，联营各方的产权与联营法人的经营权相分离。

（3）协作型联营。联营方按照合同的约定各自独立经营，各自承担财产责任。这种联营合同从其种类及特点来看，其实并不是联营合同，因为这类合同的当事人一般没有出资，而且联营各方面的权利义务关系均可按合同法所规定的各类合同进行归类。例如：一方提供商标、专利或非专利技术，收取固定数额或固定比例的费用，不参与经营管理，不承担亏损的，实际上是商标使用许可和技术转让合同。协作型联营合同也有它不同于一般经济合同的特点，即这些合同中往往包含一些有关相互协调关系、加强业务关系管理的条款，有时根据合同还要成立某种形式的协调机构等。

同签订其他合同一样，联营合同的签订也必须贯彻平等互利、协商一致和诚实信用的原则，任何一方不得把自己的意志强加给对方，任何人都不得非法干预。由于联营合同同时涉及人、财、物，产、供、销各个方面，问题比较复杂，联营各方在签订合同前应对联营进行认真的可行性研究分析，互相考察，防止草率签约。联营合同的种类繁多，每种合同各具特点，当事人应根据联营合同的特点，按法定程序签订合同。对法人型联营合同和合伙型联营合同来讲，特别要注意：①要处理好合同和章程的关系。这两种合同往往是合同和章程并存，章程和合同应当各有侧重，相互一致。②要处理好意向书和正式合同的关系。目前，当事人在进行联营时，多是先签一个意向书，然后再根据意向书签订正式合同。意向书比较原则，不具有法律约束力。

联营合同较普通经济合同复杂，发生纠纷的情形也与普通经济合同不同，较为常见的有：设立纠纷、出资纠纷、合同不规范导致个出资人之间的经济纠纷、股东资格确认纠纷、合资公司经营权、支配权纠纷、股权转让纠纷、合资公司解散、清算纠纷等等。在此，对处理联营合同纠纷涉及的程序及实体问题作一介绍。

8.4.1 联营合同纠纷案件程序方面的问题

8.4.1.1 案件的受理

联营各方因联营合同的履行、变更、解除所发生的经济纠纷，如联营投资、盈余分配、违约责任、债务承担、资产清退等纠纷向人民法院起诉的，凡符合民事诉讼法规定的起诉条件的人民法院应予受理。关于联营各方因联营体内部机构设置、人员组成等管理方面的问题发生纠纷向人民法院起诉的，人民法院不予受理。

8.4.1.2 案件的管辖

（1）联营合同纠纷案件的地域管辖，因不同的联营形式而有所区别：①法人型联营合同纠纷案件，由法人型联营体的主要办事机构所在地人民法院管辖。②合伙型联营合同纠纷案件，由合伙型联营体注册登记地人民法院管辖。③协作型联营合同纠纷案件，由被告所在地人民法院管辖。

（2）由联营体主要办事机构所在地或联营体注册登记地人民法院管辖确有困难的，如法人型联营体已经办理了注销手续，合伙型联营体应经工商部门注册登记而未办理注册登记，或者联营期限届满已经解体的，可由被告所在地人民法院管辖。

8.4.2 联营合同纠纷案件实体方面的问题

8.4.2.1 合同的主体资格认定

（1）联营合同的主体应当是实行独立核算，能够独立承担民事责任的企业法人和事业法人。个体工商户、农村承包经营户、个人合伙，以及不具备法人资格的私营企业和其他经济组织与企业法人或者事业法人联营的，也可以成为联营合同的主体。

（2）企业法人、事业法人的分支机构不具备法人条件的，未经法人授权，不得以自己的名义对外签订联营合同；擅自以自己名义对外签订联营合同且未经法人追认的，应当确认无效。党政机关和隶属党政机关编制序列的事业单位、军事机关、工会、共青团、妇联、文联、科协和各种协会、学会及民主党派等，不能成为联营合同的主体。

8.4.2.2 保底条款无效的问题

联营合同中的保底条款，通常是指联营一方虽向联营体投资，并参与共同经营，分享联营的盈利，但不承担联营的亏损责任，在联营体亏损时，仍要收回其出资和收取固定利润的条款。保底条款应当确认无效。联营企业发生亏损的，联营一方依保底条款收取的固定利润，应当加数退出，用于补偿联营的亏损，如无亏损，或补偿后仍有剩余的，剩余部分可作为联营的盈余，由双方重新商定合理分配或按联营各方的投资比例重新分配。

8.4.2.3 “明联营，实借贷”的问题

企业法人、事业法人作为联营一方向联营体投资，但不参加共同经营，也不承担联营的风险责任，不论盈亏均按期收回本息，或者按期收取固定利润的，是明为联营，实为借贷，违反了有关金融法规，应当确认合同无效。除本金可以返还外，对出资方已经取得或者约定取得的利息应予收缴，对另一方则应处以相当于银行利息的罚款。金融信托投资机构作为联营一方依法向联营体投资的，可以按照合同约定分享固定利润，但也应承担联营的亏损责任。

8.4.2.4 联营期间退出联营的处理

（1）组成法人型联营体或者合伙型联营体的一方或者数方在联营期间中途退出联营的，

如果联营体并不因此解散，应当清退退出方作为出资投入的财产。原物存在的，返还原物；原物已不存在或者返还确有困难的，折价偿还。退出方对于退出前联营所得的盈利和发生的债务，应当按照联营合同的约定或者出资比例分享和分担。合伙型联营体的退出方还应对退出前联营的全部债务承担连带清偿责任。如果联营体因联营一方或者数方中途退出联营而无法继续存在的，可以解除联营合同，并对联营的财产和债务作出处理。

（2）不符合法律规定或者合同约定的条件而中途退出联营的，退出方应当赔偿由此给联营体造成的实际经济损失。若联营其他方对此也有过错的，则应按联营各方的过错大小，各自承担相应的经济责任。

8.4.2.5　违约金、赔偿金的计算

联营合同订明违约金数额或比例的，按照合同的约定处理。约定的违约金数额或比例过高的，人民法院可根据实际经济损失酌减；约定的违约金不足补偿实际经济损失的，可由赔偿金补足。联营合同订明赔偿金计算方法的，按照约定的计算方法及实际情况计算过错方应支付的赔偿金，联营合同既未订明违约金数额或比例，又未订明赔偿金计算方法的，应由过错方赔偿实际经济损失。

8.4.2.6　合同解除后的财产处理

（1）联营体为企业法人的，联营体因联营合同的解除而终止。联营的财产经过清算清偿债务有剩余的，按照约定或联营各方的出资比例进行分配。联营体为合伙经营组织的，联营合同解除后，联营的财产经清偿债务有剩余的，按照联营合同约定的盈余分配比例，清退投资，分配利润。联营合同未约定，联营各方又协商不成的，按照出资比例进行分配。

（2）在清退联营投资时，联营各方原投入的设备、房屋等固定资产，原物存在的，返还原物；原物已不存在或者返还原物确有困难的，作价还款。

（3）联营体在联营期间购置的房屋、设备等固定资产不能分割的，可以作价变卖后进行分配。变卖时，联营各方有优先购买权。

（4）联营体在联营期间取得的商标权、专利权，解除联营合同后的归属及归属后的经济补偿，应当根据《中华人民共和国商标法》《中华人民共和国专利法》的有关规定处理。商标权应当归联营一方享有。专利权可以归联营一方享有，也可以归联营各方共同享有，联营一方单独享有商标权、专利权的，应当给予其他联营方适当的经济补偿。

8.4.2.7　无效联营收益的处理

联营合同被确认无效后，联营体在联营合同履行期间的收益，应先用于清偿联营的债务及补偿无过错方因合同无效所遭受的经济损失。当事人恶意串通，损害国家、集体或第三人的合法利益，或者因合同内容违反国家利益或社会公共利益而导致联营合同无效的，对联营体在联营合同履行期间的收益，应当作为非法所得予以收缴，收归国家、集体所有或者返还第三人。对联营各方还可并处罚款；构成犯罪的，移送公安、检察机关查处。

8.4.2.8　联营各方对联营债务的承担

（1）联营各方对联营债务的责任应依联营的形式区别对待：①联营体是企业法人的，以联营体的全部财产对外承担民事责任。联营各方对联营体的责任则以各自认缴的出资额为限。对抽逃认缴资金以逃避债务的，人民法院除应责令抽逃者如数缴回外，还可对责任人员处以罚款。②联营体是合伙经营组织的，可先以联营体的财产清偿联营债务。联营体的财产不足以抵债的，由联营各方按照联营合同约定的债务承担比例，以各自所有或经营管理的财产承担民事责任；合同未约定债务承担比例，联营各方又协商不成的，按照出资比例或盈余

分配比例确认联营各方应承担的责任。合伙型联营各方应当依照有关法律、法规的规定或者合同的约定对联营债务负连带清偿责任。③联营是协作型的，联营各方按照合同的约定，分别以各自所有或经营管理的财产承担民事责任。

(2) 农业集体经济组织以提供自己所有的土地使用权参加合伙型联营的，应当按照联营合同的约定承担联营债务，如合同未约定债务承担比例的，可参照出资比例或者盈余分配比例承担。

(3) 以提供技术使用权作为合伙型联营投资的联营一方，应当按照联营合同的约定承担联营债务，如果其自己所有的或者经营管理的财产不足清偿联营债务的，可以一定期限的技术使用权折价抵偿债务。

8.5 建设工程施工类

根据《合同法》的规定，建设工程合同是承包人进行工程建设、发包人支付价款的合同。其中，委托他人进行工程建设并支付报酬的一方称为发包人，完成工程建设的一方称为承包人。工程建设合同包括工程勘察、设计、施工合同。建设工程合同原为承揽合同的一种，属于承揽完成不动产工程项目的合同。但由于建设工程具有建设周期长、投资规模大、技术要求高等特点，因此，《合同法》设专章对建设工程合同作了专门规定。

建设工程合同具有以下法律特征：①建设工程合同的主体不能是公民，建设人只能是经过批准建设工程的法人，承建人是具有从事勘察、设计、建筑、安装任务资格的法人。②建设工程合同的标的是基本建设工程。建设工程合同的标的一般是大型的不动产项目，即基本建设工程，具有周期长、规模大和技术要求高等特点。③建设工程合同的签订和履行，受到国家的严格管理和监督。建设工程合同虽然贯彻当事人的意思自治原则，但由于其事关国计民生，因此受到国家的严格管理和监督，其订立具有较严格的程序。④建设工程合同是要式合同。《合同法》规定："建设工程合同应当采用书面形式。"

近年来，随着房地产和建筑业的飞速发展，因建设工程承包合同纠纷案件呈逐年增加的态势。在法律实践中，极易发生争议的主要问题有以下几个方面：①合同的效力确认；②建设工程招投标问题；③土地使用权出、转、租问题；④征地与补偿；⑤房屋联建纠纷；⑥建设工程承包与转包、分包纠纷；⑦建设工程鉴定；⑧建设工程验收环节问题；⑨工程款结算纠纷；⑩建设工程优先权受偿权；⑪工程项目转让等。在此，从建筑施工企业作为诉讼当事人的角度，对建设工程合同纠纷中，如何确认诉讼主体、诉讼标的、合同效力和裁判执行等诉讼问题谈一下纠纷的处理应对技巧。

8.5.1 诉讼主体确定

1. 一般工程的诉讼主体确定

一般而言，建设工程合同纠纷的当事人指发包人与承包人。企业可按合同约定确定相应的对方当事人。但是，企业本身主体较为复杂，设有子公司、分公司、工程处、项目经理部。其中，子公司具备独立法人资格，有权成为民事诉讼的原告或被告。分公司若领有工商部门颁发的执照，属民事诉讼法规定的"其他组织"，也享有民诉主体资格。企业工程处是否能成为民诉主体，要看是否经工商部门登记。项目经理部不具法人资格，也非独立核算的内部机构，无权以自己的名义起诉与被诉。另外，施工企业名称变更情况较多，诉讼中应以变更后的经济实体为诉讼当事人，并向法院提供工商部门的变更登记资料。被告主体错误后，在起诉标的较大情况下，原告与其撤诉后重新起诉，倒不如让主审法院驳回本方诉请，原因在于原告撤诉还需承担50%的受理费，而裁定驳回时原告只需承担受理费50元。原告起诉时，如被告属企业法人时，原告不提供企业法人营业执照不影响法院审理判决；如被告属企业法人分支机构，则原告应提交被告已经工商部门注册的依据，否则法院很可能以“原告未充分举证证明被告已经工商部门登记，从而无法证明被告具合格主体资格”为由，驳回原告起诉。

2. 工程转包的诉讼主体确认

(1) 转包后发生拖欠工程款纠纷的处理：①转包时，经发包人同意的，属于《合同法》规定的合同转让，应将实际施工人列为原告，发包人列为被告，合同承包人不列为当事人。②转包时，未经发包人同意的，实际施工人是原告，承包人是被告，发包人一般不列为当事人。

(2) 承包人将其承包的建设工程合同转包给实际施工人后，发生质量纠纷处理时，发包人是原告，承包人、实际施工人员是共同被告，共同承担质量方面的连带责任。

3. 工程挂靠的诉讼主体确认

(1) 工程欠款纠纷。应当以实际施工人、被挂靠单位为共同原告。若被挂靠单位不愿起诉的，实际施工人可单独起诉。

(2) 工程质量纠纷。应当以实际施工人，被挂靠单位为共同被告；两单位对质量责任承担连带责任。

(3) 联合承包的诉讼主体确认：两个以上的承包人联合承包工程，由其中一方与发包人签订建设工程合同而发生纠纷，则其他联合方应列为本案共同原被告。

(4) 合作建设，合作开发的诉讼主体确认：若合作方对合作标的享有共同权益的，且合作一方与承包人签订承包合同纠纷而诉讼的，其他合作建设方为共同原被告。

(5) 涉及分包的主体确认：因分包单位原因致使建设单位发生损失的，建设单位不以总包单位为被告，直接向总包单位索赔。而总包单位承担责任后，可以有责任的分包单位为对方当事人，另行提起诉讼。

(6) 产品质量侵权的主体确定：工程质量不合格造成第三人财产人身损害的，受害人为原告，而确认对方当事人时应区分涉案工程是否已交付。在工程交付前，以承包人为被告；在工程支付后，以发包人为被告。

(7) 施工人侵权的主体确认：施工期间因承包人过错致人损害，如在公共场所，道旁或地上挖坑，安装地下设施，未设明显标志和未采取安全措施致第三人损害的，以承包人为被告，而发包人不列为被告。

8.5.2 诉讼请求的确立与法院主管管辖

(1) 诉讼请求确立的基础是合同价款。不同价款方式的约定导致最终诉讼请求不同。合同价款方式有固定价格、可调整价格、成本加酬金三种。在工程总造价已定，对方陆续交付部分工程款情况下。若我们缺少对方实欠工程款的证据，可以以总造价为标的起诉之。庭审中被告为了减轻自己民事责任，必然提供相应证据证明其已付工程款，最终法院会按双方证据综合裁判。

(2) 基于施工企业的被动交易地位，现行立法对施工企业权益保护有所加强。《合同法》规定：建设工程承包人享有工程折价拍卖后的优先受偿权。2002年6月最高院作出了关于建设工程价款优先受偿的批复。根据该批复规定，施工企业行驶优先受偿权期限从工程竣工之日或合同约定竣工日起算只有6个月，而行使该权利往往通过法院实现。因而施工企业在确认诉请时，特别应加上一条“请求判令原告享有对涉案工程的优先受偿权”。

（3）级别管辖变通：根据民事诉讼法第25条规定，当事人约定不得违反级别管辖。但实际操作中，仍可灵活变通。可通过增加标的额以提高级别管辖；也可以分解标的，立案后再追加请求的方案将原本由中院管辖案件交由基层法院管辖。

8.5.3 合同效力确定

（1）一般合同生效条件：行为人具相应民事行为能力；意思表示真实；不违反法律、公共利益等。建设工程合同还应满足下列条件：行为人具相应的缔约能力；符合基建程序。

（2）常见无效情形：①合同主体不具建筑活动主体资格；②违反国家规定程序与国家批准计划；③全部工程予以转包；④全部工程以分包名义转包给第三人；⑤总承包人私自将部分工程分包；⑥分包单位再分包或分包单位无相应资质。

（3）似乎无效，却是有效情形：①签约时未取得土地使用权证、规划许可证、报建手续时，去补办手续前无效；在审理期间补办应有效。②签约时未取得土地证，但已审查被批准用地，为有效。③超过《规划许可证》范围的合同是否无效，看是否违反法律、行政法规的强制性规定。④超越资质缔约，在满足以下条件为有效：属于《资质等级标准》规定上浮到建设项目要求相符的等级条件；质量验收合格；结算价款按原约定等级结算时合同有效。⑤跨地区承揽，未办外来企业承包许可证的，手续不全，但不违反建筑法强行规定，仍有效。⑥应招标未招标工程，发包人直接发包，承包人有相应资质，且已履行的，应认定有效。

（4）无效条款：①国家投资建设的重大工程，且由国家对工程款依法结算的。若承包人与发包人自行约定结算条款无效。②分包人与总包人约定：“总包人应付分包人的工程款，待发包人支付给总包人后再予以支付。”这样的约定势必增加社会三角债情况。法院一般不认为该条款为附期限的法律行为，而认定无效。

8.5.4 违约责任认定

施工合同归责原则为严格责任，只要一方有违约行为，不论是否存在主观过失或故意，都应承担民事责任。具体有如下几种：

（1）发包人未及时拨付进度款时：①承包人应按书面催告发包人，发包人在催告函的合理期限内未付清的，承包人可以顺延工期，并可要求赔偿停工损失。②承包人虽提出口头异议但仍继续施工的，发生纠纷后承包人要求发包人承担此违约责任时，因承包人举证不充分故而不予支持。

（2）中途停工：谁引起停工由谁承担违约责任。

（3）隐蔽工程：隐蔽工程经双方验收后，承包人继续施工而发现隐蔽工程存在质量问题造成损失，发包人应承担相应过错责任；若属设计单位、监理单位有过错的，应按过错大小各自承担相应责任。

（4）“三无”工程被责令停工的，承包人仍按发包人要求继续施工，其损失主要部分由发包人承担，次要部分由承包人承担。

（5）固定造价合同。遇到建材涨价风险时处理。涨价属正常市场风险的，涨价部分由承包人自理。涨价超过正常市场风险的，承包人可要求增加工程价款。但是实务中很难认定，涨价风险是否属正常市场风险，因而一旦鉴定固定造价合同后不太可能让承包人追加工程价款。

（6）逾期交付，承包人应承担违约责任。发包人可按合同约定要求承包人支付约定违约金。倘若发包人损失超过违约金的，发包人可要求对方赔偿。但作为违约金具有补偿性质，其罚惩性不强。故发包人要求赔偿金额不得超过双方缔约时可预见限额。

（7）提前使用问题。工程未经验收，发包人提前使用，擅自使用所致质量等问题由发包人承担责任。若承包人原因造成的，由承包人负责。但需明确的，即使是发包人擅自使用，也不免除承包人在合理期间对工程结构、基础工程的质量责任。

（8）竣工验收合格后，承包人应将工程及资料交付发包人。实际工作中，常发生承包人因为发包人未付清工程款而拒交工程的情况。发包人无法行使占有、处分权利的损失，由承包人承担。但值得一提的是在发包人未付清工程款之前，承包人拒交工程的，对承包人还是有好处的。按照最高院关于建设工程价款优先受偿的批复，同一工程有优先权、抵押权的，优先权优于抵押权。建设价款可就标的拍卖款，变卖款享有优先受偿权。而进行变卖的前提，承包人仍占有、支配工程。

（9）拒绝验收问题：工程竣工后，约定验收期满，发包人拒绝验收，承包人可单方与有关部门组织验收，验收费用各半承担。若因发包人拒绝提供验收资料、文件，致使无法验收的，视为发包人对工程已验收合格。

（10）拖欠工程款：应从验收后或约定付款期满之次日起算滞纳金。发包人拒绝、拖延验收的，应从约定验收期满次日起算滞纳金。未约定验收期的，以工程竣工日或施工人要求发包人验收期满次日起算滞纳金。

8.5.5 纠纷调解巧用附条件法律规定

调解意味着双方在利益上的妥协、让步。作为原告最担心的是在利益上作出巨大让步后，被告又不履行和解协议，致使原告已放弃的诉请无法恢复。《民法通则》《合同法》中附条件法律行为的规定可以带来启示。若被告当前无法足额清偿，但之后可能有设备变卖款、拆迁补助款和保险赔款等未来现金流入。可考虑分期归还方案，在制定方案时可巧妙地设计附条件成就条款。

8.5.6 工程款结算纠纷的处理

在建筑工程施工合同纠纷中，当事人因工程款结算及支付工程款具体数额而发生的争议，通常是案件的主要争议焦点。一般情况下，确定工程款结算方式及数额的基本依据是双方当事人合同的相关约定，但在司法实践中常常会出现合同对此约定不明或约定无效，或者因履行合同的行为导致难以依照合同约定确定工程款数额的情形。对此，应当注意以下内容：

（1）当事人约定，发包人收到施工结算文件后在约定期限内不予答复，视为认可竣工结算文件的，按照约定处理。承包人请求按照竣工结算文件结算工程价款的，法院将会支持。

（2）对合同中已约定按照固定价或包干价结算工程款，一方当事人又请求对工程造价进行鉴定的，一般不会得到支持。

（3）承包方因项目调整或设计变更增加了工程量，要求增加工程造价的，如果要求调整和变更的项目确已发生，且调整和增加的工程量在原工程总价范围以外，对承包方的请求可分别按以下情况进行处理：①对工程量的增减应当由双方进行确认。②因设计变更引起工程量的增减，增减幅度在合同约定的范围内，按约定结算工程款。③如果当事人对增加的工程量无异议，只是对增加工程量的价款无法协商一致，法院可参照原合同约定的计价方法和计价标准进行结算。④如果增减工程的性质、标准不适用原合同约定的计价方法计算工程款，或者原合同对此约定不明而无法适用的，可以参照签订原工程建设合同时当地建设行政主管部门发布的工程定额标准或工程量计价方法结算工程款。

（4）施工单位请求建设单位支付工程款并承担逾期支付工程款利息时，如合同对此有约定的，应当尊重当事人的约定，利息从约定应付工程款之日起计付；没有约定或者约定不明的，应当分别以下情况处理：①工程实际交付的，逾期支付工程款利息的起算时间为工程实际交付之日。②工程没有交付的，为承包人提交竣工结算文件之日。③工程价款未经结算，工程也未实际交付的，逾期支付工程款利息起算时间从承包人起诉之日起计算。

（5）建设工程未经竣工验收，发包人擅自使用后，又以质量不符合约定主张权利的，不予支持。但是承包人应当在建设工程的合理使用寿命内对地基基础工程和主体结构质量承担民事责任。

（6）工程竣工后，当事人双方就涉及工程质量、工程量、工期延误以及工程造价等不能达成结算协议，导致法院判决无据的情形，应当允许当事人自行协商选择鉴定机构。在当事人协商不成的情况下，法院可以依职权委托具备鉴定资质的鉴定机构予以审计鉴定，并据此判决。

（7）准确认定和把握“黑白合同”及备案合同的效力。当事人就同一建设工程另行订立的建设施工合同与经过备案的中标合同实质内容不一致的，应当以备案的中标合同作为结算根据。

（8）对于双方未就工程款决算达成一致，或者工程款数额不确定，或者承包人提出结算书后发包人不及时审核和签字，由于发包人的付款义务在此时尚不确定，发包人以超过诉讼时效为由拒付工程款的，不予支持。

8.5.7 建设工程价款优先受偿权

根据《合同法》规定以及 GF-1999-0201 新版《建设工程施工合同》约定，发包人收到竣工结算报告及结算资料后 28 天内不支付工程竣工结算价款的，承包人应书面催告发包人在合理期限内支付价款。发包人在收到竣工结算报告及结算资料后 56 天内仍不支付的，除按照建设工程的性质不宜折价、拍卖的以外，承包人可以与发包人协议将该工程折价，也可以申请人民法院将该工程依法拍卖，建设工程的价款就该工程折价或者拍卖的价款优先受偿。最高人民法院司法解释规定，承包人的优先受偿权是优先于银行的抵押权的。因此，建设工程优先受偿权无疑能够最大限度地维护承包人的合法利益。

根据最高人民法院的司法解释规定，承包人行使优先受偿权也是附有条件的，即必须在合同约定的竣工日期或者实际竣工日期后 6 个月内行使，逾期则丧失优先受偿权。现实中，发包人往往对承包人提交的竣工结算报告一审就是半年甚至长达一两年，并动辄要求将工程结算委托中介机构审定，而承包人为了尽快办理结算、结清工程款往往委曲求全，这就会导致承包人的优先受偿权丧失了行使机会。因此，承包人应严格按照施工合同约定办理竣工结算工作，加快进度尽快编制竣工结算报告并报送给发包人，若发包人在合同约定的审核期限内逾期不予审核则视同认可结算报告。如果发包人恶意拖延审核或拒不付款，则由承包人应及时采用诉讼或仲裁等法律手段向发包人追讨工程欠款并在法定期限内申请行使优先受偿权。只要施工企业在施工合同履行过程中严格按照合同约定办理，切实加强现场项目管理，做好工程签证工作，必将最大限度地规避合同履行风险，维护施工企业的合法权益。

8.6 委托代理类

委托代理类合同，是指委托人与受托人约定，受托人以委托人代理人的身份，在委托代理权限内，以委托人的名义独立与第三人进行法律行为，由此产生的权利和义务直接归属于委托人的协议。在现实生活中，有的公民、法人由于身体、专业知识、地点等原因，不能亲自处理某些事务，需要委托他依赖的人代为处理，因此，委托代理行为在现实生活中运用非常广泛。

委托代理类合同具有的法律特征是：①委托代理是以委托人与受托人相互信任为前提，即使在委托代理关系建立后，任何一方对他方产生了不信任，都可以随时终止委托代理关系。②委托代理的标的是处理委托事务，其目的是处理或管理委托人的事务，是一种特殊的提供劳务合同关系。③委托代理行为是诺成、不要式、双务合同行为，只要双方当事人意思表示一致即告成立，法律对其合同形式并无特殊的明确要求。④委托代理行为可以是有偿行业，也可以是无偿行为，是否有偿取决于当事人间的约定。

在代理制度中，以他人名义为他人实施法律行为的人，叫做代理人。其名义被他人使用，被他人代为实施民事法律行为的人叫做被代理人，也称本人。与代理人实施民事法律行为的人叫做第三人。根据代理权产生的根据，可以将代理区分为委托代理、法定代理和指定代理，这是代理制度的基本分类。根据代理人是以谁的名义进行代理活动，代理又分为直接代理和间接代理。委托代理是代理权取得的一种方式，委托与代理是两个不同的法律概念、具有不同的法律特征。法定代理、指定代理是基于法律规定，或者有关部门机关的指定而产生的，与委托没有关系。只有在委托代理的情况下，才有两者的竞合问题，两者不能简单等同。代理是法律行为，委托不一定都是法律行为。代理权的形成属于单方授权，委托合同属于双方合议。委托关系是代理关系的基础，委托关系解决的是委托人和受托人的内部关系，代理关系解决的是代理人与第三人的对外关系，是代理权的行使。

对于委托代理类合同纠纷，可以采用一般合同纠纷的原则去应对处理，同时，委托代理类合同具有自身的独有法律特征，处理此类纠纷需要了解必要的技能知识，主要如下：

1. 了解我国现行代理立法格局

我国现行的代理立法主要散见于《民法通则》《合同法》等民事法律，此外，尚包括有关代理制度的行政规章，如《关于外贸代理制的暂行规定》《最高人民法院关于贯彻执行民法通则的若干意见》等。《民法通则》设专节对代理作了规定，但未规定间接代理，仅对直接代理作了规定。《最高人民法院关于贯彻执行民法通则的若干意见》对于《民法通则》中比较原则、模糊的代理制度条款又作了进一步司法解释。《合同法》对代理人代表被代理人订立合同的法律问题作了规定，并明确了委托代理中的隐名代理和被代理人身份不公开代理制度。

《民法通则》未规定间接代理，但我国一些行政规章肯定了间接代理。《关于对外贸易代理制度的暂行规定》规定："有对外贸易经营权的公司、企业(代理人)可在批准的经营范围内，依照国家有关规定为另一有对外贸易经营权的公司、企业(被代理人)代理进出口业务。如代理人以被代理人名义对外缔约，双方权利义务适用《中华人民共和国民法通则》有关规定。如代理人以自己名义对外缔约，双方权利义务适用本暂行规定"、"受托人根据委托协议以自己的名义与外商签订进出口合同，并应及时将合同的副本送达委托人。受托人与外商修改进出口时不得违背协议。受托人对外商承担合同义务，享有合同权利"。所以，我国的外贸代理既可以是直接代理，也可以是间接代理。中国人民银行《关于对〈关于委托贷款有关问题的请示〉的复函》中认为，"委托贷款行为与《民法通则》的代理制度不同，是指金融机构根据委托人的委托，在委托贷款协议所确定的权限内，按照委托人确定的金额、期限、用途、利率等，以金融机构自己名义，同委托人指定的借款人订立借款合同的行为。"可见，金融机构发放委托贷款的行为也是一种间接代理。此外，在我国商事生活中代客户买卖证券的证券商、代客户买卖期货的期货商都是间接代理人。

总体说来，我国的代理制度已经初具雏形，代理人、被代理人与第三人之间的权利义务关系基本纳入了法律调整的范畴。

2. 正确把握表见代理

《合同法》规定："行为人没有代理权、超越代理权或者代理权终止以后以被代理人名义订立合同，相对人有理由相信行为人有代理权的，该代理行为有效。"即表见代理的法律规定。设立这一制度的目的，就是要保障民事交易的安全、顺畅，保护善意第三人的权益。如果由此而发生代理问题的争议纠纷，处理需要把握以下技巧：①表见代理只存在于有效合同之中，切不可一边认定了合同无效或者撤销了合同，一边又认定代理行为有效而构成表见代理。②正确把握民商事纠纷与刑事犯罪交叉时是否存在表见代理的问题。举例说明：某银行工作员王某吸收李某存款5万元，并出具了存款单，后王某将这5万元占为己有。事发后，王某因涉嫌犯罪而被刑事拘留。当然，王某对其所犯罪行承担刑事责任，这无可争议。这里我们需要明确的是存款合同的民事责任由谁承担？关键问题是王某的行为是否构成表见代理？按第一种观点，王某的行为是犯罪行为，不能构成表见代理。既然不构成表见代理，那么，民事责任就应由行为人承担，银行最多承担的也是其过错责任。试想，这样的处理结果，对李某来说公平吗？我们认为，行为人涉嫌犯罪的具体情况不同，对民事合同效力的影响也是不同的。就本例而言，就不能以行为人王某涉嫌犯罪为由而认定存款合同无效。存款单是银行开具的，李某自身并无过错。所以，王某的行为构成表见代理，存款合同的民事责任理应由银行承担。民商事纠纷与刑事犯罪交叉的情形千差万别，行为人的犯罪有可能是普通的刑事犯罪，也有可能是经济犯罪，因此，对于行为人是否构成表见代理一定要根据个案情况实事求是地予以分析认定，切实保护善意相对人的合法权益。③正确区分表见代理行为与法定代表人、负责人的越权行为。《合同法》第50条规定："法人或其他组织的法定代表人、负责人超越权限订立的合同，除相对人知道或应当知道其超越权限的以外，该代表行为有效"。可见，法人的法定代表人及其他组织的负责人的越权行为，既不适用无权代理的规定，也不适用表见代理的规定，不可混同。除法人的法定代表人、其他组织的负责人以外，其他工作人员在以法人的名义或其他组织的名义从事民事活动时，应获得授权。若他们在没有代理权、超越代理权或代理权终止后仍以法人的名义或其他组织的名义实施民事行为，善意第三人有理由相信其有代理权的，构成表见代理。

3. 认识间接代理

间接代理是与直接代理相对应的一种特殊的例外代理制度。直接代理强调的是"以被代理人的名义”，在许多大陆法系国家都将代理仅限于直接代理，强调“亮名说”，也称“显名代理”；而间接代理并不要求被代理人“亮名”，在英美法系国家被称之为“隐名代理”。在合同法颁布以前，我国法律未确立间接代理的法律制度，通常适用的代理制度即民法通则规定的直接代理制度。1999 年 10 月 1 日我国新实施的合同法则确立了间接代理制度，规定“受托人以自己的名义，在委托人的授权范围内与第三人订立的合同，第三人在订立合同时知道受托人与委托人之间的代理关系的，该合同直接约束委托人和第三人，但有确切证据证明该合同只约束受托人和第三人的除外”。“受托人以自己名义与第三人订立合同时，第三人不知道受托人与委托人之间的代理关系的，受托人因第三人的原因对委托人不履行义务，受托人应当向委托人披露第三人，委托人因此可以行使受托人对第三人的权利，但第三人与受托人订立合同时如果知道该委托人就不会订立合同的除外。受托人因委托人的原因对第三人不履行义务，受托人应当向第三人披露委托人，第三人因此可以选择受托人或者委托人作为相对人主张权利，但第三人不得变更选定的相对人。”这些规定设立了委托人行使介入权和第三人行使选择权两项法律制度，确定了间接代理特殊的构成要件。即除了“委托人的授权”外，还须具备另外两个特殊构成要件：①代理人以自己的名义与第三人进行法律行为；②委托人行使介入权和第三人行使选择权后，委托人才可能承受代理行为的后果。此种代理与直接代理的法律后果存在重大不同。

在直接代理之外又增设间接代理制度是社会经济发展及相应社会关系调整的需要，间接代理有直接代理特殊的法律功效：①现代商业交易和社会活动频繁，民事主体的参与量随之增加。在民事活动中，知悉和确定其民事行为的义务主体及其诚信和经济实力十分重要，而间接代理的“隐名”对于确定民事关系的相对人具有清晰、直接的确定性，有助于维护交易的安全。②在直接代理的民事活动，虽然在知悉和全面掌握与其进行民事活动的相对人是可能的，但要判断直接代理人是否善意地传达了被代理人的真实意思，却有相当难度，往往有进行调查验证的费用支出，延缓交易时间。而间接代理可减少交易成本，促进交易便捷。③间接代理制度有条件地给予第三人的选择权，其可以选择具备债务清偿能力的义务主体主张权利，以最大限度地维护自己的合法权益。④第三人选择权的行使，可减轻不应承担义务的相对人的民事责任，防止了诉累，减少了社会调节成本，节省了司法资源。⑤有利于与国际惯例接轨，我国的外贸企业有两种形态，其中一种是无外贸经营权的外贸企业，他们在我国的外贸易经济中发挥着重要作用，为了解决这类企业在从事进出口业务与贸易国的经济法律制度衔接，引进英美法系的隐名代理来规范或解决经济纠纷，能更好地为经济建设服务。总之，间接代理丰富和完善我国民法的代理制度内容，对社会关系的灵活调整具有十分重要的作用。但是，间接代理和直接代理在代理制度中的地位是有一定区别的。直接代理制度应当适用于一般情况，而间接代理只适用于一些特殊情况。直接代理是一般规则，间接代理属例外规定。在处理涉及间接代理因素合同纠纷时，应突破传统代理制度形成的处理思维，根据第三人是否行使选择权的前置条件，准确确定直接承担民事责任的相对人，避免错误追加诉讼主体，增加诉累，浪费诉讼精力。

8.7 租赁类

租赁合同是出租人将租赁物交付承租人使用、收益，承租人支付租金的合同。交付租赁物的一方为出租人，接受租赁物的一方为承租人，被交付使用的财产即为租赁物，租金就是承租人向出租人交纳的使用租赁物的代价。

租赁合同具有以下法律特征：①租赁合同是转移财产使用权的合同。在租赁的有效期内，承租人可以对租赁物占有、使用、收益，而不能任意处分租赁物。当租赁合同期满，承租人要将租赁物返还出租人。因此，租赁合同只是将租赁物的使用权转让给承租人，而租赁物的所有权或处分权仍属于出租人。②承租人取得租赁物的使用权是以支付租金为代价。承租人要取得使用权不是无偿的，是要向出租人支付租金的。支付租金是租赁合同的本质特征。③租赁合同的标的物是有体物、非消耗物。租赁可以是动产，如汽车、机械设备、计算机等，也可以是不动产，如房屋。但无论是动产还是不动产，它们都是有形的，都是能以一定的物质形式表现出来的。无形的财产不能作为租赁的标的物。④租赁合同是双务有偿的合同。在租赁合同中，出租人和承租人均享有权利和承担义务，出租人须将租赁物交付承租人，并保证租赁物符合约定的使用状态。承租人负有妥善保管租赁物并按约定按期向出租人支付租金。⑤租赁合同具有临时性。租赁合同是出租人将其财产的使用收益在一定期限内转让给承租人，因为不是所有权的转移，因此，承租人不可能对租赁物永久地使用，物的使用价值也是有一定期限的。各国法律一般都对租赁期限的最长时间有所限制。我国合同法规定，租赁期限最长不能超过20年。

租赁合同是经济生活和日常生活中经常使用的一种合同。它可以在自然人、法人之间调剂余缺，充分发挥物的使用功能，最大限度地使用其价值。通过租赁，承租人与出租人双方的利益可以同时得到满足，因此，租赁是现实经济生活中较为重要的一种经济形式。在处理租赁合同纠纷时，应重点把握好以下知识内容：

8.7.1 租赁合同分类

租赁合同类型不同，涉及纠纷的权利义务也不同。租赁合同根据不同的标准，从不同的角度，可以作不同的分类，常见的主要有以下几种：

(1) 动产租赁合同与不动产租赁合同。以租赁的标的物不同来划分，可分为动产租赁和不动产租赁。不动产租赁就是租赁物是不动产的租赁，主要是房屋租赁。我国法律规定土地使用权可以出租，因此，以土地使用权为租赁标的，也可视为不动产租赁。动产租赁是以动产为标的物的租赁，各种各样的只要是可以反复使用不改变形态和价值的有体物都可以租赁。所以动产租赁在实际生活中的应用比较复杂。区分动产租赁与不动产租赁的主要意义在于，对于不动产租赁法律有特别的要求，例如要登记。这是因为不动产不能移动，如果不登记，加以公示的话，第三人很难知道；而动产租赁一般无特别的程序上的要求，但是对于一些适用不动产制度的动产的租赁如船舶、航空器租赁等，法律有特别的要求，应依法律的特别要求办理。

(2) 一般租赁合同与特殊租赁合同。租赁合同根据法律有无特别规定可分为一般租赁合同和特别租赁合同。一般租赁是指法律没有特别规定的租赁。特别租赁是指法律有特别规定的租赁。例如，房屋租赁在城市房地产法上有特别规定，船舶租赁在海商法上有特别规定，航空器租赁在航空法上有特别规定等等。一般租赁适用民法通则和合同法等具有一般效力的法律，而特殊租赁适用具有特殊效力的法律。

(3) 定期租赁合同与不定期租赁合同。根据租赁合同是否有期限，可分为定期租赁合同与不定期租赁合同。定期租赁合同是指当事人双方约定有租期的租赁合同。不定期租赁合同有两种，一是当事人双方未约定租期的租赁；二是租赁期届满的不定期租赁。后者是指租赁期届满，承租人继续使用租赁物，出租人没有提出异议的，原租赁合同继续有效。但这时租赁期限为不定期。

定期租赁，当事人约定了租赁期限，但租赁期限如果过长，不利于平衡当事人之间的利益，所以《合同法》第 214 条规定：“租赁期限不得超过二十年。超过二十年的，超过部分无效。租赁期间届满，当事人可以续订租赁合同，但约定的租赁期限自续订之日起不得超过二十年”。

不定期租赁，当事人没有约定租赁的期限。不定期租赁的特点是当事人有任意解除权。“当事人对租赁期限没有约定或者约定不明确，依照本法第 61 条的规定仍不能确定的，视为不定期租赁。当事人可以随时解除合同，但出租人解除合同应当在合理期限之前通知承租人”。这里强调的是出租人要给予承租人一定的宽展期。不定期租赁，一是当事人明确约定为不定期租赁或者没有约定租赁期限；二是推定为不定期租赁。推定的不定期租赁又有 3 种：①对租赁期限没有约定或者约定不明确，依照《合同法》第 61 条的规定不能确定的，视为不定期租赁。②租赁期限 6 个月以上的，应当采用书面形式。当事人未采用书面形式的，视为不定期租赁。③租赁期间届满，承租人继续使用租赁物，出租人没有提出异议的，原租赁合同继续有效，但租赁期限为不定期。第三种情况又称为法定更新、默示更新，是指在租赁期限届满后，当事人以行为继续租赁关系。

8.7.2 租金支付期限规定

《合同法》规定，承租人应当按照约定的期限支付租金。对支付期限没有约定或者约定不明确，依照本法第 61 条的规定仍不能确定，租赁期间不满 1 年的，应当在租赁期间届满时支付；租赁期间 1 年以上的，应当在每届满 1 年时支付，剩余期间不满 1 年的，应当在租赁期间届满时支付。

支付租金是承租人的主要义务。租金支付期限是出租人能够及时收取租金的依据。为避免合同履行中发生纠纷，一般租赁合同中应明确约定租金支付期限。租金的支付期限是合同的主要条款，关系到租金支付的时间，当事人在合同中应当尽量约定明确。租金的支付期限可以按年、月、日计算，也可以小时计算。租金的支付可以是一次支付，也可以是分期支付；一次支付可以是事前支付，也可以在租赁期间届满之后一次支付，这些都由双方当事人在合同中约定。当事人应当严格按照合同的约定的期限支付租金。在实际生活中，一些当事人在订立合同时由于种种原因，未约定租金支付期限或约定得不明确，给合同的履行带来了一定的困难，这就需要当事人进行进一步的协商，如果能够达成协议，承租人应当按照补充的协议中约定的支付期限支付租金。

8.7.3 违反租金支付义务的法律后果

《合同法》规定，承租人无正当理由未支付或者迟延支付租金的，出租人可以要求承租人在合理期限内支付。承租人逾期不支付的，出租人可以解除合同。承租人应当按照合同约定的时间、金额、方式向出租人支付租金，这是因为承租人取得租赁物的使用权是以支付租金为代价的。出租人出租租赁物的目的就是收取租金，承租人能按时足额支付租金，出租人通过让渡财产使用权而获得租金收入的合法权利才能得到保障。

承租人在租赁期间无正当理由不得拒付和迟延支付租金，所谓正当理由包括几种情况：①不可抗力或意外事件，使租赁物部分或者全部毁损、灭失的，承租人已无法对租赁物使用、收益，承租人可以请求不支付租金。②因出租人没有履行义务，如交付的租赁物不符合约定的使用要求；在租赁期间租赁物出现质量问题，出租人不尽维修义务的。③因承租人本身发生一些意外事件致使其暂时无力支付租金。例如，用于居住的房屋租赁的承租人因生重病住院，经济上出现暂时困难，无力支付到期租金。在这种情况下，可以请求出租人适当延缓交付。

承租人无正当理由未支付或迟延支付租金的是一种违约行为，当然要承担一定的违约责任。承租人不支付租金虽然是一种根本违约行为，但出租人并不一定要马上解除合同，为了保持合同的稳定性，可以给承租人对违约的补救机会。因此，合同法规定，出租人通知承租人，要求其在合理的期限内支付。这里的合理期限应当根据到期租金的数额、承租人的支付能力以及出租人的经济状况等因素来确定。承租人经催告后在合理的期限内仍不支付租金的，出租人可以解除合同。对延迟交付租金的，法律规定出租人的一个催告时间，在经催告后承租人仍不交付的，出租人可以解除合同。租赁合同被解除后，租赁期间尚未届满的，合同终止履行，承租人应返还租赁物，承租人欠付的租金以及对出租人造成的损害，应当进行清算。

8.7.4　租赁期限没有约定或者约定不明确的法律后果

《合同法》规定，当事人对租赁期限没有约定或者约定不明确，依照本法第 61 条的规定仍不能确定的，视为不定期租赁。当事人可以随时解除合同，但出租人解除合同应当在合理期限之前通知承租人。

租赁合同当事人也可以不约定期限，这就是不定期租赁合同。与约定有期限的租赁合同相比，未约定期限或者约定期限不明确的合同在履行时有一定困难，容易酿成纠纷。根据本条规定，当事人对租赁期限没有约定或者约定不明确时，应首先依照《合同法》第 61 条的规定进行协议补充，即由出租人和承租人就租赁期限进行再磋商，如果能够达成协议，合同即按照补充协议的期限履行。仍不能达成补充协议的，则依照合同有关条款或者交易习惯加以确定。如果合同双方当事人既不能就租赁期限达成补充协议，又不能根据合同条款或者交易习惯加以确定，只要出租人没有收回租赁物的意思，同时也没有收回行为并且继续收取租金的，就表明租赁关系仍然存在，但这时的租赁视为不定期租赁，双方当事人可以随时解除合同。如果承租人在使用租赁物后已达到了其预期目的，同时履行了其义务，可以提出终止合同的履行；如果出租人对租赁物有客观原因需要利用，而非出于其他恶意，可以在保障承租人利益不受损害的情况下，收回租赁物。但出租人解除合同时，应依诚实信用原则，在一个合理期限之前通知承租人。

8.7.5　租赁期间届满承租人继续使用租赁物的规定

《合同法》规定，租赁期间届满，承租人继续使用租赁物，出租人没有提出异议的，原租赁合同继续有效，但租赁期限为不定期。

从是否规定有租赁期限看，租赁可分为定期租赁和不定期租赁。在不定期租赁中，当事人在合同中未约定租赁期限，因此任何一方当事人均可以随时解除合同。定期租赁合同的当事人在合同中约定了租赁期限，合同于租赁期间届满即告终止，但是当事人于合同约定的期间届满时也可以续订合同。续订合同又称为期限更新，它不同于一般合同中履行期限的变更，前者是两个合同关系，后者只是一个合同关系。租赁合同期限更新只能发生于租赁期限(约定或者法定的期限)届满之时。

租赁双方当事人更新期限续订合同有两种方式：约定更新和法定更新。约定更新又称明示更新，是指合同当事人于租赁期间届满后另订合同，约定延长租赁期限。法定更新又称默示更新，是指租赁期间届满后，合同当事人的行为表明其租赁关系继续存在。本条即是对法定更新的规定。根据本条规定，租赁期间届满，承租人仍继续对租赁物为使用收益，出租人亦不反对；承租人继续支付租金，而出租人也接受了。当事人有此行为即可以推定双方有继续租赁关系的意向，租赁期限视为更新。但在这种情况下，当事人之间的定期租赁更改为不定期租赁，任何一方当事人均可以随时解除合同。

8.7.6 买卖不破租赁原则

买卖不破租赁原则即在租赁关系存续期间，即使出租人将租赁物让与他人，对租赁关系也不产生任何影响，买受人不能以其已成为租赁物的所有人为由否认原租赁关系的存在并要求承租人返还租赁物。对于买卖不破租赁原则，我国《合同法》规定："租赁物在租赁期间发生所有权变动的，不影响租赁合同的效力"，《城市房屋租赁管理办法》规定："租赁期限内，房屋出租人转让房屋所有权的，房屋受让人应当继续履行原租赁合同的规定"；《最高人民法院关于贯彻执行〈中华人民共和国民法通则〉若干问题的意见(试行)》规定："私有房屋在租赁期内，因买卖、赠与或者继承发生房屋产权转移的，原租赁合同对承租人和新房主继续有效"。从法律规定可知，在租赁期限内，租赁物的所有权发生变动的，原租赁合同对于租赁物新的所有人的仍然有效。原承租人有权在原租赁期限内，以原租赁条件继续使用租赁物。包括租赁物的新的所有人在内的任何人不能干涉。对于买卖不破租赁原则的适用体现了民法原理中的诚实信用原则，有利于保护承租人的合法权益，是合同法立法宗旨的具体体现，也有利于维护社会经济秩序的稳定，体现了法律所追求的秩序价值目标。

8.7.7 抵押权与租赁权冲突

抵押权与租赁权的关系，指一物之上抵押权与租赁权同时存在，当两者发生冲突时，哪个权利效力优先的问题。抵押权与租赁权的关系有两种情形：①租赁权发生在先，抵押权发生在后。对此情况《担保法》第 48 条规定："抵押人将已出租的财产抵押的，应当面书面告知承租人，原租赁合同继续有效。"《担保法解释》第 65 条规定："抵押人将已出租的财产抵押的，抵押权实现后，租赁合同在有效期内对抵押物的受让继续有效。"②抵押权发生在先，租赁权发生在后。《担保法解释》第 66 条规定："抵押人将已抵押的财产出租的，抵押权实现后，租赁合同对受让人不具有约束力。抵押人将已抵押的财产出租时，如果抵押人未书面告知承租人该财产已抵押的，抵押人对出租抵押物造成承租人的损失承担赔偿责任；如果抵押人已书面告知承租人该财产已抵押的，抵押权实现造成承租人的损失，由承租人自己承担。"

8.7.8 承租人优先购买权与共有人优先购买权冲突

《民法通则》规定："按份共有财产的每个共有人有权要求将自己的份额分出或转让。但在出售时，其他共有人在同等条件下，有优先购买的权利。"如果按份共有人将出租的共同财产中的自有份额转让时，即发生承租人的优先购买权与其他共有人优先购买权的冲突。一般地讲，共有人的优先购买权更为优先。共有人的优先购买权具有所有权保护的效力，而租赁关系是债权关系，依据物权优先于债权的原则，共有人的物权应优先对待。而承租人的优先购买权虽然有债权物权化的特征，但其毕竟是债权关系，仍然不能等同于物权的效力。另外，让其他共有人享有优先购买权，有利于对房屋的管理、修缮、使用。

8.7.9 城市房屋租赁的登记备案

根据《城市房屋租赁管理办法》的规定，房屋租赁实行登记备案制度。房屋租赁申请经房地产管理部门审查合格后，颁发《房屋租赁证》。当事人未办理登记备案手续，未取得《房屋租赁证》的，租赁合同是否有效则是一个问题。《城市房屋租赁管理办法》规定并未明确规定取得《房屋租赁证》是租赁合同法、有效的前提条件。因此，登记备案是房产管理部门的行政管理行为，其本身不是合同生效的要件。房屋租赁合同订立后，当事人没有办理登记手续的，应责令其补办手续，而不应因此否定租赁合同的效力。

在实践中，产生合同纠纷的原因是多方面的，既有合同当事人主观的原因，也有情势变更方面的客观原因。中国石化作为国有大企业，在对外经济交往中，一方面要规范经营，诚实守约，积极履行担负的社会责任，决不以大欺小，以强凌弱，故意挑起合同诉讼，影响企业外在形象；另一方面，对于出现的合同纠纷，保持良好心态，积极应对，既要当好被告，也要当好原告，攻守兼备，两手维权。要防止“诉讼至上”的错误认识，对于没有走入诉讼程序的合同纠纷，要首先本着双赢共利的原则，立足于沟通、协商解决。

第9章 物权纠纷操作实务

9.1 物权保护

9.1.1 物权保护的含义和类型

9.1.1.1 物权保护的含义

物权保护是指法律保障权利人根据法律规定对其依法所有或占有的财产行使权利的制度。本章的物权保护是指物权的民法保护。物权的保护是物权法律制度必不可少的组成部分，是在物权受到侵害时，确保权利人得到救济的制度。

9.1.1.2 物权保护的类型

遵循传统的物权理论，按照权利人是采用私人力量还是寻求国家力量进行救济作为分类标准，物权保护的方式可以分为自力救济和公力救济。所谓自力救济，是指在物权受到侵害时，权利人通过自己的力量来保护自己的物权，如采取协商的方式进行和解；公力救济则是指在物权受到侵害时，权利人通过向人民法院提起诉讼的方式来保护自己的物权。

9.1.2 物权保护的方式

从民法意义上讲，物权保护的基本方法就是物权本身的保护方法和债权保护方法。物权本身的保护方法，就是物权请求权的保护方法。

物权请求权也称为物上请求权，是指基于物权而产生的请求权，当物权人在其物被侵害或者有可能遭受侵害时，有权请求恢复物权的圆满状态或者防止侵害。《物权法》第三章规定了以下物权请求权种类：

9.1.2.1 物权确认请求权

《物权法》第33条是关于物权确认请求权的规定。该条规定："因物权的归属、内容发生争议的，利害关系人可以请求确认权利。"物权确认在有关企业财产权的法律文件中，称为产权界定；在有关土地管理的法律文件中，称为土地确权。不论称谓如何，实质上都是对物权归属和内容的确认。物权确认请求权只能向有关权力机关或法律授权的专门机构提出。

9.1.2.2 返还原物请求权

《物权法》第34条规定了返还原物请求权。该条规定："无权占有不动产或者动产的，权利人可以请求返还原物。"行使返还原物请求权，应当符合三个条件：①须有他人无权占有标的物的事实发生。无权占有人对标的物的占有缺乏正当的权源基础，主要包括自始物权占有和嗣后无权占有两种情形。②请求权人为失去占有的所有权人或他物权人。③权利人只能向无权占有人提出返还原物的请求。

9.1.2.3 排除妨害、消除危险请求权

《物权法》第35条规定了排除妨害、消除危险请求权。该条规定："妨害物权或者可能妨害物权的，权利人可以请求排除妨害或者消除危险。"排除妨害请求权，是指他人的非法行为妨碍物权权利人行使权利的，权利人有权请求妨害人除去妨害。消除危险请求权，是指

物权有被妨害的可能性的，物权人又请求消除危险的权利。排除妨害请求权要排除的是已经存在的妨害，请求消除危险请求权要消除的则是尚未实际发生但有证据证明确实存在的危险。

9.1.2.4 修理、重做、更换和恢复原状请求权

《物权法》第36条规定了修理、重做、更换和恢复原状请求权。该条规定："造成不动产或者动产毁损的，权利人可以请求修理、重做、更换或者恢复原状。"物权人的财产遭受他人非法侵害造成损坏的，如果能够修理、重做、更换或者恢复原状的，物权人有权请求加害人通过相应的途径恢复财产原来的状态。确立这一请求权的基础在于，如果被损坏的物是不可替代的，加害人应当予以修理或采取其他方式尽可能将其恢复原状。这一请求权旨在赋予受侵害的人获得要求加害人修理、更换、重做或者恢复原状的主动权。

9.1.2.5 损害赔偿请求权

《物权法》第37条规定了损害赔偿请求权。该条规定："侵害物权，造成权利人损害的，权利人可以请求损害赔偿，也可以请求承担其他民事责任。"损害赔偿请求权通常是指纯粹经济赔偿，在理论上一般都归为债权请求权的范畴而非物权请求权。《物权法》将损害赔偿请求权作为物权保护的一种方式，应当是纯粹经济损失赔偿适用于侵害物权责任的进一步明确。

9.2 相邻关系

9.2.1 相邻关系的概念、性质与特征

9.2.1.1 相邻关系的概念

相邻关系，也称相邻权，是指不动产相邻各方在行使所有权或其他物权时，因相互间应当给予方便或者接受限制而产生的权利义务关系。简言之，相邻关系就是指不动产所有人和使用人行使权利时，享有要求相邻不动产所有人或者使用人提供其行使权利的必要便利的权利。因此，对于一方而言，因为依法取得了必要的便利而使自己的权利得到了延伸，另一方则因提供给对方便利而受到了限制。

9.2.1.2 相邻关系的性质

相邻关系是一种物权，但不是独立的物权。相邻关系的实质，是对不动产所有人、用益物权人或者占有人行使不动产所有权、用益物权或占有的合理延伸和必要限制，而非设立一种独立的物权类型。其机能在于扩张一方的所有权或使用权，而限制他方的排除请求权，可以作为或不作为的义务并设补偿制度。

9.2.1.3 相邻关系的特征

（1）相邻关系是依据法律规定而产生的。相邻关系是基于法律规定而产生的，其本质上体现了法律对不动产权利的干预。法律为了维护相邻不动产权利人之间的和睦关系，防止行使权利中的各种冲突，保障一方最基本的生活和生产需要，规定了相邻的一方应当给另一方提供通风、采光、排水、取水、通行、排污等各方面的便利。

（2）相邻关系的主体是两个或两个以上的不动产所有人或使用人。这种法律关系既可以发生在公民之间、法人之间，也可以发生在公民与法人之间。相邻关系的主体不管是自然人还是法人，都必须是相邻不动产的所有人或者是用人，对不动产享有合法权益。

（3）相邻关系基于不动产相邻的事实而产生。相邻关系只能发生在属于不同主体的不动

产相邻的情形下，相邻的不动产既可以是土地，也可以是建筑物及其他不动产。相邻关系既包括不动产的地理位置相互邻接，也包括不动产权利行使所涉及的范围相互邻接。

(4) 相邻权的行使不得损害相邻关系方利益。相邻权的行使必须以从相邻权利人取得必要的便利为限度，不得借口行使相邻权去损害相邻权利人的合法利益。超过必要限度的，相邻权利人有权拒绝提供这种便利。

9.2.2 相邻关系的基本种类

9.2.2.1 相邻用水、排水关系

相邻用水、排水和流水关系是相邻关系的重要内容。其基本规则见于《物权法》第 86 条规定："不动产权利人应当为相邻权利人用水、排水提供必要的便利。对自然流水的利用，应当在不动产的相邻权利人之间合理分配。对自然流水的排放，应当尊重自然流向。"

(1) 相邻用水关系。相邻用水关系是最重要的相邻关系之一。在我国，水资源为国家所有，相邻各方均有权利用。对自然流水的使用，应当按照流水的自然流向进行合理分配和使用。任何一方不得擅自阻塞、改变水的流向影响他人正常生产生活用水或者限制、干扰他人正常用水。

(2) 相邻排水关系。排水关系也是相邻关系的重要内容。如果相邻一方必须通过另一方的土地排水，另一方应当准许。但排水人应当对相邻方的土地财产等采取必要的保护措施，防止给对方的权益造成损害。

9.2.2.2 相邻土地通行、使用关系

(1) 相邻土地通行关系。

因通行产生的相邻关系是传统的一种相邻关系。《物权法》第 87 条规定："不动产权利人对相邻权利人因通行等必须利用其土地的，应当提供必要的便利。"相邻土地通行关系主要包括邻地通行和历史通道两种情况。相邻通行关系的成立，需具备以下条件：①土地与公共道路无适宜的联络。②邻地通行权的行使，应视为土地的通常使用所必需。③土地与公路无适宜的联络，是因为土地所有人或使用人的任意行为所造成，则该所有人或使用人不得主张必要通行权。

(2) 因建造、修缮建筑物以及铺设管线所形成的相邻关系。

《物权法》第 88 条规定："不动产权利人因建造、修缮建筑物以及铺设电线、电缆、水管、暖气和燃气管线等必须利用相邻土地、建筑物的，该土地、建筑物的权利人应当提供必要的便利。"因修缮房屋、建筑施工、铺设管线等引起的相邻关系有两个特点，一是"临时利用"，二是"必须利用"。临时利用明确了使用的时间，排除了永久利用；必须利用明确了使用的客观要求，如非"必要"，相邻权利人可以拒绝向其提供便利。

9.2.2.3 因通风、采光和日照而产生的相邻关系

随着城市化规模的扩大和城市内建筑的高度和密集度的提高，因通风、采光和日照而产生的相邻关系呈现日益增多的趋势，由于建筑物相邻进而发生的权利义务关系日益受到重视，并逐渐得到完善和发展，成为与土地相邻关系并列的一项重要的相邻关系制度。《物权法》第 89 条规定："建造建筑物，不得违反国家有关工程建设标准，妨碍相邻建筑物的通风、采光和日照。"在这种相邻关系中，妨碍日照、采光和通风的判断标准是受害人主张排除妨害和损害赔偿的必要条件，根据物权法的规定，我国建筑物相邻关系制度中，这种妨碍行为的判断，是以国家有关工程建设标准的内容为基本判断标准的。也就是说，建造建筑物

符合国家建设标准的，即使对邻近建筑的采光、通风和日照造成了一定程度的妨碍，也应当视为未超出一般容忍限度，相邻建筑物的所有人或使用人即负有容忍义务。

9.2.2.4 相邻环保关系

关于相邻环保关系见于《物权法》第 90 条的规定："不动产权利人不得违反国家规定弃置固体废物，排放大气污染物、噪声、光、电磁波辐射等有害物质。"本条规定是关于不动产相邻关系中不可量物侵害的规定。所谓不可量物，是德国法上的概念，是指噪音、煤烟、震动、臭气、尘埃、放射性等不可量物质侵入邻地造成的干扰性妨害或者损害，在性质上属于物权法上相邻关系的一种类型。可细分为：

（1）排放污染物。企事业单位应遵守《环境污染法》的有关规定，排放废水、废气、废渣、粉尘以及其他污染物时，注意保护环境，防止造成污染。如果排放的污染物造成了损害，相邻方也有权要求治理并请求赔偿损失。相邻一方产生的粉尘、光、噪声、电磁波辐射等超过国家标准，或者散发有害异味的，对方有权请求停止损害，赔偿损失。

（2）修建、堆放污染物。相邻一方修建厕所、粪池、污水池或堆放腐朽物、有毒物、恶臭物、垃圾的时候，应当与邻人生活居住的建筑物保持一定的距离或采取相应的防范措施，防止对相邻方的人身和财产造成损害。

（3）有害物质侵入。有害物质包括煤气、蒸汽、烟气、噪音、煤烟、震动、臭气、尘埃、放射性等来自他人的类似性干扰。有害物质侵入的防免关系内容，主要是权利人有请求排放一方的相邻人停止排放的权利。

9.2.2.5 相邻防险关系

相邻防险关系也叫作相邻防险权，是指相邻一方当事人因使用、挖掘土地，或其所建建筑物有倾倒危险，有给相邻当事人造成损害的危险时，在该相邻双方当事人间产生的一方有权请求他方消除危险、预防损害的权利义务关系。《物权法》第 91 条对相邻防险权作出了规定："不动产权利人挖掘土地、建造建筑物、铺设管线以及安装设备等，不得危及相邻不动产的安全。"

（1）挖掘土地或建筑的防险关系。

这是最典型的相邻防险关系，其主要内容是相邻的一方在自己使用的土地上挖掘地下工作物，如挖掘沟渠、水池、地窖、水井，或者向地下挖掘寻找埋藏物，以及施工建筑等，必须注意保护相邻不动产的安全，不得因此使相邻方的地基动摇或者发生危险，或者使相邻方土地上的作物或者建筑物受到损害。

（2）建筑物及其他设施倒塌危险的防险关系。

此种防险关系，在于相邻一方的建筑物或者其他设施的全部或者部分有倒塌的危险，威胁另一方的人身和财产安全。相邻另一方有权请求为必要的预防以消除危险。这种必要的预防，不以相邻方的过失为必要，只要存在危险即可。

（3）放置或使用危险物品的防险关系。

危险物品包括易燃易爆品、剧毒性等具有危险性的物品。放置或使用这些物品，必须严格按照有关法律的规定办理，并应当与邻人的建筑物等保持适当距离，或采取必要的防范措施，使邻人免受人身伤害和财产损失。

相邻防险关系的损害赔偿，适用《民法通则》第 83 条和《物权法》第 92 条的规定，给相邻方造成妨碍的，可以要求停止侵害、排除妨害；造成损失的，可以要求损害赔偿。

9.3 建设用地使用权

9.3.1 建设用地使用权的概念、性质和特征

9.3.1.1 建设用地使用权的概念

建设用地使用权，是指自然人、法人或者其他组织依法利用国有或者集体所有的土地来建造建筑物、构筑物及其附属设施，并享有占有、使用和收益的权利。《物权法》第135条规定："建设用地使用权人依法对国家所有的土地享有占有、使用和收益的权利，有权利用该土地建造建筑物、构筑物及其附属设施。"

9.3.1.2 建设用地使用权的性质

建设用地使用权是一种用益物权，是权利人依法享有对国有或者集体所有的土地占有、使用、收益的排他性权利。

9.3.1.3 建设用地使用权的特征

（1）建设用地使用权的主体为建设用地使用权人。

（2）建设用地使用权的客体为国家和集体所有的建设用地。

（3）建设用地使用权的内容是建设用地使用权人依法对国有或者集体所有的土地享有的占有、使用、收益的排他性权利。

9.3.2 建设用地使用权的设立

9.3.2.1 出让设立

以出让的方式设立建设用地使用权，是指国家以土地所有者的身份将土地使用权在一定的年限内让与土地使用者，并由土地使用者向国家支付土地使用权出让金的行为。建设用地使用权的出让仅限于国有土地，集体所有的土地必须依法转为国有土地后，方可有偿出让。

出让是国有土地建设用地使用权获得的主要方式。以出让的方式获得建设用地使用权主要是通过协商、招标或者投标的方式，并通过签订建设用地使用权的出让合同来确立权利义务关系。《物权法》第139条规定："设立建设用地使用权的，应当向登记机构申请建设用地使用权登记。建设用地使用权自登记时设立。登记机构应当向建设用地使用权人发放建设用地使用权证书。"建设用地使用权的设立采用物权设立中的登记要件主义原则。

9.3.2.2 划拨设立

建设用地使用权的划拨，建设用地使用权人无偿获得建设用地使用权的一种制度。划拨设立建设用地使用权的特点为：

（1）划拨的性质为行政行为。划拨是国家有权机构根据申请人的申请，以行政决定的方式将建设用地交付给申请人使用的一种行政行为。

（2）划拨的条件依法受限。划拨一般仅适用于公共设施建设及涉及国家利益和社会公共利用的项目。

（3）划拨具有无偿性。划拨获得建设用地使用权，不用交付土地使用权出让金，但需依法缴纳安置补偿等费用。

（4）划拨没有期限限制。以出让方式获得土地使用权，一般都存在使用期限限制，划拨方式获得的土地使用权，没有设定期限，但也并非可以永久性使用。在一定条件下，政府可以收回划拨用地使用权。

9.3.3 建设用地使用权的流转

9.3.3.1 流转形式

建设用地使用权是一种用益物权，具有一定的经济价值，因此建设用地使用权人可以处分建设用地使用权本身，即使之在民事主体之间自由流转。《物权法》第143条规定：“建设用地使用权人有权将建设用地使用权转让、互换、出资、赠与或者抵押，但法律另有规定的除外。”

（1）建设用地使用权的转让。

建设用地使用权的转让是指建设用地使用权人与其他民事主体之间通过买卖方式，将建设用地使用权以合同方式再移转的行为。通过出让方式设立的建设用地使用权可以依法转让，通过划拨方式设立的建设用地使用权经批准也可以依法转让。国有企业拥有的建设用地使用权如果需要进行转让，需要履行“招牌挂”程序。

（2）建设用地使用权的互换。

建设用地使用权的互换是指建设用地使用权人与其他民事主体之间通过互换的方式，将建设用地使用权以合同方式再移转的行为。建设用地使用权的互换在实践中也被称之为“土地置换”。

（3）建设用地使用权的出资。

建设用地使用权可以作价出资，投资于企业或者与他人合作、合资进行开发经营。这也充分体现了建设用地使用权的财产性价值。

（4）建设用地使用权的赠与。

建设用地使用权的赠与是指建设用地使用权人在使用权内可以无偿将其依法享有的建设用地使用权移转给他人享有。

（5）建设用地使用权的抵押。

建设用地使用权的抵押是指建设用地使用权人与其他民事主体之间通过抵押方式，将建设用地使用权以合同方式再移转的行为。这是将建设用地使用权作为债权的担保，当债务人不履行债务时，抵押权人有权将建设用地使用权变价，从价款中优先受偿。

9.3.3.2 流转的法律要求

（1）书面订立建设用地使用权流转的合同。

《物权法》第144条规定：“建设用地使用权转让、互换、出资、赠与或者抵押的，当事人应当采取书面形式订立相应的合同。使用期限由当事人约定，但不得超过建设用地使用权的剩余期限。”据此，建设用地使用权依法流转的，必须签订书面合同，而不能采用口头订立的方式。

（2）建设用地使用权变更登记。

《物权法》第145条规定：“建设用地使用权转让、互换、出资或者赠与的，应当向登记机构申请变更登记。”同时，《物权法》第9条规定：“不动产物权的设立、变更、转让和消灭，经依法登记，发生效力；未经登记，不发生效力，但法律另有规定的除外。”由于我国采用的是登记要件主义，因此，发生建设用地使用权流转的，应当及时到有关部门办理变更登记。

（3）地上建筑及其他不动产的处分。

《物权法》第146条规定：“建设用地使用权转让、互换、出资或者赠与的，附着于该土地上的建筑物、构筑物及其附属设施一并处分。”同时第 147 条规定：“建筑物、构筑物及其附属设施转让、互换、出资或者赠与的，该建筑物、构筑物及其附属设施占用范围内的建设用地使用权一并处分。”建设用地使用权与地上不动产，从自然属性看，是联系在一起的，不可分割，因此应当一并处分。这一原则在房地产法律法规中都有所体现，而物权法的上述规定则是对这一原则的确认。

9.3.4 建设用地使用权的消灭

9.3.4.1 因期限届满而消灭

建设用地使用权的期限届满，建设用地使用权消灭，这种消灭是建设用地使用权的终局消灭，该权利不再存在。但由于期限届满而收回土地使用权有一个特例即住宅建设用地的土地使用权。由于我国法律对住宅建设用地使用权规定的期限为 70 年，而在实践中，由于现在住宅用地开发的房屋多为多层或者高层建筑，就会在一宗土地上存在多个房屋所有权人和土地使用权人。因此，关于住宅用地土地使用权的续期始终是一个问题。《物权法》第 149 条则对这一问题作出了明确规定，住宅建设用地使用权期限届满的，自动续期。这一规定对于我国现有法律框架下公民私有财产的保护有着极为重要的意义。

9.3.4.2 因公共利益需要提前收回而消灭

《物权法》第 148 条规定：“建设用地使用权期间届满前，因公共利益需要提前收回该土地的，应当依照本法第四十二条的规定对该土地上的房屋及其他不动产给予补偿，并退还相应的出让金。”据此，在建设用地使用权期限届满前，因公共利益的需要，可以提前收回建设用地使用权，但提前收回需要给予补偿。

9.4 地役权

9.4.1 地役权的概念

地役权是指在他人的土地上设立的以供自己的土地便利使用的他物权。在地役权法律关系中，为自己的土地便利而使用他人土地的一方当事人称为地役权人(也叫需役地人)，把自己的土地提供给他人使用的一方当事人为供役地人；因使用他人土地而获得便利的土地为需役地，为他人土地的便利而供使用的土地为供役地。《物权法》第 156 条规定：“地役权人有权按照合同约定，利用他人的不动产，以提高自己的不动产的效益。前款所称他人的不动产为供役地，自己的不动产为需役地。”

9.4.2 地役权的法律特征

地役权是一种非常独特的他物权，其法律特征表现为：

(1) 地役权是附属于土地的一种他物权。

首先，地役权的标的通常是土地，而不是其他不动产；其次，地役权是在他人的土地之上设立的，因此设定地役权的目的并不在于调节土地的所有关系，而在于调节土地的利用关系。

(2) 地役权是利用他人土地的用益物权。

地役权是在他人的土地上设立的负担，性质是用益物权。地役权的设立，在多数情况下是一供役地人的不作为为内容的，也不以需役地人实际占有他人的土地为要件，而只是在他人的土地上设定一定的负担。对供役地的使用范围较为广泛，法律没有严格的限制，而是由双方当事人约定。

（3）地役权是权利人为了对自己所有或者使用的土地上的便利而设定的他物权。

设定地役权的目的，在于为自己的土地使用提供便利，从而增进自己土地的利用效益和价值。如果不是为了这样的目的，而是设定以禁止袋地通行为内容的地役权，或者是设定容忍权利滥用的地役权，都是无效的。

（4）地役权具有从属性和不可分性。

首先，地役权虽然是一种独立的用益物权种类，但其必须从属于需役地存在。其从属性主要表现在两个方面，一是地役权必须与需役地的所有权与使用权一同转移，不得单独转染；二是地役权不得与需役地的所有权或使用权相分离而作为其他权利的标的，不能单独以地役权设定抵押或者出租。其次，地役权须存在于需役地和供役地的全部，不因土地的分割而分割，不可在当事人之间分割。

9.4.3 地役权与相邻关系

地役权与相邻关系是我国物权法领域的独立法律制度，二者都是设立在不动产之上的权利，都是以调和不动产利用过程中权利人的冲突为目的，在规范目的与制度构成上具有类同之处，但二者作为不同的法律制度，是存在着明显的差异的，具体表现为：

（1）权利性质不同。相邻关系不属于一项独立的民事权利，而是基于所有权的内容而产生的效力的扩张或限制；地役权是一项独立的用益物权，属于他物权的范畴。

（2）产生的依据不同。相邻关系是基于法律的直接规定，而地役权是基于双方当事人的合同产生。相邻关系是“法律上当然而生的最小限度的利用之调节”，而地役权则是双方当事人逾越相邻关系限度而约定的权利义务关系，使基于当事人约定产生的对双方的土地更高限度的利用调节。

（3）存在的条件不同。相邻关系以不动产相邻为条件，而地役权中需役地和供役地不以相邻为限。

（4）权利的有偿性和存续期间不同。相邻权通常是无偿、无固定期限的，只要不动产物权存续，相邻关系当然存在。而地役权一般是有偿、有固定期限的。因为供役地认为需役地人提供了额外的便利，这种便利不是需役地人依法必须提供的，为此，需役地人应当向对方支付一定的费用作为自己获得便利的对价。

（5）对抗性不同。由于相邻关系是基于土地的自然需要且是固定于或永久附属于土地之上的，并不因为土地所有权或使用权人改变而改变，因此，相邻关系具有对抗第三人的天然属性。而地役权因其源自于当事人的约定，只有经公示后才能具有对抗第三人的效力。《物权法》第158条规定：“地役权自地役权合同生效时设立。当事人要求登记的，可以向登记机构申请地役权登记；未经登记，不得对抗善意第三人。”

（6）受到损害的救济请求权不同。相邻关系受到损害后，不能直接以相邻关系为基础提起损害赔偿诉讼，而应该提起所有权的行使受到妨害质素；而地役权受到损害后，受害人可以直接提起地役权受损害的请求之诉。

9.4.4 地役权的取得

地役权的取得就是地役权的发生。地役权的取得原因，可以是法律行为，也可以是法律行为以外的事实。

9.4.4.1 约定取得

地役权的约定取得，也叫作地役权基于法律行为取得，即当事人之间通过设定地役权的合同来取得地役权。当事人依合同取得地役权，是地役权取得的主要方式。《物权法》第157条规定："设立地役权，当事人应当采取书面形式订立地役权合同。"

9.4.4.2 时效取得

依时效取得地役权，使各国民法普遍承认的地役权取得方法，需役地人持续、公开、和平且表现地使用供役地达到一定期间(一般为10年)即可取得地役权。依时效取得地役权在我国法律中没有明确规定。

9.4.4.3 继受取得

所谓依继受取得地役权，是指地役权随着需役地的所有权或者使用权的转让一并转让，而取得地役权。地役权的继受取得是基于地役权具有从属性，即地役权不得与需役地相分离而单独转让。因此，需役地转让，地役权也一并转让。获得需役地的人同时获得地役权。

9.4.4.4 继承取得

地役权人死亡时，由其继承人继承，则其地役权无论就其从属性而言，还是就用益物权的让与性而言，由继承人继承地役权不必登记，但需办理登记后才可以处分取得的地役权。

9.4.5 地役权的内容

9.4.5.1 地役权人的权利和义务

(1) 使用供役地的权利。

地役权人的主要权利是对供役地加以利用。《物权法》第160条规定："地役权人应当按照合同约定的利用目的和方法利用供役地，尽量减少对供役地权利人物权的限制。"法律对地役权人使用供役地的内容不作具体的规定，允许当事人在合同中就利用目的和方法作出约定。地役权具有兼容性，在同一标的物上可以容纳多项地役权。如果地役权内容发生冲突，可以依物权效力顺位，设定在先的地役权优先于设定在后的地役权行使。

(2) 从事附随行为的权利。

地役权人为实现地役权设定的目的，有权在供役地上从事必要的附随行为。必要的附随行为，并不是指行使地役权的行为，而是指为达到地役权目的的或者是实现其权利内容而不得不实施的行为，如为达到排水的目的而开挖沟渠等。这种附随行为不仅包含单纯行为，而且及于设置定着物或者其他工作物在内，但地役权人为必要的附随行为时，应采取对供役地损害最小的方式为之。

(3) 设置附属设施的权利。

所谓设置附属设施，是指为实现地役权设定的目的而建造工作物，且为必要的附属设施。例如，甲取得了对乙的土地的排水地役权，则甲有权在乙的土地上设置排水管道以实现其地役权，排水管道即为实现地役权而设的附属设施。

(4) 行使所有权的物上请求权的权利。

地役权不具有独占性，与其他用益物权均占有标的物不同，所以，应当特别强调保障地役权的行使，地役权人享有所有权的物上请求权的权利，包括：一是所有物的返还请求权；二是所有权妨害去除请求权；三是所有权妨害预防请求权。当地役权的行使受到上述妨害或侵害时，地役权人可以行使物上请求权。

（5）支付地租的义务。

地役权根据约定，可以是有偿的，也可以是无偿的。如果设定的地役权是有偿的，则地役权人又支付约定租金的义务。

（6）合理使用需役地的义务。

地役权人行使地役权时，应当在提供自身土地便利的范围内，选择对供役地损害最小的方法行使权利。地役权人在行使供役地的使用权时，对供役地造成变动或损害的，应当在事后恢复原状并给予相应补偿。

9.4.5.2　供役地人的权利和义务

容忍土地上的负担和不作为的义务。地役权人一经设立，供役地人便负有容忍土地上负担的义务，应当根据设定的地役权性质的不同，承担不同的义务。负有容忍土地上负担的义务，供役地人影主动放弃对自身土地部分使用的权利，甚至容忍他人对自已的土地实施合同约定的某种程度的干预和损害。

第 10 章　证据管理实务

10.1　证据管理

法律风险实质上是企业承担法律责任（民事、行政甚至刑事责任）的可能性。一旦发生纠纷，争取法院或者仲裁机构的有利判决，进行事后补救，则是企业防范法律风险，避免或减轻法律责任的最后一道防线。如何获得有利判决呢？其中关键的一点，就是及时、适当、充分地向法院提供与案件相关联的、真实、合法的证据，向法官证明所主张的事实，使法院认定的事实对自己有利，从而最终获得有利判决，避免或减轻法律责任。

中国石化在市场化运作、集中化管理，国际化经营的过程中，面临的法律风险防控形势依然严峻，我们肩上的责任依然重大。我们一方面要抓好合同全过程管理不放松，做好事前防范、事中控制，另一方面，也要抓好纠纷诉讼的妥善处理，做到既能有力应对外部诉讼，又能主动运用司法程序维护企业权益，这其中，离不开证据的保存、管理、提供工作。

为了加强证据管理工作，法律部于 2007 年 4 月颁发《中国石化证据管理暂行规则》。《证据规则》后被全文吸收入《法律纠纷管理办法》。2012 年，根据制度标准化的需要，新修订的《法律纠纷管理办法》未全文体现证据管理的内容，但证据管理还将作为法律管理工作的组成部分，各直属单位可以根据本章内容，因地制宜地开展证据管理工作。

从证据的定义来看，证据的作用在于证明案件真实情况，但对企业来说，证据管理的作用却不限于诉讼，有着更广泛应用：

（1）纠纷诉讼案件中，证明案件事实。

（2）非讼途径解决争议。

证据的目的是用于诉讼，但其作用可以及于争议解决的各个阶段。在争议伊始双方磋商的阶段，如果我们可以拿出确凿充分的证据证明案件事实，支持我们的观点，完全有可能打消对方将争议付诸法律程序的想法。同理，在我们主动维权的情况下，也可能迫使对方同意我们的诉讼请求。以诉讼为目的准备的证据用于争议解决，以证据为威慑，不战而屈人之兵，可以为企业避免讼累。

（3）为决策和经营提供可靠依据。

证据的基本特征是客观性，这也是决策和经营依据的基本要求。将证据作为决策和经营的依据，决策和经营的客观性和科学性也会得到提升，可以最大限度地避免因依据错误而引发的决策和经营失误。

（4）证据管理使决策、经营和生产的过程更加规范化。

随着证据管理制度的深入落实，势必按照证据的标准对决策、经营和生产中的客观记载提出要求，促使决策、经营和生产中的客观记载的规范化，而这种客观记载的规范化必然是决策、经营和生产过程规范化的体现。

与证据管理的作用相对，证据管理缺位也有严重的后果。概括来说有以下几点：①合法权利难以主张；②非法主张无法抗辩；③协商谈判处境被动；④决策和经营依据的可靠性无保障；⑤被敌意取证后处于被动。

10.2　证据概述

“You have the right to remain silent. Anything you say will be used in the court（你有权保持沉默，但你所说的每句话都将可能作为呈堂证供）”。

这句话就是著名的“米兰达警告”，也称“米兰达告诫”，即犯罪嫌疑人、被告人在被讯问时，有保持沉默和拒绝回答的权利。

米兰达规则客观地反映了一个规律：行为人行为的实施及其后果的形成，必然会对所作用的环境、人或物产生影响，从而形成一些客观存在的事实材料。这些事实材料可能表现为一定的物品、文书，也可能是为在场人耳闻目睹，有所感知，而表现为证人证言、当事人陈述。上述事实材料都是对案件事实的真实反映，是不依人的主观意志为转移的客观存在。

“客观事实”作为裁判案件的根据，是法律和司法追求的最高目标。但是，“客观事实”在司法证明和诉讼证明中是难以实现的。虽然从理论上讲，人类的活动应当能留下痕迹，但是，囿于人类的发现能力和认知能力，完全找到这些痕迹和线索再现客观事实是难以实现的。因此，世界各国的司法证明和诉讼证明都不以“客观事实”为证明标准，换以有证据证明的事实，即“法律事实”作为裁判的依据。从某种程度上说，没有证据支撑的客观事实，不能作为法律诉求的依据。

【案例】证据是诉讼之王——血手套和血袜子的故事

辛普森，美国橄榄球超级明星。1994 年 6 月 17 日被控谋杀其前妻妮克及前妻的朋友戈德曼。检方列举大量证据指控辛普森，其中最重要的两份证据是案发后在辛普森家中发现的右手血手套（配套的左手血手套发现在凶案现场）和一双血袜子，经 DNA 检验，两份物证上均沾满被害人及被告人的血迹。从表面上看，辛普森实施了谋杀犯罪无疑。

但在庭审中，两份关键证据血手套和血袜子均受到了质疑。

首先是警方得到辛普森的血样后，相关警员并未将它立即送交一步之遥的警署刑事化验室，反而携带血样回到了 32 公里以外的凶杀现场。整整 3 小时后，瓦纳特才将血样交给了刑事检验员。警署护士称从辛普森身上抽取了大约 7.9 至 8.7 毫升血液样品。可是，警方实验室存留的只有 6.5 毫升的血样。换言之，大约 1.4 至 2.2 毫升的辛普森血液样品竟然不翼而飞

对于物证血袜子，其上面的血迹非常奇怪。袜子两边的血迹竟然完全相同。根据常识，假如袜子当时被穿在脚上，那么袜子左边外侧的血迹，绝不可能先浸透到左边内侧，然后再穿过脚踝浸透到右边内侧。只有当血迹从袜子左边直接浸透到右边时，两边的血迹才会一模一样。换言之，袜子当时并未被穿在脚上，血迹很有可能是涂抹上去的。

对于无证血手套，虽然警方在凶案现场和辛普森住宅搜获了一左一右两只手套，并且在手套上发现了两位被害人和辛普森的血迹。但是，这两只手套的外表没有任何破裂或刀痕，在手套里面也没发现辛普森的血迹。这说明，辛普森手上的伤口与血手套和凶杀案很可能没有直接关系。最后，为了证实辛普森是凶手，检方决定让他在陪审团面前，试戴那只沾有血迹的手套。在法庭上，辛普森先带上了为预防污损而准备的超薄型橡胶手套，然后试图戴上血手套。众目睽睽之下，辛普森折腾了很久，却很难将手套戴上。辩方当即指出，这只手套太小，根本不可能属于辛普森。

辩方因此提出，两份物证均有可能是被伪造出来诬陷辛普森的。在刑事证明标准为“排

除合理怀疑”的美国，显然控方不能毫无合理怀疑地证明辛普森有罪，辛普森被无罪释放。

10.2.1 证据的概念

证据是指在诉讼中能够证明案件真实情况的各种资料。证据是诉讼中法院认定案件事实，作出裁判的依据。但从证据管理的角度上来讲，证据应指中国石化及各所属单位在设立、变更、终止及运行过程中形成的，可能在民事诉讼、行政诉讼或非诉争议处理过程中提交、运用的，用以证明案件事实的材料，包括书证、物证、证人证言、视听资料、当事人陈述、鉴定意见、勘验笔录、电子数据及其他可能影响公司权益、声誉的事实材料。

10.2.2 证据的种类

根据法律规定，民事证据、刑事证据、行政证据分别有以下种类：

民事证据	刑事证据	行政证据
（1）书证； （2）物证； （3）视听资料； （4）证人证言； （5）当事人的陈述； （6）鉴定意见； （7）勘验笔录； （8）电子数据；	（1）物证； （2）书证； （3）证人证言； （4）被害人陈述； （5）犯罪嫌疑人、被告人供述和辩解； （6）鉴定意见； （7）勘验、检查、辨认、侦查实验等笔录； （8）视听资料、电子数据	（1）书证； （2）物证； （3）视听资料； （4）证人证言； （5）当事人的陈述； （6）鉴定结论； （7）勘验笔录、现场笔录

1. 书证的概念与特征

书证是指以文字、符号、图形等形式所记载的内容或表达的思想来证明案件事实的证据。例如各种书面文件或纸面文字材料。但书证内容的物质载体并不限于纸面材料，非纸类的物质亦可成为载体，如木、竹、石、金属等。

书证具有以下特征：①书证以其表达的思想内容证明案件的事实，而不是以其外形、质量等来证明案件的事实；②书证往往能够直接证明案件的主要事实；③书证的真实性较强，不易伪造。

2. 物证的概念与特征

物证，是指证明案件真实情况的一切物品和痕迹。物证的特点是以其外部特征、物品属性、存在状况等来发挥证明作用的。物证的客观性较强，比较容易查实，在证明活动中不仅应用广泛，而且有其他证据不能替代的作用。

3. 证人证言的概念与特征

证人是指了解案件情况并向法院或当事人提供证词的人。证言是指证人将其了解的案件事实向法院所作的陈述或证词。在我国，证人包括两类：一类是单位证人，另一类是作为自然人的证人。单位作为证人要出庭作证时，应当由单位的法定代表人、负责人或经其授权的人代表单位作证。

4. 当事人陈述的概念与特征

当事人陈述，是指当事人在诉讼中就本案的事实向法院所作的陈述。基于趋利避害的特性，当事人的陈述与其他证据比较，易夹带虚假的成分，为了追求胜诉，当事人可能向法院作一些不真实的陈述，这是当事人陈述的特点。

5. 鉴定意见的概念与特征

鉴定意见，是指鉴定人对案件中的专门性问题进行鉴定后作出的书面意见。

需要特别注意的是，在诉讼中当事人申请鉴定的，也应当在举证期限内提出。只有在申请重新鉴定，并经人民法院同意时除外。对需要鉴定的事项负有举证责任的当事人，在人民法院指定的期限内无正当理由不提出鉴定申请或者不预交鉴定费用或者拒不提供相关材料，致使对案件争议的事实无法通过鉴定结论予以认定的，应当对该事实承担举证不能的法律后果。

6. 视听资料的概念与特征

视听资料，是指以录音、录像、电子计算机或其他高科技设备所存储的信息证明案件真实情况的资料。视听资料是现代高科技发展的重要产物和先进成果，它在刑事诉讼中的运用也是法学研究和司法实践发展的重要标志之一。

视听资料具有如下的特点：①形式多样，直观性强，客观实在，内容丰富；②易于保存，占用空间少，传送和运输方便；③可以反复重现，作为证据易于使用，审查核实时便于操作；④存在被伪造、变造的可能性；⑤对技术要求高，伴随科技发展的进程而不断更新、变化。

7. 勘验笔录的概念与特征

勘验笔录是办案人员依照法定程序并运用一定的设备和技术手段对勘验对象情况的客观记载，所以，它的客观性较强，也比较可靠。

8. 现场笔录的概念与特征

现场笔录是行政诉讼特有的证据种类，由行政机关在行政程序中当场制作而成。被告行政机关向人民法院提供的现场笔录，除法律、法规和规章对现场笔录的制作形式有特别规定外，一般应当载明制作现场笔录的时间、地点和事件等内容，并由执法人员和当事人签名。当事人拒绝签名或者不能签名的，应当注明原因。有其他人在现场的，可由其他人签名。

9. 新型证据——电子数据

电子数据是自电子技术出现及发展以后产生的一种新型证据类型。由于电子技术特别是计算机技术、存储技术、网络技术的飞速发展和普遍运用，电子商务、电子办公已经蔓延至经济生活的每个角落，成为现代经济生活的一个重要组成部分。按照最广义的概念，以电子化(模拟和数字)形式存在的信息资料及其载体均可以作为电子数据。除电子邮件外，还包括表现为电子数据交换、电子资金划拨、电子聊天记录、电子公告牌记录和电子签章等样式的各种证据。从广义上讲，电报、电话、传真资料以及电子文件、数据库、手机短信等也属于电子数据范畴。

《电子签名法》已于2005年4月起实施，确认了电子签名的法律效力。随着电子信息技术的发展，越来越多的电子数据将出现在现实生活中。

从中石化目前的状况看，数字化经营进展迅速，我们已经有大量的生产、经营、交易等行为是通过电子数据电文形式完成，一些行为完全依赖电子数据来证明。

2012年《民事诉讼法》第63条规定："证据包括：(一)当事人的陈述；(二)书证；(三)物证；(四)视听资料；(五)电子数据；(六)证人证言；(七)鉴定意见；(八)勘验笔

录。证据必须查证属实，才能作为认定事实的根据。"其中，第(五)项明确将"电子数据"列入证据种类。

《联合国电子商务法范本》第9条第2款规定：以一条数据消息形式存在的信息，应当获得其应有的证据分量。在评价一条数据消息的证据份量时，要考虑到生成、存储或传播该数据信息时所用方法的可靠程度，考虑到保持该信息完整性时所用方法的可靠程度，考虑到判明其原创者时所用方法的可靠程度，以及其他的相关因素。

【案例】××石油公司数千万元借款纠纷

1992—1993年，××省A县、B县、C县石油公司(以下简称三县公司)从某银行贷款1700万元后，其后三县公司严重经营不力，逾期未还。

一方面，该债权作为不良资产从银行剥离，后多次转手给某专营讨债的商务公司。另一方面，1998年三县公司进行重组，上划集团公司管理。2000年集团公司重组，三县均未列入重组范围，为整体非上市公司，其主营业务、资产、负债均未转入股份公司。之后，三县公司陆续停止经营。

商务公司获得债权后，即起诉三县公司要求清偿债务，并要求股份公司承担连带责任，理由是股份公司的设立是公司分立，要对三县公司承担连带责任。2004年12月30日，一审法院判决股份公司对三县公司债务承担连带清偿责任。

由于一审判决违背公司有限责任的原则，我方立即提起上诉。××省高级人民法院经四次质证和开庭审理后，于2005年6月二审判决驳回了商务公司对股份公司的诉讼请求，保护了股份公司的合法利益。

逆转形势，决定二审胜诉的是保存在××石油公司企管(法律)处长电脑中的一份电子文档。诉讼中，原被告双方争议的焦点逐渐集中到三县石油公司是否在2000年重组范围。收集到的证据中有上报的《初步方案》复印件和总部批复文件原件，前者形式瑕疵，后者缺乏明确到每一家县公司的范围划分清单。当时如果我方不能提出有利证据证实，省高院就可能会依照最高院司法解释判定股份公司承担连带责任。最后终于在该处长的电脑里找到上报的《初步方案》电子版，并且该文档在成文上报集团公司后没有进行过删改，与复印件内容一致，时间一致。由计算机专家验证，并向法庭出证。法庭认可了该电子版与原件具备同等证据效力。

10.3 发现证据

10.3.1 证据的来源

证据根据来源主体的不同，可以分为以下三类：

1. 来源于自身

来源于自身的证据，在对外证明有关事实的时候，虽然单个证据证明力有限，但是其作用不应被忽视。自身形成的证据数量众多，但是如果注意提升单个证据的证明力，并与其他证据形成证据链条，也可以实现较好的证明效果。

2. 来源于相对方

来自相对方的证据比较来说是证据的几种来源中最重要的。因为对于绝大多数法律关系，需要双方协商一致才能产生变更和消灭，相对方的意思表示对于法律关系的产生、变更和消灭起着基础性作用，对于反映对方意思表示的证据，相关部门应着重注意保管和收集。

3. 来源于第三方

来自第三方的证据对证明案件事实也有着重要的作用。尤其是在来自自身的证据和来自相对方的证据有冲突的情况下，来自第三方的证据，特别是无利害关系的第三方的证据，由于证据客观性和可靠性，对于证明案件事实有着决定性意义。

（1）政府机构，如土地、税务、工商、公检法等；

（2）中介机构，如会计师事务所、律师事务所、资产评估机构；

（3）公共服务机构，如邮局、电信、银行；

（4）业务相关方，如供应商、客户、竞争对手、关联企业等。

10.3.2 在生产经营活动中发掘证据

从理论上讲，决策、经营、生产的各个方面都有可能形成证据，一一列举实为困难，下文从主要的生产经营活动入手，列举和分析一些常见的证据，作为寻找证据的指引，具体在工作中有哪些属于应当收集证据，还需相关管理人员根据具体情况判断。

10.3.2.1 证据在合同中

（1）论证、立项阶段：项目审批等合同管理文件。

（2）招投标阶段：工程、采购招投标文件及保函。

（3）谈判和磋商阶段：往来传真、函件、电子邮件、会议纪要、备忘录。

（4）订立阶段：合同书（协议书）及附件、补充协议，附条件合同符合所附条件的证明。

（5）履行阶段：合同履行、变更的往来传真、函件、电子邮件、会议纪要、备忘录。

（6）中止、解除阶段：往来传真、函件、电子邮件、会议纪要、备忘录。

（7）履行结算阶段：内部审批手续、合同履行与结算单，违约证明材料等。

（8）终结阶段：涉及合同、项目材料的完整归档。

10.3.2.2 证据在文件中

包括：中国石化与各级政府部门之间的往来公函；对下属企业下发的通知、授权文件；企业上下级之间的往来公文；各级规章制度。

10.3.2.3 证据在会议中

包括：会议纪要、备忘录；股东会、董事会；职代会；办公会、联管会等的决议、记录。会议现场录像的重要性也不容忽视。

【案例】如何对违法决策免责

按照法律规定，公司高管需要对违法违规的决策承担法律责任。支持违法违规决策的高管承担法律责任理所应当，但是其他参与决策并提出反对意见的高管如何才能免责？《中央企业资产损失责任追究暂行办法》《中华人民共和国公司法》均规定会议记录可以证明。

《中央企业资产损失责任追究暂行办法》第29条：企业因违反有关规定，未履行或者未正确履行职责，导致决策失误造成重大或者特别重大资产损失的，企业主要负责人应当承担直接责任，参与决策的企业其他人员应当承担相应的责任。参与决策的人员经会议记录证明决策时曾表明异议的，可以免除相应的责任。

《中华人民共和国公司法》第 113 条：董事应当对董事会的决议承担责任。董事会的决议违反法律、行政法规或者公司章程、股东大会决议，致使公司遭受严重损失的，参与决议的董事对公司负赔偿责任。但经证明在表决时曾表明异议并记载于会议记录的，该董事可以免除责任。

10.3.2.4　证据在谈判中

包括：会议纪要、和解协议、谈判记录、谈判备忘录。

10.3.2.5　证据在生产中

（1）生产管理过程中形成的生产、运行、作业、交接班、开工、研发、分析、化验的各项记录、台账、报告等文件；

（2）具体事件处理过程的现场记录、笔录、录像；

（3）行政主管部门的鉴定结论、事故调查处理意见、结论等。

10.3.2.6　证据在经营中

（1）销售与采购中往来的各项单据、发票、凭证、记录；

（2）ERP 环境下的真实、完整、准确的财务信息；

（3）内控检查。

10.3.2.7　证据在研发中

包括：研发记录和报告、试验记录和报告、设计记录和报告。

10.3.2.8　证据在对外接待中

【案例】某炼厂被追加执行 1300 万元案

1999 年 5 月某建筑公司(债权人)与某商贸公司(债务人)发生经济纠纷，建筑公司将商贸公司诉至法院。法院认为商贸公司与某炼厂是“带料加工”关系，商贸公司在某炼厂存有原油、成品油或存款，因此向炼厂送达《协助执行(财产保全)通知》，查封、扣押债务人商贸公司在炼厂所存的原油、成品油或存款。

经查，炼厂与商贸公司并非带料加工关系，炼厂与商贸公司签订了一系列的双买断协议，即商贸公司按照合同约定的数量和价格向炼厂销售原油，炼厂则按照约定的成品油的数量和价格向对方销售成品油，双方实为一般买卖合同关系。鉴于此，炼厂向法院提出异议。

2007 年 6 月，法院裁定追加炼厂为被执行人，并强制执行。执行的唯一“依据”是一份执行法官误导下产生的调查笔录。被调查人是炼厂的一名业务主管，其在未经法律机构审批、法律人员未到场的情况下，接受了法院的调查。该业务主管虽然如实介绍了与商贸公司是双买断关系，不是带料加工关系，但记录人故意颠倒记录。业务主管缺乏证据意识，又没有法务人员帮助，没仔细审查记录内容，轻易签字认可。

结语：疏于防范逾程序，轻易签字闯大祸。

10.4　证据的形成与保管

证据的形成与保管工作中，应当建立证据管理协同机制，既无管理死角，又能尽量避免业务重合，同时充分发挥法律机构和其他部门的专业优势，促进形成高效有序的证据管理体制。

就分工而言，法律机构与其他部门之间是来料加工和服务把关的关系。

10.4.1 业务部门的职责

根据中国石化的管理实际，我们对生产经营中可能出现的证据进行了分类，并以“公司日常经营过程中涉及的证据由各相关业务部门负责制作与保存”为总体原则，明确了证据收集和管理部门。

根据中石化企业生产经营实际，对证据进行以下分类：①资格资质类证据；②产权证明类证据；③合同类证据；④财务类证据；⑤文件档案类证据；⑥记录、鉴定类证据；⑦时效类证据；⑧司法文书类证据。

1. 资格资质类证据

负责制作、收集与管理的部门：资格资质主管部门。

内容：营业执照等工商登记资料，勘查许可证、探矿许可证、采矿许可证、安全生产许可证，危险化学品生产、运输、存储、销售许可证，排污许可证，成品油批发、零售许可证，工程建筑企业资质证等。

2. 产权证明类证据

负责制作、收集与管理的部门：产权主管部门。

内容：

（1）股票、股权证、出资证明；土地使用权证、房产证；车辆、船只登记证；设备购置发票；保险单等；

（2）专利申请受理通知书、专利说明书、授权通知书、专利证书（发明、实用新型、外观设计）等；商标注册证明、核准续展注册证明、核准变更商标注册人名义证明、核准转让注册商标证明；著作权登记证、软件登记证。

3. 抵押、质押等他项权利证书

【案例】江苏石油权证规范管理模式

江苏石油分公司法律权证信息系统于2007年7月通过验收，通过运行成效显著。

（1）降低管理成本，提高工作效率。

- 已收录江苏石油分公司下属2122个各类分支机构的基础信息和权证信息，权证总数已达2万件，查询便利。
- 成立统计、变更统计、注销统计可自动生成工商权证季报、年报所需内容，将日常事务性工作电子化、自动化。
- 分证查询、基础统计可反映各类机构权证的数目及具体分布，适合于日常各类报表中对证照的调查要求。
- 权证的扫描件可打印输出，减轻了大量纸质文档的管理负担。

（2）揭示运营风险，督促变更规范。

- 自动提示功能，可提示已到期、即将到期权证信息及营业执照、成品油经营批准证书、危险化学品经营许可证“三证”证面信息不一致的机构信息，要求管理人员变更规范。
- 需变更统计，统计需要办理变更的各类权证信息，提示管理人员变更规范。
- 对比查询进一步根据用户需求，查询“三证”种类及证面信息项随意组合后的不一致情况；期限查询查询自选期限内权证的到期情况。

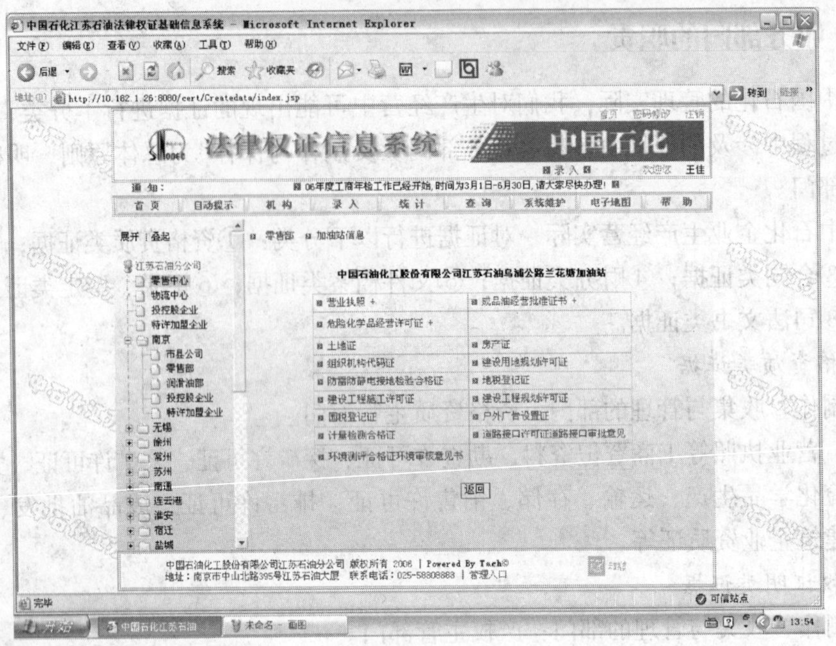

4. 合同类证据

负责制作、收集与管理的部门：合同主办部门。

内容：

（1）合同论证、立项审批等合同管理文件，如立项报告、可行性研究报告、项目批复等；工程规划许可证、施工许可证；对方资格、资质及信用状况等先期审查材料；法定代表人身份证明、代理人授权书；与项目、交易相关的政府批准文件及合同各方的内部批准文件（各方股东签章的股份公司章程，经签署的股东会、董事会决议、记录）；

（2）工程、采购招投标文件及保函；工程商洽记录、工程设计文件、图纸，工程设计交接记录，现场代表签证等；

（3）合同谈判和订立过程中的往来传真、函件、电子邮件、会议纪要、备忘录；

（4）合同书（协议书）及附件、补充协议，附条件合同符合所附条件的证明；

（5）合同履行、变更的往来传真、函件、电子邮件、会议纪要、备忘录；相关人员对合同签订、变更、履行情况的说明（书面、音像资料）；装运（车、船、机）证明，交接货（票据）凭证，资金收付证明，出（入）库计量单、提单，货物、服务交接验收记录，瑕疵或质量问题报告，货物样品验收记录、设备试运行记录；施工日志、来往信函（指令、通知、答复）、备忘录，设计变更、签证变更文件，工程进度计划、现场施工记录、核算记录、工程报告（实验报告、检查报告、施工进度报告、验收报告），其他照片、声像资料等；

（6）有关合同中止、终结、解除的往来传真、函件、电子邮件、会议纪要、备忘录；

（7）合同履行结算内部审批手续、合同履行与结算单；

（8）违约证明材料；

（9）法律机构及合同管理员依照合同管理制度要求审查合同时的记录、法律意见书以及最终签署的合同文本。

注意查验留存委托手续、加盖骑缝章、合同章统一保管、用章登记、合同统一归档等细节问题，避免“小患”致大祸。

【案例】签证

签证是工程设计、承包、施工过程中经常出现的，用以记录合同履行过程中发生变化情况的确认方式。

正方案例

某工程建设公司承揽了某项建设工程项目，但在施工过程中发现实际工作量远超投标报价时的工作量。仔细对比现行施工图与原投标报价图纸，发现两者的结构形式发生了重大变化，导致实际工作量的增加。因此根据施工图纸重新计算工程量及总价，并详尽做好施工日报，致函发包方说明现场情况，为最终索赔做好基础数据准备。

由于基础工作扎实，证据确实充分，该工程建设公司经过与发包方沟通，通过工程签证方式得到发包方签认，最终拿到了追加工程款650万元。

反方案例

某炼化企业将一建设施工项目发包给某省建工集团。施工方为套取我方的签证，口头欺骗我方技术人员，使之误认为仅是对工程前后程序衔接安排的确认，却在签证单上做手脚，注明已花费的工程量(工程时间及用料等)内容。我方技术人员未认真审核签证单上的文字内容，没有对该项内容提出否定意见或注明本签证“只是对技术程序衔接的确认”，而轻易签字。一定程度上形成完成工作量的证据。对方据此先发索赔函，要求将工程款由最初的250万元增至560万元。

结语：精细化管理，证据就是效益

5. 财务类证据

负责制作、收集与管理的部门：财务部门。

内容：

(1) 发票、收(付)款收据、银行单据(现金交款单、银行进账单、委托付款凭证、汇款单等)；

(2) 银行票据、对账单等；

(3) 财务报告、财务报表、财务记账凭证等；

(4) 税收收据、完税证明等；

(5) 评估报告、审计报告等。

对于关联企业或长期稳定客户，各企业通常采用余额结算的办法。但有时，仅就冲抵项目作账务处理，没有注意与对方达成书面协议，或不注意索要对方确认回函，致使款项结算与合同约定不能一一对应。等到争议发生时，往往斗转星移，物是人非，已经弄不清哪些合同款付了或付了多少，哪些款项没有付。这时搜集证据已经相当困难，财务账册往往只能作为间接证据使用，证明效力差强人意。

结语：①关联交易(资产置换)，内部看是财务行为，外部看是法律行为，要从法律角度审视，把财务语言(做好账务处理)置换成法律语言(合同+对价支付到位)才能够对抗第三人。②关联交易更要走足法律程序、做足交易合法履行的证据资料(如合同与财务资料对应起来)。

6. 文件档案类证据

负责制作、收集与管理的部门：文件档案管理部门。

内容：

（1）技术、人事档案及借阅记录；

（2）文件（上行文、下行文）、函件、会议纪要、备忘录；

（3）职代会、办公会等决议、记录。

7. 记录、鉴定类证据

负责制作、收集与管理的部门：相关业务主管部门。

内容：

（1）生产管理过程中形成的生产、运行、作业、交接班记录、台账；开工运行报告；研发、实验、设计记录与报告；生产监控录像；电子邮件；分析、化验记录（如产品质检分析报告、环境检测/评价报告）等；

（2）某一具体事件处理过程的现场记录、笔录、录像、行政主管部门的鉴定结论、事故调查处理意见、结论等。

8. 时效类证据

负责制作、收集与管理的部门：相关业务主管部门。

内容：欠款催收函件、送达证明（寄发与签收时间凭证、公证书等）。

各级法律机构负责定期提醒相关业务主管部门及时递交、送达、签收前述证据，并保留相关凭证。

对于超过诉讼时效的，应设计追补时效的方案报法律机构审核，并将补回时效的证据进行特殊保存和严格管理，包括但不限于：还款承诺函、还款协议、电话录音、谈话录音等。

9. 司法文书类证据

负责收集与管理的部门：各级法律机构。

内容：

（1）开庭传票、立案通知书、应诉通知书、举证通知书、起诉状、上诉状、代理词、答辩状、管辖异议书、再审申请、延期申请、仲裁申请、听证申请；判决书、调解书、裁定书；仲裁裁决书；行政处罚预先告知书、行政通知书、行政处罚决定书、行政收费决定书；执行申请/异议、执行通知书、协助执行通知书；诉讼、仲裁委托代理授权书等法律性文件；

（2）处理纠纷、争议时，股份公司及分（子）公司各部门、各级下属单位或内部相关人员出具的公函、承诺书、确认书、证据资料、法律意见书、律师函等有法律意义的文件；

（3）为解决纠纷、争议，对方当事人或第三方出具的公函、承诺书、确认书、证据资料、法律意见书、律师函等有法律意义的文件。

10.4.2 证明力和证据能力

不是所有的材料都能起到证明的作用，也不是所有有证明作用的材料都能作为“呈堂证供”。一般认为，所有证据都应当具有证明力和证据能力。证据证明力是指证据对于待证案件事实的证明作用。证据的证据能力，是指证据资料在法律上允许其作为证据的资格。

业务部门在形成和保管证据的过程中，应当注意证据的证明力和证据能力，如不注意这两个问题，证据可能无法起到证明作用，或不能成为诉讼中有效证据。

10.4.2.1 证据的证明力

证据的证明力是指证据在证明案件事实方面所起的作用。所有的证据都具有证明案件事实的作用，但证据不同，其证明作用力的大小也有所不同，即证据证明力的强弱有所不同。

例如，直接证据的证明力就往往大于间接证据的证明力，传来证据的证明力就弱于原始证据的证明力。证明力的强弱或大小常常是通过对立或矛盾证据之间的比较显现出来的。

双方当事人对同一事实分别举出相反的证据，但都没有足够的依据、否定对方证据的，法院会结合案件情况，判断一方提供证据的证明力是否明显大于另一方提供证据的证明力，并对证明力较大的证据予以确认。由于不同种类的证据在一般情况下其真实、可靠程度会有所不同，真实性、可靠性相对高的某类证据的证明力就要大于真实性、可靠性相对低的另一类证据。一般的规则是：直接证据 > 间接证据，原始证据 > 传来证据，书证物证 > 言词证据。

因此，为了保障证据有足够的证明力，企业证据管理部门在形成与保管、收集证据时应首先考虑证明力强的证据，对证明力相对较弱的证据也要认真收集保管；如果对重要事实只有证明力相对较弱的证据，应当采取多种措施予以补强。

1. 原始证据与传来证据

根据证据材料的来源的不同，可以分为原始证据和传来证据。凡是来自原始出处，即直接来源于案件事实的证据材料，叫作原始证据，也称第一手材料；凡是不直接来源于案件事实，而是从间接的非第一来源获得的证据材料，称为传来证据，即通常所称的第二手材料。

按照信息传递的一般规律，证据材料传抄、复制、转述的次数越少，失真的机会就越少；反之，失真的机会就越多。所以，通常情况下原始材料的证明价值大于传来证据材料的证明价值。在传来证据材料中，中间环节少的材料的证明价值大于中间环节多的。

2. 直接证据与间接证据

根据证据与案件主要事实的证明关系的不同，可以将证据划分为直接证据与间接证据。所谓证明关系的不同，是指某一证据是不是可以单独地、直接地证明案件的主要事实。凡是可以单独直接证明案件主要事实的证据属于直接证据。它的含义是指某一项证据的内容，不必经过推理过程就可以直观地说明案件事实。凡是必须与其他证据相结合才能证明案件主要事实的证据属于间接证据。

直接证据与间接证据的作用均不可忽视。有了直接证据材料，一经查证属实，案件的主要事实即可清楚，因此应当首先努力收集直接证据。同时，也绝不能忽视对间接证据的收集运用。具体而言，间接证据的特殊作用突出表现在以下几个方面：①间接证据是获得直接证据的有力手段。②间接证据是鉴别直接证据真伪的有效方法，许多情况下甚至可以加强证据的证明力。③必要时，完全依靠间接证据可以认定案件的主要事实。

3. 言词证据与实物证据

根据证据事实的表现形式，可以将证据划分为言词证据与实物证据。凡是通过人的陈述，即以言词作为表现形式的证据，是言词证据，包括证人证言、鉴定结论。凡是以物品的性质或外部形态、存在状况以及其内容表现证据价值的证据（包括书面文件），都是实物证据。证据种类中的物证、书证、勘验、检查笔录均属此列。

言词证据都是办案人员以外的人对案件实情的反映，它已不再是客观的“事实”，而必须依赖于提供者经过感知、判断、陈述等几个过程“加工”后再现。然而，在上述过程中不可避免地受到来自人的自然因素、社会因素以及其他外在条件的影响，使得言词证据具有可塑性与易变性的特点。这是言词证据的弱点。

4. 本证与反证

本证与反证的分类根据是证据与证明责任承担者的关系。所谓本证，是指在民事诉讼中负有证明责任的一方当事人提出的用于证明自己所主张事实的证据。所谓反证，是指没有证明责任的一方当事人提出的为证明对方主张事实不真实的证据。本证和反证与当事人在诉讼中是原告还是被告没有关系，而与证据是否由承担证明责任的人提出有直接关系。我们可以通过一个具体的诉讼来加以说明。在原告诉被告要求返还借款的诉讼中，原告应当对存在借款关系负证明责任，因此如果原告提出能够证明该借款关系成立的证据如借据，则该证据就是本证。而如果被告提出试图证明该借款关系不能成立的证据，则该证据是反证。如果被告主张已经还款，对方的权利已经消灭，则被告对这一事实的主张应当负有证明责任，而被告为证明这一主张所提出的证据依然属于本证，而原告提出的否认该事实主张的证据又是反证。

10.4.2.2　证据能力

证据的证据能力是指证据资料在法律上允许其作为证据的资格。没有证据能力的证据材料，虽然其反映出的可能是客观事实，但是也不能作为合法有效地证据。证据的证明能力包括客观性、关联性和合法性。

1. 客观性

证据的客观性是指证据是客观存在的事实，而不是人们主观猜测和虚假的东西。客观性是证据的本质特征，是由事实本身的客观性所决定的。

证据的这一本质特征，要求作为证明案件事实的证据，应当是对案件事实的客观反映和真实的描述。无论是在刑事诉讼中，还是在民事诉讼、行政诉讼中，行为人行为的实施及其后果的形成，必然会对所作用的环境、人或物产生影响，从而形成一些客观存在的事实材料。这些事实材料可能表现为一定的物品、文书，也可能是为在场人耳闻目睹，有所感知，而表现为证人证言、当事人陈述。上述事实材料都是对案件事实的真实反映，是不依人的主观意志为转移的客观存在。诉讼证据的这一本质特征，决定了那些虚幻或虚假的情况、一切主观的东西都必须排除在诉讼证据之外。

2. 关联性

诉讼证据的关联性是指证据与待证事实之间存在客观的联系。证据不仅是客观存在的事实，而且必须是与案件事实有关联的事实。客观存在的事实是多种多样的，并非所有的客观事实都能成为证据，只有那些与案件事实存在客观联系的事实才能成为证据。证据之所以能够对案件事实起证明作用，正是由于证据与案件事实之间存在联系。凡是与案件事实具有客观的必然的联系，对查明案件有意义的事实，就可以作为证据；凡是与案件事实无关的，对查明案件没有意义的事实，不论其是多么真实可靠，都不能作为证据。

3. 合法性

证据的合法性是指诉讼证据必须是按照法律的要求和法定程序而取得的事实材料。合法性是有效证据的基本特性之一。认定案件事实的证据必须符合法律规定的要求，不为法律所禁止，否则不具有证据效力。对证据合法性的要求，目的是为了保障证据的真实性和维护他人或其他组织的合法权益，体现了人们对程序正义和实体正义的双重要求。合法性主要包括了以下三个方面：

（1）证据主体合法。

证据主体是指形成证据内容的个人或单位，证据主体合法，是指形成证据的主体须符合法律的要求。主体不合法也将导致证据的不合法。

（2）证据形式合法。

证据形式的合法性，是指作为证据不仅要求在内容上是真实的，还要求形式上也符合法律规定的要求。

（3）证据取得方法合法。

法律规定证据取得方法必须合法，是为了保障他人的合法权利不至于因为证据的违法取得而受到侵害。

10.4.3 证据筹划

做好证据收集和管理工作的前提，是做好证据筹划工作。证据筹划是指业务部门在完成工作的过程中，按照证明责任的要求，系统地制定证据收集清单和证据收集方案，并根据工作进展状况，随时调整清单和方案。

对于经营管理人员而言，做好证据筹划工作的意义非常重要，可以保证证据管理工作得到全面、有效的落实，系统地形成和收集的证据可以为公司的决策、生产和经营提供依据，并可以有效地维护公司合法权益，成为一笔宝贵的财富。同时可以避免证据的缺失和事后收集证据的不便。

证据筹划工作应当高度关注证明责任，在法律规定由我方承担的证明责任的情况下，经营管理人员应当自始就高度关注相关证据，一是要关注那些事情需要我方承担证明责任，二是要关注我方需要证明到何种程度。

10.4.3.1 证明责任的概念

证明责任又称举证责任，是指当作为裁判基础的法律要件事实在诉讼中处于真伪不明的状态时，一方当事人因此而承担的诉讼上的不利后果。

举证责任的分配是法律按照一定的标准，规定应当由哪一方当事人对诉讼中的相关事实提供证据加以证明，否则就应承担败诉后果的问题。举证责任的分配是证据制度中十分重要的问题，关系到对当事人权益的保护和诉讼公平正义的实现。

10.4.3.2 民事诉讼举证责任

长期以来，在民事诉讼中人们最为熟悉的一个命题是“谁主张，谁举证”，但对该命题的理解却不似其表述这样简单。首先把待证事实分为三类：产生或存在权利的事实、妨碍权利产生的事实和权利消灭的事实。就一般原则而言，谁主张相应的事实，谁就应当对该事实加以证明，在该事实真伪不明时，没有能够证明这一事实的一方就要承担相应的法律后果，如果主张的权利发生或存在的事实，其后果就是主张的权利不能成立，通常是败诉。主张上述事实的当事人就应当对其相应的事实加以证明，这就是民事诉讼证明责任分配的原则。只有在这个意义上，“谁主张，谁举证”才能成为一个正确的命题。

为了弥补一般原则的这一不足，针对一些特殊的案件实行证明责任倒置，将按照原则原本由己方承担的证明责任，改为由对方当事人承担。

应当注意，《行政证据规定》的证明倒置并非将按照一般分配原则分配给当事人的证明责任全部加以倒置，而是根据具体情况对某些事实的证明责任予以倒置。关于损害事实的证明就没有倒置，仍然由权利人即受害人加以证明。

10.4.3.3 行政诉讼举证责任

《行政诉讼法》第32条规定：被告对作出的具体行政行为负有举证责任，应当提供作出该具体行政行为的证据和所依据的规范性文件。《行政证据规定》第 6 条进一步规定，原告可以提供证明被诉具体行政行为违法的证据；原告提供的证据不成立的，不免除被告对被诉具体行政行为合法性的举证责任。因此，在我国，行政诉讼法确立了被告行政机关在行政诉讼中承担主要举证责任的基本原则，这使行政诉讼举证责任的分配明显区别于民事诉讼举证责任的分配。

虽然行政诉讼中被告对具体行政行为承担举证责任，但不排除在特定情况下由原告提供证据的可能。根据《行政证据规定》，行政诉讼中原告提供证据仅限于下列情形：

(1) 公民、法人或者其他组织向人民法院起诉时，应当提供其符合起诉条件的相应的证据材料。

(2) 在起诉被告不作为的案件中，原告应当提供其在行政程序中曾经提出申请的证据材料。值得注意的是，起诉被告不作为案件中，由原告提供证据的情形仅限于依申请行政行为，如果行政机关法定职责的履行不以原告申请为前提，而是被告行政机关必须依职权主动履行的，如警察看到正在遭受不法侵害的公民，不依职权进行保护，即属此情形。

(3) 在行政赔偿诉讼中，原告应当对被诉具体行政行为造成损害的事实提供证据。

【案例】索赔专员

某石油工程服务企业，为了承揽的建设工程项目中避免索赔不能和索赔纠纷，在相关项目部中设定索赔专员。索赔专员的一项重要工作就是证据筹划，根据工程项目进展的情况，对索赔有重要意义的工程量、定额、日期等事项的筹划证据目录，并有针对性地开展证据形成和收集工作；在证据不足的情况下，采取补救措施补强证据。通过索赔专员的积极工作，该石油工程服务企业各项索赔工作顺利进行，有效地避免了索赔争议和因索赔不能造成的损失。

10.5 证据的收集与出示

本节所称的证据的收集和出示，是指在纠纷诉讼处理过程中有关单位收集与出示证据收集的活动。

10.5.1 证据收集

在纠纷诉讼的处理过程中，证据的收集需要法务部门与涉案单位或部门围绕一个工作目标共同完成，《法律纠纷管理办法》规定了证据的收集主要由法务部门完成或业务部门按法务部门的要求完成。

10.5.1.1 证据收集的分工配合

(1) 在重大复杂案件中，可能涉及多个业务部门的工作领域，因此证据的收集有赖于各涉案业务部门的基础工作和团队配合。

(2) 纠纷诉讼处理过程中对证据的要求要高于普通情况下对证据的要求，在实体上要满足客观性，关联性和合法性，在程序上，必须在法律规定举证期限内提交。

(3) 纠纷诉讼的处理工作是在法务部门的主导下进行，因此证据的收集工作也应按照法务部门的统一部署进行。

(4) 在证据不足、证据有瑕疵或证据不利的情况下，需要法务部门采取措施进行补救。

【案例】某患者求偿案

以下是某炼化企业法律部门在处理某患者求偿案时收集、整理的证据材料清单：

A. 环保资料：

A－1. 大气环境标准，包括中国标准、欧美标准和俄罗斯标准

A－2. 1988 年至今的生产区大气环境检测数据

A－3. 生活区大气环境检测数据

A－4. 厂区和生活区的平面图、位置图，并标志出原告生活区域和污染物质产生、排放区域（包括探伤车间）的位置

A－5. 炼厂工艺资料，包括装置平面图、工艺图、原料物料、加工工艺

A－6. 炼厂污染物资料，包括污染物组分、污染源分布点、产生污染物数量、处理方式、排放途径

A－7. 放射线资料，包括射线防护标准、X 射线探伤机历年的检测报告、车间操作规程、探伤源的使用、保管规定，射线探伤工作量

A－8. 014 车间简介（包括投产时间、工艺介绍），苯的物理、化学性质等相关资料

A－9. 由 SO_2 等监测数据推算苯含量的公式

B. 职业病防治资料：

B－1. 炼油厂自 1988 年以来历年的苯中毒人数

B－2. 炼油厂自 1988 年以来的职业病发病情况

B－3. 炼油厂职工白血球下降的发生率

C. 人群资料：

C－1. 全国、本省、本市的肿瘤调查基础资料

C－2. 与原告同时居住在厂区的同龄人健康情况

C－3. 炼油厂肿瘤调查基础资料

C－4. 炼油厂白血病的发病率，包括直接接触苯的职工白血病发病率、非直接接触苯的职工白血病发病率、居民白血病发病率

C－5. 对原告提供的 19 名白血病人进行医学追踪调查

D. 病因资料：

D－1. 白血病的病因

D－2. 因苯元素或 X 射线导致白血病的剂量、时间要求

E. 原告个人资料：

E－1. 原告及其家庭成员的工作学习史、家族史（包括父母孩子身体状况、孩子出生记录、疾病史、用药史（注意氯霉素的使用）、迁移史

E－2. 原告现在及曾居住过的家居环境污染情况

E－3. 原告因患病一事给所在单位及公司领导出具的书面函件

F. 管理资料：

F－1. 炼厂有关职业病防治、环保、放射性物质的各项管理制度、资格证书、各种许可

F－2. 历年所获得的环保、职防荣誉、奖励

F－3. 历年来因环保、职防而受到的批评、处罚

G. 法律法规资料：

G－1. 我国有关环境保护、职业防护方面的法律、法规和规章

以上共7大类26小类60组证据，范围涉及职业病防治、环保、石油炼制工艺流程、白血病、家装污染、法律规定等等。对于这样一个涉及多个专业领域、涉及多个职能部门的证据目录，任何一个人或部门都是无法独立完成的。正是在法律机构的组织下，各职能部门精诚合作，从正反两个方向举证对抗原告的诉讼请求，严密地证明了原告的疾病与被诉单位无关，最终获得全胜。

10.5.1.2 证据收集应注意的事项

在纠纷诉讼处理过程中收集证据，应保证证据的客观性、关联性和合法性，并能证明案件主要事实；如果证据不足或者有瑕疵，应当采取多种措施予以补救：

(1) 收集书证、物证应收集原件、原物。收集原件、原物有困难的，可以复制、照相或者收集副本、节录本等，要附证词或说明。视听材料的收集应明确其来源。必要时，可通过公证方式对证据予以保全。

(2) 经有关单位或个人同意，可以向其调查、收集证据。

在向证人调查、收集证据时，告知证人应当如实反映与本案有关的情况，并向其讲明作伪证应负的法律责任。

向证人调查、收集证据，可以由证人本人书写证言内容。证人不能自己书写的，可由他人代为书写，证人签名、盖章或按指纹确认。有关单位书写的证言材料，应由单位负责人或单位授权的人签名或盖章，并加盖单位印章。

(3) 从国家机关抄录、复制与本案有关的材料，应尊重事实和忠实于原件，并经该国家机关盖章确认与原件一致。

(4) 调查、收集与本案有关的材料，应制作调查笔录。调查笔录应当载明调查人、调查笔录制作人、被调查人、被调查人与本案当事人的关系等基本情况；调查时间、地点；已要求被调查人实事求是作证的情况；调查内容即调查事项发生的时间、地点、人物、经过和结果。

制作调查笔录，应全面、准确记录谈话内容，并交由被调查人阅读或向其宣读。如有修改补充，应由被调查人在修改、补充处加盖印章或按指纹确认。经确认无误后，调查人应当签署“已阅读(或者已宣读)，真实无误”的字样，并由调查人、被调查人、调查笔录制作签名盖章或按指纹确认。

(5) 需要进行鉴定的证据，应按照法定程序在法律规定的期限内向有关鉴定部门提出书面申请，或请求法院委托鉴定机构依法鉴定。

(6) 需要勘验物证或者现场的，应当按照法律规定向有权机关提出勘验申请。

(7) 因客观原因不能自行收集的证据，应在法律规定期限内向人民法院提交书面申请，由其调查、收集。

(8) 在证据可能灭失或以后难以取得的情形下，应在法律规定的期限内向公证机关或人民法院申请保全证据。

(9) 对证人证言类证据应编制证人名单，并说明拟证明的事实。有证人出庭作证的，在法律规定的期限内将证人名单提交人民法院。

【案例】追回6000万元流失国资案

1993年，某炼化企业与某外资公司出资设立青岛A公司。1997年，时任A公司总经理的王某用A公司资金，伙同他人以个人名义注册成立了B公司。经过2002年、2003年两次增资扩股，B公司注册资金变为6000万元，记名股东为王某等12人，但均未实际出资。由于B公司总经理王某等人涉嫌违法犯罪活动，2005年4月某外资公司全面接管B公司。除王某等两人外，B公司的其他10名股东自愿出具了《交回股权承诺书》，交还总计60.5%的股权。

为了阻挠刑事案件的进展，妄图逃避法律的制裁，2005年11月13日，B公司董事长以公司名义，将A公司起诉至省高院，要求停止侵权、赔偿损失。

2006年2月，B公司提议召集股东大会。以超过80%的赞成票通过大会决议：修改公司章程，罢免原董监事并选举了新董事、监事。随后选举了董事长、聘任新总经理后，依法办理股权、法定代表人等整套工商变更登记手续。并决议B公司向法院撤回对A公司的民事诉讼，以釜底抽薪的方式阻击犯罪嫌疑人的反扑。

结语：左右易手国有资产流失变为私有

创制证据形成新股东会决议撤诉

釜底抽薪击退对方全力捍卫国资

10.5.2 证据出示

对外提供证据由法律机构归口管理。未经法律机构审查同意、登记备案，任何人员不得擅自就涉及公司利益的内容对外提供证人证言、出庭作证，任何部门和个人不得对外出具可能形成证据的资料。

10.5.2.1 涉密证据

对涉及国家秘密、商业秘密和个人隐私的证据应当保密，需要在法庭出示的，应事先告知法庭，以不公开方式举证，不得在公开开庭时出示。

10.5.2.2 举证时限

举证时限是指法律规定或法院指定的当事人能够有效举证的期限。举证时限是一种限制当事人诉讼行为的制度，对当事人举证的有效性和法院裁判有很大的影响。如果当事人没有在法律规定或法院指定的期限内向法院提交证据的，视为当事人放弃举证权利。对于当事人逾期提交的证据材料，人民法院审理时不组织质证（对方同意的除外）。由于《证据规定》规定了作为裁判依据的证据必须质证，因此不予质证也就间接地否定了逾期证据作为裁判依据的可能性。

因此不能在举证时限内向法院提供证据的，应向人民法院说明情况并申请延期提交该证据。

1. 民事诉讼举证期限

举证期限的确定有两种情形：当事人协商和法院指定。当事人协商确定举证期限的，须经人民法院认可。法院指定的，指定的举证期限不得少于30天，协议的举证期限可以少于30天。期限从当事人收到案件受理通知书和应诉通知书的次日起计算。

当事人在举证期限内提交证据材料确有困难的，应当在举证期限内向人民法院申请延期举证，经人民法院准许，可以适当延长举证期限。当事人在延长的举证期限内提交证据材料仍有困难的，可以再次提出延期申请，是否准许由人民法院决定。

2. 行政诉讼举证期限

《行政证据规定》对原、被告举证期限作出了不同规定，对原告的举证期限规定的相对宽松：原告或者第三人应当在开庭审理前或者人民法院指定的交换证据之日提供证据。因正当事由申请延期提供证据的，经人民法院准许，可以在法庭调查中提供。逾期提供证据的，视为放弃举证权利。

10.6 证据防御

证据对当事人来说是一把双刃剑，有利的证据可以保护自身权益，而不利的证据会使自身权益得不到保障甚至受到侵害。企业及其工作人员均可能成为其他主体取证的对象。对于无敌意的取证，对企业权益尚无负面影响，对敌意取证，如果反取证意识不强，可能会使企业遭受损失。因此，在做好证据形成和收集工作的同时，也必须做好证据防御工作，即尽量防止对方形成对我方不利的证据，和防止对方从我们内部取得对我们不利的证据。

鉴于此，《法律纠纷管理办法》规定了证据防御机制：对外提供证据，由法律机构归口管理。未经法律机构审查同意、登记备案，任何人员不得擅自就涉及公司利益的内容对外提供证人证言、出庭作证，任何部门和个人不得对外出具可能形成证据的资料。

10.6.1 提高反敌意取证意识

对于诉讼中对方当事人的取证，一般情况下工作人员的警惕性高，不易发生被敌意取证的情况。需要高度警惕的是在纠纷诉讼发生之前，争议相对人有预谋的敌意取证，相关工作人员需保持高度的反取证意识，避免在无意识的情况下被敌意取证。

为了避免在工作中被敌意取证，各单位应当展开宣传，提高反取证意识，对涉及公司利益的内容严格做到不轻易开口、不大胆落笔(签字/自认)、不盲目出证。需要对外提供证据的时候，严格履行程序。

【案例】死债变活

1994年某私人公司以其急需资金而银行不给其贷款为由，请求以某油田下属的劳动服务公司的名义贷款。该劳动服务公司同意了这一请求，协助其违规贷款180万元，而借款人得款后即潜逃，公安机关追捕多年仍未归案。

一方面，该劳动服务公司解体。另一方面，该贷款由于银行工作人员的疏忽，未在1996—1999年间向该劳动服务公司追索，超过了诉讼时效；因此作为不良资产从银行剥离，历经多次转让转让给某资产管理公司。该资产管理公司诉至法院要求该油田偿还贷款。

庭审的关键是1996—1999年间银行是否向债务人主张过债权。从常理上考虑，经过银行严格审查确定的不良债权，事实上已经被宣布为死债，追回可能性极小。但该劳动服务公司的时任会计未经单位许可，擅自向债权人出具了一份证人证言，证明1996—1999年间银行曾经催要过贷款。这使得诉讼时效得以接续。最终死债被判活，该油田承担了高达670万元的损失。

10.6.2 不同主体到公司取证的应对措施

10.6.2.1 有权机关调查取证的应对

人民法院前来调查取证时，统一由法律机构负责接待；行政机关前来时，由相关业务部门负责接待，并通知法律机构派员到场提供法律帮助。

接待部门应首先查验来访、取证人员的工作证件、单位介绍信等身份证明文件和相关法律文书，对不能提供的，应拒绝其调查取证。

对调查人员的身份证明、调查事由、取证时间、取证过程、参与提供证据人员、提取的证据资料，负责接待的部门应复制并登记备案。

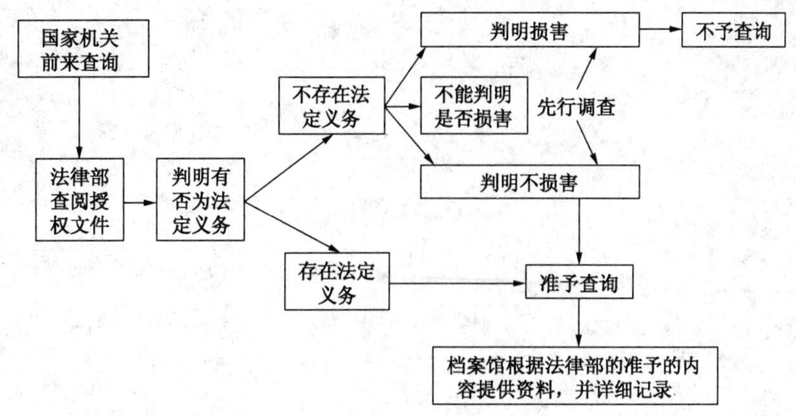

某油田应对有权机关调查取证工作程序

10.6.2.2　无权主体调查取证的应对

人民法院、行政机关以外的外部单位或个人请求为其涉及的法律纠纷提供证据时，由法律机构负责接待。

原则上不为人民法院、行政机关以外的外部单位或个人提供证据。特殊情况下，经法律机构审核后，只对具体人、具体事出具说明性材料，一般不得提供正式文件、文书、档案、账簿等证据。

第3编

典型案例

1. 吴梅诉四川省眉山西城纸业有限公司买卖合同纠纷案

【基本案情】

原告吴梅系四川省眉山市东坡区吴梅收旧站业主，从事废品收购业务。约自2004年开始，吴梅出售废书给被告四川省眉山西城纸业有限公司(简称西城纸业公司)。2009年4月14日双方通过结算，西城纸业公司向吴梅出具欠条载明：今欠到吴梅废书款壹佰玖拾柒万元整(￥1970000.00)。同年6月11日，双方又对后期货款进行了结算，西城纸业公司向吴梅出具欠条载明：今欠到吴梅废书款伍拾肆万捌仟元整(￥548000.00)。因经多次催收上述货款无果，吴梅向眉山市东坡区人民法院起诉，请求法院判令西城纸业公司支付货款251.8万元及利息。被告西城纸业公司对欠吴梅货款251.8万元没有异议。

一审法院经审理后判决：被告西城纸业公司在判决生效之日起10日内给付原告吴梅货款251.8万元及违约利息。宣判后，西城纸业公司向眉山市中级人民法院提起上诉。二审审理期间，西城纸业公司于2009年10月15日与吴梅签订了一份还款协议，商定西城纸业公司的还款计划，吴梅则放弃了支付利息的请求。同年10月20日，西城纸业公司以自愿与对方达成和解协议为由申请撤回上诉。眉山市中级人民法院裁定准予撤诉后，因西城纸业公司未完全履行和解协议，吴梅向一审法院申请执行一审判决。眉山市东坡区人民法院对吴梅申请执行一审判决予以支持。西城纸业公司向眉山市中级人民法院申请执行监督，主张不予执行原一审判决。

眉山市中级人民法院于2010年7月7日作出(2010)眉执督字第4号复函认为：根据吴梅的申请，一审法院受理执行已生效法律文书并无不当，应当继续执行。

【典型意义】

西城纸业公司对于撤诉的法律后果应当明知，即一旦法院裁定准予其撤回上诉，眉山市东坡区人民法院的一审判决即为生效判决，具有强制执行的效力。虽然二审期间双方在自愿基础上达成的和解协议对相关权利义务作出约定，西城纸业公司因该协议的签订而放弃行使上诉权，吴梅则放弃了利息，但是该和解协议属于双方当事人诉讼外达成的协议，未经人民法院依法确认制作调解书，不具有强制执行力。西城纸业公司未按和解协议履行还款义务，违背了双方约定和诚实信用原则，故对其以双方达成和解协议为由，主张不予执行原生效判决的请求不予支持。

2. 上海中原物业顾问有限公司诉陶德华居间合同纠纷案

【基本案情】

原告上海中原物业顾问有限公司(简称中原公司)诉称：被告陶德华利用中原公司提供的上海市虹口区株洲路某号房屋销售信息，故意跳过中介，私自与卖方直接签订购房合同，违反了《房地产求购确认书》的约定，属于恶意"跳单"行为，请求法院判令陶德华按约支付中原公司违约金1.65万元。

被告陶德华辩称：涉案房屋原产权人李某某委托多家中介公司出售房屋，中原公司并非独家掌握该房源信息，也非独家代理销售。陶德华并没有利用中原公司提供的信息，不存在"跳单"违约行为。

法院经审理查明：2008年下半年，原产权人李某某到多家房屋中介公司挂牌销售涉案房屋。2008年10月22日，上海某房地产经纪有限公司带陶德华看了该房屋；11月23日，上海某房地产顾问有限公司（简称某房地产顾问公司）带陶德华之妻曹某某看了该房屋；11月27日，中原公司带陶德华看了该房屋，并于同日与陶德华签订了《房地产求购确认书》。该确认书第2.4条约定，陶德华在验看过该房地产后6个月内，陶德华或其委托人、代理人、代表人、承办人等与陶德华有关联的人，利用中原公司提供的信息、机会等条件但未通过中原公司而与第三方达成买卖交易的，陶德华应按照与出卖方就该房地产买卖达成的实际成交价的1%，向中原公司支付违约金。当时中原公司对该房屋报价165万元，而某房地产顾问公司报价145万元，并积极与卖方协商价格。11月30日，在某房地产顾问公司居间下，陶德华与卖方签订了房屋买卖合同，成交价138万元。后买卖双方办理了过户手续，陶德华向某房地产顾问公司支付佣金1.38万元。

上海市虹口区人民法院于2009年6月23日作出（2009）虹民三（民）初字第912号民事判决：被告陶德华应于判决生效之日起10日内向原告中原公司支付违约金1.38万元。宣判后，陶德华提出上诉。上海市第二中级人民法院于2009年9月4日作出（2009）沪二中民二（民）终字第1508号民事判决：一、撤销上海市虹口区人民法院（2009）虹民三（民）初字第912号民事判决；二、中原公司要求陶德华支付违约金1.65万元的诉讼请求，不予支持。

【典型意义】

中原公司与陶德华签订的《房地产求购确认书》属于居间合同性质，其中第2.4条的约定，属于房屋买卖居间合同中常有的禁止“跳单”格式条款，其本意是为防止买方利用中介公司提供的房源信息却“跳”过中介公司购买房屋，从而使中介公司无法得到应得的佣金，该约定并不存在免除一方责任、加重对方责任、排除对方主要权利的情形，应认定有效。根据该条约定，衡量买方是否“跳单”违约的关键，是看买方是否利用了该中介公司提供的房源信息、机会等条件。如果买方并未利用该中介公司提供的信息、机会等条件，而是通过其他公众可以获知的正当途径获得同一房源信息，则买方有权选择报价低、服务好的中介公司促成房屋买卖合同成立，而不构成“跳单”违约。本案中，原产权人通过多家中介公司挂牌出售同一房屋，陶德华及其家人分别通过不同的中介公司了解到同一房源信息，并通过其他中介公司促成了房屋买卖合同成立。因此，陶德华并没有利用中原公司的信息、机会，故不构成违约，对中原公司的诉讼请求不予支持。

3. 牡丹江市宏阁建筑安装有限责任公司诉牡丹江市华隆房地产开发有限责任公司、张继增建设工程施工合同纠纷案

【基本案情】

2009年6月15日，黑龙江省牡丹江市华隆房地产开发有限责任公司（简称华隆公司）因与牡丹江市宏阁建筑安装有限责任公司（简称宏阁公司）、张继增建设工程施工合同纠纷一案，不服黑龙江省高级人民法院同年2月11日作出的（2008）黑民一终字第173号民事判决，向最高人民法院申请再审。最高人民法院于同年12月8日作出（2009）民申字第1164号民事裁定，按照审判监督程序提审本案。在最高人民法院民事审判第一庭提审期间，华隆公司鉴于当事人之间已达成和解且已履行完毕，提交了撤回再审申请书。最高人民法院经审查，于2010年12月15日以（2010）民提字第63号民事裁定准许其撤回再审申请。

申诉人华隆公司在向法院申请再审的同时，也向检察院申请抗诉。2010年11月12日，最高人民检察院受理后决定对本案按照审判监督程序提出抗诉。2011年3月9日，最高人

民法院立案一庭收到最高人民检察院高检民抗(2010)58 号民事抗诉书后进行立案登记，同月 11 日移送审判监督庭审理。最高人民法院审判监督庭经审查发现，华隆公司曾向本院申请再审，其纠纷已解决，且申请检察院抗诉的理由与申请再审的理由基本相同，遂与最高人民检察院沟通并建议其撤回抗诉，最高人民检察院不同意撤回抗诉。再与华隆公司联系，华隆公司称当事人之间已就抗诉案达成和解且已履行完毕，纠纷已经解决，并于同年 4 月 13 日再次向最高人民法院提交了撤诉申请书。

最高人民法院于 2011 年 7 月 6 日以(2011)民抗字第 29 号民事裁定书，裁定本案终结审查。

【典型意义】

对于人民检察院抗诉再审的案件，或者人民法院依据当事人申请或依据职权裁定再审的案件，如果再审期间当事人达成和解并履行完毕，或者撤回申诉，且不损害国家利益、社会公共利益的，为了尊重和保障当事人在法定范围内对本人合法权利的自由处分权，实现诉讼法律效果与社会效果的统一，促进社会和谐，人民法院应当根据《最高人民法院关于适用〈中华人民共和国民事诉讼法〉审判监督程序若干问题的解释》第 34 条的规定，裁定终结再审诉讼。本案中，申诉人华隆公司不服原审法院民事判决，在向最高人民法院申请再审的同时，也向检察机关申请抗诉。在本院提审期间，当事人达成和解，华隆公司向本院申请撤诉。由于当事人有权在法律规定的范围内自由处分自己的民事权益和诉讼权利，其撤诉申请意思表示真实，已裁定准许其撤回再审申请，本案当事人之间的纠纷已得到解决，且本案并不涉及国家利益、社会公共利益或第三人利益，故检察机关抗诉的基础已不存在，本案已无按抗诉程序裁定进入再审的必要，应当依法裁定本案终结审查。

4. 上海存亮贸易有限公司诉蒋志东、王卫明等买卖合同纠纷案

【基本案情】

原告上海存亮贸易有限公司(简称存亮公司)诉称：其向被告常州拓恒机械设备有限公司(简称拓恒公司)供应钢材，拓恒公司尚欠货款 1395228.6 元。被告房恒福、蒋志东和王卫明为拓恒公司的股东，拓恒公司未年检，被工商部门吊销营业执照，至今未组织清算。因其怠于履行清算义务，导致公司财产流失、灭失，存亮公司的债权得不到清偿。根据公司法及相关司法解释规定，房恒福、蒋志东和王卫明应对拓恒公司的债务承担连带责任。故请求判令拓恒公司偿还存亮公司货款 1395228.6 元及违约金，房恒福、蒋志东和王卫明对拓恒公司的债务承担连带清偿责任。

被告蒋志东、王卫明辩称：1. 两人从未参与过拓恒公司的经营管理；2. 拓恒公司实际由大股东房恒福控制，两人无法对其进行清算；3. 拓恒公司由于经营不善，在被吊销营业执照前已背负了大量债务，资不抵债，并非由于蒋志东、王卫明怠于履行清算义务而导致拓恒公司财产灭失；4. 蒋志东、王卫明也曾委托律师对拓恒公司进行清算，但由于拓恒公司财物多次被债权人哄抢，导致无法清算，因此蒋志东、王卫明不存在怠于履行清算义务的情况。故请求驳回存亮公司对蒋志东、王卫明的诉讼请求。

被告拓恒公司、房恒福未到庭参加诉讼，亦未作答辩。法院经审理查明：2007 年 6 月 28 日，存亮公司与拓恒公司建立钢材买卖合同关系。存亮公司履行了 7095006.6 元的供货义务，拓恒公司已付货款5699778 元，尚欠货款 1395228.6 元。另，房恒福、蒋志东和王卫明为拓恒公司的股东，所占股份分别为 40%、30%、30%。拓恒公司因未进行年检，2008

年12月25日被工商部门吊销营业执照，至今股东未组织清算。现拓恒公司无办公经营地，账册及财产均下落不明。拓恒公司在其他案件中因无财产可供执行被中止执行。

上海市松江区人民法院于2009年12月8日作出(2009)松民二(商)初字第1052号民事判决：一、拓恒公司偿付存亮公司货款1395228.6元及相应的违约金；二、房恒福、蒋志东和王卫明对拓恒公司的上述债务承担连带清偿责任。宣判后，蒋志东、王卫明提出上诉。上海市第一中级人民法院于2010年9月1日作出(2010)沪一中民四(商)终字第1302号民事判决：驳回上诉，维持原判。

【典型意义】

存亮公司按约供货后，拓恒公司未能按约付清货款，应当承担相应的付款责任及违约责任。房恒福、蒋志东和王卫明作为拓恒公司的股东，应在拓恒公司被吊销营业执照后及时组织清算。因房恒福、蒋志东和王卫明怠于履行清算义务，导致拓恒公司的主要财产、账册等灭失，无法进行清算，违反了公司法及其司法解释的相关规定，应当对拓恒公司的债务承担连带清偿责任。拓恒公司作为有限责任公司，其全体股东在法律上应一体成为公司的清算义务人。公司法及其相关司法解释并未规定蒋志东、王卫明所辩称的例外条款，因此无论蒋志东、王卫明在拓恒公司中所占的股份为多少，是否实际参与了公司的经营管理，两人在拓恒公司被吊销营业执照后，都有义务在法定期限内依法对拓恒公司进行清算。

蒋志东、王卫明辩称，拓恒公司在被吊销营业执照前已背负大量债务，即使其怠于履行清算义务，也与拓恒公司财产灭失之间没有关联性。根据查明的事实，拓恒公司在其他案件中因无财产可供执行被中止执行的情况，只能证明人民法院在执行中未查找到拓恒公司的财产，不能证明拓恒公司的财产在被吊销营业执照前已全部灭失。拓恒公司的三名股东怠于履行清算义务与拓恒公司的财产、账册灭失之间具有因果联系，蒋志东、王卫明的该项抗辩理由不成立。蒋志东、王卫明委托律师进行清算的委托代理合同及律师的证明，仅能证明蒋志东、王卫明欲对拓恒公司进行清算，但事实清算并未进行。据此，不能认定蒋志东、王卫明依法履行了清算义务，故对蒋志东、王卫明的该项抗辩理由不予采纳。

5. “天府可乐”配方及生产工艺商业秘密案

【基本案情】

天府可乐浓缩液乙料的成分、配方及其生产工艺是属于天府可乐配方中的核心部分，原为中国天府可乐集团公司(重庆)(以下简称天府可乐集团)的前身重庆饮料厂与四川省中药研究所合作研究生产，双方均采取了保密措施，后天府可乐集团给付后者25万元人民币而成为该技术成果的权利人。天府可乐集团与美国百事公司的子公司肯德基国际控股公司于1994年1月签订合资合同，合资设立重庆百事天府饮料有限公司(以下简称百事天府公司)，约定了双方出资、合资公司生产天府可乐饮料和浓缩液、天府商标作价人民币350万元转让给合资公司并就此另行签订合同、纠纷协商不能解决则提交仲裁等内容。1994年8月，经验资报告验证，天府可乐集团投入百事天府公司的资本包括土地使用权、房屋及建筑物、机器设备。百事天府公司使用天府可乐配方及生产工艺生产天府可乐饮料及浓缩液，并将其视为商业秘密，天府可乐集团知悉该使用。2006年3月，天府可乐集团签订协议将其持有的全部股权转让给百事(中国)投资有限公司(以下简称百事(中国)公司)，并约定纠纷协商不能解决则提交仲裁。天府可乐集团起诉请求法院确认天府可乐配方及其生产工艺商业秘密属于其所有，判决百事天府公司立即停止使用涉案商业秘密，立即归还涉案商业秘密的技术档案，判决两被告共同赔偿其损失100万元。

重庆市第五中级人民法院一审认为，提交仲裁的纠纷属于合同纠纷，本案是商业秘密权的确认之诉和侵权之诉，依法可以向有管辖权的法院提起；天府可乐浓缩液乙料的成分、配方及其生产工艺构成商业秘密；合资合同和验资报告没有表明涉案商业秘密作为注册资本投入合资企业，结合双方合资的事实，仅依据天府可乐集团合资期间知悉和同意百事天府公司使用涉案商业秘密，不足以证明天府可乐集团同意将涉案商业秘密作为注册资本投入到百事天府公司；但应当认为天府可乐集团许可百事天府公司使用该商业秘密；合资合同没有约定许可使用费用，至本案纠纷发生天府可乐集团也没有向百事天府公司主张过使用费，应当认为天府可乐集团许可百事天府公司免费使用。在本案判定之前百事天府公司对涉案商业秘密的使用不构成侵权。现在天府可乐集团以权利人身份明确表示不再同意百事天府公司使用涉案商业秘密，并表示不愿意协商许可问题，其请求应予支持。据此，法院判决确认天府可乐集团是涉案商业秘密的权利人，百事天府公司停止使用涉案商业秘密并返还其从天府可乐集团取得的与涉案商业秘密有关的资料，驳回其他诉讼请求。

【典型意义】

对于饮料企业来说，其产品配方及生产工艺构成企业的核心资产。在审理中，双方当事人对案件管辖、请求保护的技术是否构成商业秘密及其权利归属、是否侵权等主要问题均有争议。本案判决全面客观地认定了事实，从法律、司法解释和相关规定入手，界定性质，明确要件，细致分析，综合评判，说理严谨充分。一审宣判后，被告请求在合议庭的见证下自动履行判决义务，原告公司及其部分职工专门到法院致谢，实现了法律效果和社会效果的统一。

6.“鳄鱼”商标纠纷案

【基本案情】

（法国）拉科斯特股份有限公司（LACOSTE）（以下简称拉科斯特公司）创办于1933年，同年在法国注册“鳄鱼图形”商标。1980—1999年，拉科斯特公司在中国注册了第141103号、第879258号、第1318589号“鳄鱼图形”商标及第940231号“鳄鱼图形＋LACOSTE”商标，前述注册商标分别核定使用在第25类和第18类相关商品上。拉科斯特公司产品于1984年正式进入中国，1994年在中国上海设立第一个专柜。

（新加坡）鳄鱼国际机构私人有限公司（Crocodile International PTE Ltd，以下简称鳄鱼国际公司）前身系陈贤进于1943年在新加坡创办的利生民公司，1983年更名为现名称。利生民公司于1949年申请并于1951年在新加坡获准注册了“crocodile＋鳄鱼图形”商标。1951年，利生民公司在第25类商品上分别在新加坡、香港注册了“鳄鱼图形”商标。1952—1954年，利生民公司在第25类商品上分别在印度、沙捞越、沙巴（洲）、马来西亚等国家和地区注册了“鳄鱼图形”商标。1959年，利生民公司在日本注册了“鳄鱼图形”商标。1961—2003年，鳄鱼国际公司分别在文莱、印度尼西亚、斯里兰卡、韩国、中国台湾、泰国、蒙古、尼泊尔、朝鲜、摩洛哥、沙特阿拉伯、斐济等国家和地区在第25类商品上注册了“鳄鱼图形”商标。鳄鱼国际公司于1994年在中国上海开设第一个专卖店，于1993年、1994年向中国内地申请注册了“CARTELO及鳄鱼图形”商标，使用商品分别为第25类和第18类。利生民公司曾于1969年在日本大阪提起民事诉讼，指控拉科斯特公司的销售商侵犯其商标权。

1973年双方在大阪高等法院达成和解，利生民公司同意拉科斯特公司在日本注册“鳄鱼图形”商标。1983年6月17日，双方签订和解协议。1995年，拉科斯特公司发现鳄鱼国际公司在中国建立了多家店面，其招牌上印有写实风格的鳄鱼图形，销售标有“鳄鱼图形”商标的服装产品。2000年5月11日，拉科斯特公司以鳄鱼国际公司侵犯其注册商标权为由提起诉讼。

北京市高级人民法院一审认为，根据本案查明的事实，鳄鱼国际公司之行为不同于刻意仿冒名牌奢侈品的假冒行为，其在主观上并无利用拉科斯特公司的品牌声誉，造成消费者混淆、误认之故意；鳄鱼国际公司的系列商标标识经过在中国内地市场上大规模、长时间使用后，客观上也已经建立起特定的商业声誉。而且，被诉侵权产品标示的并非仅为“鳄鱼图形”，还标有“CARTELO”及“CARTELO及图”，所有这些作为一个整体，使得被诉侵权产品具有整体识别性，能够有效地与其他标有鳄鱼形象的商品相区别。有鉴于此，根据整体比对、综合判断的原则，拉科斯特公司与鳄鱼国际公司的系列商标标识作为整体，二者之间已经形成了显著性的区别特征。两者无论在实际购买商品时还是在商品售出后使用中均不会导致消费者的混淆和误认。鳄鱼国际公司在被诉侵权产品上单独使用“鳄鱼图形”的行为，亦不侵犯拉科斯特公司的注册商标专用权。遂判决驳回拉科斯特公司的诉讼请求。拉科斯特公司不服一审判决，提起上诉。最高人民法院于2010年12月29日作出二审判决，驳回上诉，维持原判。

【典型意义】

侵犯注册商标专用权意义上的商标近似应当是指混淆性近似，即足以造成市场混淆的近似。由于不同案件诉争标识情况复杂，认定商标近似除通常要考虑其构成要素的近似程度外，还需要根据案件的具体情况，综合考虑被诉侵权人的主观意图、注册商标与诉争标识使用的历史和现状等其他相关因素，在此基础上认定诉争商标是否构成混淆性近似。

7. 制售假冒洋酒涉嫌刑事犯罪案

【基本案情】

被告人刘兆龙系自原籍来京务工人员。2009年3—9月，被告人刘兆龙在北京市大兴区黄村镇海子角村平房一条10排其暂住地，未经注册商标权人许可，自行购买原料酒、酒瓶、酒盖、包装箱、封盖机等物品后，通过灌装方式自制芝华士、红牌、黑牌、人头马、百龄坛、杰克丹尼、马爹利、轩尼诗、皇家礼炮酒，通过物流托运方式销往郑州、石家庄、西宁等地，经营数额达201507元。2009年9月12日，公安机关在检查过程中将刘兆龙查获，起获酒瓶、包装箱、原料酒、封盖机、未及销售的部分酒水等物。

法院经审理后认为，被告人刘兆龙未经注册商标所有人许可，在同一种商品上使用与其注册商标相同的商标，且假冒两种以上注册商标，非法经营数额在15万元以上，其行为已构成假冒注册商标罪，系情节特别严重，依法判决被告人刘兆龙犯假冒注册商标罪，判处有期徒刑4年，并处罚金人民币15万元。

【典型意义】

本案是一起典型的知识产权刑事案件，尤其是罚金与徒刑并处，且罚金较重，有利于从源头遏制被告人再犯的可能性。本案充分体现了我国保护知识产权的决心和刑事打击知识产权犯罪的力度。

8. 百度诉有关公司干扰搜索引擎服务不正当竞争纠纷案

【基本案情】

北京百度网讯科技有限公司(以下简称百度公司)是国内知名的中文搜索引擎服务提供商。青岛奥商网络技术有限公司(以下简称奥商公司)在中国联合网络通信有限公司青岛市分公司(以下简称联通青岛公司)的合作下，开展“网络直通车”业务，其提供的“搜索通”服务可以实现如下效果：在联通青岛公司所提供的网络接入服务网络区域内，当网络用户在互联网上登录百度公司搜索引擎网站进行关键词搜索时，优先出现网络直通车广告位(5 秒钟展现)，网络用户可以点击该广告位直接进入宣传网站新窗口，同时在 5 秒后原搜索窗口自动展示原始搜索请求的搜索结果。百度公司以上述行为构成不正当竞争为由向青岛市中级人民法院提起诉讼。

一审法院认为，奥商公司和联通青岛公司在联通青岛公司提供互联网接入服务的区域内，对于网络用户针对百度网站所发出的搜索请求进行了人为干预，使干预者想要发布的广告页面在正常搜索结果页面出现前强行弹出。该干预行为系利用搜索服务提供者的服务行为为自己牟利，易使网络用户误认为该强制弹出的广告页面为搜索服务提供者发布，并影响了搜索服务提供者的服务质量，损害了其合法权益，违反了诚信原则和公认的商业道德，根据反不正当竞争法第二条的规定，应当认定其构成不正当竞争。遂判决奥商公司、联通青岛公司停止针对百度公司的不正当竞争行为，赔偿经济损失 20 万元并消除影响。山东省高级人民法院二审维持了一审判决。

【典型意义】

本案既涉及较为复杂的法律问题，即对反不正当竞争法上竞争关系的理解以及原则条款的适用，又涉及较为疑难的技术问题，即在网络技术条件下如何认定不当干预行为的实施主体。本案对反不正当竞争法上的竞争关系不以经营者属同一行业或服务类别为限的认定以及对反不正当竞争法原则条款的正确运用和把握，进一步深化和丰富了对反不正当竞争法的理解。原审法院在审理过程中，发挥网络技术专家证人的作用，合理运用证明责任规则，解决了技术事实查明问题，对同类案件的审理具有较强的借鉴意义。该案的裁决对规范网络竞争秩序具有很好的导向作用。

9. 本田汽车外观设计专利无效案

【基本案情】

本田技研工业株式会社(以下简称本田株式会社)是“汽车”外观设计专利权(简称本专利)的专利权人。石家庄双环汽车股份有限公司(以下简称双环公司)、河北新凯汽车制造有限公司破产清算组(以下简称新凯公司)分别向国家知识产权局专利复审委员会(以下简称专利复审委员会)申请宣告本专利无效。专利复审委员会认为，本专利与对比文件(简称证据 1)属于相近似的外观设计，决定宣告本专利无效。本田株式会社不服该无效决定，向北京市第一中级人民法院提起诉讼。

一审法院认为，本专利与证据 1 的外观设计虽存在一定的差别，但属于局部的细微差别，且对于汽车整体外观而言，一般消费者更容易对汽车整体的设计风格，轮廓形状、组成部件的相互间比例关系等因素施以更多注意，二者的上述细微差别尚不足以使一般消费者对两者整体外观设计产生明显的视觉差异。因此，本专利与证据 1 属于相近似的外观设计，本专利应被宣告无效。遂判决维持专利复审委员会的无效决定。本田株式会社不服一审判决，提起上诉。北京市高级人民法院二审支持一审法院有关本专利与证据1属相近似的外观设计的认定，判决驳回上诉，维持原判。

本田株式会社不服二审判决，向最高人民法院申请再审。最高人民法院裁定提审本案，并认为，诉争类型汽车外观设计的"整体"，不仅包括汽车的基本外形轮廓以及各部分的相互比例关系，还包括汽车的前面、侧面、后面等，应当予以全面观察。在综合判断时，应当根据诉争类型汽车的特点，权衡诸部分对汽车外观设计整体视觉效果的影响。就本案诉争的汽车类型而言，因此类汽车的外形轮廓都比较接近，故该共性设计特征对于此类汽车一般消费者的视觉效果的影响比较有限。相反，汽车的前面、侧面、后面等部位的设计特征的变化，则会更多地引起此类汽车一般消费者的注意。这些差别对于本案诉争类型汽车的一般消费者而言是显而易见的，足以使其将本专利图片所示汽车外观设计与证据1汽车外观设计的整体视觉效果区别开来。因此，上述差别对于本专利与证据1汽车外观设计的整体视觉效果具有显著的影响，二者不属于相近似的外观设计。遂撤销专利复审委员会无效决定及原一、二审判决。

【典型意义】

关于专利法规定的"外观设计相同或者相近似"的判断方法，实践中一直存在不同的观点。本案裁判进一步予以明确，即基于被比设计产品的一般消费者的知识水平和认知能力，对被比设计与在先设计进行整体观察、综合判断两者的差别对于产品外观设计的视觉效果是否具有显著影响。本案裁判有助于法律适用标准的统一。

10."杏花村"商标异议复审案

【基本案情】

第147571号"杏花村杏花村牌及图"商标(即引证商标一)于1980年12月15日申请注册，核定使用商品为第33类的白酒，1997年4月9日被商标局认定为驰名商标，现注册人为山西杏花村汾酒厂股份有限公司(以下简称山西杏花村公司)。2002年2月28日，安徽杏花村集团有限公司在第31类的树木、谷(谷类)、酿酒麦芽等商品上提出第3102476号"杏花村"商标(即被异议商标)注册申请。山西杏花村公司向国家工商行政管理总局商标局(以下简称商标局)提出异议。商标局裁定被异议商标予以核准注册。山西杏花村公司不服向国家工商行政管理总局商标评审委员会(以下简称商标评审委员会)申请复审。2010年1月11日，商标评审委员会作出裁定：对被异议商标在树木、谷(谷类)等商品上予以核准注册，在酿酒麦芽商品上不予核准注册。山西杏花村公司不服，向北京市第一中级人民法院提起诉讼。一审法院判决维持商标评审委员会第186号裁定。山西杏花村公司不服，向北京市高级人民法院提起上诉。

二审法院认为："杏花村"与酒的联系，并非始自山西杏花村公司对引证商标的使用、宣传。杜牧的著名诗句早已使人们将"杏花村"与酒商品联系在一起，山西杏花村公司利用这种早已存在的联系建立引证商标一在酒类商品尤其是汾酒商品上的知名度并使之成为驰名商标，但由此对引证商标一的保护也不应不适当地扩大，尤其是不应当禁止他人同样地从杜牧诗句这一公众资源中获取、选择并建立自己的品牌，只要不会造成对引证商标一及山西杏花村公司利益的损害即可。安徽杏花村集团公司在树木、谷(谷类)等商品上申请注册被异议商标，并不足以导致相关公众误认为该商标与引证商标一存在相当程度的联系，从而减弱引证商标一的显著性或不当利用引证商标一的市场声誉。被异议商标的申请、注册未违反商标法第十三条第二款的规定。因此判决维持一审判决。

【典型意义】

根据商标法的规定，已注册的驰名商标可以禁止他人在不相同或者不类似商品上注册和使用，但前提是会误导公众，致使驰名商标注册人的利益可能受到损害。因此，对于驰名商标并非当然可以将其保护扩展至所有商品类别。本案判决进一步明确指出，只有足以使公众认为对使用诉争商标的注册、使用人和驰名商标注册人具有的相当程度的联系，从而减弱驰名商标的显著性、贬损驰名商标的市场声誉，或者不当利用驰名商标的市场声誉的情形，驰名商标注册人才能禁止他人注册和使用。本案二审判决对于在具体情形下如何判断是否对驰名商标造成损害作出了合理分析，对于解决此类问题有一定的指导意义。此外，二审判决还明确了商标独创性和显著性的关系，认为商标的独创性虽然能够影响商标的显著性程度，但并不能因没有独创性就认定缺乏显著性或显著性较弱。驰名商标已为中国相关公众广为知晓，当然具有较强显著性，此时其商标是否为商标注册人所独创并不会对驰名商标保护范围有太大影响。

11. LED照明用集成电路布图设计案

【基本案情】

华润矽威科技（上海）有限公司（以下简称矽威公司）享有用于LED照明用的PT4115集成电路布图设计专有权。南京源之峰科技有限公司（以下简称源之峰公司）与案外人华润半导体国际有限公司（以下简称华润半导体公司）订立协议开发1360集成电路。源之峰公司对矽威公司销售的PT4115芯片进行了反向剖析，形成1360集成电路的布图设计，并提供给华润半导体公司，获得10万元设计费。华润半导体公司委托第三方生产1360管芯并优先销售给源之峰公司，源之峰公司将管芯封装后，编码成6808、6807等系列集成电路向市场销售并获利。矽威公司以源之峰公司侵犯其集成电路布图设计专有权为由，向江苏省南京市中级人民法院提起诉讼。

该院认为，源之峰公司接受委托制作的布图设计及其销售的集成电路含有的布图设计均与矽威公司享有专有权的涉案布图设计相同。因此，源之峰公司通过反向剖析的手段，复制了涉案PT4115布图设计的全部，并提供给华润半导体公司进行商业利用，未经权利人许可，其行为构成对PT4115布图设计专有权的侵害；同时，源之峰公司为商业目的，销售了含有其非法复制的布图设计的集成电路，亦构成对PT4115布图设计专有权的侵害。遂判决源之峰公司立即停止侵犯PT4115集成电路布图设计专有权的行为、赔偿矽威公司经济损失以及矽威公司为制止侵权行为所支付的合理费用共计23万余元。双方当事人均未上诉。

【典型意义】

本案是侵犯集成电路布图设计专有权纠纷的典型案例，涉及权利保护范围的确定、侵权判定方法等基本法律问题，为此类案审理提供了宝贵的经验，也是人民法院司法保护集成电路布图设计专有权的具体体现，得到该行业的普遍认可。

12. 伊莱利利公司吉西他滨及吉西他滨盐酸盐专利案

【基本案情】

（美国）伊莱利利公司（以下简称伊莱利利公司）的三项专利构成生产制备吉西他滨盐酸

盐和吉西他滨的完整技术方案，专利一是取得中间体β异头物富集的核苷的方法，已经被宣告全部无效。专利二是提纯和分离富含β异头物核苷的混合物的方法。专利三是制备吉西他滨盐酸盐的方法。伊莱利利公司向江苏省高级人民法院提起诉讼称，江苏豪森药业股份有限公司(以下简称豪森公司)未经许可使用涉案专利方法制备了吉西他滨和吉西他滨盐酸盐并对该产品进行了促销，构成侵权，应承担相应法律责任。请求判令豪森公司停止侵犯专利权的行为、赔偿其经济损失、公开赔礼道歉，消除不良影响、承担本案的诉讼费用以及其他合理费用。

一审法院从江苏省药品监督管理局调取了豪森公司的相关申报材料，经与豪森公司提供的报批资料核对，两者的生产工艺名称、内容一致。申报材料中对甲磺酸酯10α/10β的比例没有记载，一审法院委托进行了鉴定，鉴定结论为豪森公司所处理的关键混合物与涉案专利不同，判决驳回了伊莱利利公司的诉讼请求。最高人民法院二审认为鉴定结论的推定具有事实基础，应当予以采信。由于伊莱利利公司起诉时提交了豪森公司生产的盐酸吉西他滨药品，但并没有证明豪森公司实际生产了β异头物富集的核苷，而且，并非只有β异头物富集的核苷可以制备得到盐酸吉西他滨，因此，即使根据《中华人民共和国专利法》(1992修正)第六十条第二款的规定，10α/10β的比例的举证责任也应当由伊莱利利公司负担，而不应当倒置由豪森公司承担。判决维持一审判决。

【典型意义】

涉及生物、化工、医药等高新技术领域的专利纠纷案件越来越多，专业技术的事实认定以及被诉侵权技术方案的查明成为难点和焦点。在药品监督管理部门备案的被诉侵权药品生产工艺材料中有关技术内容记载不具体的情况下，双方当事人往往对能否通过推定查明该技术内容发生争议。本案中，二审法院根据化学理论基本知识、结合专利说明书、被诉侵权人提交的补充确证实验结论以及杂志发表论文披露的技术内容等证据，认定鉴定结论关于被诉侵权技术方案中相关技术内容的推定具有事实基础，一审法院采信鉴定结论并无不当。本案明确了只要有充分的事实基础，并不排斥通过推定查明被控侵权技术方案中的相关技术内容。同时强调指出，只是在涉及新产品制造方法发明专利的侵权纠纷中，才由被诉侵权人承担证明其产品制造方法不同于专利方法的举证责任。

13. 淘宝网商标侵权纠纷案

【基本案情】

(上海)时装贸易有限公司(简称衣念公司)是“衣念”注册商标的权利人，商标注册使用的商品为服装。杜国发在淘宝网上销售的服装上卡通小熊的图案与衣念公司的注册商标高度近似。衣念公司认为杜国发的上述行为侵犯了其注册商标专用权，曾于2009年9月开始，7次发函给浙江淘宝网络有限公司(简称淘宝公司)，要求其删除杜国发发布的侵权商品信息。淘宝公司对衣念公司举报的侵权信息予以删除，但未采取其他制止侵权行为的措施。衣念公司认为淘宝公司故意为侵犯他人注册商标专用权的行为提供便利条件，纵容、帮助杜国发实施侵权行为。故请求法院判令：杜国发、淘宝公司共同赔偿衣念公司经济损失及合理费用84900元，并登报道歉。一审法院判决杜国发、淘宝公司共同赔偿衣念公司经济损失及合理费用共计10000元。二审法院认为，淘宝公司知道杜国发利用其网络服务实施商标侵权行为，但仅是被动地根据权利人通知采取没有任何成效的删除链接之措施，未采取必要的能够防止侵权行为发生的措施，从而放任、纵容侵权行为的发生，其主观上具有过错，客观上帮助了杜国发实施侵权行为，构成共同侵权，应当与杜国发承担连带责任。二审判决驳回上诉，维持一审判决。

【典型意义】

在网络用户利用网络交易平台销售侵犯商标权的商品时，如何确定平台提供者的责任是知识产权领域较新颖，同时也是争议较大的问题。在本案中确定了网络交易平台服务提供者承担帮助侵权责任的过错判断标准，即网络服务提供者对于网络用户的侵权行为一般不具有预见和避免的能力，并不因为网络用户的侵权行为而当然承担侵权赔偿责任，但如果网络服务提供者明知或者应知网络用户利用其所提供的网络服务实施侵权行为，而仍然为侵权行为人提供网络服务或者没有采取适当的避免侵权行为发生的措施，则应当与网络用户承担共同侵权责任。

14.“拉菲”商标纠纷案

【基本案情】

尚杜·拉菲特罗兹施德民用公司(简称尚杜公司)系第1122916号“LAFITE”核定使用商品为第33类“含酒精饮料(啤酒除外)”、第G764270号“拉菲”核定使用商品为第33类“以原产地取名的酒”两商标的注册人。深圳市金鸿德贸易有限公司(简称金鸿德公司)在其葡萄酒产品、网站和宣传手册中使用“LAFITE FAMILY”“拉菲世族”“拉菲”标识，对其历史渊源的介绍与尚杜公司历史部分相同。湖南生物医药集团健康产业发展有限公司(简称生物医药公司)销售了被控侵权产品。尚杜公司提起商标侵权及不正当竞争诉讼。长沙市中级人民法院一审法院认为，金鸿德公司和生物医药公司构成侵犯商标专用权及不正当竞争，判决金鸿德公司停止在葡萄酒产品、网站及宣传资料中使用“LAFITE FAMILY”及“拉菲”标识、“拉菲世族”文字、停止虚假宣传、注销“lafitefamily. com”域名并赔偿损失30万元，在《中国工商报》上刊登消除影响声明；生物医药公司立即停止销售侵权产品及使用宣传资料。金鸿德公司不服，提起上诉。湖南省高级人民法院二审认为，被控侵权产品上使用的“LAFITE FAMILY”文字，“拉菲”标志、域名“lafitefamily. com”侵犯了尚杜公司的注册商标专用权。“拉菲”应认定为LAFITE葡萄酒知名商品的特有名称，金鸿德公司在其葡萄酒商品上突出使用“拉菲世族”文字构成对尚杜公司的不正当竞争，同时其虚假宣传行为也构成不正当竞争，判决维持了一审判决。

【典型意义】

仿冒问题是广为社会关注的问题，本案体现了法院对于仿冒行为的打击和知识产权司法保护的力度。法国尚杜公司所生产的LAFITE葡萄酒在国际上享有盛誉，其在我国销售时使用“拉菲”标识进行识别，但“拉菲”并非其注册商标。湖南省高级人民法院二审认为，尚杜公司生产的LAFITE葡萄酒在我国葡萄酒市场已具有较高的知名度，应认定为《中华人民共和国反不正当竞争法》所指的知名商品，“拉菲”系LAFITE葡萄酒知名商品唯一对应的中文名称，具有区别商品来源的显著性，根据我国《中华人民共和国反不正当竞争法》的相关规定，应认定其为LAFITE葡萄酒知名商品的特有名称，从而对该“拉菲”中文标识予以保护，有效地制止了“搭车”“傍名牌”的不正当竞争行为。本案中明确了对于外国商品的特有名称的保护，应以在中国境内为相关公众所知悉为必要，其知名度通常系由在中国境内生产、销售或者从事其他经营活动而产生，但该商品在国外已知名的事实可以作为认定其在中国境内知名度的参考因素。

15. “大运”与“江淮”汽车商标纠纷案

【基本案情】

安徽江淮汽车集团有限公司(简称江淮集团)、安徽江淮汽车股份有限公司(简称江淮股份)从2005年以来在其生产的汽车上使用标识，并进行大量持续不断的宣传，具有一定知名度。该标识于2005年申请注册，但没有被核准，为未注册商标。广州红太阳机动车配件有限公司(简称红太阳公司)于2007年被核准注册和商标，核定使用在第12类汽车上。2010年红太阳公司及相关企业开始在媒体上大规模宣传该注册商标。2010年3月26日，红太阳公司向江淮股份发出律师函，敦促其尊重红太阳公司的知识产权，不得侵犯其注册商标专用权。江淮集团收到律师函后于2010年4月15日向一审法院提起确认不侵犯注册商标专用权诉讼。一审法院以双方商标不构成近似为由判决江淮集团与江淮股份不侵犯红太阳公司的注册商标专用权。红太阳公司不服提起上诉，二审法院维持了一审判决。红太阳公司不服该判决，向最高人民法院申请再审。因涉及多起关联民事、行政纠纷案件及行政争议，最高人民法院三次组织双方当事人进行和解工作，并专赴山西太原与当地政府和法院协调当事人进行调解工作，经过长达半年多的坚持不懈的努力，双方当事人终于达成一揽子和解协议，各自撤回了在最高人民法院的两个再审申请、在北京市第一中级人民法院的诉讼以及在商标局和商标评审委员会的多起争议，而且还就后续的商标注册和使用进行了约定。至此，双方多年的多起诉讼以及争议圆满解决。

【典型意义】

本案体现了人民法院对“案结事了”目标的追求以及努力。本案主要涉及商标近似等问题的判断，案情本身并不复杂，但因涉及两个大型汽车企业，双方之间有多起关联案件，既有民事纠纷，也有行政纠纷，社会影响力较大，对本案判决结案并不能彻底化解当事人之间的纷争，而双方达成和解协议有利于各自企业的发展和合作。基于这种认识，最高人民法院在充分释明的基础上，促成双方当事人达成和解协议，各自撤回了多起诉讼。本案的审查处理说明对于此类双方之间有多起关联诉讼和争议、具有较大社会影响力的案件，要坚持司法为民理念，正确运用“调解优先、判调结合”的办案原则，妥善处理纠纷，力争彻底化解当事人之间的矛盾，实现社会效果和法律效果的统一。

16. 空调器“舒睡模式”专利侵权纠纷案

【基本案情】

珠海格力电器股份有限公司(以下简称格力公司)以广东美的制冷设备有限公司(以下简称美的公司)制造、珠海市泰锋电业有限公司销售的“美的分体式空调器”侵犯其“控制空调器按照自定义曲线运行的方法”发明专利权为由，向广东省珠海市中级人民法院起诉，请求判令两被告停止侵权行为、赔偿损失以及因调查、制止侵权行为所支付的合理费用。一审法院认为，包括型号为KFR－26GW/DY－V2(E2)空调器在内的四种型号的空调器产品，在“舒睡模式3”运行方式下的技术方案落入涉案发明专利权的保护范围。关于赔偿数额，美的公司仅提供了型号为KFR－26GW/DY－V2(E2)空调器产品的相关数据，可以确定该型号空调器产品的利润为477000元。美的公司在一审法院释明相关法律后果的情况下，仍拒不提供其生产销售其他型号空调器的相关数据，根据《最高人民法院关于民事诉讼证据的若干规定》第七十五条的规定，推定美的公司生产的其余3款空调器产品的利润均不少于477000

元。美的公司获得的利益明显超过法定赔偿最高限额，一审法院综合全案的证据情况，综合确定美的公司赔偿格力公司经济损失200万元。一审判决后，美的公司提起上诉。

广东省高级人民法院二审认为，涉案专利将参数存储在非易失性的记忆芯片中，被诉侵权“舒睡模式3”是将参数存储在易失性的控制芯片的RAM中，二者不相同。但通常情况下，空调遥控器在使用中一般不会取下电池，也就是说在实际使用中二者的效果基本相同。而且对与同领域的普通技术人员来讲，以控制芯片的RAM代替记忆芯片，无需经过创造性劳动就能够联想到。因此，二者属于等同的技术特征，被诉侵权技术方案落入专利权的保护范围，构成侵权。其次，KFR－26GW/DY－V2(E2)型空调器所附安装说明书明确记载了“舒睡模式3”的功能，并载明该说明书适用于其余3款空调器产品，由此推知该3款空调器亦具有“舒睡模式3”；本案4款被诉侵权产品属于同一系列，仅功率不同而功能相同，符合产业的惯例。在没有相反证据的情况下，通过现有证据可以推知其余3款空调器也具有相同的“舒睡模式3”，落入涉案专利权的保护范围，构成侵权。关于判赔标准和数额，对于难以证明侵权受损或侵权获利的具体数额，但有证据证明前述数额明显超过法定赔偿最高限额的，应当综合全案的证据情况，在法定最高限额以上合理确定赔偿额。一审法院综合考虑到了涉案专利的类型、市场价值、侵权主观过错程度、侵权情节、参考利润、维权成本等因素，判赔数额于法有据且合理适当，予以维持。遂判决驳回上诉，维持原判。

【典型意义】

本案双方当事人均为国内知名家电企业，案情疑难复杂，社会影响大。二审法院正确适用相关法律及司法解释的规定，合理适用举证规则以及事实推定规则，在准确认定案件事实的基础上，就等同技术特征的认定、侵权赔偿数额的确定、侵权赔偿数额与法定赔偿最高限额的关系等疑难法律问题进行了深入的分析，说理充分、透彻，对同类案件的审理具有较强的借鉴意义。

17. 百度MP3搜索著作权纠纷案

【基本案情】

环球唱片有限公司(以下简称环球公司)、华纳唱片有限公司(以下简称华纳公司)、索尼音乐娱乐香港有限公司(以下简称索尼公司)发现其享有录音制作者权的128首歌曲在北京百度网讯科技有限公司(以下简称百度公司)的百度网站MP3栏目中通过搜索框、榜单等模式，提供了链接以及相应的在线试听和下载服务。环球公司、华纳公司、索尼公司认为百度公司的上述行为侵犯了其对上述歌曲录音制品享有的信息网络传播权，请求法院判决赔偿其经济损失和合理费用共计6350万元。

北京市第一中级人民法院一审认为，百度公司是根据网络用户的指令进行搜索、建立临时链接，基于这种服务的技术、自动和被动等性质，即使百度公司施予与其能力相当的注意，也难以知道其所提供服务涉及的信息是否侵权。因此，百度公司设置搜索框供网络用户输入关键词搜索歌曲的行为以及设置榜单等模式，均不能证明其明知或者应知所链接的录音制品侵权，故不构成对三大唱片公司信息网络传播权的侵犯，判决驳回三大唱片公司的诉讼请求。三大唱片公司不服，提起了上诉。二审审理中，合议庭在两次公开开庭审理、准确查明案情的基础上，在中国互联网协会调解中心的协助下，经过多次调解，最终使双方在达成根本版权许可协议的基础上，就涉案纠纷达成和解协议。该和解协议确认双方共同致力于互联网音乐作品的运营模式创新以及互联网音乐作品著作权保护模式创新，就此展开全面合作，并就全面合作的具体方式及内容签订了合作协议和反盗版协议。百度公司与三大唱片公司另达成协议，百度公司支付版税，三大唱片公司将授权百度公司上传其全部完整歌曲目录及即将推出的新歌曲目录；网络用户可以直接从百度网站免费在线播放及下载相关歌曲。至此，百度公司与三大唱片公司多年的版权纷争得以彻底化解，亿万网民可以在百度网站获得更多正版歌曲。

【典型意义】

随着网络技术和网络产业的飞速发展，在线试听和下载音乐作品已经成为人们欣赏音乐作品的主要途径。但互联网上还存在不少未经权利人许可传播作品的现象。本案的成功调解，不仅使纠纷得以妥善处理，而且使权利人和作品的使用者达成长期合作，有效遏制了“网络盗版”的传播，从根本上维护了权利人的合法权益，激发了创作的积极性，同时又使网民得以欣赏到正版音乐作品，切实实现了个人权利与社会公众利益的平衡，开创了文化产业和互联网产业的新型商业模式。

18. “3Q”之争引发的不正当竞争纠纷案

【基本案情】

QQ 软件系一款在我国信息网络上被普遍使用的即时通讯软件，具有较大数量的用户群体。腾讯科技(深圳)有限公司(以下简称腾讯科技公司)为 QQ 软件的著作权人，2010 年其将 QQ 软件的运营和专有使用权许可给深圳市腾讯计算机系统有限公司(以下简称腾讯计算机公司)。涉案软件“360 隐私保护器”由奇智软件(北京)有限公司(以下简称奇智公司)开发，通过“360 网”发行。“360 网”由北京奇虎科技有限公司(以下简称奇虎公司)提供信息服务业务，但主办单位登记为北京三际无限网络科技有限公司(以下简称三际公司)。“360 隐私保护器”只针对 QQ 软件进行监测和评价，“360 网”在其 360 安全中心、360 论坛等网页发布《360 安全卫士发布隐私保护器 专门曝光“窥私”软件》《360 隐私保护器发新版 增加监测 MSN、腾讯 TM、阿里旺旺功能》《QQ 窥探用户隐私由来已久》等文章。腾讯科技公司和腾讯计算机公司认为三被告捏造事实，损害其商业声誉，构成商业诋毁，故以不正当竞争为由向北京市朝阳区人民法院提起诉讼。

北京市朝阳区人民法院一审认为，腾讯科技公司、腾讯计算机公司与奇智公司、奇虎公司、三际公司在网络服务、用户市场、广告市场等网络整体服务市场中具有竞争利益，存在竞争关系。“360 隐私保护器”对 QQ2010 软件的运行进行监测，这种监测本身法律虽无禁止，但应当遵循诚实信用的商业准则，对监测结果进行公正、客观的表述和评价。“360 隐私保护器”对相关监测结果的描述缺乏客观公正性，“360 网”上发布的相关文章存在不实的描述和评价，上述行为足以误导用户产生不合理的联想，对 QQ 软件的商品声誉和商业信誉带来一定程度的贬损。据此，北京市朝阳区人民法院一审判决奇智公司、奇虎公司、三际公司停止侵权、消除影响、赔偿经济损失 40 万元。北京市第二中级人民法院二审维持了一审判决。

【典型意义】

本案的审理结果涉及数亿网络用户的切身利益，社会反响巨大，被称为“3Q”大战，充分体现了知识产权保护对社会发展和公众生活的重要影响。本案主要涉及用户业务不同的网络运营商在竞争法意义上竞争关系的界定，以及在互联网行业规则尚未成熟的情况下商业诋毁行为的认定。通过本案判决，人民法院对在互联网环境下的不正当竞争行为进行了阐释，从而使网络环境下的行业竞争行为获得了规范、指引，对互联网行业的健康有序发展产生了重要影响。

19.“开心网”不正当竞争纠纷案

【基本案情】

北京开心人信息技术有限公司(简称开心人公司)在第42类计算机出租、陪伴、婚姻介绍所等服务上拥有“开心”注册商标，2008年3月开始经营一家提供社会性网络服务的网站——“开心网”(kaixin001. com)。2008年10月16日，千橡互联公司受让取得“kaixin. com”域名。北京千橡互联科技发展有限公司(简称千橡互联公司)和北京千橡网景科技发展有限公司(简称千橡网景公司)也开办了一家提供社会性网络服务的网站——“开心网”(kaixin. com)。开心人公司认为其“开心网”(kaixin001. com)系知名网站，千橡互联公司和千橡网景公司使用“开心”作为网站名称、使用“kaixin. com”域名的行为侵犯了其注册商标专用权，同时构成对其知名服务特有名称“开心网”的仿冒，构成不正当竞争；在网站首页使用苹果笑脸与“开心网”文字组合标志，构成对“开心网”(kaixin001. com)网站首页星形笑脸及“开心网”文字组合标志这一知名服务特有装潢的仿冒，也构成不正当竞争。北京市第二中级人民法院一审判决千橡互联公司、千橡网景公司不得在提供社会性网络服务中使用与开心人公司知名服务的特有名称“开心网”相同或近似的名称，并赔偿开心人公司40万元。开心人公司不服，提起上诉。北京市高级人民法院二审认为，千橡互联公司和千橡网景公司虽然在其经营的社交网站中使用了“开心网”标识和“kaixin. com”域名提供社会性网络服务，但鉴于该服务类别与涉案“开心”文字注册商标核准的服务类别不相同，亦不近似，并未侵犯开心人公司的注册商标专用权。开心人公司通过“开心网”(kaixin001. com)提供的社会性网络服务在2008年3月之后的较短期间即已构成知名服务，该网站名称作为网络用户识别该服务的最重要途径，构成该知名服务的特有名称，受反不正当竞争法保护。千橡互联公司在明知开心人公司通过“开心网”(kaixin001. com)提供的社会性网络服务已构成知名服务的情况下，使用该知名服务的特有名称“开心网”作为网站名称，在相同行业和领域中向公众提供社会性网络服务，使网络用户对二者提供的服务产生混淆，构成不正当竞争。故判决维持了一审判决。

【典型意义】

社交网站是新兴的网络商业模式，它在给互联网用户提供便利的同时，也引发了有关互联网行业竞争秩序方面的种种问题。本案被誉为“社交网站竞争第一案”，受到广大网络经营者、网络用户和媒体的广泛关注。在本案中，法院确定了具有一定知名度的社交网站构成知名服务，其网站名称可以作为知名服务的特有名称受到反不正当竞争法保护的原则。本案的处理结果规制了社交网站的竞争秩序，对网络经营者具有一定的示范效应，获得了促进互联网行业规范有序发展以及进行合法、正当竞争的法律效果和社会效果。

20. 非法复制发行计算机软件侵犯著作权罪案

【基本案情】

被告人鞠文明在无锡市信捷科技电子有限公司工作期间，未经公司许可擅自下载了该公司的OP系列人机监控软件V3.0等软件。后于2008年8月与被告人徐路路、华轶合谋后，共同出资成立无锡市云川工控技术有限公司，用其非法获取的上述OP系列人机监控软件生产与信捷公司同类的文本显示器以牟利。2008 年 12 月至 2010 年 10 月间，鞠文明、徐路路、华轶先后生产并向多家单位和个人销售了 TD100 型、TD307 型等型号文本显示器共计 2045 台，销售金额计人民币 448465 元。2010 年 10 月 21 日，三被告人被抓获。2010 年 11 月下旬，鞠文明、徐路路在被公安机关取保候审后，伙同他人又以无锡市云川电气技术有限公司的名义生产、销售上述文本显示器计 114 台，销售金额计人民币 25200 元。

一、二审法院均认为：通过对被控侵权软件与权利人软件的程序比对，并结合被告人擅自下载权利人软件的事实，足以认定被告人鞠文明、徐路路、华轶以营利为目的，未经著作权人许可，复制发行其计算机软件，情节特别严重，其行为已构成侵犯著作权罪。对于非法经营数额的计算方法，最高人民法院、最高人民检察院《关于办理侵犯知识产权刑事案件具体应用法律若干问题的解释》第十二条明确了“非法经营数额”是指行为人在实施侵犯知识产权行为过程中，制造、储存、运输、销售侵权产品的价值。已销售的侵权产品的价值，按照实际销售的价格计算。本案中，涉案文本显示器的价值主要在于实现其产品功能的软件程序，而非硬件部分，涉案软件著作权价值为其主要价值构成，因此，以产品整体销售价格作为非法经营数额的认定依据，具有合理性。鞠文明在共同犯罪中起主要作用系主犯；徐路路、华轶在共同犯罪中起次要作用，系从犯，可减轻处罚。鞠文明、徐路路在取保候审期间仍继续从事侵权文本显示器的生产、销售，主观恶性较深，社会危害性较大。华轶如实供述罪行并自愿认罪，悔罪态度较好，可以从轻处罚。据此判决鞠文明、徐路路、华轶犯侵犯著作权罪，分别判处有期徒刑三年并处罚金十二万元、一年六个月并处罚金八万元、一年六个月缓刑两年并处罚金五万元，没收违法所得及犯罪工具等。

【典型意义】

本案为案情复杂、审理难度较大的侵犯计算机软件著作权犯罪案件。本案判决通过对被控侵权软件与权利人软件的程序比对，并结合被告人擅自下载权利人软件的事实，依法认定了被告人的犯罪行为，并以软件价值为主的侵权产品整体销售价格计算非法经营额，以此定罪量刑，加大了对此类较为隐蔽的知识产权犯罪行为的打击和惩处，具有较好的审判指导意义，并取得了良好的社会效果。

21. 正泰诉施耐德专利纠纷案

【基本案情】

正泰集团股份有限公司于 1999 年 3 月获得“一种高分断小型断路器”实用新型专利权。正泰集团认为施耐德电气低压（天津）有限公司生产、销售的小型断路器侵犯了其专利权，诉至浙江省温州市中级人民法院。一审法院判决施耐德公司立即停止侵权行为并赔偿正泰集团损失 3.348 亿元。施耐德公司上诉至浙江省高级人民法院，浙江高院二审多次调解，2009 年 4 月 15 日，双方达成调解协议，施耐德公司补偿正泰集团 1.575 亿元。2009 年 4 月 24 日，施耐德公司全部履行了调解协议。

【典型意义】

本案创中国知识产权侵权案件最高补偿额，充分揭示了自主创新的重要性和知识产权在市场竞争中的价值，可谓“小专利扭转大乾坤”。同时中外当事人能够和解解决纠纷，也充分体现了和谐共赢的国际竞争理念，对于中外企业在知识产权纠纷中依法理性维权具有标杆意义。二审法院促使双方当事人达成调解协议，解决了双方长期在多国存在的知识产权争议，创造了良性竞争、合作双赢的市场环境。本案复杂的诉讼过程为国内企业提供了丰富的诉讼经验和技巧。

22. 江汉石油诉立林公司商业秘密侵权调解案

【基本案情】

江汉石油钻头股份有限公司(以下简称江钻公司)于上世纪90年代起即将牙轮钻头制造技术纳入其商业秘密范围并制定了相关保密规定。幸某原系江钻公司技术人员，2001年8月到天津立林钻头有限公司工作。2008年6月，江钻公司认为幸某和立林公司共同侵犯了其商业秘密，提起诉讼。湖北省汉江中级人民法院一审判决二被告停止侵害、立林公司赔偿江钻公司截至2006年6月30日的经济损失1069余万元等。二被告不服，提出上诉。本案诉讼期间，立林公司还以江钻公司为被告在天津提起确认不侵权诉讼。湖北省高院在二审中对本案多次进行调解，最终三方自愿达成调解协议，立林公司自愿停止生产、销售双金属密封钻头产品，已经生产出来的成品钻头由立林公司在半年内继续销售，半成品钻头则进行销毁，立林公司撤回确认不侵权诉讼，并向江钻公司支付1700万元。

【典型意义】

本案是人民法院充分发挥调解在化解矛盾纠纷、维护社会和谐稳定中的作用的典范。本案当事人一方系国有企业，另一方系知名民营企业，双方是国内最大两家牙轮钻头生产企业，相关纠纷前后耗时近5年。历经7家法院9次诉讼，积怨颇深。湖北高院在充分查清案件事实和把握法律适用问题的基础上，对当事人进行了近50次的耐心调解，打消了当事人的疑惑，最终促使双方握手言和，真正做到了案结事了人和。

23. 武汉晶源专利案推动所涉领域技术革新

【基本案情】

武汉晶源环境工程有限公司以日本富士化水工业株式会社和华阳电业有限公司仿造烟气脱硫装置并安装于发电机组投入商业运行，侵犯其方法及产品专利为由，请求法院判令两被告停止侵权、赔偿损失、消除影响。一审法院认为二被告构成对涉案专利权的侵犯。遂判令富士化水停止侵权并赔偿晶源公司5061.24万元，华阳公司按实际使用年限向晶源公司支付使用费至本案专利权终止为止。一审判决后，三方当事人均提出上诉。最高法院在维持一审法院其他判项同时，改判富士化水与华阳公司共同赔偿晶源公司损失5061.24万元。

【典型意义】

本案是经最高人民法院判决的赔偿额较高的一起知识产权案件，也是最高人民法院首次组成5人大合议庭审理的一起知识产权案件。鉴于本案侵权产品已被安装在华阳公司的发电厂并已实际投入运行，若责令被告华阳公司停止侵权行为，则会直接对当地的社会公众利益产生重大影响，故根据本案具体案情，在充分考虑权利人利益与社会公众利益的前提下，一、二审法院未判令其停止侵权行为，而是判令其按实际使用年限向专利权人支付使用费至专利权终止为止。本案判决对于保护和推动涉及环保领域的技术革新具有重要意义。

24. 宝马诉世纪宝马案有效遏制“傍名牌”“搭便车”

【基本案情】

原告宝马股份系全球知名的汽车生产商。该公司的“BMW及图”“BMW”“寶馬”商标经中国商标局核准注册，核定在第12类“机动车辆、摩托车及其零件”商品上使用。被告深圳市世纪宝马服饰有限公司、家多润商业股份有限公司在其生产、销售的服饰产品上使用了“MBWL及图”“MBWL”标识，以及含有“宝马”文字的企业名称。被告傅献琴作为世纪宝马公司的职员，将自己的银行账户提供给世纪宝马公司收取加盟保证金、货款。湖南省高级人民法院判决三被告停止侵犯原告注册商标专用权和不正当竞争行为、消除影响，世纪宝马公司和傅献琴赔偿原告经济损失50万元。

【典型意义】

本案涉及驰名商标和有较高知名度的企业字号的法律保护，其裁判有效遏制了“傍名牌”“搭便车”的不正当竞争行为。此外，法院还明确，在明知他人企业字号具有较高知名度的情况下，仍将该文字组合登记为企业名称中的字号进行商业使用，明显违背诚实信用原则和公认商业道德，有意误导公众，属于典型的不正当竞争行为。

25. 吴良材商标案保护老字号维护公平竞争

【基本案情】

上海三联(集团)有限公司于1989—2004年间，先后核准注册取得3个“吴良材”文字商标，其中，注册于“眼镜行服务”上的“吴良材”商标于2004年被认定为“驰名商标”。1992年8月成立的苏州市宝顺眼镜有限公司经核准于1999年11月将企业名称变更为苏州市吴良材眼镜有限责任公司，经营范围为“眼镜验配”等，吴林泉、周彩珍系该公司的加盟店业主。苏州吴良材及加盟店在店招、柜台背景等相关产品和服务上均突出标注了“吴良材”或“苏州吴良材”字样。上海吴良材请求判令被告停止侵权、变更企业字号并赔偿损失50万元等。江苏省苏州市中级人民法院一审判决被告立即停止侵犯“吴良材”注册商标专用权的行为，限期办理企业名称变更登记手续，变更后的企业名称中不得含有“吴良材”字样，赔偿原告损失和合理费用共计22万元。江苏省高级人民法院二审维持了一审判决。

【典型意义】

本案是一起涉及老字号保护及企业名称与商标权冲突的案件。法院在裁判本案时，一方面从保护老字号和制止“傍名牌”“搭便车”行为以维护公平竞争秩序出发，最终认定苏州吴良材公司构成商标侵权及不正当竞争，判令其变更字号；另一方面考虑到被告之所以能够注册登记“吴良材”字号，既有其自身的原因，也与我国企业名称登记管理制度不够健全有关，且被告的获利也并非完全借助于“吴良材”的品牌效应，也有其自身经营管理的成效，因此没有全额支持原告的赔偿请求。

26. 鲁锦商标案判断地域通用名称有标准

【基本案情】

原告山东鲁锦实业有限公司于1999年申请注册了“鲁锦”文字商标，核定使用商品为第25类服装、鞋、帽类。被告鄄城县鲁锦工艺品有限责任公司生产、济宁礼之邦家纺有限公司销售了在显著位置标有“鲁锦”字样的床上用品。原告认为被告上述行为侵犯了其注册商标专用权并构成不正当竞争，诉请判令被告停止生产、销售带有“鲁锦”字样的侵权产品，责令被告变更企业名称并不得使用“鲁锦”两字，赔偿经济损失50万元。山东省济宁市中级人民法院一审支持了原告的诉讼请求。山东省高级人民法院二审驳回了原告的诉讼请求。

【典型意义】

本案提出了具有地域性特点的商品通用名称的判断标准。二审法院在综合考虑“鲁锦”已被山东地区纺织业普遍使用并为相关公众所接受、“鲁锦”织造技艺已被确定为国家级非物质文化遗产等事实的基础上，认定1999年原告将“鲁锦”注册为商标之前，已成为山东民间手工棉纺织品的通用名称，进而认定被告的使用行为属于对“鲁锦”商标的正当使用。

27. “道道通”著作权案个性化对比节约诉讼成本

【基本案情】

原告独立制作完成第四版《“道道通”导航电子地图》(以下简称第四版《道图》)，被告生产销售的《凯立德全国导航电子地图(362城市)》(以下简称《362图》)抄袭剽窃了原告第四版《道图》，给原告造成了重大经济损失。广东省佛山市中级人民法院一审认定被告构成侵权，判决被告停止侵权、赔礼道歉并按照原告诉讼请求数额判赔1000万元。广东省高级人民法院二审通过采取列举具有个性特征的信息点的对比方式进行对比，认为双方作品存在的相同之处，明显超越了常理，足以认定被告《362图》抄袭、剽窃了原告作品；一审判决认定被告至少获利1000万元的证据不足，但现有证据可以证明原告的实际损失或者被告侵权获利明显超过著作权法规定的法定赔偿最高限额。综合全案的证据情况，二审法院在维持一审判决其他判项的基础上改判被告赔偿原告经济损失100万元及合理维权费用。

【典型意义】

本案涉及导航电子地图的著作权保护，二审判决对于地图作品出版的审核批准程序与著作权保护的关系、电子地图作品抄袭的认定、赔偿数额的确定等问题的处理具有指导意义。本案是近年来司法实践中为数不多的在损失或获利均难以准确证明的情况下，在法定赔偿额之上确定赔偿数额的案件，其判决遵循了全面赔偿原则，充分保护了权利人利益。电子地图涉及海量信息，本案选取恰当的侵权对比方法，对涉案作品进行个性化对比，有利于对两个作品之间的异同进行认定，节约了诉讼成本，提高了审判效率。

28. 携程机票预订案倡导保护商业模式创新

【基本案情】

2006年7—9月，北京黄金假日旅行社有限公司诉称：携程计算机技术(上海)有限公司和上海携程商务有限公司均未依法取得民航客运机票销售代理资格，却通过携程旅行网实际从事了机票销售代理业务，该行为属于非法经营行为，也构成虚假宣传；河北康辉国际航空服务有限公司和北京携程国际旅行社有限公司系帮助进行非法经营。请求判令两家携程公司停止有关虚假宣传；各被告共同赔偿损失500万元。河北省高级人民法院一审认定，被诉部分宣传行为并不构成虚假宣传，驳回了原告的起诉。黄金假日公司上诉后，最高人民法院维持了一审判决和裁定。

【典型意义】

最高人民法院认为，判断行为人是否属于实际从事机票销售代理业务，应当以机票上的出票人为准，而不能将提供与机票销售相关的预订、送票和收款等业务的经营者也视为销售代理人。由此，最高法院最终确认了携程计算机公司和携程商务有限公司通过携程旅行网提供机票预订服务这一新型经营模式的合法性，既保护了商业模式创新，也激励了市场竞争。本案的典型意义还在于明确了非法经营与民事侵权的关系、虚假宣传行为的构成要件及具体判断、重复诉讼的构成要件及具体判断等法律适用问题。

29."采乐"商标行政案明确一事不再理原则

【基本案情】

1993年1月，强生公司注册了手写繁体"采樂"文字商标。争议商标为佛山市圣芳(联合)有限公司持有的"采乐 CAILE"商标。1998年和2000年，强生公司曾两次向国家工商总局商评委提出撤销争议商标的申请，商评委分别作出终局裁定，维持争议商标注册。2002年8月20日，强生公司第三次向商评委提出撤销争议商标的申请，理由为争议商标与引证商标构成类似商品上的近似商标，争议商标是对其驰名商标的恶意抄袭摹仿。2005年6月商评委裁定，撤销争议商标的注册。圣芳公司不服并以商评委为被告提起行政诉讼。一审和二审法院维持了商评委的裁定。圣芳公司向最高法院申请再审。最高法院撤销了原审判决和商评委的裁定。

【典型意义】

本案再审判决中明确了商标评审申请中"一事不再理"原则的判断和适用、修改后的商标法对该法施行前已有行政终局裁定的商标争议的溯及力，以及受理新的商标评审申请中的新事实、新证据、新理由的认定等问题。最高法院认为，在商评委已经两次终局裁定后，商评委再行受理以商标驰名为主要理由的评审申请并作出裁定，违反了"一事不再理"原则；2001年修改后的商标法，不能溯及已受终局裁定约束的商标争议。

30."番茄花园"盗版案表明平等保护著作权人

【基本案情】

2006年12月至2008年8月期间，被告单位成都共软网络科技有限公司为营利，由被告人孙显忠指示被告人张天平和洪磊、梁焯勇合作，未经微软公司的许可，复制微软WindowsXP计算机软件后制作多款"番茄花园"版软件，通过互联网发布供公众下载。成都共软公司获取非法所得计人民币292万余元。江苏省苏州市虎丘区人民法院经审理认为，成都共软公司及孙显忠等4名被告人均已构成侵犯著作权罪。判处被告单位罚金877余万元；4名被告人分别被判处2年至3年6个月不等的有期徒刑。

【典型意义】

本案是我国通过刑事司法保护途径打击大规模软件网络盗版行为的一起具有较大社会影响的案例，在国内外赢得了普遍好评。作为一起典型的知识产权刑事司法保护案例，清楚表明了我国严格履行国际公约义务对国内外著作权人给予平等保护的坚定态度，也充分体现中国在转型时期高度重视知识产权保护的执法精神。

31. 综合计算工时工作制的认定和处理

【基本案情】

施某在某船舶公司工作，双方签订劳动合同约定期限为自2010年3月24日起至2013年4月23日止，施某在驾驶员岗位工作，每月工资为1200元，实行每周六日工作制和综合计算工时工作制，某船舶公司每月向施某支付的工资中均包括按双方约定标准计算的周六加班工资。某船舶公司制定的《员工守则》第二十二条规定：当月连续旷工3天或年度内累计旷工达3天者视作自动离职，公司立即解除劳动合同关系。且不支付经济补偿金。第三十条规定：月工资按每周六日工作计算，每月发放给员工的工资中均包括当月全部加班加点(含周六)工资。另规定，驾驶员工作岗位实行工时折算，每日上班12小时折算8小时，超过12小时部分，每超过2小时折算0.5小时。该《员工守则》由某船舶公司职工代表大会讨论通过。某船舶公司对施某工作期间的加点、星期日加班和法定节假日加班均进行了详细记载。施某于2010年12月21日以书面形式向某船舶公司提出辞职申请，在未得某船舶公司同意的情况下，施某再未到某船舶公司报到上班，某船舶公司于2010年12月31日书面以施某连续旷工达11天严重违反用人单位规章制度为由，解除与施某的劳动合同。某船舶公司支付给施某的工资均高于合同约定的1200元。施某申请仲裁，请求某船舶公司支付其加班加点工资。仲裁委作出裁决后双方均不服诉至法院。

法院根据施某实际领取的月工资与《员工守则》规定的工作时间的折算方法，认定某船舶公司实际支付给施某的工资在扣除每周六的加班加点工资后余额不低于当地最低工资标准，判决某船舶公司仍应当支付施某周日及法定节假日的加班工资。而施某提出辞职申请后未得到某船舶公司的同意即自行离开工作岗位，某船舶公司按照旷工处理并书面通知解除双方劳动合同并无不当。

【典型意义】

《中华人民共和国劳动法》第36条、第38条和第39条规定了标准工时制，以及对于特殊工种和行业用人单位经劳动行政部门批准可以实行不定时工作制和综合计算工时工作制，但经折算后劳动者的月工资不能低于最低工资标准。因生产特点、工作性质特殊等原因无法按标准工作时间衡量的职工，用人单位可以实行不定时工作制和综合计算工时工作制，但是必须经过劳动行政部门的审批。对于实行不定时工作制和综合计算工时工作制的员工，用人单位应当在保障职工身体健康并充分听取职工意见的基础上，采用集中工作、集中休息、轮休调休、弹性工作时间等适当方式，确保职工的休息休假权利和生产、工作任务的完成。实行综合计算工时工作制的员工，其平均日工作时间和平均周工作时间应与法定标准工作时间基本相同。

32. 未经协商随意变更业务提成比例的效力

【基本案情】

陈某于2004年底进入某公司从事业务员工作，工资结构是基本工资加业务提成。2009年底陈某与某公司签订了最新一期劳动合同。2009年2月陈某与公司签订了业务提成条例一份，详细规定了业务提成的比例，并于条例最后载明“本规定最终解释权为本公司，如有变动，本公司另行通知”。2009年6月、9月、12月，某公司连续三次以公司内部张贴告示的形式对原来的提成条例进行调整，涉及陈某的提成比例有不同程度的降低。2010年5月，陈某向某公司递交了离职申请书，并在离职原因陈述一栏中注明薪酬不能及时发放、公司制度不稳定，经常更改并不与利益相关人协商。此后，陈某申请仲裁，请求解除劳动合同，某公司支付陈某经济补偿金并补足拖欠的业务提成款。某公司不服，认为用人单位有用工自主权，双方协议约定“本规定最终解释权为本公司，如有变动，本公司另行通知”，此表明用人单位可以单方调整业务提成比例，且每次调整都通知了陈某，但陈某在调整期内未提出异议，其对于提成比例变动是明知的，系双方在事实上形成了变更合意。遂向法院提起诉讼。

法院认为劳动报酬是劳动合同的必要条款。陈某与某公司的业务提成条例系双方当事人真实意思表示，应视为劳动合同的一部分，任何一方不得擅自进行变更。虽条例最后载明“本规定最终解释权为本公司，如有变动，本公司另行通知”，但该条款违反了订立劳动合同应当平等自愿、协商一致的原则，排除了劳动者的合法权利，应当视为无效。某公司单方面下调陈某的业务提成比例属于用人单位擅自变更合同条款，损害了劳动者的利益。陈某以此为由提出解除劳动合同符合法律规定，某公司应当依法向陈某支付经济补偿金并补足拖欠的业务提成款。

【典型意义】

业务提成是劳动报酬的一种形式，业务提成比例的约定是劳动合同的重要组成部分，其变更应取得双方当事人的协商一致。若随意变更业务提成比例损害劳动者利益的，劳动者可以解除劳动合同并要求企业支付经济赔偿金。劳动合同条款分为法定必备条款和约定必备条款。劳动报酬就是劳动合同的法定必备条款，业务提成属于劳动报酬的一部分，用人单位需要与劳动者协商一致才能变更业务提成比例。若用人单位提高提成比例，劳动者又没有提出异议的，可以视为劳动者对此予以默认；若擅自降低提成比例，并据此发放业务提成款，会严重侵害劳动者的合法权利，劳动者有权依据《中华人民共和国劳动合同法》第三十八条第一款第(二)项“未及时足额支付劳动报酬”的规定，提出异议或提出解除劳动合同，用人单位要对此承担违法解除的法律责任。

33. 用人单位对劳动者工作内容的适度调整与对劳动合同主要条款变更的界限

【基本案情】

赖某于2003年11月进入某电缆公司从事操作工，双方订有劳动合同，最近一份劳动合同的期限为2008年2月16日至2010年2月15日。某电缆公司制定了《员工手册》等规章制度并在员工入职时进行培训，《员工手册》规定：“一年内累计两次书面警告，公司将视为严重违反公司规章制度解除合同”，以及“员工拒绝完成指派的工作，不服从上级主管的指示，公司将对其进行书面警告”。赖某已签收员工手册。2009年10月28日，某电缆公司向赖某下达《工作任务指派书》，明确在保持赖某工作关系隶属地不变的情况下于2009年10月29日将赖某安排至某电缆公司的分公司完成临时性工作任务(生产辅助工作)，赖某拒绝。2009年11月2日某电缆公司出具了《书面警告书》，以赖某“拒绝公司指派任务，不服从上级主管的指示”为由给予书面警告一次。2009年11月11日，某电缆公司再次以“公司订单不足，为减少公司原因对员工工资收入的影响”为由指派员工到某电缆公司分公司相应岗位完成临时性工作任务，工作期间劳动关系仍然隶属于某电缆公司，赖某再次拒绝。2009年11月12日，某电缆公司以赖某不服从规章制度为由正式与赖某解除劳动合同。赖某申请仲裁，要求某电缆公司撤销书面警告书，解除双方之间的劳动合同，并向其支付解除劳动合同的经济赔偿金19600元。仲裁没有支持赖某的请求，赖某不服，诉至法院。法院认为某电缆公司指派赖某从事临时性工作的行为是对赖某工作内容的适度调整，不是对劳动合同主要条款的变更，也不侵害赖某的合法权益，公司解除劳动合同的行为并不违法，判决驳回赖某的诉讼请求。

【典型意义】

劳动关系中既要保护劳动者的合法权益，也要充分保障企业的用工自主权，二者是辩证统一的关系。作为市场活动主体，受市场经济形势波动的影响，用人单位对生产经营进行相应的调整，势必会影响到劳动者工作内容的变动。如何衡量企业是否超越了依法享有的自主权的范围，关键在于看这种调整是否具有合理性，是否侵害了劳动者的合法权益。如果用人单位未与劳动者进行协商，而擅自变更劳动合同的主要事项，包括工作内容、工作地点或降低工资待遇等，则侵害了劳动者的合法权益，用人单位要承担违法变更劳动合同的法律责任。如果用人单位对劳动者进行的工作调整时间较短，工资待遇、工作性质和隶属关系均不变，应当允许用人单位进行这样的适度调整，劳动者也应当接受并配合单位的合理安排，毕竟劳动者与用人单位之间是唇齿相依的关系，只有用人单位能够在市场经济活动中良好地运行和发展，劳动者的合法权益才能有充分的保障基础。本案中，用人单位根据依法制定的规章制度对员工进行用工管理是其自主的权利。用人单位在因金融危机等原因面临订单不足的情况下，在维持劳动者原有的工作性质、工资待遇、工作隶属关系不变的前提下，临时指派劳动者完成临时性工作任务，属于对员工工作内容的适度调整，不应视为对劳动合同主要条款的变更。劳动者以此为由解除劳动合同并要求用人单位支付经济赔偿金的，不予支持。

34. 出租车司机与出租车公司之间构成劳动关系

【基本案情】

王某系海安某出租汽车公司的代班驾驶员(俗称二驾)。其租用的车辆系吕某根据与该公司签订的《出租车全额租赁承包经营合同》驾驶的车辆。该合同约定：吕某通过支付车辆全额租金的方法取得该公司出租车辆使用权；该公司拥有营运车辆所有权和管理权；承包人可自行选择代班驾驶员1名，该驾驶员必须符合公司的规范要求，并与公司签订代班合同。2010年2月8日，王某驾驶该出租车坠入河中不幸身亡。此后，王某之妻冯某因王某与该公司是否构成劳动关系诉至仲裁，后又诉至法院。法院认为，出租车司机要接受公司的教育培训，对外以出租车公司的名义搭载乘客，虽然表面上看，出租车司机具有自主决定劳动时间、劳动地点的权利，但这是由工作内容的特殊性决定的，实际上必然产生的各种费用决定了其不可能选择不提供劳动，其是通过承包出租车公司的车辆经营权而获得谋生的机会，也就是说其收入来源只能依靠公司，因此出租车司机相对于出租车公司在人格上、组织上、经济上有一定的从属性，二者之间符合劳动关系的特征。法律、法规及政策性规定也要求出租车公司为出租车司机购买社会保险，出租车公司应当和其他用工单位一样承担用工成本，在获得经营利润的同时承担应尽的社会义务。因此，确认王某与海安某汽车出租公司存在劳动关系。

【典型意义】

长期以来，出租车司机和出租汽车公司二者之间究竟是承包经营关系还是劳动关系，在司法实践中是一个有争议的问题。出租汽车公司通过承包经营合同的方式规避自身的义务，将与司机的关系定位成承包经营关系，是目前出租车行业的普遍现象。这种做法，否定了其自身用人单位的性质，继而也否定了出租车司机劳动者的地位，使众多出租车司机无法享受到劳动者应有的社会保险等待遇，致其劳动保障权利严重受损。实际上，签订《承包经营合同》的行为只是一种出租车行业对从业人员进行管理的经营管理模式，《承包经营合同》本身是从属于《劳动合同》的内部管理合同，而不能替代《劳动合同》。随着社会的进步，社会保障更趋完善，出租车公司应当和其他用工单位一样承担用工成本，在获得经营利润的同时承担应尽的社会义务，在与出租车司机签订承包合同的同时更要注意与之签订劳动合同，明确劳动关系，以切实保护劳动者的合法权益。本案中，出租车司机对外以出租汽车公司的名义营业，其提供的劳动亦属于出租汽车公司经营业务的组成部分，虽然二者往往签订《承包经营合同》，但出租车司机对于出租汽车公司在人格上、组织上和经济上均具有从属性，因此认定为劳动关系更为适宜。

35. 劳动者严重违纪被解除劳动合同

【基本案情】

2006年，徐某进入某扶梯公司从事油漆工工作，某扶梯公司与徐某订立劳动合同，为徐某缴纳社会保险。公司《员工手册》规定，禁烟场所吸烟、员工累计三次受到警告通知单处分均为严重违纪，严重违纪情况下公司可以随时解除劳动合同。2009年度徐某受到过两次警告处分。2010年8月，徐某在油漆房旁吸烟且不服从管理被某扶梯公司再次警告处分。次日某扶梯公司通告称徐某在油漆房旁违规抽烟以及累计三次警告处分都构成严重违纪，作出解除与徐某劳动合同的决定并通知了工会。嗣后徐某申请仲裁，要求某扶梯公司支付违法解除劳动合同的赔偿金。仲裁委裁决某扶梯公司构成违法解除，应支付徐某赔偿金。扶梯公司不服仲裁裁决，向法院提起诉讼。法院认为，徐某在油漆房这样一个禁烟场所吸烟不仅造成严重的安全生产隐患，而且是严重违反规章制度的行为，某扶梯公司单方解除与徐某的劳动合同并无不当，也不应支付徐某主张的违法解除劳动合同的赔偿金。

【典型意义】

劳动者和用人单位之间是唇齿相依、共生共荣的关系，劳动关系的和谐有赖于劳资双方的互信、合作。在当前的社会环境下，更应倡导双方之间诚信、合作的职业伦理。一方面，劳动者应当勤勉敬业，自觉遵守安全生产规程和用人单位的规章制度，另一方面，用人单位在对劳动者进行管理时，也应做到以人为本，在劳动者存在违纪行为时，应首先进行教育、诫勉，在作出处分甚至单方解除劳动合同的决定时也应当遵守规章制度，履行法定程序并通知工会。这样的要求既是对劳动者履行劳动职责的基本要求，也是为了规范用人单位的用工行为，维护用人单位正常的生产秩序。本案中，劳动者严重违反用人单位的规章制度的，用人单位可以依法解除劳动合同。

36. 劳动合同解除或终止后用人单位的法定附随义务

【基本案情】

朱某曾系某计算机公司的员工，该公司于2010年7月19日作出开除朱某的决定。2010年8月5日，朱某以某计算机公司员工开除决定错误，要求某计算机公司支付工资及经济补偿金为事由申请仲裁。后计算机公司不服仲裁，提起诉讼。经法院调解，双方达成协议，双方终止劳动关系，某计算机公司支付26000元经济补偿金。

后朱某以某计算机公司未向朱某出具解除劳动合同证明，未为其办理档案和社会保险关系转移手续，导致其失业至今，社会保险无法缴纳，经济受损为由再次申请仲裁。仲裁委作出裁决后双方均不服，诉至法院。

法院认为某计算机公司作为用人单位未能依法为朱某出具终止劳动关系证明、失业证明书并办理档案和社会保险关系转移手续，影响朱某再就业，判决某计算机公司赔偿朱某相应的工资损失。

【典型意义】

劳动合同解除或终止后，用人单位和劳动者仍然对对方负有法定的附随义务，根据《中华人民共和国劳动合同法》第50条规定，用人单位依法应当在解除或终止劳动合同时出具解除或终止劳动合同的证明，并在15日内为劳动者办理档案和社会保险关系转移手续。劳动者也应当按照双方约定办理工作交接。这些法定附随义务的履行，既是为了不影响劳动者再就业，也是为了保障企业正常的生产经营秩序，双方均应当遵守。因此，用人单位与劳动者的劳动合同解除或终止时，用人单位应依法履行相应的附随义务，出具解除或终止劳动合同证明、办理档案和社会保险关系转移手续。如用人单位没有按照法律规定履行上述义务给劳动者造成损失的，应当承担赔偿责任。

37. 劳动者违反竞业限制约定应承担的责任

【基本案情】

2010年2月21日，史某与某公司签订劳动合同一份，合同期限自2010年2月21日至2011年1月31日止，合同第一条约定："合同期内的工资为每月3000元，该工资中500元属于同行竞业保密限制补助金。"合同第十条约定同行竞业保密限制协议："1. 未经甲方(某公司，下同)同意，乙方(史某，下同)在职期间不得自营或者为他人经营与企业同类的企业。2. 乙方不论因何种原因从甲方企业离职，离职后2年内不得到与甲方企业有竞争关系的单位就职。3. 乙方不论因何种原因从甲方企业离职，离职后2年内不自办与企业有竞争关系的企业或者从事与企业商业秘密有关的产品的生产。4. 依据国家有关法律要求，甲方每个月为乙方发放同行竞业保密限制补偿金为1500元。5. 员工不履行规定的义务，应当承担违约责任，一次性向企业支付违约金，金额为员工离开企业单位前一年的总工资收入的100倍。同时，员工因违约行为所获得的收益应当归还企业。"某公司主要生产一种涂布机，史某在某公司担任车间主任，负责车间生产，其从设计室领取该涂布机的设计图纸后分配给工人进行生产，并负责保管设计图纸及解决某些技术问题。合同签订后某公司均按约向史某支付同行竞业限制补偿金500元。2010年11月15日，史某以要回老家处理家事为由提出辞职，某公司予以准许，并结清工资及竞业限制补偿金。某公司并在史某离职后仍通知史某前来领取竞业限制补偿金。史某离职后不久，某公司即发现史某前往与其经营范围相似的某机械厂就职，并利用某公司的该涂布机技术资料与某机械厂合作生产该种涂布机，某公司遂申请仲裁，请求确认史某违反竞业限制约定，并支付违反竞业限制违约金2640000元。因某公司不服仲裁裁决遂诉至法院。

法院认为史某在某公司单位车间主任，负责保管某公司技术资料，是负有保密义务的公司人员，依法可以签订竞业限制协议。而某机械公司与某公司的经营范围相似，某机械厂也确实曾在史某任职后由其作为技术人员向外出售过该种涂布机，可见某公司与某机械厂具有竞争关系。某公司在史某离职后仍然通知其前往领取竞业限制补偿金，而史某则在利用该公司的该种涂布机技术资料与某机械厂合作生产该涂布机，违反了竞业限制约定，应当向某公司支付违约金，对竞业限制违约金的数额应根据劳动者的劳动报酬等因素合理认定，双方约定违约金为史某年收入的100倍明显过高，显失公平，结合史某在某公司任职一年多及其月工资为2500元的事实，法院判决史某支付某公司竞业限制违约金30000元。

【典型意义】

竞业限制是劳动者在离职后或兼职从事同种行业、服务或经营同类产品或服务的行为。用人单位对其高级管理人员、高级技术人员和其他负有保密义务的人员，可以约定竞业限制条款。《劳动合同法》第23条和第24条对用人单位与劳动者签订竞业限制协议以及违反协议的法律后果作了明确规定。竞业限制义务是一种约定义务，以用人单位向劳动者支付经济补偿金为生效要件，否则竞业限制协议对劳动者不发生法律效力。而劳动者也应当遵守竞业限制的约定。如果用人单位确实存在商业秘密，劳动者也掌握并负有保密义务，却利用该商业秘密从事了与该用人单位具有竞争性的工作，则劳动者应当承担违约责任。

38. 上班途中被撞身亡亲属诉请"双赔"遭驳

【基本案情】

原告诉称，2010年9月21日早晨，其亲属上班途中被撞经抢救无效死亡，2010年11月24日被劳保部门认定为因工死亡，后申请仲裁被裁决驳回。原告认为该裁决与事实、法律不符，作为亲属依法应当获得工亡等赔偿共计584394.92元，为此特向法院诉请。被告某施工公司辩称，原告已得到交通事故肇事司机345000元的赔偿，超过工伤保险待遇规定的数额，不存在补差额的情况。其主张"双赔"违背法律的公平原则，且根据《社会保险法》有关条款，因第三人引起的工伤赔偿应由第三人承担责任，原告的诉请于法无据。此外，被告已向原告支付医疗费15942.92元。法院依法审理，判决驳回原告诉讼请求。

【典型意义】

该案的焦点是工伤保险赔偿案件与第三人侵权损害赔偿案件竞合如何处理的问题。《最高人民法院关于审理人身损害赔偿案件适用法律若干问题的解释》规定："因用人单位以外的第三人侵权造成劳动者人身损害，赔偿权利人请求第三人承担民事赔偿责任的，人民法院应予支持。"《社会保险法》规定："由于第三人的原因造成工伤，第三人不支付工伤医疗费用或者无法确定第三人的，由工伤保险基金先行支付。工伤保险基金先行支付后，有权向第三人追偿。"第三人侵权引起工伤事故的情形，会产生两种赔偿请求权，一是工伤职工的工伤保险赔偿请求权，二是工伤职工向第三人提起的侵权损害赔偿请求权。劳动者人身权受到第三人侵害的同时又被劳动行政部门认定为工伤的，如劳动者分别提起侵权损害赔偿之诉及申请工伤保险赔偿仲裁的，对于侵权损害赔偿的请求和不服工伤保险赔偿仲裁裁决提出的请求，法院应分别依法作出判决。同时，用人单位或工伤保险经办机构履行相应赔偿义务后，可就劳动者已实际获得的重复的赔偿部分取得追偿权。法院在审理工伤保险赔偿案中，如查明劳动者在侵权损害赔偿案中已就相同并重复的赔偿项目按照就高原则获得足额的赔偿，按照民法的填平原则，劳动者仍在工伤保险赔偿中主张赔偿的，法院不予支持。

39. 黄梅县振华建材物资总公司不服黄石市公安局扣押财产及侵犯企业财产权行政上诉案

【基本案情】

原告黄梅县振华建材物资总公司委托其副总张卖席购买钢材。由于张卖席在来到原告公司前曾涉嫌诈骗，被告黄石市公安局遂在途中扣押该批钢材，并且不顾原告的反对将钢材私自转卖给另一公司，经原告多次索要仅返还部分货款。原告诉至法院，要求返还货款并赔偿损失。一审根据行政诉讼法第54条第(二)项第5目、第67条第1款的规定，判决被告撤销扣押钢材的行为，向原告赔偿钢材损失357321元，其他损失5100元，以及扣押钢材的贷款利息。被告不服提起上诉，二审驳回上诉，维持原判。

【典型意义】

被告公安局以张卖席涉嫌诈骗被收容审查需进行刑事侦查为名扣押原告所购钢材，其行为不属于刑事诉讼法规定的侦查措施，被告明知该钢材与所办案件无关，却继续扣押并违背原告意愿擅自与另一公司签订合同，卖出该批钢材，而且拒不返还货款，违背了刑事诉讼法第87条的规定，由此给原告造成的经济损失应当由原告按照行政诉讼法第67条第1款的规定，承担赔偿责任。

40. 新华日报社诉南京华夏实业有限公司相邻关系侵权损害赔偿纠纷案

【基本案情】

被告南京华夏实业有限公司在原告新华日报社附近施工，因大量抽排地下水使原告印刷厂地面下沉，导致厂房和机器严重受损。原告提起诉讼，要求被告停止侵害并赔偿损失。一审法院根据民法通则第83条的规定，判决被告赔偿原告各项损失共计13883580.28元。被告不服判决提起上诉，二审驳回上诉，维持原判。

【典型意义】

民法通则规定，不动产的相邻各方，应当按照有利生产，方便生活，团结互助，公平合理的精神，正确处理截水、排水、通行、通风、采光等方面的相邻关系。被告违反这一规定未采取必要的防护措施致使原告遭受重大损失，应负全部赔偿责任。

41. 赤坎乡镇企业供销总公司诉达荣实业贸易总公司等侵权损害赔偿纠纷案

【基本案情】

原告赤坎乡镇企业供销总公司和被告达荣实业贸易总公司作为合同的共同买方，在支付合同卖方预付货款后，被告达荣公司和供方黑龙江公司就首批钢材的转让达成协议，完全没有征得原告的同意，并且被告荣达公司还伪造了和原告的关于收货的协议书，先行占有了首批钢材并已销售，原告遂以被告违反协议并侵害了其权益为由诉至法院，要求返还货款并赔偿损失。一审法院依据民法通则第117条的规定，认定被告达荣公司的行为构成侵权，于是判决被告达荣公司给原告赔偿预付货款及利息损失，驳回其他诉讼请求。被告达荣公司不服判决提起上诉，二审法院依据民事诉讼法第153条第1款的规定，判决达荣公司返还货款并按单位活期存款利率支付该款的法定孳息，维持“驳回其他诉讼请求”的判决。

【典型意义】

合同三方在签订买卖合同时并未就首批货物的分配以及销售作出约定，依据民法通则关于民事活动应该遵循诚实信用原则的要求，双方应该按照各自支付的预付款的比例对首批货物享有权利，而不得未经原告同意私自达成协议。达荣公司以伪造函件的方式取得货物所有权，违背了诚实信用原则，侵犯了原告的合法权益。达荣公司应对自己的侵权行为给原告造成的损失负赔偿责任。而黑龙江公司并不知道达荣公司的函件是伪造的，所以并不构成侵权，不应该承担连带责任。

42. 马艳梅诉青海东建工贸工程有限公司侵权纠纷案

【基本案情】

原告马艳梅与其丈夫祁占禄组建的一支工程队于1998年挂靠在被告东建公司名下，成立东建公司二处，由祁占禄主管二处事务，马艳梅任二处会计。二处的全部财产均来自马艳梅夫妇的共同财产，东建公司并未给二处任何投资，二处以东建公司的名义为自己承包工程，并未将二处的经营管理权交给东建公司。在祁占禄病故之后，东建公司利用挂靠管理之便，擅自任命他人负责二处的债权债务。原告马艳梅认为被告越权办事，侵犯了其对二处财产的所有权，于是向法院提起诉讼。一审法院判决被告将二处的财务账、料场的资产，二处所承接工程的全部资料，购置资料的往来账交付给原告马艳梅。被告不服提起上诉，二审法院认为一审法院认定事实清楚，证据确实充分，判决驳回上诉，维持原判。

【典型意义】

根据马艳梅夫妇与被告东建公司的约定，二处在东建公司内部实行经济上单独核算、自负盈亏，经营上以东建公司的名义为自己承包工程，并向东建公司缴纳管理费；实质上是原告利用被告的建筑行业经营权而向其交纳一定的费用。祁占禄死后，作为财产公有人和共同经营人的马艳梅，有权按照约定在东建公司内部继续相对独立的经营二处的事务，如果东建公司不同意，也应该平等地解除双方的约定。而且东建公司无权对二处的财产进行处分。

43. 中国技术进出口总公司诉瑞士工业资源公司侵权损害赔偿纠纷上诉案

【基本案情】

中国技术进出口公司与瑞士工业资源公司签订钢材买卖合同，瑞士工业资源公司既无钢厂也无钢材，却采用欺诈手段，通过发送虚假信息、伪造包括提单在内的全套单据骗取中国技术进出口公司的巨额货款。合同中订有仲裁条款。中国技术进出口公司诉至法院，一审判决后，瑞士工业资源公司提起上诉。一审判决瑞士工业资源公司偿还中国技术进出口总公司货款2290250美元，并赔偿货款的贷款利息873784.58美元，经营损失1943588.25美元，国外公证和认证费、国内律师费29045.77美元，共计513668.6美元。二审判决驳回上诉，维持原判，并且上诉人应增加赔偿被上诉人自原审法院判决后至本判决宣判之日货款的银行贷款利息163338.71美元。

【典型意义】

瑞士工业资源公司以欺诈手段订立合同，以骗取巨额货款，这是利用合同形式进行欺诈，已超出了履行合同的范围，不仅破坏了合同，而且构成了侵权。因此，当事人的纠纷应是侵权损害赔偿纠纷。中国技术进出口公司有权向法院提起诉讼，而不受仲裁条款的制约。由于本案是因侵权引起的损害赔偿纠纷，侵权人除了应返还受害人的货款外，对于受害人因欺诈遭受的其他重大损失，亦应当赔偿。

44. 后营子供销社诉铁三中冷冻食品机械经销部产品责任案

【基本案情】

原告在被告处购得“白塔”牌冷藏柜一台，被告派人调试后投入使用。后原告单位职工王文海手握冷藏柜把手开箱取食物时，因箱体带电触电身亡。经查，带电原因是因为冷藏柜的磁力起动器安装错误。于是，原告以被告出售不合格的产品导致员工死亡为由向人民法院提起诉讼，要求追究被告的产品责任。依据民法通则规定，法院判决如下：退还原告货款及运费共计7900元，付给原告安葬死者及死者生前抚养的人的生活费、抚慰金共计13986.90元，支付死者亲属误工损失、交通费等共4152.03元。

【典型意义】

依据民法通则的规定，产品不合格造成他人人身损害的，产品制造者和销售者应该依法承担民事责任。本案中被告出售给原告的冷藏柜质量严重不合格，并导致了原告一员工的死亡，因此应该承担给原告造成的一切损失。侵害公民身体造成伤害的，应当赔偿医疗费、因误工减少的收入，造成死亡的，并应赔偿丧葬费、死者生前抚养的人必要的生活费等费用。

45. 陈梅金、林德鑫诉日本三菱汽车工业株式会社损害赔偿纠纷案

【基本案情】

原告陈梅金之夫乘坐被告日本三菱汽车公司生产的三菱汽车时，因前挡风玻璃在行驶途中突然爆裂而被震伤，导致猝死。原告认为是被告的挡风玻璃的质量问题而致损害发生，因此被告应该承担产品质量责任，赔偿由此造成的一切损失。依据民法通则、产品质量法的规定，判决被告三菱汽车公司赔偿原告交通费、住宿费、误工费、鉴定费、丧葬费、死者生前抚养人所必需的生活费、受教育费及死亡赔偿金共计人民币496901.9元，并由被告承担一切诉讼费用。

【典型意义】

根据民法通则第106和产品质量法第29条的规定，如果被告不能举出法定的免责事由那么就应该承担无过错责任。本案中，原告能够证明人身伤害、损害事实以及挡风玻璃爆裂与损害后果之间的因果关系，而本案的被告却无法证明导致玻璃破损的真正原因是什么，也就是说可能是玻璃本身的原因造成了损害事实，按照无过错责任原则，被告应该承担产品责任。

参 考 文 献

[1] 姚红主编. 中华人民共和国民事诉讼法解读. 北京:中国法制出版社,2007.

[2] 乔路主编. 企业法律顾问实务全书. 北京:法律出版社,2010.

[3] 江伟主编. 民事诉讼法(第三版). 北京:高等教育出版社,2007.

[4] 唐长国,韩艳主编. 民事诉讼参与与实务. 北京:清华大学出版社,2008.

[5] 陈永平,梅新和编著. 民事诉讼实务问答与案例精析. 北京:法律出版社,2008.

[6] 杨修清著. 民事诉讼法与仲裁制度. 北京:法律出版社,2010.

[7] 赵菁编著. 中国国际经济贸易仲裁委员会仲裁规则释义及适用指南. 北京:法律出版社,2006.

[8] 詹礼愿著. 中国内地与中国港澳台地区仲裁制度比较研究. 武汉:武汉大学出版社,2006.

[9] 赵秀文著. 国际商事仲裁法原理与案例教程. 北京:法律出版社,2010.

[10] (英)雷德芬,(英)亨特等著. 林一飞,宋连斌译. 国际商事仲裁法律与实践(第四版). 北京:北京大学出版社,2005.

[11] 杨良宜,莫世杰,杨大明著. 仲裁法:从 1996 年英国仲裁法到国际商务仲裁. 北京:法律出版社,2006.

[12] 杜新丽. 国际商事仲裁理论与实践专题研究. 北京:中国政法大学出版社,2009.

[13] 刘晓红主编. 国际商事仲裁专题研究. 北京:法律出版社,2009.

[14] 范愉著. 非诉讼教程(第二版). 北京:中国人民大学出版社,2012.